国家社科基金
GUOJIA SHEKE JIJIN HOUQI ZIZHU XIANGMU
后期资助项目

明清文化传播与商业互动研究

以徽州出版与徽商为中心

Research on the interactive relationship between
Cultural Communication and Business
during the Ming and Qing dynasties
For the center with Huizhou publishing and
Huizhou merchants

秦宗财 著

学习出版社

图书在版编目（CIP）数据

明清文化传播与商业互动研究：以徽州出版与徽商为

中心／秦宗财著．－－北京：学习出版社，2015.6

（国家社科基金后期资助项目）

ISBN 978 - 7 - 5147 - 0536 - 2

I.①明… II.①秦… III.①文化传播－关系－商业经济－

经济发展－研究－中国－明清时代 IV.①G129 ②F729.4

中国版本图书馆 CIP 数据核字（2015）第 063068 号

明清文化传播与商业互动研究

MINGQING WENHUA CHUANBO YU SHANGYE HUDONG YANJIU

——以徽州出版与徽商为中心

秦宗财 著

责任编辑：刘玉芬

技术编辑：贾　茹

封面设计：杨　洪

出版发行：学习出版社

　　　　　北京市崇文门外大街 11 号新成文化大厦 B 座 11 层 （100062）

　　　　　010 - 66063020　010 - 66061634　010 - 66061646

网　　址：http：//www.xuexiph.cn

经　　销：新华书店

印　　刷：北京市密东印刷有限公司

开　　本：710 毫米×1000 毫米　1/16

印　　张：19.75

字　　数：334 千字

版次印次：2015 年 6 月第 1 版　2015 年 6 月第 1 次印刷

书　　号：ISBN 978 - 7 - 5147 - 0536 - 2

定　　价：45.00 元

国家社科基金后期资助项目

出 版 说 明

后期资助项目是国家社科基金项目主要类别之一，旨在鼓励广大人文社会科学工作者潜心治学，扎实研究，多出优秀成果，进一步发挥国家社科基金在繁荣发展哲学社会科学中的示范引导作用。后期资助项目主要资助已基本完成且尚未出版的人文社会科学基础研究的优秀学术成果，以资助学术专著为主，也资助少量学术价值较高的资料汇编和学术含量较高的工具书。为扩大后期资助项目的学术影响，促进成果转化，全国哲学社会科学规划办公室按照"统一设计、统一标识、统一版式、形成系列"的总体要求，组织出版国家社科基金后期资助项目成果。

全国哲学社会科学规划办公室

2014 年 7 月

序一

在中国历史上，600 年徽商实在是一个奇迹。

我们且不说徽商以经商人数众、活动范围广、商业资本大、经营行业多、延续时间长的独特魅力改写了中国明清经济史，也不说徽商的热心公益、仁心济世，演绎出多少感人肺腑的篇章，单论徽商与文化的关系，就是一个说不尽的话题。

徽商的重要特点是"贾而好儒"。由于受到宋代大儒朱熹的深刻影响，崛起的徽商与传统文化有着"天然"的联系。他们或则先贾后儒，或则弃儒服贾，或则亦贾亦儒，在在显示出儒商气象。所以明代中后期的著名学者谢肇淛在比较了徽商与晋商后说出这样的话："新安（徽州）人近雅而稍轻薄，江右（山西）人近俗而多意气。"① 对徽商有着深刻了解的清代徽州人戴震也说，徽人"虽为贾者，咸近士风"②。显然，从明到清，徽商的好儒是一以贯之的。正因为徽商"近雅"或"近士风"，所以他们和文化就结下了不解之缘。

先师张海鹏先生早在 1985 年就已经认识到徽文化与徽商的关系，认为徽文化之所以呈现出斑斓多彩的现象，"在某种意义上说，徽商是其酵母"③。后来，他在《徽商与徽州文化》一文中，更是明确指出："徽州文化的形成和发展，因素很多，而徽商的'酵母'作用，则是重要的和基本的。"④ 事实正是这样。诸如新安医学、新安画派、新安理学、徽州建筑、徽州园林、徽州三雕、徽州版画、徽州刻书、徽州盆景以及徽墨、徽砚、徽剧、徽班乃至徽菜等等，这些林林总总的文化现象，无论是物质的还是非物质的，哪一样不和徽商有着紧密的联系！哪一样不是得益

---

① 《五杂组》卷之四《地部二》，按：《五杂组》书名过去讹为《五杂俎》，应纠正。见《五杂组》"出版说明"，上海，上海书店出版社 2001 年版，第 74 页。

② 《戴震集》（上编）卷 12《戴节妇家传》，上海，上海古籍出版社 2009 年版。

③ 张海鹏、王廷元《明清徽商资料选编·前言》，合肥，黄山书社 1985 年版。

④ 《中国典籍与文化》1993 年第 4 期。

于徽商的倡导、资助和推动！

就拿徽州刻书（徽州出版）来说，在明清史上，它就绝不能小觑。从明代中后期到清代中后期的近300年里，弹丸之地的徽州竟一直是全国刻书中心之一。据学者徐学林研究，明清两代徽州府的家刻、坊刻就超过800家，刻书品种达数千种。① 徽州刻书业不可谓不辉煌。

徽州刻书业之所以取得如此令人瞩目的成绩，这是与徽商密不可分的。好儒的徽商对文化典籍的大量需求、徽商重教兴学的代代践行，为徽州刻书业提供了极大的图书市场；徽商对典籍收藏的无比酷爱、对文学创作的热切追求，又为徽州刻书提供了丰富的稿源；徽商对宗谱纂修的重视和支持，也有力促进了徽州刻书业的发展；徽商的审美趣味，成为徽州刻书内容、形式创新的动力；徽商在外地经营的成功，引领徽州刻书家走出丛山，开辟一个新世界；徽商慷慨资助著名学者刻书，又提升了徽州刻书业的品位。更何况徽州著名盐商如程晋芳、鲍廷博、马曰琯、马曰璐本身就堪称著名刻书家了。完全可以说，徽商的经营理念、商业伦理、文化精神，已经和徽州刻书业融为一体，两者一损俱损，一荣俱荣。

徽州刻书业早已引起学者们的注意，涌现出很多优秀成果。徽商与徽州刻书的这种水乳交融的关系，近些年也引起学者的关注，开展了一些研究。但既往成果一是还停留在论文阶段，缺少系统厚实的专著；二是这些研究多从历史学的角度进行考察，视角有待创新。

令人可喜的是秦宗财博士推出了他的最新研究成果，读后令人耳目一新。宗财博士原攻历史学，从硕士起就开始关注徽商，有着较为扎实的学术功底。硕士毕业后又在出版社从事了两年编辑工作，使他对出版行业有了初步的了解。在读博期间，又继续他的徽商与刻书的研究。博士毕业后仍未停止。不久又调到新的岗位，从事文化传播学的教学和研究。这种学习和工作经历大大开阔了他的学术视野，也给了他学术灵感和研究动力。

在本书中作者试图运用文化传播学的理论和方法，以徽州出版与徽商之间的密切关系为切入点，来全面审视明清文化传播与商业互动的关系。在这一框架下，作者从徽州出版属性与徽商特色的视角，来论述明清文化传播与商人的文化自觉；从徽商与徽州出版媒介创新的视角，来

① 参见中国出版科学研究所编，《第二届全国出版科学研究优秀论文获奖论文集》，北京，中国书籍出版社1997年版。

论述明清商业发展与媒介创新；从徽州官刻、家刻、刻工与徽商的视角以及徽州坊刻、书贾及其商业活动的视角，来论述明清文化传播主体与商业发展；从徽商、徽刻与其他区域刻书互动的视角来论述明清商业与文化传播、嬗变、重构；从徽州出版业衰落与徽商颓败的视角来论述传统媒介的困境与商人的文化迷失。可以说，本书是徽学界和出版学界第一次比较深入、比较全面地探讨了徽州出版与徽商的关系。正是这种多视角的关照，作者才有很多新的认识，而这些认识对我们都是有启发的。人们对很多事物的了解就是这样，往往视角一换，就会进入新的境界。本书的某些观点当然不能说完全正确，但作者这种跨学科研究的学术勇气和探索精神是值得称道的。

宗财博士学习刻苦，孜孜不倦，目前虽涉足一个全新的领域，但他能够很快登堂入室，探骊得珠。本书就是他的第一部专著，作为一名新兵，可喜可贺！学无止境。我衷心希望宗财能再接再厉，戒骄戒躁，百尺竿头，更进一步，向社会贡献更多更好的研究成果。在本书即将面世之际，聊写数语，以为序。

王世华
二〇一五年二月

序二

　　中国出版史是以历史上的出版活动为研究对象的一门专史，其研究领域可主要归纳为两个方面：其一是出版活动内部诸方面的联系，其二是出版事业与人类社会政治、经济、文化等方面的相互联系。具体地说，研究并叙述出版事业形成及发展的历史条件和具体过程，记述历史上有重大贡献的编辑家、出版家在文化创造、文化积累、文化传播方面的业绩，记述各类型重要典籍编纂出版的过程，揭示编辑出版在社会历史文化形成中所起的作用，从而揭示出版事业发展的规律，是该学科的研究内容和研究任务。

　　研究出版史应该有明确的目的。研究工作不应满足于对历代出版史实的钩沉索隐和对历代图书的编辑、复制、流通、管理等出版环节的阐述，理出发展头绪也仅是研究的开始。我们要站在更广阔的社会背景之下，透过纷繁复杂的历史现象，全景式审视并清理出中国出版事业的发展、变革的脉络，总结其兴变盛衰的规律，以史为鉴，指导当今中国出版事业的发展。

　　我国是文字和图书出现最早的国家之一，编辑出版活动源远流长，从未间断，在3000多年的图书出版历史长河中，中国出版造就了灿烂的辉煌，为世界文明留下了大笔宝贵的财富。在传统的出版业中，政府与民间一贯高度重视图书编撰与出版工作，这个优良的传统使得许多经典著作被一代又一代的传承下来，我国很早就萌发了爱国、爱民、追求进步的出版意识，具有强烈的社会责任感；出版家们保持了实事求是、一丝不苟的著述、编辑态度与作风；他们重视出版技术的更新，善于发明创造、重视出版经营（如书业广告、稿酬、版权等）的传统以及重视中外图书交流的传统等。

　　但是我们也不能仅仅局限于研究中国出版的长处和优势，过度强调中国出版对世界出版的贡献，同时也必须采用辩证的研究方法，在看到中国出版的长处的同时，还要看到一些不可避免的缺憾。我在出版史的研究中，用一分为二的观点，坚持两分法、两点论，尤其是在对某一历史事件、历史人物进行评价时，贡献与缺憾并重，避免"一刀切""一风吹"的片面做法，以免出现不客观、有失偏颇的情况。中国出版业的发展，取决于当时的社会经济、政治、文化发展的需要；取决于时代提供的技术条件；也取决于对以往出版经验的继承。正是由于当时种种条件的限制，中国出版业并不是那么完美无缺，也有各种遗憾的地方。中国出版史的研究就是既要让人们把视野延伸到遥远的过去，又从遥远的过去回到现实，投向未来，只有批判地继承优秀的文化遗产，吸取过去的经验和教训，才能给后人提供现实选择的历史参考，进一步推动中国出版史的发展，从而推动整个社会的进步。

国内外关于文化与经济关系的研究和讨论已有数十年，秦宗财博士《明清文化传播与商业互动研究：以徽州出版与徽商为中心》一书在充分吸收国内外已有研究成果的基础上，能够实现创新和突破。其一，在选题方面，在我国文化传播史研究中，关注文化传播与商业互动关系的成果不多。该成果以此为研究主题，深入揭示了明清文化传播现象及特征；其二，在切入视角方面，该成果以徽州刻书与徽商互动关系的视角，揭示了文化自觉、文化创新、文化传播与社会可持续发展的内在关系；从市场学的视角考察徽商文化传播行为，这于传播史研究和商业史研究均为较大推进；其三，在研究内容方面，既研究了明清时期徽州出版及出版业的创新、发展情况，研究了徽州人选择如此文化传播形式的社会、经济及文化上的根据，揭示了徽州出版在文化传播上的作用与影响，又是积极、努力地从多元和动态的角度探讨明清文化生产、传播与商业经济的互动，在宏观定性研究和阐述的前提下，以徽州出版与徽商的关系为具体，展开了中观和微观层面的研究，提出了明清徽州文化传播商业化的概念，探讨了其实现的具体路径、形式、规模和影响，指出了商人在文化传播上的重要作用。不仅如此，作者还坚持历史辩证法的立场，一分为二地审视徽州出版与徽商的互动关系，研究了清末传统文化传播遭遇的困境及商人的文化迷失，由此进一步揭示和凸现文化传播与商业发展之间的内在互动，借此提出对我们的借鉴。其四，研究方法上，该成果综合利用传播学、历史学、文化学、社会学、市场学等多学科的理论与方法，跨学科交叉研究。该成果研究视角新颖，史料翔实，观点正确，分析充实，结构严谨，图文并茂，体现了严谨的文风、学风。该成果为当代文化发展提供了诸多借鉴价值。

文化传播与商业的关系问题既是文化传播学研究的重要内容，同时在其他多学科也具有独特的意义。一是该书基于明清时期徽州出版和徽商的关系来考察明清文化传播与商业互动，研究上更具实证和贴近历史本身，既拓深拓宽了明清文化传播史的研究，在明清文化史、商业史、社会史等研究上也有一定的意义，同时这本身也是作为大视角研究徽学的重要成果，具有较大的学术价值。二是探讨了明清文化传播与商业经济的互动以及文化传播的商业化，对探索有中国特色的文化传播的创新发展，具有重要参考价值。三是可为当今发展文化产业、繁荣新时代的文化事业，建设文化市场，提供了一个极好的历史借鉴。四是探讨了文化传播与商人文化自觉的关系，于培育今人的文化自觉及其可持续发展，有重要史鉴价值。

进入新世纪以来，中国出版印刷史的研究呈井喷状态，硕果累累，新人层出不穷，深感欣慰。我期待着有更多的好作品问世。

肖东发
2014 年 12 月 22 日于北大燕园

目　　录

Contents

引　言

　　本书在文化传播学相关理论指导下，考察明清徽州出版与徽商两者关系，探讨文化创新与商业经济、文化传播主体与商业、文化传播的商业化、文化传播与商人的文化自觉、可持续发展等诸方面关系；从徽商、徽刻与其他区域刻书互动的视角，考察明清商业与文化传播、嬗变、重构的关系等，从上述诸方面揭示明清文化传播与商业经济互动的内在机制，从理论高度对徽州出版与徽商关系做出概括，进而从中得出历史反思。需要说明的是，明清时期徽商资助图书出版，不仅限于徽州出版，还包括其他地区的图书出版，在徽商与其他地区图书出版的关系上，经济（商业）与文化（传播）互动情况也得到鲜明的体现。但因限于研究的对象，本书对于徽商资助其他地区图书生产活动的情况姑且不谈。

　　国内外关于文化与经济关系的研究和讨论已有数十年，国内外的相关研究对本书研究极有助益，本书正是在吸收了国内外已有研究成果的基础上，有了较高的理论研究起点和比较参照系数，并能够有所创新发展。

　　国外的研究主要体现在以下四个方面：

　　一是关于文化与经济的关系研究和讨论。（1）1960～1990年东亚新兴工业化国家（"亚洲四小龙"）通过弘扬传统文化使经济得到成功崛起，引起全球范围内对东亚文化和经济相互影响发展模式的广泛研究，这方面的著作大量出现，其中新加坡内阁资政李光耀的一个理论总结"文化就是命运"，已成为文化决定论的名言。（2）发达国家的文化产业化开发浪潮推动了经济的文化化与文化的经济化。1947年出现了"文化产业"（culture industry）一词，20世纪末以来，"文化产业"一词更是备受青睐，各国纷纷把文化产业列入国家发展战略。（3）"文化资本"理论的提出以及在欠发达地区中的实践，拓展了人们对文化产业类型的认识，世界银行、亚洲开发银行等对贫苦地区文化"社会资本"的开发给予了资助和推动，"文化资本""社会资本""软资源"等理论得到广泛采用。

二是关于文化传播史的理论研究，历经文化进化论、人类学的传播学派、经验学派、批评学派等研究与推进，理论边界已被打破，涉及哲学、社会学、历史学、文化学、人类学、新闻学、传播学、心理学等诸多学科。

三是国外汉学家关于中国文化传播史研究中，中国出版印刷技术史是关注的热点，成果丰富，近年来明清出版史研究越来越多地涉及了社会和文化领域，以期揭示更为宏大的社会、思想、经济和文化走向，诸如商业出版与士人文化（Timothy Brook，1988；Joseph P. McDermott，2006），明代书肆、书贾与文人（井上进，1994），明末江南出版文化（大木康，2004），（商业）出版与社会身份变迁（Dorothy Ko，2005；Carlitz Katherine，2005），地方如南京、建阳、四堡等出版与区域社会发展（Lucille Chia，2003；Cynthia Brokaw，2007）等。

四是部分学者关注到徽州出版与徽商关系，如从《（民国）婺源县志》商人列传揭示徽商与官刻间关系（重田德，1975），修纂族谱与徽商发展（臼井佐知子，1991），徽刻崛起与徽商（居蜜，1995）等。

国内的相关研究主要体现在以下四个方面：

一是关于经济与文化关系的研究与讨论。主要有：（1）20世纪80年代建设社会主义市场经济以来，学术界关于"义与利""传统道德与市场经济利益"等关系而展开长期讨论。（2）发展市场经济过程中扩大内需、满足社会对文化产品、文化产业、旅游业等文化消费需求，诸如"文化搭台、经济唱戏""经济与文化双赢"等发展模式的探讨。（3）中国共产党"三个代表"重要思想、科学发展观等对"先进文化"的理论探索。上述研究与讨论，对于文化与经济的相互关系、文化在经济发展、区域开发、可持续发展等进程中的重要性等，日益受到关注。加强文化遗产的保护、加快文化资源的开发、促进文化产业的发展的建议和意见，已逐渐为中国政府所接纳并逐步上升为国家发展战略。

二是关于文化传播史的研究理论，尤其是促进传播学"本土化"的应用得到学界的重视（李敬一，2003；庄晓东，2003）。

三是明清出版史是中国文化传播史研究的热点之一，近年来其研究视角不断拓展，尤其是出版对其他领域的影响，如明代社会发展对出版事业的影响以及出版与社会舆论控制（尹韵公，1990），出版与明代政治、思想、世风（缪咏禾，2008），商品经济对编辑出版的影响（孟丽娟，2010），商业书对商人的重要意义（陈学文，1997），以及众多的出版商与士人交往的研究等。

四是徽州出版与徽商亦成为关注点，如徽商是徽刻繁荣的基础（刘尚恒，2003；徐学林，2005），徽商热衷于刻书（陈修英，2000），徽州坊刻的市场特色（秦宗财，2008），明清小说中徽商形象表明了徽商对小说出版的影响（赵兴勤，1997），商书出版对徽商影响（郭孟良，2009），徽商在经商地区开展含出版在内各种文化活动（刘文智，1982；方盛良，2005），徽刻衰落与徽商颓败关系密切（秦宗财，2008）等，揭示了明清出版与商业互动的一些方面。

简要述评：

一是关于经济与文化的相互关系，国内外形成了若干学术流派，主要有"文化经济不分主次说""文化领头说""文化生产力说""文化战略第一说"等。

二是国外文化传播学理论研究较为成熟，国内在"本土化"思潮下也日趋发展，为文化传播史的具体研究提供了理论指导，且随着新理论、新学科不断兴起，结合新理论，跨学科研究文化传播史已是发展方向。同时，在理论指导实践方面，针对具体区域和特定民族，研究对象和范围出现了地方化、细化、具体问题具体分析等研究趋向。

三是明清商业文化传播独具特色，其研究尚有很大的空间，尤其是商业与文化传播的内在关系及其对社会发展的影响研究有待深入。

四是明中叶以降徽州出版尤其是坊刻业迅速崛起，为全国出版中心之一。学界关于明清徽州出版的研究成果丰富，研究或多或少地涉及徽州出版与徽商的关系，但缺乏深入、系统，不能充分揭示明清文化传播与商业互动关系，无法准确揭示该时代文化传播的特色。

本书在前人研究的基础上，将明清时期徽州出版与徽商两者关系置于文化传播与商业互动背景下作历史性审视，揭示经济发展与文化创新、经济发展与文化传播主体变化、商业发展与传播商业化、商人文化自觉与可持续发展的内在关系，从徽商、徽刻与其他区域刻书互动的视角，考察明清商业与文化传播、嬗变、重构，一定程度上揭示明清文化传播与商业经济互动的内在机制，从理论高度对徽州出版与徽商关系做出概括，进而从中得出历史反思。研究视角主要从三个方面展开：一是在微观层面上，分别以明中后期、清前中期、清后期为时间段，选择代表性的徽商刻书个案做典型研究，从微观上揭示徽商及其文化传播活动。二是在中观层面上，分别做徽州官刻、家刻、坊刻、书贾、刻工与徽商互动的专题研究。三是在宏观层面上，从徽商、徽刻与其他区域刻书互动的视角，考察明清商业与文化传播、嬗变、重构，一定程度上揭示明清文化传播与商业经济互动的内在机制，从理论高度对徽州出版与徽商关系做出概括。

研究的内容分为七个章节，具体如下：

第一章　明清文化传播与商人的文化自觉：徽州出版属性与徽商特色的视角。徽商"贾而好儒"的特色正是其文化自觉的表现，分析其特色与传统出版"积德""积金"兼有属性的契合关系，揭示徽商与徽州出版互动发展的内在根源，进而探究明清文化传播与商人文化自觉的内在关联性。

第二章　明清商业发展与媒介创新：徽商与徽州出版媒介创新的视角。创新是出版的灵魂。从内容（选题）、出版技术、装帧版式、营销手段等方面考察徽州出版的创新，分析其创新与徽商资本及文化需求的关系，及出版创新在徽商商业活动中的应用，进而揭示经济基础、文化创新、商业竞争三者的联动关系。

第三章　明清文化传播主体与商业发展（上）：徽州官刻、家刻、刻工与徽商的视角。考察明清徽州官刻、家刻、刻工发展脉络及特色，研究徽商对徽州官刻、家刻、刻工发展的重要作用，分析由此对徽商尤其是徽商家族教育的影响，进而揭示经济基础之于文化传播（非商业性）主体的作用，以及文化传播之于商人、商业可持续发展的意义。

第四章　明清文化传播主体与商业发展（下）：徽州坊刻、书贾及其商业活动的视角。文化传播的商业化是明清文化传播与商业互动的最突出表现，而徽州坊刻、书贾及其商业活动则是典型。徽州坊刻分为本土徽州坊刻与外埠徽州坊刻。梳理两种坊刻的发展状况，探讨徽州坊刻的市场特色和徽州书贾的市场购销行为，研究徽州坊刻图书广告及其版权问题，揭示明清商业性文化传播主体的市场化行为和文化传播商业化的特色。

第五章　明清商业与文化传播、嬗变、重构：徽商、徽刻与其他区域刻书互动的视角。从徽商、徽刻与其他地域刻书互动，以及徽州本土坊刻与外埠徽州坊刻联动的视角，考察明清商业与文化传播、嬗变、重构的关联，一定程度上揭示明清文化传播与商业经济互动的内在机制。

第六章　清末传统媒介的困境与商人的文化迷失：徽州出版业衰落与徽商颓败的视角。清道光、咸丰以降，徽州出版逐渐衰落，体现了传统文化媒介的困境；徽商整体颓败的内在根源在于其文化迷失。而徽州出版的衰落与徽商整体颓败有较为密切关系。近代后传统儒学发展观落伍于时代，在中西文化交锋中传统文化传播陷入困境，以徽商为代表的封建商人陷入了文化迷失。历史告诉我们，不仅个体要有文化自觉，且更需形成文化继承、开放、创新、发展的社会自觉、民族自觉和国家自觉。

第七章 商人的文化传播：徽商刻书个案研究。分别以明中后期、清前中期、清后期为时间段，选择代表性的徽商刻书个案做典型研究，从微观上展现不同历史时期的商人的文化传播特色。

为便于后文的描述，有必要对以下相关概念加以说明。

1. 关于"文化传播"的说明

文化传播是人类特有的各种文化要素的传递扩散和迁移传承现象，是各种文化资源和文化信息在时间和空间中的流变、共享、互动和重组，是人类生存符号化和社会化的过程，是传播者的编码和解读者的解码互动阐释的过程，是主体间进行文化交往的创造性的精神活动。① 文化传播总是和人类生活的各个方面交织在一起，成为人际间、群体间、民族间、国家间必不可少的交往活动，人类离不开文化传播。文化传播作为人类存在和发展的表征和特权，是人类认识世界和改造世界的武器和工具，文化传播改变了人类也改变了世界。人类发展的历史就是文化传播的历史，文化传播随着人类的产生而产生，随着社会的发展而发展。文化的产生、发展、变迁、整合、创新、重构与转型，都与文化传播密切相关。文化传播是双向的，是传播者与受传者之间信息共享和双向沟通与交流的过程。文化传播促进了多远文化的生成和发展。历史、理论与现实证明，文化是一个开放的规则系统，各种不同文化的交往、交流和传播是实现多元文化生成和发展的前提条件。

人的发展离不开文化传播，冯骥才认为"人类的文化（或称文明史）分为三个阶段。第一是自发的文化，第二是自觉的文化，第三是文化的自觉"②。由自发到自觉，既反映了人在文化传播中由被动到主动的过程，也反映了文化传播对人的影响由浅入深的过程。尤其是文化自觉阶段，不仅仅表现人个体的自觉，更突出或更高层次地表现在社会的自觉、民族的自觉、国家的自觉。由个体自觉发展到社会自觉、民族自觉、国家自觉的过程，反映了从自发的文化传播到极具影响力、渗透力的文化传播体系及其传播机制的逐渐形成的发展过程，说明了当今时代的文化传播由对人个体的塑造发展到对社会群体的塑造与整合的转变。

① 庄晓东：《文化传播：历史、理论与现实》，北京，人民出版社2003年版，第6页。
② 冯骥才：《文化怎么自觉》，《中国文化报》2011年8月31日。

本书以马克思主义的交往理论为指导，运用科学的社会历史观和实践反思法，以文化传播与商业的互动为宏观背景，考察明清徽州出版与徽商互动关系，探寻文化传播与"社会——媒介——人"三个核心要素的内在关联，通过对出版文化传播与商人发展的审视，探讨文化传播、社会文明与人的发展的关系，从历史中检讨现实问题。

2. 关于"出版传播"的说明

出版传播是人类创作、编辑作品，经过复制公之于众，并被接收或接受的文化传播现象。本书所指的明清出版传播主要是指手工出版传播，即以手工抄写、手工拓印、手工雕版印刷、手工活字印刷等手工印刷为复制技术的出版活动。按照出版物交换方式，分为商业性出版传播和非商业性出版传播。商业性出版传播是将出版物作为商品纳入社会商品的流通体系中去，通过商品流通渠道，以货币交换的方式，进行作品信息的传播，它是一种有偿传播。在商业性出版传播中，参与其中的诸如创作、编辑、复制、发行等活动表现出经济属性，遵循一定的市场规律①。本书中坊刻、书贾、商业化刻工即属于此类。而非商业性出版则是不以营利为目的的，其创作、编辑、复制、发行完全靠出版者自身的经济实力，出版后往往用于收藏、赠送、鉴赏之目的，明清时期主要以官刻、家刻、书院刻书、宗教刻书等。

本书并非专门研究明清出版传播现象，而是探究出版传播现象与商人（商业）之间的紧密关联，在明清文化传播的特殊背景下，探讨文化传播与人的发展关系，最终从历史中反思现实。

3. 关于"互动"的说明

"互动"为社会学术语，指彼此之间的交互作用。人类文明的发展始终处于互动之中，恩格斯说："当我们通过思维来考察自然界或人类历史或我们自己的精神活动的时候，首先呈现在我们眼前的，是一幅由种种联系和相互作用无穷无尽地交织起来的画面，其中没有任何东西是不动的和不变的，而是一切都在运动、变化、生成和消逝。"② 可见，互动的作用有两种倾向：一方面彼此相互渗透、相互推动，螺旋式上升过程；另一方面彼此相互制约、牵制，相互反动的过程。

①　参见李新祥：《出版传播学的基本概念及其理论体系的提出》，《出版科学》2004 年第 5 期，第 36 页。

②　恩格斯：《反杜林论》，《马克思恩格斯选集》第三卷，人民出版社 2012 年版，第 395 页。

本书中的互动包括几个层面：一是文化传播与人的发展（文化自觉）之间动态的相互联系、相互作用，本书重点考察的是徽州出版与徽商的文化自觉、徽商衰落与徽州出版颓败的关联；二是文化创新与经济社会发展之间动态的相互联系、相互作用，本书重点考察的是徽商与徽州出版媒介创新；三是社会环境与文化传播主体之间动态的相互联系、相互作用，本书重点考察的是徽州官刻、家刻、刻工与徽商的互动；四是文化传播系统内部的文化与经济的相互联系、相互作用，本书重点考察的是徽州坊刻、徽州书贾及其商业化特征。

4. 关于"明清"时限的说明

本书中"明清"的时限，为明中叶至清末，是与徽商作为商帮兴起、鼎盛，直至衰落的发展相始终的阶段。确切地说，历经明成化弘治时期徽州商帮兴起，万历崇祯年间繁荣，历经明末清初的曲折发展，清中叶乾隆嘉庆时期重振并达极盛，道光咸丰年间趋向衰落五个发展阶段。

从整体来看，徽州出版的发展历程虽说与徽商发展轨迹并不一致。徽州出版中的官刻、私刻自唐宋即已产生，并已获得较大的发展。但就徽州出版中的坊刻来说，其发展轨迹是与徽商整体发展轨迹相一致的，即明中叶以前没有什么起色，明中叶后迅速崛起，并与其他地区的坊刻并驾齐驱，甚至有超越之势。其发展不仅表现在本土的崛起，更在于迅速向外埠扩展，在刻书业最发达地区——江浙地区占据了一席之地，并与江浙地区的刻书风格交流、融合发展，获得了广泛的声誉。

另外，徽州官刻、私刻虽说起源较早，也获得了一定的发展，但明中叶以后，直至清中叶，短短两三百年内，其刻书成果更为突出，远远超出宋元刻书。这种发展轨迹也是与徽商发展轨迹相一致的。而事实上，此时期徽州官刻、家刻的发展与徽商有着密切关系，这正是本书所致力探讨之处。

5. 关于两个地域概念的说明

本书为便于研究和阐述，对于徽州书业所涉及的地域范围采用了两个概念，即"徽州本土"与"外埠"。这两种地域范围基本上是基于当时行政区域划分，前者指徽州一府六县，后者则是泛指徽州府以外的区域。

"徽州本土"系指明清时期徽州一府六县（徽州府，辖歙、黟、休宁、祁门、绩溪、婺源六县）所辖地域范围，其行政从属在明清有些变化，在明朝隶属于南直隶；康熙六年（1667）安徽建省，此后则隶属于安徽。

"外埠"系指徽人在徽州府以外活动、旅居的地区。徽州人在徽州府以外活动、旅居主要有以下几个方面原因。首先，外地做官。其次，外地游学。再次，出外经商谋生，明中叶后以此为多。唐力行指出徽学覆盖的地区大体可以分为三个层次：徽州本土是它的核心层次；中间层次涵盖沿长江、运河的市镇农村，其中心区乃是"无徽不成镇"的江南；外围层次则遍及全国远至海外了。如果说核心层次是小徽州的话，那么中间和外围层次可称之为大徽州。① 本书所指的徽州本土即是指处于核心层次的"小徽州"，而外埠则是"徽州本土"的外围层次，其区域范围正如唐力行先生所说的"大徽州"。

6. 关于徽州出版相关概念的说明

（1）关于"徽州出版"的概念。明清出版业是我国传统出版业发展的顶峰，随着近代书业的兴起，传统出版业开始衰落。传统出版业包含官刻、家刻、坊刻三大系统，其中官刻、家刻与市场联系不密切，其经济性不突出；而坊刻则经济性接近近现代出版业，具有较强的市场性。"其主体是有一定作坊和刻工，以刻书、卖书为业的家庭手工业者；其业务范围远比今日的书店宽泛，不单版书、售书，还要编书、刻书和印书，也就是说还有今日出版社和印刷厂的性质，甚至某些书坊主人本身就是著作者，再加上著书，其作用更不容小看。"②

基于以上认识，本书所指的"徽州出版"，系指徽州人在手工制作的基础上采取雕版技术从事图书生产、加工和销售的行业活动。其类型，大体依据其资金来源、图书生产人员构成、书业活动地区三个方面具体而定。从资金的来源看，分为徽州官刻、徽州家刻、徽州坊刻；从生产人员构成看，包括徽州籍的组织策划者（官刻机构、家刻主人或坊刻主人）、校勘者、刻工（含写工、图绘工、刻工，有时集三者于一体）、印工、装裱工、营销人员等；从活动地区看，包括徽州本土刻书、外埠徽州刻书及相应的图书营销活动。当然，有时或因组织身份不明，或因生产人员身兼数职，或因其活动地区跨本土和外埠地区，具体情况要复杂得多。因受限于所掌握的资料，本书重点探讨了徽州官刻、徽州家刻、徽州坊刻、徽州书贾以及徽州刻工，对印工、装裱工等虽有涉及，但未做深入研究。

（2）关于"徽州官刻""徽州私刻""徽州坊刻"和"徽州书贾"。按组织者身份或者资金来源来看，徽州出版分为官刻、家刻和坊刻三大

---

① 参见唐力行：《从徽学研究看区域化的中国近代史研究》，《学术月刊》2006 年第 3 期，第 126~137 页。

② 肖东发：《中国图书出版印刷史论》，北京，北京大学出版社 2001 年版，第 162 页。

系统。书贾广义上包含了坊刻主、图书贩运营销人员以及图书中介商等，本书为便于阐述和研究，将坊刻主与书贾分开考察。

徽州官刻，指徽州官方组织或投资的图书生产活动。其生产情形主要有，一是官方设立常规机构，组织有关人员从事一些文化活动，如徽州府学、六县县学、官立书院等，往往组织生员进行刻书活动；二是官修某种图书，因工程浩大，往往在民间募人募资进行生产。从明清徽州官刻发展历程来看，从民间集资从事图书生产的比重非常大。

徽州家刻，指徽州私人组织或投资从事图书生产活动，其生产目的主要不是为谋利，而是在于图书收藏和文化传承。徽州家刻的类型，按刻主身份不同，可分为官员家刻、士绅家刻、商人家刻、私家教育机构刻书、家族刻书等；按刻书地区不同，可分为徽州本土家刻、外埠徽州家刻。

徽州坊刻，指徽州书坊主组织或投资的图书生产和销售活动，其最终目的就是将图书投放市场、谋取利润。它是明清徽商经济的重要组成部分。徽州坊刻的类型，按成因的不同，可分为直接投资坊刻、家刻演变成坊刻、刻工上升为坊刻、兼营坊刻等；按投资形式的不同，可分为自刻自销、个体独资而雇人刻印销、多行业兼营、家族合资联营等；按刻书产销所在地不同，可分为徽州本土产销、外埠徽州产销、徽州本土与外埠徽州联营产销等。

徽州书贾，指从事图书贩运、销售活动以及为图书贩销作中介的徽州籍商人。他们活跃于全国各大图书市场，积极从事或参与图书贩运贸易。

（3）关于"徽州刻工"。徽州刻工，系指从事雕刻行业的徽州手工生产者，本书仅限于从事图书生产行业的雕版刻印活动的徽州刻工。按其从事生产形态的不同，可分为专职刻工、兼职刻工、受雇刻工、工商一体。专职刻工，即以图书雕刻为业谋生，或有自己独立的作坊，或流动专门为人雕刻，但不参与市场买卖。兼职刻工，从事其他行业生产，闲暇之时从事图书雕刻活动的刻工。受雇刻工，受他人雇佣，专门为其从事图书雕刻活动的刻工。工商一体的刻工，即其图书雕刻的目的，是最终将雕刻的成果投向市场，参与贩卖活动。按活动地区的不同，可分为徽州本土刻工、外埠徽州刻工。需要说明的是，徽州刻工的服务对象不仅仅是徽州官刻、私刻、坊刻，更多的还在于他们为其他地区非徽州籍的刻书服务，但他们的刻书总体是属于徽派风格。因此，无论徽州刻工为本籍还是为他籍刻书，均属于徽州出版范畴。

7. 关于徽商与徽州坊刻主、徽州书贾等群体的联系与差异

徽商与徽州坊刻主、徽州书贾等群体的共同点，是他们所从事的行业均是商业性质，属于商人群体。不同点在于：徽商群体更为广泛，包括各种行业的商业经营的徽州人群体，自然包含徽州坊刻、徽州书贾在内；徽州坊刻主则是指从事图书生产，然后将生产的图书作为商品投放市场销售，获取利润的徽州人群体；徽州书贾不从事图书生产，主要活动于各地图书市场，从事图书贩运贸易，利用地区差价获取利润。另外，由于上述三大群体之间存在有交叉关系，又衍生了四个小群体：既从事图书生产又参与图书贩运贸易的群体；其他行业兼营坊刻的群体；其他行业兼营图书贩运贸易的群体；集坊刻、书贾、其他行业于一身的群体。这些群体的关系如图 0 - 1 所示。

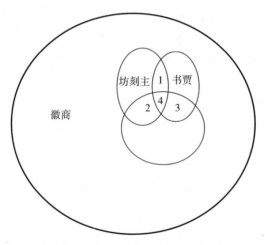

1. 既从事图书生产又参与图书贩运贸易的群体；2. 其他行业兼营坊刻的群体；
3. 其他行业兼营图书贩运贸易的群体；4. 集坊刻、书贾、其他行业于一身的群体

图 0 - 1   徽商、徽州坊刻主和徽州书贾群体关系图

第一章　明清文化传播与商人的文化自觉：徽州出版属性与徽商特色的视角

考察商人的发展绝不能忽视文化因素。明中叶王阳明提出"四民异业而同道"之说以来，新儒家的"治生"说，给了徽人经商的勇气，并建立起商人的意识形态，山越文化又培养了徽人艰苦奋斗的精神，徽商终于崛起。儒家思想中的"诚信"，民间宗教中的"不欺"，形成徽商的商业伦理和商业文化，传统文化中的历史经验又成为徽商经商谋略的源头。徽商之所以能执商界牛耳，就是因为具有较强的文化竞争力。文化因素在徽商兴起、发展中是不可忽视的重要因素。

文化的传承是需要有经济作为保障的。明清时期，徽州文化成就辉煌，之所以如此，徽商起到了"酵母"作用。这种作用表现在：第一，徽商培养了大批文化精英，他们创造了丰富的精英文化；第二，徽商直接资助各种文化事业，推动了文化事业的发展；第三，徽商通过侨寓、移居或子弟游学、入仕又将徽文化传播到"大徽州"（胡适语），并开花结果。因此，徽州文化的昌盛，徽商做出了重大贡献。

文化传承易，钱财传承难。正因如此，古人将"立言"作为人生"三立"之一。"扬州二马"能够名垂千古，不在于其财富的雄厚，而在于文化传承的功绩。所以，有学者将徽商与晋商做一对比，虽然同为国内数一数二的大商帮，但徽商价值取向是读书仕进，晋商则是经商谋利，无意于习儒仕进。因之，产生了不同的社会影响：徽商衰落了，但其所支持的文化事业却成了今天文化宝库中的瑰宝，尤其是徽商所培养的文化精英及其所创造的精英文化，推动了我国传统文化的发展；而晋商衰落了，除了梆子戏和其创造的商业经验外，文化事业却是空白。

可见，文化尤其创新的文化对于商人可持续发展具有重要意义。本章以徽州出版属性与徽商"贾而好儒"特色为考察视角，探讨明清文化传播与商人文化自觉的问题。

一、徽商好儒与出版传播特征的契合关系

徽州地区，历来重教兴学、文风昌盛。因之，与文化发展密切相关的出版传播史也源远流长。唐朝中晚期，徽州就诞生了书业，宋元时期，官刻和家刻得到了发展，徽州刻工也逐渐崭露头角。明代初期，秉承宋元余绪，徽州书业以官刻和家刻为主。明中叶以后，随着徽商的兴起，在徽商经济的支撑下，官刻和家刻有了较大幅度的发展，坊刻书业也开始崭露头角，且发展势头迅猛。在官刻、家刻、坊刻三驾马车的支撑下，徽州很快成为与金陵、苏州、杭州并驾齐驱的刻书中心。三大系统不仅在徽州本土发展很快，而且在徽商的带动下，家刻、坊刻以及刻工迅速向外埠发展。明清徽商与徽州出版出现了共同繁盛局面，并非偶然现象，而是有其内在的必然的联系。这种必然联系，集中表现在徽商的"贾而好儒"① 的特色与出版本身特征有着内在的契合关系。

（一）徽商好儒与出版传播属性的内在契合

出版存在两个过程，即图书的精神生产过程和图书的物质生产过程，前者是图书所承载的思想、知识或艺术内容的完成过程，后者是精神产品载体的复制过程。前者体现了传承、发扬和创新精神文化的价值追求；后者实现了无形精神文化和有形文化载体的价值转移。通俗地说，前者可实现人的文化追求，后者可实现人的劳动利润。前者可以说是一种文化属性，后者则是一种经济属性，书业集两种属性于一身。正如叶德辉所言："积金不如积书，积书不如积阴德，是固然矣。今有一事，积书与积阴德皆兼之，而又与积金为异，则刻书也。"② 在中国传统社会里，在统治者德治主流思想的引导下，文人学者较轻视经济属性而更注重文化属性，尤其是体现在官刻和家刻。明中叶以后，商品经济空前繁荣，图书出版业的经济属性开始展露，尤其是坊刻业，其经济特性非常明显。入清以后，在清政府文化高压政策和乾嘉学风的影响下，刻书业的文化

---

① 关于徽商"贾而好儒"的特色，学术界已有定论。详见张海鹏、唐力行：《论徽商"贾而好儒"的特色》（《中国史研究》1984 年第 4 期），王世华：《也谈"贾而好儒"是徽商的特色——与张明富先生商榷》（《安徽史学》2003 年第 1 期）等论文。

② 叶德辉：《书林清话》，紫石点校，北京，北京燕山出版社 1999 年版，第 8 页。

属性有所回升，但在商品经济的影响下，经济属性依然很强势。

徽商的基本身份是商人，在基本的生存需求的驱使下，他们追求利润，这是他们的基本特征。哪里有利润，他们便会追逐到哪里。坊刻书业无疑是获利的重要行业，善于捕捉商机的徽商自然会热切投身到坊刻行业之中。但是，在朱子之乡，徽州长期的历史人文和重教兴学氛围的熏陶下，徽商又具有好儒的重要特色。在好儒的驱动下，他们积极参与或投资文化事业。作为文化事业的一种，刻书业尤其坊刻业是徽商参与或投资的重要内容。明代戏曲家孔尚任（1648～1718）在其代表作《桃花扇》里，塑造了一位明末在南京三山街开设"二酉堂"书坊的出版商蔡益所形象，蔡氏书商自诩"混了书香铜臭、贾儒商秀"，意味自己身为出版书商，实在混合了具备"书香"气味的儒士贾人两种身份，"俺蔡益所既射了贸易诗书之利，又收了文字流传之功。凭他进士举人，见俺作揖拱手，好不体面"。[①] 文学人物的塑造，必然取材于现实生活，也必然是现实生活的写照。明代三山街是南京书坊最为集中的地区，这里徽州书商非常活跃。孔尚任的描写是否取材于徽商，在此姑且不论，但主人公言词极其符合徽商的贾儒特性，既要牟利，又要赢得社会地位认同，人生追求与价值实现统一于此，这恐怕是徽商热衷于坊刻的内在动力。官刻和家刻的文化属性故不需多言，徽商好儒，他们乐意投身其中，博得好儒的美誉。不过，虽然官刻、家刻的经济属性不很明显，但也非常符合徽商好儒的特色，因为支持官刻、投资家刻，同样为他们赢来广泛的声誉，为他们的商业环境的改善提供一定的帮助，可以说具有隐性的经济效益。

显然，徽商"贾而好儒"与出版传播本身的特征有着天然的契合关系。这种契合关系，促使徽商经济与徽州出版荣辱与共，休戚相关，决定了他们之间必然存在着密切的互动关系。

（二）徽商因"儒"而热衷刻书业文化

张之洞云："凡有力好事之人，若自揣德业学问不足过人，而欲求不朽者，莫如刊布古书一法。但刻书必须不惜重费，延聘通人，甄择秘籍，详校精雕……其书终古不废，则刻书之人终古不泯，如歙之鲍、吴之黄、南海之伍、金山之钱，可决其五百年中必不泯灭，岂不胜于自著书、自

---

① 孔尚任：《桃花扇》第29出，《中国古典四大名剧》，北京，中国华侨出版社2002年版，第383页。

刻集者乎！且刻书者，传先哲之精蕴，启后学之困蒙，亦利济之先务，积善之雅谈也。"① 从文化属性来看，徽商好儒的特性与出版传播的文化特征存在着契合关系，这就造成了徽商积极参与或资助刻书业活动的文化自觉。

首先，徽商"儒"的文化追求。徽州是个移民区，唐末战争使北方的一些士家大族迁移至徽州。这些士家大族曾经在历史上显赫一时。长期以来，徽商一直受正统的卑商观念压抑，内心的苦闷使他们常常追怀先祖。祖辈的辉煌尤其曾经在儒业仕途上的显赫，深刻召引激励着后辈的追思与奋起。长期受正统观念影响，徽商虽富甲一方，但耻于与庸贾为伍，他们渴望入儒入仕，与儒与仕为伍。"（徽商）因生活所迫不得不经商谋利，但经商谋利并非是徽商的最高价值追求，在他们的内心深处，业儒入仕才是他们的终极关怀。"② 另外，徽州地区深受宋明儒学的影响，长期以来，形成了重儒兴学的文化氛围和教育传统。这使生于斯长于斯的徽商自小便受"儒"文化的熏陶。宋明儒学的处世观、文化观是徽商的经营处世和文化教育的理论来源。徽商的文化素养也得到了世人公认。万历时的袁宏道对徽商的总体看法是："徽人近益斌斌，算缗料筹者竞习为诗歌，不能者亦喜蓄图书及诸玩好，画苑书家，多有可观。独矜习未除，乐道讼而愧言穷，是为余结耳。"③ 咸丰、同治时期歙县人黄崇惺说："而是时休、歙名族，乃程氏铜鼓斋、鲍氏安素轩、汪氏涵星研斋、程氏寻乐草堂，皆百年巨室，多蓄宋元书籍、法帖、名墨、佳砚、奇香、珍药，与夫尊彝、圭璧、盆盎之属，每出一物，皆历来赏鉴家所津津称道者。而卷册之藏，尤为极盛。"④ 好书至甚者超越钱财嫁妆，以清代一则事例佐之。清代康熙年间歙县商人鲍蕃贾于杭州，入其籍。其孙鲍倚云继父学而益勤，少自杭就学于歙，其文名日起。"岩镇有吴先生瞻泰者……以孙女妻之，吴先生赠嫁有书数千卷而无他财。"⑤ 以数千卷图书代替嫁妆，足见鲍氏、吴氏对读书之重视。

其次，徽商好儒，他们自觉地投入到各种文化活动中去。图书是他们的酷好之一，无论读书还是刻书，都是他们文化生活中的重要部分。

---

① 张之洞：《书目答问》，《劝人刻书说》，上海，上海古籍出版社 2001 年版，第 256 页。

② 李琳琦：《徽商与明清徽州教育》，武汉，湖北教育出版社 2003 年版，第 134 页。

③ 袁宏道：《三袁随笔》，《新安江行记》，成都，四川文艺出版社 1996 年版，第 69 页。

④ 许承尧：《歙事闲谭》卷 20，《咸丰前歙人收藏之富》，合肥，黄山书社 2001 年版，第 707 页。

⑤ 姚鼐：《惜抱轩文集》卷 13，《鲍君墓志铭并序》，第 149～150 页。

黄宾虹说："歙县自宋、元、明迄咸同之乱……藏书籍字画古今名迹，胜于江浙诸省，风俗以经商各省通邑，士人寄籍，恒多与同人博士交游，文艺亦有根柢。"① 明代徽商江太一，"平居嗜读史书，又喜购古鼎彝罍洗次至官哥窑以下磁器，若前代朱墨髹具之属罗列便坐左右。每间于家政及宾客之务，必入精舍焚香据几，或摩挲诸玩好，或手史书一卷，且览且讽，翛然如在世外，非独其人长者也，盖实有隐君子风焉。"② 清代鲍廷博之所以成为大藏书家、刻书家，与经商的父亲好读书不无关系，"君事父又以孝闻，以父性嗜读书，乃力购前人书以为欢。既久而所得书益多且精，遂袅然为大藏书家。""鲍廷博年逾八旬，好古绩学，老而不倦，着加恩赏给举人，俾其世衍书香，广刊秘籍亦艺林之胜事也。"③

"儒"的追求，培育了他们的文化自觉。这体现在，第一，徽商对文化活动孜孜不倦的追求和赞助。作为文化活动重要的一部分，刻书便是徽商慷慨解囊的对象之一。第二，徽商好儒的特色先天性地表现为对乡族关系的重视，乡族举办的文化活动，徽商均会毫不吝惜地捐助、提倡。刻书是儒学氛围浓厚的徽州乡族重要的文化活动内容之一，因而捐助乡族刻书是徽商义不容辞的责任，甚至是义务。第三，徽商好儒，决定了他们与封建官府有着先天性的无法割裂的联系，报效官府是徽商引以为荣的。官府一旦有刻书活动，徽商往往踊跃捐助，他们把这视为报效官府、显亲扬名的机会。第四，徽商好儒，常把刊刻好书，作为善事之举。清代黟县商人孙熙存，把刊善书与施药饵、治病救人同视为善事之举。④

（三）徽商因"利"而从事图书贸易

有学者指出，出版业是以满足对实际知识的需求为前提的，它本身就是商业化和货币化社会的一部分。日本学者近期的研究成果显示，除了"革命"，没有其他的词能够形容嘉靖时期（1522～1566）中国出版业出现的转折。它不是一种技术革命——所有的雕版技术在 9 世纪已经成型——而是一种出版经济和学习文化的革命。在明代的后半期，书籍

---

① 黄宾虹：《黄宾虹论画录》，杭州，浙江美术学院出版社 1993 年版，第 74 页。
② 汪琬：《尧峰文集》卷 15，《江太一墓志铭》，文渊阁四库全书本。
③ 阮元：《揅经室集二集》卷 6，《知不足斋鲍君传》，四部丛刊本。
④ 参见谢永泰等纂：《（同治）黟县三志》卷 154，《孙君熙存墓志铭》，中国地方志集成·安徽府县志辑（57），南京，江苏古籍出版社 1998 年版。

的供应和需求剧增，价格急降，引起了全国范围内前所未有的出版繁荣。① 因此，从商品属性看，刻书业无疑具有丰厚的利润可赚。明王朝建立之初，便深刻认识到图书文化事业的重要性，洪武元年朱元璋即诏除天下书籍之税，包括笔墨纸张图书生产以及运输等相关的赋税，以后朱明历代皇帝除少数几位以外，基本上对图书贸易采取宽松政策。这无疑为图书商品贸易创造了广阔的赢利空间。清前期虽然屡兴文字狱，但这只限于有危及其统治言辞之类的图书，对于一般的图书不但不控制，反而多采取鼓励和宽松政策，如图书赋税方面，清初秉承明朝政策，给予免征。因而在清统治稳定后，图书贸易很快发展繁荣起来，图书贸易是文人商贾趋之若鹜的行业。如乾隆时期的《醒世姻缘传》第三十三回："这穷书生有什么治生的方法？只有一个书铺好开。拿上几百两本钱，搭上一个在行的好人伙计，自己身子亲到苏杭买了书，附在船上。一路看了书来，到了地头，又好撰得先看，沿途又不怕横征税钱。到了淮上，又不怕那钞关主事拿去拦腰截断了平分。却不是一股极好生意？……至于什么缎铺、布铺、绸铺、当铺，不要说没这许多本钱，即使有了本钱，撰来的利息还不够为官府赔垫，这个生意又是秀才们做不得的。"② 通过作者这段话的比较，可以看出其时经营刻书业越来越成为文人商贾热衷的行业，越来越多的人投身其中，既能沽名，又能射利，还不妨碍做学问。

徽州盛产良材，造纸、制墨历史悠久且名闻海内，这些为徽州出版的发展提供了一定的物质条件。在此基础上，明清徽商善于经营是出了名的，他们"藉怀轻赍遍游都会，因地有无以通贸易，视时丰歉以计屈伸"（万历《休宁县志·舆地志·风俗》），刻书业尤其是坊刻业具有极大的市场利润，吸引众多徽商投身其中。正是由于政策的宽松，刻书业利润的丰厚，明中叶以后徽州坊刻业得到迅猛的发展。从坊刻的校勘、印刷到图书的市场贸易，从本土到外埠，徽商均以自己最擅长的方式积极参与图书贸易。据不完全统计，仅明代隆庆、万历年间，徽州本土地区徽商开设的坊刻就有 50 余家，而在江浙地区图书贸易中心地区，徽州商人开设的书坊则更多。

---

① 参见〔美〕高彦颐：《闺塾师：明末清初江南才女文化》，李志生译，南京，江苏人民出版社 2005 年版，第 35 页。

② 西周生：《醒世姻缘传》卷 1，北京，中国戏曲出版社 2000 年版，第 206 页。

二、徽州出版对徽商的影响

经济与文化是互动的两个层面，经济在给予文化发展的动力的同时，文化也必然反作用于经济。徽州出版对徽商的反作用充分说明了这一规律。

（一）徽州出版的发展扩大了徽商经营范围

徽州出版的繁荣，无疑为徽商提供了众多的行业机会，诸如纸业、墨业、制版业、刻工业、装裱业、图书贸易等。

纸业。徽州盛产良纸，自唐宋以来，徽州纸就其做工精细、质量高而闻名天下，南宋罗愿《新安志》载："（南宋淳熙二年前后，江南东路徽州黟县、歙县）黟、歙间多良纸，有凝霜、澄心之号，复有长者可五十尺为一幅。盖歙民数日理其楮，然后于长船中浸之，数十夫举杪以杪之，傍一夫以鼓节之，续于大熏笼上周而焙之，不上于墙壁也，于是自首至尾，匀薄如一。"① 明代徽州纸在宋元的基础上又有创新发展，《大明一统志》载："（明天启年间，南京徽州府歙县）纸，歙县龙须山出，有麦光、白滑、水翼、凝霜之名。"② 至清初，宣城、宁国等地的纸张也声名鹊起，《江南通志》载："纸，郡邑皆出，宣、宁二邑尤擅名。"③ 自唐代起，宣纸便列为贡品。宣纸以青檀树皮为原料，制造过程繁复细腻，所造纸张有细薄、坚密、均匀、洁白、坚韧、润墨等特点，为高级书画用纸，经久不变质，有"纸寿千年"之称。正是产量丰富、质量较高，市场价值高，不少徽商从事纸业生产和销售。淳熙《新安志》载："祁门水入于鄱，民以茗、漆、纸、木行江西，仰其米自给。俗重蚕，至熏浴斋洁以饲之，此其大凡也。"④ 可见，南宋时期就有徽商从事纸张生产、贩运贸易。明清时期，徽州居于全国纸张的生产发达地区之一。对于纸业的民间生产状况，因史料有限，难于稽考，但明弘治《徽州府志》中《物产志》记录了当时徽州地区的造纸情形："造纸之法，荒黑楮皮率十

① 罗愿：《新安志》卷10，文渊阁四库全书本。
② 李贤等：《大明一统志》卷16，《徽州府》，文渊阁四库全书本。
③ 尹继善等修，黄之隽等纂：《江南通志》卷86，《食货志·物产》，清乾隆元年刻本。
④ 罗愿：《新安志》卷1，《风俗》，文渊阁四库全书本。

分割粗得六分，净溪沤灰庵暴之、沃之，以白为度。瀹灰大镬中，煮至糜烂。复入浅水沤一日，拣去乌丁黄眼。又从而庵之，捣极细熟，盛以布囊，又于深溪用辘轳推，洁净入槽。乃取羊桃藤捣细，别用水桶浸按，名曰滑水，倾槽间与白皮相和，搅打匀细。用帘抄成浆，压经宿，干于焙壁，张张摊刷，然后截沓解官。其为之不易盖如此。"①整个造纸程序复杂、周期较长，耗费很多人力、物力，生产成本高，但这样生产的纸张洁白、匀细，属最上等的纸，走向市场，必然广受欢迎。这样的纸张生产如果没有雄厚的徽商的财力作基础，是很难达到的。徽商不仅在本土从事纸张生产、销售活动，而且还将本地的纸张贩运至南京、苏州、杭州和建阳等江浙纸张需求量大的地区。如明嘉靖万历年间徽州商人阮弼，他原在芜湖南京间以贩纸为业，为了牟取厚利，索性开办作坊或工厂。如此厂商结合的方式，既减少了中间环节，节省了费用和时间，又可以充分发挥资金的效益，也大大提升其市场竞争力。阮弼后来发现染色纸供不应求，买进时，不一定有纸，卖出时，又不一定卖得出价。为了解决这一矛盾，阮弼"乃自芜湖立局，召染人曹治之，无庸灌输，费省而利滋倍，五方购者益集，其所转毂，遍于吴越荆梁燕豫齐鲁之间，则又分局而贾要津"②，也就是说由于色纸供不应求，他又在一些重要城市及交通要津开设了分店，进行连锁经营。明万历时期陆万垓（1515～1600）云："楮（纸）之所用，为构皮、为竹丝、为帘、为百结皮。其构皮出自湖广，竹丝产于福建，帘产于徽州、浙江。自昔皆属安吉（浙江安吉州）、徽州二府商贩，装运本府地方货卖。"③ 抄纸用的帘纸来自徽州府和安吉州，竹纸来自福建，这些纸都是通过徽商和浙商长途贩运至江西售卖。清代，徽州纸业更盛，乾隆三十八年（1733），苏州修建徽郡会馆时，皮纸帮是参与发起的三大帮之一。④

墨业。徽墨源于唐末河北墨工奚超父子避乱至徽州，利用黄山古松燃烟，改进制墨技法，提高了墨的品质，因得广泛赞誉。自唐迄清，制墨名家辈出，同时制作技术更是精益求精，并流传全国。明中叶以后，

① 澎泽、江舜民纂修：《徽州府志》，《物产志》，天一阁藏明代方志选刊，上海，上海古籍出版社1982年版。

② 汪道昆：《太函集》卷35，《明赐级阮长公传》，四库全书存目丛书集部118册，济南，齐鲁书社1997年版。

③ 王宗沐修，陆万垓补：《江西省大志》卷8，《楮书》，万历二十五年（1597）重刊本。

④ 参见江苏省博物馆编：《江苏省明清以来碑刻资料选集》，北京，三联书店1959年版，第377页。

随着徽州出版的日渐繁盛，墨的需求量日渐增多，徽州墨业的商业化日渐浓厚，徽州墨商也日渐增多，商业竞争日趋激烈。这可以从明中叶方于鲁、程君房的墨业竞争事件得到充分的反映。

徽州出版的发展，还促使不少徽商积极投身于刻工业、制版业，不仅带动了刻工业和制版业兴盛，更促进了这些手工行业的商业化。此外，徽商参与图书贸易活动，促进了图书市场的繁荣，后文将详细探讨，此处不赘述。

（二）徽州出版对徽商好儒的促进作用

徽州出版的繁荣，强化和宣传了徽商好儒的特色。

首先，徽州出版的兴盛，强化了徽商的藏书风气。吴晗说："自板刻兴而私人藏书乃盛。"① 这表明了刻书与藏书的互动关系，"刻书与藏书本是互为因果的孪生子，刻书为藏书提供物质基础，藏书为刻书提供了物质条件，二者相辅相成"②。徽刻版本向来以高质量的印制特色闻名于世，向为藏书家所推崇，隆庆、万历时图书评论家胡应麟（1551～1602）评论各地刻本质量云："余所见当今刻本，苏常为上，金陵次之，杭又次之，近湖刻、歙刻骤精，遂与苏常争价。蜀本行世甚寡，闽本最下，诸方与宋世同。"③ 因而徽刻版本也是为藏书家所收藏的重要对象，徽商图书收藏家也概不例外，徽州出版的兴盛，无疑助长了徽商藏书的风气。

其次，徽州出版的兴盛，刺激了徽商的文本创作，并刊刻传世。明清时代徽商留下了众多的文本作品（李斗《扬州画舫录》、许承尧《歙事闲谭》中都介绍了大量的徽商著述），与徽州出版兴盛有着非常密切的关系。同时，不少徽商参与刻书活动过程中，这有助于提高其文化修养，如全祖望《丛书楼记》曾描述马氏兄弟在藏书刻书过程中汲取学养的情形："聚书之难，莫如雠校。嶰谷于楼上两头各置一案，以丹铅为商榷，中宵风雨，互相引申……珠帘十里，箫鼓不至，夜分不息，而双灯炯炯，时闻雠诵，楼下过者多笑之。以故其书精核，更无伪本。而架阁之沉沉者，遂尽收之腹中矣。"

再次，得徽商资助刊印的文人著述，必然为徽商歌功颂德，且多从"儒者"的角度加以介绍，这客观上宣传了"徽商好儒"的特色。翻开徽

---

① 吴晗：《江浙藏书家史略》，《序言》，北京，中华书局1981年版，第2页。
② 刘尚恒：《徽州刻书与藏书》，扬州，广陵书社2003年版，第3页。
③ 胡应麟：《少室山房笔丛》，《经籍贯通四》，文渊阁四库全书本。

州方志以及明清时代一些文人文集甚至戏曲小说中，歌颂徽商"儒行"的篇幅可谓俯拾皆是，这些篇章对徽商好儒形象的塑造，无疑起到推波助澜的作用。

最后，转入仕途的徽商子弟著述，为商人辩护，辩护的同时，往往以徽商为例，无疑也宣传了徽商的"儒者"形象。尤其是在清初，朝廷为维护其统治，独尊提倡"存天理、灭人欲"的程朱理学。然而，明中叶至清中叶，徽商处于鼎盛时期，在徽商影响下，徽州学人大多数具有与商品交换相通的民主性思想和反传统的创新意识，诸如，汪道昆阐扬的重商观念，堪称挺立于当时商学理论的前沿；明人方承训、方于鲁、胡镇，清人程庭等等，他们或曾服商或为商人后裔，他们纷纷著书立说，对"贾""儒"的深层互促关系，从实践到理论都做了独到的论述。如"人人不可无商"（万历《歙志·货殖》）、"阀阅家不惮为商"（唐顺之：《唐荆川文集》卷15《程少君行状》）、"籍能贾名而儒行，贾何负于儒?"（汪道昆：《太函集》卷52）、"良贾何负闳儒"（汪道昆：《太函集》卷55）、"士有百行，即四民皆士也"（方弘静：《素园存稿》卷18，《题程处士传后》）、"处者以儒，行者以商"（嘉庆《两淮盐法志》卷5）、"夫养者，非贾不饶；学者，非饶不给"（汪道昆：《太函集》卷42）、"士商异术而同志"（《汪氏统宗谱》卷116《弘号南山行状》）、"业儒服商各随其矩，而事道亦相通"（《汪氏统宗谱》卷168），戴震早年服商，称徽商"咸近士风"（戴震：《戴节妇家传》）。这些言论的著作往往为官方禁毁，然而民间刻书的兴盛，无疑为这些观点的传播，提供了方便之门。

徽商好儒，其实质是一种文化自觉。今天看来，这种文化自觉是把双刃剑，一方面儒学的经世智慧促进了徽商的成长；另一方面，儒学伦理规范又导引了徽商向传统社会秩序的回归。

（三）商业书对徽商商业教育的重要意义

关于徽商的商业书出版的具体情况详见本书第五章，此处暂略过。商业书在徽州地区得到了广泛的印刷和传播，这为明清徽州地区的商业风气的盛行起到了推波助澜的作用，为经商者乃至后继者起到了非常重要的启蒙和教育作用。

徽州从商习俗蔚然成风，一般家庭较重视对儿童的启蒙教育，在启蒙教育中，商业教育含有很大的成分，徽州坊刻适应此种需求，刊刻有不少商业文化教育的启蒙读物。如《为商十要》《生意蒙训俚语十则》《买卖机关》《便蒙习论》《日平常》等。在《生意蒙训俚语十则》这本书中，徽商总结了十条营商的要领，内容包括勤谨、诚实、和谦、忍耐、通变、俭朴、知义礼、有主宰、重身惜命和不忘本。其中"通变"即指做生意不死板，灵活变通。拿今天的话说便是注重信息，掌握市场动态，随机应变。"而徽州民间辗转传抄的一些启蒙读物，在徽州人的孩提时代，即向他们灌输了诸多商业知识和商业道德，因此，从某种意义上来看，可以视作初级的商人书、商业书，理应引起我们的注意。"① 商业书作为启蒙教材，无疑对徽商整体及其可持续发展有着极其重要意义。再如徽州茶商江明恒编撰了《做茶节略》，该书为正楷手写本，全书77页，页10行，行13～14字，全书1万余字。详细介绍了做茶的工序、每道工序的技术要领以及做茶中的有关管理问题。它是徽州茶叶制作经验的总结，是徽州茶商要求其所雇佣的做茶人员必须遵循的技术规范② 。这部商业书对江氏茶商后继人才的培养以及江氏家族的茶叶经营、管理等均具有重要意义。

（四）家族谱牒巩固并强化了徽商的宗族关系

虽然徽州商品经济的发展，对徽州固有的宗族关系产生了前所未有的冲击。但徽州宗族不仅没有出现松动的迹象，反而在某种程度上有所加固。其个中缘由，在于徽商的宗族观念极其强烈，经商致富后时时不忘回报乡族、建设家乡。修谱便是徽商回报乡族的一项重要举措。可以说，徽商对于修谱不惜巨资。

谱牒的根本宗旨在于明族属，叙昭穆，辨亲疏，溯源流，是为巩固宗法制度服务的。《汪氏统宗谱序》序后云："经此一修，始有汪无二姓汪无二郡一说，天下汪姓同宗同源。"这种即反映了徽州人重本固源的理念。对宗族来说，修谱是项浩大的工程，需要巨大的经费。如明隆庆三年汪氏宗族修统宗谱成："爰自壬戌首事迄于今八易寒暑，厥工云巨！所费为不资，将事者知悉，虑效劳弗论矣！"③ 明清徽州修谱费用绝大部分摊派到徽商身上。明清时期，在徽商雄厚资本保障的情况下，徽州修谱风气日渐浓厚，形成30年一小修，60年一大修，有些谱一修再修；谱的形式也是由支谱而族谱而宗谱而统宗谱，内容越来越丰富。当然，从某

---

① 王振忠：《徽州人编纂的一部商业启蒙书——〈日平常〉抄本》，《史学月刊》2002年第2期，第108页。

② 参见李琳琦、吴晓萍：《新发现的〈做茶节略〉》，《历史档案》1999年第3期，第114页。

③ 汪湘纂修：《汪氏统宗谱》，《序》，明隆庆三年（1569）刊本。

种角度看，修谱对徽商的商业经营也有一定的积极作用。据日本学者臼井佐知子研究，徽州商人将家谱修纂作为是对他们自己的同一性和共同性的确认以及作为商业活动收集情报的重要手段；徽州家族谱牒编纂的盛行与徽商经营网络的建立、商业的扩张与强化是同步的，通过谱牒的联系，徽商可以得到更大的商业利益。① 学者卜永坚考察了 1694 年刊行的《两淮盐法志》和 1673 年刊行的《槐塘程氏显承堂重续宗谱》，指出《志》和《谱》展示了徽州府歙县槐塘程氏宗族内部的江村派和岑山渡派在明末清初业盐致富，编写宗谱，其后江村派衰败而岑山渡一枝独秀并进而把持两淮盐法志的编撰的过程，"《谱》的编纂，前期由槐塘程氏江村派主导，后期由岑山渡派主导。而《志》中程氏人物，一半来自岑山渡派。槐塘程氏内部编《谱》，必由当时最强大的支派主导，而两淮盐政衙门编《志》，槐塘程氏中最强大的支派，也全程参与。这不就是典型的文化建构过程？徽州商人的盐业帝国，不仅建立在盐业利润之上，也建立在宗族组织与文化认受性之上。宗族组织体现于《谱》。文化认受性体现于《志》。《谱》与《志》成为明清徽商文化策略的必争之地。"② 不过，更多的徽商资助、参与修谱，是他们显耀门庭、显耀个人的基本方式。但归根结底，谱牒的修撰和刊刻强化了徽商的宗族纽带，巩固了徽商的宗法性、封建性，对其文化观念和商业资本的转型起到了较大的阻碍作用。

（五）徽州出版对徽商资本积累的影响

徽州出版对徽商资本积累的影响，须具体情况具体对待。

徽商投资徽州刻书业，其资本回收有两种情形。其一，部分徽商投资坊刻业，靠刻书谋利，图书的利润转为其资本的再积累，为扩大再生产作准备。这种情形对徽商的发展起到了良性的积极作用。其二，部分徽商为图声名，不惜巨资从事图书校雠、刊刻活动，转而收藏和馈赠，其目的不在于谋利。这在一些大徽商及其子弟身上较为常见。如清代扬州盐商马曰琯、马曰璐兄弟，他们投资刻《经义考》300 卷费及千金；又如盐商程晋芳花费巨资购书 5 万卷，日日耽于校雠，"百事不理"，"付会计于家奴，了不堪诘"，"以故虽有俸给，如沃雪填海，负券山积"③。当

---

① 参见〔日〕臼井佐知子：《徽商及其网络》，《安徽史学》1991 年第 4 期，第 20 页。

② 卜永坚：《清初歙县槐塘程氏的文化建构》，《史林》2004 年第 5 期，第 122 页。

③ 许承尧：《歙事闲谭》卷 3，合肥，黄山书社 2001 年版，第 71 页。

然，这种情形对宣传其好儒形象有着一定的作用，对其商业经营环境的改善有可能起到一定的作用。但以损耗资本的原始积累为代价，尤其是过量的投资刻书业，甚至放弃了商业经营，这无疑对徽商的资本积累以及扩大再生产起到了消极作用，不利于徽商商业经济的可持续发展。

三、文化传播与商人的文化自觉

在徽州重教兴学之风的濡沐下，徽商形成了贾而好儒的特色。徽商好儒无疑对明清文化的发展和繁荣起到了推波助澜的作用。梁启超把以徽商为主体的两淮盐商对于清初文化繁荣的贡献，媲美于意大利豪商对文艺复兴的作用："淮南盐商，既穷极奢欲，亦趋时尚，思自附于风雅，竞蓄书画图器，邀名士鉴定，洁亭舍丰馆谷以待，其时刻书之风甚盛……固不能谓其于兹学之发达无助力。与南欧巨室豪贾之于文艺复兴，若合符契也。"（梁启超：《清代学术概论》）梁启超特别提到了盐商刻书对于文化繁荣的作用。"二马"显然是扬州盐商刻书的代表。其出版图书并非纯粹附庸风雅，而是"好儒"的文化追求。正是这种文化追求，形成了徽商及其子弟的文化自觉。部分徽商致富后能够清醒地认识到文化传承的重要意义，以徽商后人郑庆祐编刻《扬州休园志》为例，岳团升在该书序中云："《休园志》者，歙长龄郑生昉村既守其先人家园，因录诸先达游览宴会投赠之作，及有关先人懿行之文，都为一集，以传之家乘者也。"说明郑庆祐编刻《休园志》之首要目的，在于将先人的功绩记载下来，以供后人瞻仰警醒。岳团升进而对商人的两种传承状况进行比较，一种是致富后追求享乐型，"当明承平日久，故家大族多占地为园亭，以自娱乐。方其盛时，高台曲沼，酒座琴歌，意气雄豪，岂不为子孙万世之业？""岁月不淹，风流易尽，一转瞬，不独富商巨室仅恃片时气焰相夸诩者，其人、其地本不足持久……不数年亦复声渐影灭，莫可踪迹。则甚矣，创业之难，而传世久近之不可以预，必也！"穷奢极侈，富贵必不长久。一种是立言于世，嘉惠士林，"何尝不著为故事，传美艺林"，著述立传，其意义则更加深远。郑庆祐则显然属于后者，"举扬俗栗栗少年所为声色裘马、博弈蒲饮之好，纤芥不易其心，则生所以承先启后者，故自有在"[1]。岳团升序中将郑庆祐与其他富商子弟的生活旨趣

---

[1]　岳团升：《扬州休园志》序，郑庆祐《扬州休园志》，清乾隆壬辰刻本。

做了对比，显然郑庆祐秉承了父辈创业守家的精神，并有较强的文化自觉，故能继承先业，以启后人。

（一）儒学传播与徽商文化信仰

清康熙年间《绩溪县志续编》云："新安为朱子阙里，而儒风独茂，岂非得诸私淑者深欤！"①"自朱子以后，多明义理之学"②，其他六县莫不如此，彰显了朱子理学对徽州文化的深刻影响。《歙问》更高度评价朱子理学道统，对徽州文化发展的重大意义："向使我歙不有大儒朱子，于以绍孔孟之道统，名垂万祀，与天壤相并，纵使黄山白水，昭其奇异，亦乌能声称于斯世哉！"凸显了儒风独茂的徽州，深受朱子理学的影响。明清徽州多是宗族大姓，地缘、血缘关系浓厚，为强化宗族教育，乡族刻书、刻谱风气长盛不衰，宗族文化传播在宗族内部的传播效果达到最大化，姓氏族谱、乡邦名士的文集、作品等文献图书成为宗族认同的重要标志之一。道光《重修徽州府志·序》载：（程）怀差奉命守徽州……行其野，则村墟刻镂，桑麻铺彼，比户习弦歌，乡人知礼让，未尝不厥然发愤而兴起，曰："此其俗化之厚，与其乡先生教泽之长也。"又光绪《婺源乡土志·婺源风俗》云："自唐宋以来，卓行炳文，固不乏人，然未有以理学鸣于世者。至朱子得河洛之心传，以居敬穷理启迪乡人，由是学士急自濯磨以冀闻道，风之所渐，田野小民亦皆知耻畏义。"尤其是宗族谱牒，明清徽州人尊奉朱子理学，朱子治家思想在徽州宗族谱牒中俯首皆是，朱子理学与宗族族规家法紧密结合，对徽州宗族的维系与稳定起到了极其重要的作用。徽州宗族家法族规与朱子理学紧密结合，两者相辅相成，相互推进，一方面实现了宗族有效的管理，对族人有具体明确的规范，对某些行为（如闲游、迷信、赌博、奸淫、破坏林木）有严厉的限制，另一方面也巩固和深化了朱子文化在徽州的地位，实际上是介于学术和宗教之间。

乡土文化、宗族教化、宗人学术思想在宗族内部得到代代传承，形成了宗族的文化自觉。这种宗族的文化自觉对人际和谐、乡村治理、社会稳定都起到重要的作用。正如雍正年间《茗洲吴氏家典》序中所云："我新安为朱子桑梓之邦，则宜读朱子之书，服朱子之教，秉朱子之礼，以邹鲁之风自持，而以邹鲁之风传子若孙也。"茗洲吴氏为从事盐业的徽

---

① 窦士范纂修：《绩溪县志续编》卷3，《硕行》，清康熙刊本。
② 乾隆《绩溪县志》卷1，《风俗》，清乾隆二十年（1755）刊本。

商，此语也表明了宗族文化对徽商的深远影响，深化了徽商的文化信仰。朱子信仰对徽商的影响的案例俯拾皆是，如光绪婺源茶商朱文炜，"家业茶，常往来珠江，适值'朱子堂'为匪占夺，炜讼于官，留粤两载，乃复"①。分布各地的徽商会馆，纷纷供奉朱子牌位，以期受其佑护，如江苏大兴徽州木商会馆，"窃我大兴会馆向立西汇，缘罹兵燹，地成瓦砾。艰于创造。兹议公借紫阳地基，起造正堂三间。后厢两极壹间，照旧供奉朱子神位，以为木商集议公所。"② 又如黟县商人汪承嘉经营于蓼六，"徽人商于六者众，岁时伏腊，聚集无所，嘉与众谋仿汉皋金闾例，为会馆，以祀朱子"③。此外，徽商还广建紫阳书院，以承续朱子之学，如明天启歙县商人吴宪，"始自歙迁于杭，为杭始祖……宪与一时知名之士，考地吴山之阳，建书院以祀朱子，岁时登拜，更立期会为文章，今所谓紫阳书院是也"④。如歙县商人鲍志道"独不喜建佛堂道院"，但"其乡有两书院，一在城内曰紫阳，一在城外曰山间，并垂废矣，公慨然与乡士大夫作新之"，并捐资以作膏火。⑤

　　一定历史阶段的文化具有两面性，一方面它顺应了时代的发展，会促进人们解放思想，大胆革新，积极创造；另一方面它迟滞于时代的发展，则会形成人们的思想桎梏，趋于保守，停滞不前。儒家文化信仰之于徽商，正体现了上述两面性。在传统儒家文化理论的指导下，大部分徽商在其成熟期之后，"自觉"于传统儒家伦理的窠臼，无法逾越传统一步，自觉遵守"三纲五常"的封建传统秩序，思想趋向保守。从《三言》《二拍》《醒世姻缘传》《金瓶梅》等小说中，我们应引起注意的是它们都把劝世和醒世的意义寓于其中，劝导人们要讲求道义，要有基本的良知等等，这些都表明：明清商业的发展总体上并没有激烈的冲破传统的要求，而是力图追求理智的规范，主要着眼于社会弊端的针砭和传统美德的修复，而不在重新创造一个新的社会形态，这反映了明清商人资本的发展的局限性。尤其近代以后，中国社会开始转型，西方文化也传入

---

　　① 汪正元、吴鹗等纂修：光绪《婺源县志》卷35，《人物·义行》，中国方志丛书"华中地方"第680号，台北，台北成文出版社1985年版。

　　② 江苏省博物馆编：《木商重建大兴会馆捐款人姓名碑》，《江苏省明清以来碑刻资料选集》北京，三联出版社1959年版，第101~102页

　　③ 吴甸华等纂：嘉庆《黟县志》卷7，《尚义》，《中国地方志集成·安徽府县志辑56》，南京，江苏古籍出版社1998年版。

　　④ 许承尧：《歙事闲谭》卷29，合肥，黄山书社2001年版。

　　⑤ 鲍琮纂修：《棠樾鲍氏宣忠堂支谱》卷21，《中宪大夫肯园鲍公行状》，嘉庆十年（1805）刊本。

中国，这是几千年未有之大变局。中国的思想文化也发生巨变。在这种新形势下，徽商未能接受新的文化，仍固守传统的儒家文化，对形势认识不清，未能把握大好机遇，在经营体制、经营机制、经营方向等方面不能主动改革调整，终于在新的历史形势下逐步走向衰落。

文化自觉是社会主体对进步文化的一种认识和感悟。经济与文化密不可分，文化自觉是商事主体应有的品格。有了文化自觉尤其是富有创新意识的文化自觉，商事主体就具有一种理性，就有文化竞争力，能够主动适应和融入时代变化，实现创新发展；在社会转型期，商事主体如果文化自觉缺失，就会认识不清形势，把握不住机遇，不能与时俱进，落伍必不可免。徽商、晋商两个最大商帮衰落的沉痛教训，值得我们认真汲取。

因此，文化自觉是商事主体乃至社会可持续发展的推动力，而文化迷失则是商事主体乃至社会走向衰败的内在根源。历史告诉我们，时今"富二代"问题解决的根本途径在于培育其富有创新意识的文化自觉。

（二）儒学传播与徽商对商人地位的认知

长期以来中国正统经济观念一直排斥工商，认为工商专计淫巧，不务正业，贼害农桑。以致工商行业乃至工商形象一直为人所不齿。明清徽商在财富上获得极大成功之后，积极谋求社会地位的提升。他们通过各种途径，努力塑造文化形象，显示其不同于一般性的商人。他们除了日常各种孝行义行之外，更崇儒好儒，读书识字，作文歌咏，以文言志。"良贾何负闳儒，则其躬行彰彰矣。"①

追求文化生活，以儒饰贾，努力完善自身素质；参与文化活动，以贾张儒，力图改变人们对商人的偏见。他们中不少是成功的，最终赢得士人们的竖指称赞。新安程白庵客于吴，"吴之士大夫皆喜与之游"。当时文豪归有光作文如此称赞说："程氏由洺水而徙，自晋太守梁忠壮公以来，世不乏人，子孙敷衍，散居海宁、黟、歙间，无虑数千家，并以诗书为业，君岂非所谓士而商者与？然君为人恂恂慕义无穷，所至乐与士大夫交，岂非所谓商而士者与？"② "贾而好儒"的内在情结张力在现实生活中就外化为文化追求。歙县商人范氏（其长子范泓承继贾业，次子范涞出仕，曾任南城知县）提出，"司马氏曰：儒者以诗书为本业，视货

---

① 汪道昆：《太函集》卷55，四库全书存目丛书集部118册，济南，齐鲁书社1997年版。
② 归有光：《震川先生集》卷13，上海，上海古籍出版社1981年版。

殖辄卑之。藉令服贾而仁义焉，贾何负也"①。明代在松江从事盐业生意的徽商程升更提出"良贾何负闳儒"口号②。徽商"贾而好儒"，疾呼"良贾何负闳儒"，恰恰反映了徽商在经济追求和文化追求上的极大倾向，说明了徽商在受到良好的儒学熏陶下，自觉的通过文化追求，来实现自身社会地位的提升。

（三）徽商对文化与经济互动的清晰认识

徽商在自身的发展过程中，与其他商帮形成了自身的鲜明特色，以至于影响到我国近现代商业文化的发展，细究其原因，很大的一部分来源于徽商较早地认识到了经济和文化的互动关系。徽商对文化与经济两者关系的清晰认识，莫过于《太函集》卷52《海阳处士金仲翁配戴氏合葬墓志铭》中，汪道昆所描述的："新都三贾一儒，要之文献国也。夫贾为厚利，儒为名高。夫人毕事儒不效，则驰儒而张贾；既侧身飨其利矣，及为子孙计，宁驰贾而张儒。一驰一张，迭相为用，不万钟则千驷，犹之转毂相巡，岂其单厚计然乎哉，择术审矣。"这段话广为学界引用，用以证明徽商的"贾而好儒"的特色，这也恰恰说明了徽商（包括徽商后人）已清晰地认识到文化（儒）与经济（贾）之间的互动关系。

这种认识来源于徽商的商业实践。徽商通过自身较高的文化素养和价值追求，在商业领域建立起了属于自己的商业帝国，在同时期的几大商帮中独占鳌头，使其获得了巨大的商业成功。经济上的成功又使徽商将目光投向了文化领域。不管徽商在明清时期如何发展，对文化领域的投入和重视从来就没有停止过，他们深知，文化的发展保障商业成功的关键。徽商通过财力的投入使徽州的文化事业步步上升，文化事业的上升又给徽商培养一批一批的高素质经商人才，使徽商队伍不断发展壮大。二者相互支持，相互促进。

（四）儒商营造出的良好社会风尚和后代教育导向

与传统的只追求经济利益的商帮不同，徽商并不是只把追求经济利益作为唯一的价值追求。致力于完善和维护良好的社会风尚、重视后代

---

① 汪道昆：《太函集》卷25，《范长君传》，四库全书存目丛书集部118册，济南，齐鲁书社1997年版。

② 汪道昆：《太函集》卷55，《诰赠奉直大夫户部员外郎程公暨赠宜人闵氏合葬墓志铭》，四库全书存目丛书集部118册，济南，齐鲁书社1997年版。

的文化教育是明清时期徽商所形成的一种文化自觉。得益于雄厚的财力基础，徽商对宗族文化环境和宗族社会理想的构建一直在持续地进行，而他们主要是通过文化的力量来营造良好的社会环境和引导后代教育。"吾郡（徽州）少平原旷野，依山为居，商贾东西行营于外以就口食……虽为贾者，咸近士风。"① 清代文士戴名世也曾赞曰："徽人善为生，往往徒手致素封，然其处家庭朋友多仁让有厚德。盖货殖之事，非有士君子之行，亦不能以有成也。"② 良好的社会环境的营造不仅为徽商的经营提供了一个良好的外围环境，使徽商的发展具有了广阔的前景，而从长远来说，徽商精神和良好社会风尚的构建又离不开对宗族后代的教育。

徽商都热衷于对宗族子弟的文化教育，不单单是为自己的商业经营奠定基础，也是从一个宗族的发展角度来进行长远的投资。晚清婺源商人程执中以"程氏四箴"谓曰："读圣贤书，非徒学文章掇科名已也。""故门下多端士，诸弟及期功子弟虽营商业者，亦有儒风。"③ 每一位徽商不管在商业上取得多大的成功，对当地良好社会风尚的引导和构建以及对宗族子弟的教育是其自负的责任。可以说，明清时期的传统徽商从心理上真正接受了程朱理学的思想，营造良好的社会风尚、重视宗族后代的文化教育成为徽商的文化自觉。歙县吴氏家族在《家典》中更明确规定："族中子弟有器宇不凡，资禀聪慧而无力从师者，当收而教之，或附之家塾，或助以膏火，培植得一个两个好人，作将来模楷，此是族党之望，实祖宗之光，其关系匪小。"④ 明代阮弼经商芜湖，"诸宗族亲戚、闾右交游，至者，辄推赤心而纳之交，业儒，则佐之儒，材可贾，则导之贾；能独立，则授赀而薄其息，能从游，则授糈而翼其成。"⑤ 正是说明了徽商传统的文化教育中，注重对后代的积极引导，注重对传统社会风尚的营造，从整个宗族的高度出发，积极地为宗族子弟营造好儒好学的环境，为徽商的长远发展培养继承人，是徽商得以长远发展的动力和源泉所在。

① 《戴震集》卷12《戴节妇家传》，上海，上海古籍出版社2009年版。
② 戴名世：《南山集》卷7，影印复旦图书馆藏清光绪二十六年刻本。
③ 《婺源县志稿》，民国抄本。
④ 吴翟：《茗洲吴氏家典》卷1，胡益民点校，合肥，黄山出版社2006年版。
⑤ 汪道昆：《太函集》卷35，《明赐级阮长公传》四库全书存目丛书集部118册，济南，齐鲁书社1997年版。

（五）徽商的重儒好学与经营谋略

徽商之所以独领风骚数百年，与其较高的文化素养是分不开的。传统的徽州子弟，受到重儒好学思想的影响，对文化的追求都是徽州人家的共同期望。徽州子弟在接受了良好的文化教育后，转而投入商业领域，在这一领域中，一方面他们因为具有相对较高的文化素养；另一方面因长时间徽商对传统文化的积极倡导所形成的良好形象，他们往往能够很快地在商业领域崭露头角，获得巨大的成功。

徽商具有较高的文化素养，其中不乏杰出者广泛吸收古代军事谋略、管理智慧，将之运用于商业经营之中，大大提升了竞争力。如明代绩溪商人章策，"年十八，父殁，大父年老，君随叔父侍养，事母抚弟，遂弃儒承父业学贾，往来兰、歙。精管（仲）刘（晏）术，所亿辄中，家日以裕"。章策"积书至万卷，暇辄手一编，尤喜先儒语录，取其有益身心以自励，故其识量有大过人者"。[1] 又休宁商人汪东瀛，"读小学、四书，辄能领其要。于是通习经传，旁及子史百家，至于音律之妙，靡不究竟。尤潜心于卫生堪舆之学，仰探轩岐之奥，默契曾扬之旨。通达世务，田里之休戚利病，当世之是非得失，莫不熟思详究。意薄进取，挟赀皖城，先达谢公辅奇其刚毅不挠，器度弘伟，日与讲论诗文，远近商游于兹者，咸师事之。"[2] 歙县商人黄玑芳"少读朱子小学，至温公训刘无城以诚；读《尚书》至'有忍乃济'，即有颖悟，谓诚与忍乃二字符也，当佩之终身。平生自无妄话，与人交悃恚忠信。商游清源，清源齐鲁之墟，犹有周公遗风，俗好儒备礼。然其俗又宽缓阔达，而足智好议论，公一以诚御之。故足智好议论者服其诚，而好儒备礼者亦钦其德"[3]。

徽商的博学，使其具有了其他商人所不具有的高素质，在商业中赢得了较高的尊重。如清代大盐商江春（字方伯），"工制艺，精于诗，与齐次风、马秋玉齐名。先是，论诗有南马北查之誉，迨秋玉下世，方伯遂为秋玉后一人。体貌丰泽，美须髯。为人含养圭角，风格高迈，遇事识大体。居南河下街，建'随月读书楼'，选时文付梓行世……江氏世族

---

① 章乔编：绩溪《西关章氏族谱》卷26，《例授儒林郎候选布政司理问绩溪章君策墓志铭》，明年历刻本。

② 汪湘纂：《汪氏统宗谱》卷37《传》，明万历三年（1575）家刻本。

③ 歙县《竦塘黄氏宗谱》卷6《黄公玑芳传》，引自张海鹏、王廷元主编：《明清徽商资料选编》，合肥，黄山书社1985年版，第112～113页。

繁衍，名流代出，坛坫无虚日，奇才之士，座中常满，亦一时之盛也"①。又如歙县商人汪时甫，"君生而敏颖，孝爱性成，幼龄受书，入小学，一再过目即覆按而诵。及长，俶傥能文章，闻南雍为东南名士所聚，君以为丽泽之益莫大于是，乃欣然往游其间……其才智虽与物无苟而奇赢自倍，所谓人□其顺也。寻复理盐筴，辄条陈利弊。极论两淮盐法……醝使者韪其言，有儒商之目焉"②。类例不胜枚举。

因此，徽商对文化传播的重视程度不是其他商帮所能比拟的，他们对文化的追求所到达的思想高度也不是其他商帮能够超越的，正因为一代代徽商对文化的坚持和自觉，徽文化才得以高度繁荣，其成果至今依然令人瞩目。

---

① 李斗：《扬州画舫录》卷12，济南，山东友谊出版社2001年版。
② 杜浚：《变雅堂文集》，清光绪二十年（1894）刻本，四库禁毁集72～313。

第二章　明清商业发展与媒介创新：徽商与徽州出版媒介创新的视角

本章所讨论的出版媒介指的是传统手工印制图书出版物及其表现形式，主要包括作品的信息内容、刻印技术、装帧版式以及图书的发行方式等。通过对徽州出版媒介上述内容的考察，在一定范围内揭示明清文化媒介创新与社会经济（商业）发展的内在关系。

一、明清徽州出版媒介创新

（一）内容（选题）的创新

徽人业商人员众多，分布范围极广，其俗有"十三在邑，十七在天下"之说，清中期沿江流域更有"无徽不成镇""钻天洞庭遍地徽"之谚，人员众多，再加上徽人素来重视宗族网络的构建，这些无疑为徽人的市场调研提供了广大的市场眼线，而图书市场也是其重要的一个方面。通过市场调研，可以帮助书坊主确定图书读者群、确定热销书，了解竞争对手以及了解销售地区。明代中后期随着传统商业经济的再度繁荣，市民阶层兴起，为迎合他们的欣赏情趣，俗文化逐渐繁荣，通俗小说、戏曲等逐渐流行。精明的徽州人善于捕捉市场信息，为迎合市民的阅读情趣，刊刻了大量的小说、戏曲之类的书籍。他们的市场意识超越了当时的苏州、福建、北京等地的书商。

明清徽州出版尤其是坊刻密切关注图书市场需求动向，为迎合读者需求，敢于创新。徽州坊刻除了重点刊刻市场需求量较大的四书五经等儒家经典图书外，在图书选题诸多领域敢于走在同行之先。

第一，关注教育科举应试类图书，从版本样式、装帧设计到内容组合，变着花样创新出版。徽州地区素有重教兴学传统，自唐宋以来便形成了具浓厚读书氛围的书香社会。民间流传"三代不读书，好比一窝猪"，更有楹联"第一等好事只是读书""读书好营商好效好便好"等，明清两代重教兴学风气长盛不衰。正是在这种风习里，从孩童启蒙教育到科举应试教育，各个层级的教育图书相当丰富，可谓当时国内发达之区。丰富的图书和巨大的读者需求，使徽州地区存在了巨大的教育教学应试图书市场。明清徽州进士不但总数位居全国各府前列，而且状元人数则更为显赫"徽州明清文进士数占全国 2.2%，其中明代占全国的 1.82%、清代占全国的 2.55%。""以府计，清代苏州府状元最多（不包括太仓州），有 24 人，如果去掉其中 6 名具有徽州籍的状元，苏州府实有状元 18 人，比徽州府尚少 1 人。"① 造就了如此显赫的科举成绩，可以反观明清徽州浓厚的读书风气和丰富的图书需求量。徽州坊刻很好地驾驭了这种市场，从童蒙读物到科举应试用书，其坊刻图书应有尽有。不仅如此，他们还关注儿童启蒙教育，变着花样出版启蒙读物，如《三字经》《百家姓》《千字文》《神童诗》《弟子规》《幼学琼林》《五经四书》等。徽州地区儒风独茂，他们视"科举为第一生业"，商业经济不但未减弱这种风习，他们崇尚"左贾右儒"，反而助长了这种趋势。浓厚的科考之风，造就了巨大的科举读物市场。徽州坊刻纷纷投资刊刻此类书籍。如万历坊刻大家吴勉学就刊刻了《毛诗》《周礼》《仪礼》《春秋左传》《十三经》《二十子》等。内容丰富、版本多样，从精刻本到袖珍版，从插图本到套印本，可以说应有尽有。

　　第二，顺应大众欣赏趋势，率先刊刻通俗消遣读物。徽人很关注图书市场需求和读者的阅读心理，如明万历黄正位刊刻《阳春奏》，"卷内俱是北调，末乃附以南音，盖北音峻劲，恐为世俗所憎，特附新声以快时眼，博雅君子其尚鉴焉。"② 这段话恰恰反映了明后期北调南音流行的变化趋势，黄正位正是顺应这种流行趋势，在图书中做了对应。通俗消遣读物，一般是提供人们在休闲之时阅读，它是随明清市民阶层兴起而兴盛的，一般包括戏曲、小说、历史故事、养生读物等。通俗消遣读物一旦兴起后，便成为市场上的畅销读物。此类图书的刊刻，徽州人可以说是走在国内同行的前列，很多戏曲小说的出版就是出自徽州人之手，如著名的《红楼梦》

---

　　① 李琳琦：《明清徽州进士数量、分布特点及其原因分析》，《安徽师范大学学报》2001 年第 1 期，第 32～33 页。

　　② 黄正位：《阳春奏·尊生馆主人漫语》，吴毓华《中国古代戏曲序跋集》，北京，中国戏剧出版社 1990 年版，第 101 页。

的初版就出自徽人程伟元"萃文书屋"，后人翻刻不断。徽人亦是较早刊刻《水浒传》者，明人沈德符《万历野获编》卷五"武定侯进公"称，嘉靖年间武定侯郭勋家中有《水浒传》一部，"今新安所刻《水浒传》善本，即其家所传。前有汪太函序，托名天都外臣者。"是序落款署"万历己丑孟冬"，即万历十七年（1589），这应是目前能够知道的对《水浒传》较早的评论之一，也表明徽人当在万历十七年前即已刻了《水浒传》。又如"目连戏"唐宋以来流传于东南及中原诸地区，但以连台本戏的形式、以完整的故事内容、以丰富多彩的表演艺术登上戏曲舞台，则自明万历年间郑之珍"高石山房"编演的《新编目连救母劝善戏文》开始，它首创了我国戏曲艺术中通俗戏剧及连台戏的新纪元，代表了我国戏曲史、新安版画艺术的新成就。① 在浓厚的商业风气的影响下，徽州坊刻更注重刊刻部头小、刊刻易、销售快、获利多而又广受市民欢迎的戏曲小说、日常生活用书等类通俗消遣读物。如戏曲类《琵琶记》《目连救母》等，小说故事类《新刊徽郡原板校正绘像注释魁字登云故事》《新刊魏仲雪先生批评投笔记》《新镌女贞观重会玉簪记》《牡丹亭还魂记》《半夜雷轰荐福碑》《琵琶记》《红佛记》《虞初志》等，一刊出，"悬之国门，纸价为高"②。有一些特别受到欢迎的作品则一版再版，甚至一县之内短时间内同时出现几个刻本。如《新镌女贞观重会玉簪记》在万历时就有三个刻本，即歙县呈坎谢氏"长春堂"刻本、歙北谢虚子"观化轩"刻本、黄德时"还雅斋"刻本，后世翻刻的版本更多。

徽人刊刻通俗读物也并非纯粹迎合市民阅读心理，一些不得志于仕途的文人学士，开始寻觅新的路径传播自己的思想抱负，既不得志于主流群体，于是眼光下移，关注民间大众，常借助戏曲、传奇等俗文学形式，传播救世思想、道德情操、惩恶扬善之内容，通过俗文化的形式实现"修身、齐家、治国、平天下"之夙愿。如明祁门县郑之珍失意于科举，于是谓人曰："予不获立功于国，独不能立德立言以垂训天下后世乎！"③"高石山房"刊刻《目连救母劝善戏文》，其序文言："余不敏，初学夫子而志《春秋》，惜以文不趋时而志不获遂。于是萋念于翰场，而游心于方外……乃取目连救母之事编为《劝善记》三册，敷之声歌，使

---

① 参见何立芳：《徽州目连戏与郑本原刻雕版》，《东南收藏》2010 年第 6 期，第 116～117 页。

② 王重民：《中国善本书提要》，上海，上海古籍出版社 1993 年版，第 689 页。

③ 胡天禄：《目连救母劝善戏文》跋，明万历高石山房刻本。

有耳者之共闻；著之象形，使有目者之共睹。至于离合悲欢，抑扬劝惩，不惟中人之能知，虽愚夫愚妇靡不悚恻涕洟感悟通晓矣，不将为劝善之一助乎……余学夫子不见用于世，于是惧之以鬼道，亦余之弗获已也。盖惧则悟矣，悟则改矣，改则善矣，余学夫子之心亦少慰矣。"①"其有关于世教不小矣！"②又如徽人汪云鹏"玩虎轩"刊刻《琵琶记》，自序云："遂检笥中藏本，亦按节想象而付之剞劂，庶俾揽者见子孝妻贤则思励，见私昵暗约则思惩，而卧者鲜矣，于大道未必无少助云。"③汪廷讷《投桃记》《玉合记》《彩毫记》等，"是编之刻，其愿天下人知所惩创，而开示以自省之门乎。"④万历年间婺源汪樵云"浣月轩"刻《蓝桥玉杵记》，"首重风化，兼寓玄诠，阅者斋心静思，方得其旨"⑤。可谓与郑氏异曲而有同道之感。

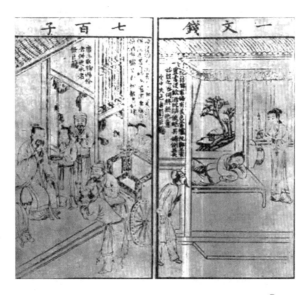

图 2-1　万历歙西许氏酬酬斋《酬酬斋酒牌》⑥

（原版 15.4cm×8cm，"酒牌" 又称 "酒仙谱" "页子格"，明末清初民间颇多流行）

---

①　郑之珍：《目莲救母劝善戏文》自序，明万历高石山房刻本。

②　胡天禄：《目莲救母劝善戏文》跋，明万历高石山房刻本。

③　汪云鹏：《琵琶记》序，万历间 "玩虎轩" 刊本。

④　无名氏：《题汪无如〈投桃记〉序》，吴毓华《中国古代戏曲序跋集》，北京，中国戏剧出版社 1990 年版，第 105 页。

⑤　汪樵云：《蓝桥玉杵记·凡例》，明万历间 "浣月轩" 刻本。

⑥　图片来源：周芜《中国版画史图录》图 251，上海，上海人民美术出版社 1988 年版。

　　第三，关注民生，广刻日用类书。日用类书范围广泛，实用性强，关乎百姓日常生产和生活，颇受人们欢迎，因此市场空间很大。明清时期在商业发达的徽州地区，这种现象也非常典型，日用百科图书的出版遍布大小坊肆，从言简意赅、篇幅短小的日历、尺牍、聘帖、风水之书，到包罗万象的日用全书，内容涉及天文、地理、经济、政治、社会礼仪、宗教、卫生、健康、巫卜、风水、婚嫁、日常习俗等等，应有尽有。如新安余氏双荣精舍刊刻的《地理大全》，介绍天文地理常识，不仅是启蒙读物，而且方便行旅查阅。崇祯时期发行的《五刻徽郡释义经书士民便用通考杂志》一书，内容涉及天文地理、典章制度、人情风俗、土地契约、医卜星相、交通路程和商业信息等，是当时百姓常用的百科全书，从"五刻"两字推知，此书还是很受时人欢迎的。明末屯溪"开益堂"坊刻的《新镌便蒙群珠杂字》一书，其内容不仅包括书启活套、古今尺牍精粹、聘书宴帖等日常往来应用文体，还涉及天文、地理、人事、器用等杂字，篇章短小精悍，将识文造句和生活常识相结合，雅俗共赏，

图2-2　《套版简帖》插图"春游"①

---

① 图片来源：周芜《中国版画史图录》图246，上海，上海人民美术出版社1988年版。

经济实用，故广受欢迎。又如康熙四十九年（1710）屯溪"茹古堂"刻坊的《开眼经》，内容包括天文、星象、农业、卫生、教育、政治、法律以至婚嫁生子等社会和自然常识，是一种普及教育的启蒙读物。清代乾隆、嘉庆年间徽州地区非常流行"简帖"之类的文书契帖，徽州坊刻也广为刊刻。如周芜《中国版画史图录》精选了《套版简帖》插图"春游"（见图2-2），为彩色套印，此类文书契帖，各地均有存藏，大抵从乾隆、嘉庆间所流行。日用书信活套类图书，王振忠等从《汪大盛新刻详正汇采书信要言》①入手，对此做了研究，本书不赘述。

第四，商旅行程、商业经营、宣传广告、画册等读物。徽人编辑出版了不少商业书，可以说走在国内领先行列。这类商业书主要有：商旅行程书、商业经营书、商业宣传广告书、商业宣传画册等。

商旅用书，如徽商黄汴的《一统路程图记》、陶承庆的《商程一览》、憺漪子的《士商要览》、清刊的《路程要览》、陈其辑的《天下路程》、赖盛远编的《示我周知》、吴中学编的《商贾便览》等。这些书是从徽商角度编写的日用百科全书，从天文、地理、朝代、职官到全国经商所经过的路程、风俗、语言、物产、公文书信、契约、商业算术等都包罗，并写进了一些商人应遵循的伦理道德。据范金民研究，黄汴很可能本身就是书商。黄汴、程春宇、憺漪子三位徽商，都侨居在江南（南京、杭州），都编写了商业书，其书或编于苏州，或刊刻、作序于南京。以经商的亲身经历写成，在商品市场发达、刻书印书的中心江南刊印的这些商业书，销路一定不错。若果真如此，则这些商人编写这类商业书，在有裨实用的名义下，为的是谋取丰厚的商业利润。试观憺漪子的《天下路程图引叙》所言，"凡疆理山川辇辖，关津驿舍之次第，皆可以按程计里，纵横贯穿，回环往复，分率参合，无一抵牾，如躔度交会而辰宿次舍不失分寸，如营卫周布而经络节穴不差毫发。后之览者，必各随其所至，合符其所见而始信其工也，则行者箧之，以为镇车之宝也"，简直就是一段自我吹嘘的广告词。可以设想，商人自己编写商业书，绝不仅是简单的文献流布之事，而更是有意识的商业文化经营活动。②

---

① 王振忠、王娜：《作为启蒙读物的徽州书信活套——刊本〈汪大盛新刻详正汇采书信要言〉介绍》，《安徽史学》2007年第3期，第77~84页。

② 参见范金民：《明清地域商人与江南文化》，《江海学刊》2002年第1期，第126~133页。

　　一些徽州坊刻充分利用徽商总结商业经营或商品生产经营，将其著述刊行于世，也广受欢迎。如《宝货辨疑》《典业须知》是典当铺的教科书，相传的都是钞本。明胡文焕刻《格致丛书》，却把它抽出作为一部单行的书印出。徽州茶商江明恒编撰刊印了《做茶节略》，该书为正楷手写本，全书 77 页，页 10 行，行 13～14 字，全书 1 万余字。详细介绍了做茶的工序、每道工序的技术要领以及做茶中的有关管理问题。它是徽州茶叶制作经验的总结，是徽州茶商要求其所雇佣的做茶人员必须遵循的技术规范。① 这部商业书的刻印，对江氏家族商业人才的教育和培养以及经营和管理等均具有重要意义。再如程大位的《算法统宗》是一部集各种算法纂理之大全的珠算著作，有教科书、工具书及实用手册等诸多功能，可谓是一部雅俗共赏、深入浅出、趣味盎然的珠算科普著作。该书于万历壬辰（1592）由程大位的"宾渠旅舍"正式刊行，"用布海内，一时纸价腾贵，坊间市利，竞相翻刻"②。

　　刊印画册类。如明代黄凤池"集雅斋"刊印《唐诗画谱》，"是书刊于天启中。取唐人五六七言绝句诗各五十首，绘为图谱，而以原诗书于左方，凡三卷。末二卷为花鸟谱，但有图而无诗。则凤池自集其画，附诗谱以行也"③。此书实际上集诗、书、画为一体的版画图谱。为明代徽派版画的代表作之一。诗选唐人五言、六言、七言各 50 首左右，书求名公董其昌、陈继儒等为之挥毫，画请名笔蔡冲寰、唐世贞为之染翰，刻版出自徽派名工刘次泉等之手，堪称"四绝"。被时人誉为"诗诗锦绣，字字珠玑，画画神奇"。《唐诗画谱》自刊印以来，广受欢迎，被屡屡翻刻，甚至流传到日本，亦一再翻刻。明天启元年（1621）休宁程宗献编辑刻印《耕余剩技》4 卷，该书谈论兵法战技，配以画像，将抽象枯燥的战斗技巧描绘的形象生动（见图 2-3）。明末胡正言"十竹斋"刊印的《十竹斋书画谱》《十竹斋笺谱》，更是将徽派版画发挥至极致。

　　第五，刊刻汇编、类书、丛书等大部头图书。汇编、丛书、类书便于学习，一部汇编、丛书或类书，可概括群籍，搜残存佚，为功尤巨。

---

　　① 参见李琳琦、吴晓萍：《新发现的〈做茶节略〉》，《历史档案》1999 年第 3 期，第 115 页。

　　② 范时春：《算法纂要》跋，程大位著，李培业校释：《算法统宗校释》，合肥，安徽教育出版社 1986 年版，第 246 页。

　　③ 《四库全书总目提要》卷 114，《子部二十四、艺术类存目》，文渊阁四库全书本。

图2-3　《耕余剩技》之"单刀法选"①

（原版 25.7cm×18.7cm）

图2-4　《方氏墨谱》之"明王慎德、四夷咸宾"②

（原版 23cm×13.8cm）

欲多读书，买丛书或类书最为便捷。徽人亦是最早从事丛书编刻活动的，"程荣，字伯仁，歙县人，是万历间徽州府以编刊大型丛书行世著名的

坊刻家，世称真正的刻印丛书从程荣始，所刻自辑的《汉魏丛书》38 种251 卷，装订 40 册，号称中国古代出版史上第一部真正的丛书"①。明清徽州坊刻刊刻此类图书数量繁多，有的部头大、刊刻质量精良，不少为后人所称颂。汇编类如汪宗尼刻印的《万首唐人绝句》101 卷、《唐诗品汇》90 卷等；丛书类如程荣辑刻的《山居清赏》15 种 28 卷，吴勉学的《古今医统正脉全书》44 种 204 卷、《二十子》20 种 169 卷、《十三经》15 种 90 卷等，吴桂宇刻印的《诗纪》11 种 156 卷，吴琯刻印的《古今逸史》55 种 223 卷、《薛氏医按》24 种 107 卷，程百二刻印的《程氏丛刻》9 种 13 卷，郑思鸣刻印的《古今道脉》4 种 45 卷、《喻子十三种秘书兵衡》13 种 13 卷，汪士贤的《汉魏六朝诸家文集》128 卷、《山居杂志》21 种 38 卷，胡文焕刻印的《格致丛书》178 种 238 册、《胡氏粹编》5 种 20 卷、张潮的《昭代丛书》3 集 150 种 150 卷、《檀几丛书》157 种、黄奭刻印的《汉学堂丛书》291 种 250 卷等是徽州坊刻丛书中最为著名的书籍。据徐学林不完全统计，明清时期徽人编刊丛书的姓氏有 30 家，所刊刻丛书累计有 221 套 261 版次。②

（二）出版技术的创新

徽商经营致富后，一方面积极投资新的商业领域，另一方面加紧家乡的住宅建设。徽商在住宅建设上十分讲究，不惜重金，在室内楼阁的木器雕刻上下大功夫，聘请能工巧匠，长时间精雕细琢，逐渐造就了一大批在木刻上有高深造诣的人才。随着刻书业的发展，许多木刻名家转移到刻书业。明代书籍木刻插图的创作、印刷过程中，刻工承担了将纸张上的文字、画稿转化为待印凸版，刻工的刻写技术衔接了文字、插图创作和印制成书的两端，是极为重要的中间环节。明代木刻插图整体崇尚工整精丽的画风，刻工的雕刻技术是实现这种印制效果的最关键因素。徽州刻工长于精雕细刻，成为明清刻工市场上的主力军，他们不仅在徽州刻书，且受雇于全国各地的书坊，凭着高超的技艺，广受青睐。再加上徽州文人、画家的参与，徽派版画成为主宰着明清时代的版画阵地。

徽派刻工的技艺及其传承，有一首世代相传的镌刻口诀③：

① 徐学林：《徽州刻书》，合肥，安徽人民出版社 2005 年版，第 81 页。
② 参见徐学林：《徽州刻书》，《明清时期徽州人编刊丛书的不完全统计表》，合肥，安徽人民出版社 2005 年版，第 212 页。
③ 王伯敏：《中国版画史》，上海，上海人民美术出版社 1961 年版，第 91 页。

木板雕画不稀奇，功夫深来心要细。

若要双刀提线稳，多看多刻生巧艺。

多看多刻还要想，刀刻件件样样巧。

功夫只有十八般，雕工难处学到老。

执刀自有执刀理，印刷本领有高低。

□□□□大喜事，先刻人来刻山水。

　　正是由于一代代、一批批投身于刻书事业且技艺高超的徽州刻工，明清徽州出版在技术上获得了极大提升。首先，活字印刷技艺的突破。2005年11月黄山市屯溪区发现一件集版画、活字于一体的明代中期道教典籍《性命圭旨》印刷品，残页尺寸46cm×28cm，其中版画尺寸20cm×12cm，使用了单个活字、长句活字条、版画雕版等多种不同规格的活板，这是目前国内所能见到年代最早的将版画与活字混合拼版的图文共版活字印刷品。虽还不明确到底是官刻还是私刻，但至少表明，明代徽州刻印家已将版画、图片等艺术元素引入活字印刷。这是活字印刷工艺发展进程中最有创新意义的一次飞跃，标志着传统活字印刷跳出了纯粹"字"的框框，把"活字"的概念扩张到了版画艺术、美术纹饰、书法艺术、印章篆刻等所有艺术形式，极大地丰富了活字印刷的内涵。①

　　其次，在版画制作技术方面，徽州版画达到了历史的高峰。明代万历中期，中国古代版画艺术发展到一个高峰，郑振铎先生把这个时期版画艺术称之为"光芒万丈的万历年代"。此时，书籍已发展到无书不图的境界，从"四书"（经、史、子、集）到一般的儿童读物，都附上插图，有时还附以与内容不相干的一幅精美图画作为书的封面。出版的小说、戏曲以及文学、历史、地理之类的书籍，往往都附有大量精美的插图。此时，附有插图的书籍，不仅是文人学士的案头必备之物，而且深入市民群众的生活之中，丰富着市民生活。徽州有一批热衷于版画的书商、文人墨客、画家和木刻家，所刻的书籍行销全国各地，所附的插图，绘、刻、印刷俱佳，在当时的出版界遥遥领先。万历十年（1582）高石山房郑之珍刊《新编目连救母劝善戏文》插图的出现，徽州版画始见生机。此本插图人物栩栩如生，刀刻飞动大胆泼辣，民间气息很浓。论者常以此本插图为徽派版画的分水岭，而后徽州版画走向精工细丽的路子。自此，徽州的墨庄和书坊老

---

① 参见佚名：《黄山市发现一明代印刷品具有重要学术价值》，《黄山日报》2005年11月17日。

板由于竞争的需要，他们不惜工本，请名画家如丁云鹏、吴左千、郑重、黄应澄等人绘图，请名手黄组、黄续、黄应泰、黄应道等镌图，徽州地区的版画出现了崭新的局面。谱录、画谱、民间故事书、诸子百家书，特别是戏曲小说中，都附有精美的插图，这些书中插图，经过画家和刻工们精心制作，使徽州版画为人瞩目，赢得了很高的声誉。

第三，把套版印刷与版画艺术结合起来，就形成彩色版画印刷术，为中国雕版印刷术放出极其辉煌灿烂的光彩。徽州版画最初仅见于佛经的扉页作宗教宣传。早期作品绘刻均显得比较粗糙，是工匠自绘自刻之作。随着徽商经济的进一步繁荣，市民文化的活跃，为了迎合群众的审美爱好，版画风格有了较大的转变。特别是明万历以后，徽州坊刻为了使自己的图书具有市场竞争力，在插图上大做文章，往往不惜重金招聘名画家和名刻工绘刻图版。如万历十年刊本高石山房本《新编目连救母劝善戏文》插图（见图2－5），表现形式发生了很大的变化，它以市民群众喜闻乐见的戏文形式出现，民间气息很浓。

图2－5　明万历十年高石山房刻《新编目连救母劝善戏文》书影及雕版①

（半叶10行，行24字，白口。四周单边，20.2cm×13.4cm）

---

① 雕版现藏于安徽省博物馆。

　　万历后期，徽州坊刻面对当时崇尚豪华的刻书风气，力图在印刷方法上找出新路。套印法就是在这样的历史背景下被他们创造发明了出来，有学者认为套版印刷技术起源于徽州。① 这是明代雕版印刷术中一次重大的技术革命。它的印刷原理与现代石印、铅印、胶印等印刷法的基本原理是一致的，因此，可称为开现代印刷技术的先河。② 元代至元六年（1340）无闻和尚采用朱墨两色印《金刚经注》，有人认为这是我国第一次用套色方法印书，其实不准确的，无闻和尚只是用两种色彩同时涂在同一块版上，并非套色印刷。真正开启两色印刷的，是明嘉靖年间用靛青印休宁赵汸著《春秋集传》15卷（现藏南京图书馆）。而到万历三十年徽州黄氏刻工《古今女范》，采用朱墨套印，这是我国双色套版印刷的起源。万历三十三年墨商程君房改印《程氏墨苑》中的《天老对庭图》，印出红色、黄色的凤凰和绿色的竹子，整体协调美观，全书彩图50幅，使用四色、五色，都是先涂上颜色于版上，然后印刷出来，为一套而具数色。郑振铎认为："后来诸色套印本盖即以此变化而出……我国人谈彩色套版，每不知其起源于何时，得此书，则此疑可决矣。"到了万历三十四年徽州刻工黄一明刻的《风流绝唱图》，又比《程氏墨苑》套印更进了一步。③ 明末胡正言又创制了饾版、拱花印刷术，刻印了《十竹斋书画谱》《十竹斋笺谱》。用饾版和拱花法印出的彩色图画极尽造化之功，开创现代彩色印刷术的先河，是徽州坊刻家和刻印工人们自套印法发明后又一重大的印刷技术突破，是中外版画史上的里程碑事件，是对世界印刷史上的又一重大贡献。

　　一些徽商为宣传自己的商品，刊刻宣传广告画册，为达到宣传效果，在刻印质量和采用技术方面更是不惜工本。典型的如《方氏墨谱》即带有广告性质，其印制最初的目的是用于商业宣传，"此编乃所作《墨谱》。首列同时诸人投赠之作，下分国宝、国华、博古、博物、法宝、鸿宝六类。上自符玺圭璧，下至杂佩，凡三百八十五式，摹绘精细，各系题赞，亦备列真草隶篆之文，颇为工巧。然其意主于炫耀以求名，故所绘仅墨

---

　　① 参见王重民：《套版印刷法起源于徽州说》，《安徽历史学报创刊号》1957年10月，第31~38页。

　　② 参见徐学林：《明清时期的徽州府刻书业》，《安徽师范大学学报》1992年第2期，第93页。

　　③ 参见张国标：《徽派版画艺术略论》，《徽派版画艺术》卷首，合肥，安徽美术出版社1996年版。

之形制，与程氏争胜于刻镂间耳，于墨法未尝一讲也"①。方于鲁刊刻《墨谱》，大篇幅罗列名人题赞和所制之墨的形制，而一篇未提制墨之法，这正是出于与"程氏争胜"之目的。而其竞争对手徽商程大约也不甘示弱，开设"滋兰堂"，编纂了《程氏墨苑》14 卷附汇聚诸名公赠诗序跋为《人文爵里》9 卷，采用套印技术尤其是《程君房墨赞》7 卷中的 50余幅墨图改印为四色、五色彩印。更有甚者，卷末 35 页后，北图藏本中又加了 3 幅宣传西洋天主教教义的宗教画。这些举措是出于和于鲁商业竞争的目的。与上述两者是为击败对方而刻书宣传不同的是，清曹素功刊印的《曹氏墨林》，则纯粹是宣传自己的墨品，随印随赠，"不似方、程诸家以夸多斗巧为事，而大抵适于实用，故士大夫颇重之。是编即一时投赠诗文，素功裒辑成帙者也"②。与此类似的是，光绪年间"胡庆余堂雪记"药号刻印的《丸丹全集》，详细著录了"雪记"所生产的系列药品的原料、功能、疗效，具有强烈的宣传意识。这可以从该书序中可以看出，序中首先声明"定价划一"，定期折扣，童叟无欺；其次申明药材来源地道、配置精致；最后强调具体地址："仕宦巨商赐顾者，认明杭城大井巷北口坐西朝东石库门，中堂供奉天医神便是。"③ 另外还有清代徽州典商"惟善堂"编刻的《典业须知》等。

郑振铎先生称："他们以特殊的技巧表现了这样'娇小玲珑'的生活方式，也正是因为他们表现了古典的'美'，他们才产生自己特有的风格。他们力求'完整'的'美'，或'健全'的'美'，也就是所谓'古典'的'美'。他们创造了自己完美的作品，也创造了这样一个古典的木刻画的时代。"④

（三）装帧版式的创新

徽州出版赢得"歙刻骎精"的声誉，推向市场的图书能与"苏、常争价"，主要归功于他们在刻书质量上下功夫，同时注重装帧版式的不断创新。

1. 精益求精，务求变化

一部质量好的图书，除其内容价值外，还在于它的形式美，包括字体、刀法、款式、纸张、墨色、装订等。

① 《四库全书总目提要》卷 116，《子部二十六、谱录类存目》，文渊阁四库全书本。
② 《四库全书总目提要》卷 116，《子部二十六、谱录类存目》，文渊阁四库全书本。
③ 胡雪岩：《丸丹全集》，《序》，光绪三年（1877）抄本。
④ 郑振铎：《中国古代木刻画史略》，上海，上海书店出版社 2006 年版，第 99 页。

对于明代兴起的宋体字，不少图书鉴赏家颇多不满，如钱泳云："刻书以宋刻为上，至元时翻宋，尚有佳者。有明中叶，写书匠改为方笔，非颜非欧，已不成字。近时则愈恶劣，无笔画可寻矣。"① 然而，这种字体的出现，正是适应明代发展极盛的坊刻业实际需要的。叶德辉感叹于明代宋体字的风行："古今艺术之良否，其风气不操之于缙绅，而操之于营营衣食之辈。"② 此言放置于整个古代，其正确与否不敢妄断，但置于明清是很有道理。明清时代是中国商品经济发展之鼎盛时期，商人力量的崛起，对艺术欣赏风气的转变有着至关重要的作用。明末太仓人王世贞说："书当重宋，而三十年来忽重元人，乃至倪元镇以逮明沈周，价骤增十倍。窑器当重哥、汝，而十五年来忽重宣德以至永乐、成化，价亦骤增十倍。大抵吴人滥觞，而徽人导之，俱可怪也。"③ 艺术品价格飙升，推原其故，由吴人滥觞而徽人导引。徽人主要是徽商雄厚的艺术品购买力自然在市场导向方面叱咤风云。范金民说："赏鉴工艺品，本是雅事，江南缙绅群相效仿，附弄风雅，新安大估看准市场，开辟投资新途径，在收购贩卖工艺品过程中，与生产者特别是鼓吹者江南缙绅一起，哄抬价格，多方炒作，操纵控制着艺术品市场。江南工艺品市场的形成，工艺品行情的不断看涨，江南缙绅与新安大贾都是有力的推动者。耐人寻味的是，吴人滥觞而徽人导之，在工艺品行市中，最为活跃的是徽州商人，获利最丰的可能也是徽州商人。"④ 此虽泛指工艺品市场，但图书市场亦类似于此。徽州坊刻，一方面迫于市场竞争和宏富的刻书数量，另一方面也是迎合徽商的喜好，他们鼓励刻工改创字体，明中叶以后，徽州地区坊刻首先采用了"仿宋字"，这种字体横细竖粗而窄长，版刻非常规范，易于刊刻，提高了出版效率。"此后为各地雕版业采用，成为明晚期以后我国雕版印刷的标准用字，形成独特的时代风貌。"⑤

徽州商人贾而好儒，徽州坊刻主更是如此，他们不仅把刻书作为谋利的手段，而且更是将传播文化作为立身扬名的重要途径，因此，他们绝大多数刻书务求精审，不惜工本。同时，正是由于好儒，以儒者姿态

① 叶德辉：《书林清话》，《刻书分宋元体字之始》，北京，北京燕山出版社1999年版，第43页。

② 叶德辉：《书林清话》，《刻书分宋元体字之始》，北京，北京燕山出版社1999年版，第43页。

③ 许承尧：《歙事闲谭》卷20，《徽人重倪云林画》，合肥，黄山书社2001年版，第679页。

④ 范金民：《明清地域商人与江南文化》，《江海学刊》2002年第1期，第126～133页。

⑤ 刘尚恒：《徽州刻书与藏书》，扬州，广陵书社2003年版，第193页。

示人，故与国内一些著名学者儒士交往密切，在刻书方面，他们不惜重金聘请一些著名学者担任校勘任务，这样为其图书的内容文字质量提供了重要的人力条件。

徽州坊刻一般聘请在当时技艺为国内一流的徽州刻工担任刊刻任务。徽州刻工以其深厚的文化素质、精致而入微的刊刻技艺享誉海内，基于乡缘或族缘关系，他们更愿意为徽州坊刻服务。徽州刻工的效力为徽州坊刻的文字乃至插图的高质量提供了人力保证。

2. 文图结合，装帧美观

钱存训在评价《十竹斋书画谱》《十竹斋笺谱》时说："中国的彩色套板印刷远非仅是一种复制工艺，也更是一种美术，这是毋庸置疑的。"①版画是随着出版业的不断发展而发展起来的。自宋以来版本刻印的精良已达到很高的程度，刺激了书籍插图的进一步提高，"那目的，大概是在诱引未读者的购读，增加阅读者的兴趣和理解"②。而出版业本身即是商业的一种，这就决定了书籍插图版画是商业性非常强的一门特殊艺术。它与刻书业息息相关，经历绘图、雕版、印刷、套色等一系列工序，和复制的数量、效率、成本挂钩，直接目的是面向市场成为商品，参与市场竞争。③事实上，徽商一介入出版业，就大胆革新，大量刊印版画插图。闻名于世并对后世产生广泛影响的徽派版画，其绝大多数都是书籍插图。这些插图被徽州坊刻加以大量运用，并不断为外埠坊刻所效仿。明万历二十二年（1594）金陵"奎璧斋"刊本《养正图解》，焦竑撰文，奎璧斋主吴继仕解说，丁云鹏绘图，黄奇（鏻）刻写。正文有解说六十则，每则各附单面方式图一幅，以图解形式通过历史典故、古人事迹，宣讲封建伦理道德及论行为规范。在解说中，作者借题发挥，竭力阐述儒家纲常概念及仁、义、礼、智、信的五德思想，宣扬修、齐、治、平的为君之道，劝勉皇子从细微之处作起，修身养性，以达到治国平天下的目的。如图2-6"寝门视膳""膳斥鲍鱼"，分别以周文王、周武王的故事说明古之君子善修身养性的道理。文图结合，绘刻精致，言简意赅，通俗易懂，非常适合市民阅读。明万历三十年黄尚文编刊《古今女范》4卷，内容是从秦代至明朝的列女传记，每人立一传、绘一图。图近200

---

① 钱存训：《齐可德〈十竹斋书画谱〉复制本评介》，奚刚译，载钱存训：《中国古代书籍纸墨及印刷术》，北京，北京图书馆出版社2002年版，第299页。

② 鲁迅：《连环图画琐谈》，《鲁迅选集》，上海，开明书店1952年版，第768页。

③ 参见王琳：《试论徽商经济对明清徽派版画的影响》，《美术史研究》第4期，第62页。

幅，为程伯阳绘，黄应泰、黄应瑞（伯符）昆仲所刊，线条细若毛发，柔如绢丝，是徽派版画书最佳者之一，如图2-7"窦氏二女"，人物刻画极为传神。郑振铎对此书青睐有加："乃干得《古今女范》四册，曾持以示余。……余渴欲得之，屡以为言，而乃干不欲见让。后在北平王孝慈先生处亦见此书一部，印本相同。他处则绝未一见。屡访各肆，皆无之。十余年来，未尝瞬息忘此书也。丁丑冬，国军西撤，乃干忽持此书来，欲以易米。余大喜过望，竭力筹款以应之，殆尽半月之粮，然不遑顾也。斗室避难，有此'豪举'，自诧收书之兴竟未稍衰也。"①

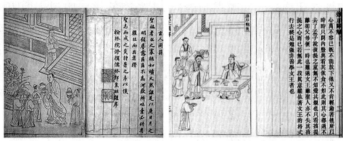

"寝门视膳"图文　　　　　　　"膳斥鲍鱼"图文

（半叶文字，半叶插图，白口，四周单边，24cm×16.3cm）

图2-6　奎璧斋《养正图解》书影②

图2-7　《古今女范》之"窦氏二女"③

（原版21cm×13.2cm）

---

① 郑振铎：《西谛书话》，《古今女范》，北京，三联书店1998年版，第116页。
② 图片来源：周芜《徽派版画史论集》图22，合肥，安徽人民出版社1984年版。
③ 图片来源：周芜《徽派版画史论集》图74，合肥，安徽人民出版社1984年版。

而且，徽派版画很多作品也是诗、书、印、画结合在一起的。万历二十三年（1595）开始刊刻的《程氏墨苑》诗、书、印还在图外，万历四十四年（1616）黄端甫雕刻的《青楼韵语》很多插图，诗文已融入画中。到了清康熙二十九年（1690）黄松如、黄正如刻，吴逸绘图的《古歙山川图》，纯粹是以国画的构图来绘作版画，诗文、书法、印章均已成为整幅画不可分割的一部分。周芜的《徽派版画史论集》中收录了徽刻插图代表作360幅。这些图版有的上文下图，有的文中嵌图，有的图文混一，有的图中嵌文，还有的双页连图，但更多的是单页插图。这些精绝之作显然出于出版业竞争的需要，满足市民阶层对出版物更高的要求。

3. 迎合阅读习惯，变革版式

徽州坊刻的一个重要的市场特色，是他们非常关注市场信息，关注读者阅读需求。从图书内容到装帧设计，能够根据读者心理，进行选择设计。尤其在图书装帧方面，如文史经典著作，字体大方，行距疏朗，显得高雅大方，令人赏心悦目。而小说戏曲等娱乐以及休闲之书，则往往刊插大量的版画，提升读者兴趣，增加卖点。周芜分析徽派版画特色时说："这种以线描为主的徽派版画，较之近代黑白木刻，画面更为明丽爽朗，适合我国人民的欣赏习惯，容易为群众接受。从技法上讲，徽派版画舍弃大面积的黑白对比，在线描上下功夫，也是他们深知人民的爱好和长期实践经验的积累。他们长期与线描打交道。熟娴线的功能，以线条的粗细、曲直、起落、繁简、疏密来表现客观事物的远近、体积、空间和质量等关系，并运用虚实相生、动静对照、繁简互衬等对立统一的规律来刻画人物，这功夫不是轻易可以获得的。"[1] 徽州坊刻图书中采用了大量的插图版画，充分表明了徽州坊刻能够深入洞察读者的阅读心态，迎合他们的阅读需求。

在排版设计方面，也充分考虑到读者的阅读习惯，徽州坊刻对排版形式也给予变革。如我国传统图书版面形式一般有正方形、竖长方形、横长方形等形式。而徽州图书版面一般采用竖长方形，这种形式比较适应当时读者的使用习惯——由上而下、由右向左的阅读、书写。在市场需求催动下，徽州坊刻是最早采用此种版面设计风格的，其流行时间当在万历前后，由徽人将这种风格传到南京、苏州、杭州等地的坊刻生产中，遂流传推广开来。代表作品有万历二十八年汪云鹏"玩虎轩"刻本

---

① 周芜：《徽派版画史论集》，合肥，安徽人民出版社1984年版，第15页。

《有像列仙全传》和万历三十九年"敦睦堂"张三怀刻本《新刻徽版合像滚调乐府宫腔摘锦奇音》6 卷等。

另外，一些徽州坊刻为方便读者携带，印行袖珍版（巾箱本）书籍。如明隆庆间胡文焕所刊印的《墨娥小录》，内容介绍了各种制造秘方、种植巧技和养禽宜忌，以及香谱、牙牌谱等。"小小妙术，多有'谈言微中'之处"（郑振铎《西谛书话》"无名氏：墨娥小录"）。类似情形在徽州坊刻中多有存在。

（四）出版发行的创新

徽州一些较为成功的书坊是很关注图书市场，并将所刊图书大量发行，汪廷讷"环翠堂"所刊图书极受读者欢迎，"其所编次如《玉合》《彩毫》等记，且家传而户诵之。"①可见其发行量相当惊人。明清徽州坊刻依据自身特色和资源优势，综合利用各种有效手段，在图书营销方面亦有自己的独特方面。

1. 面向市场，不拘一格，随印随销

民间俗谚："钻天洞庭遍地徽"，徽商向以精明善于钻营著称，这种特长正是建立在他们善于市场调查，善于把握市场风向的基础之上。徽州书贾亦是如此，他们能够根据图书市场需求，刻印面向读者大众的书籍。徽州刻坊尤其大型刻坊一般是从图书编选开始，历经刻印，再推向市场，实行一条龙作业。一条龙作业的优势在于，能够根据市场需要，编选符合读者需要的图书；自己刊印，能够确保质量；自己销售，能够确保资金回笼。徽州一些著名坊刻，如吴勉学的"师古斋"、吴琯的"西爽堂"、郑思鸣的"奎璧斋"、黄之寀的"尊生馆"、胡文焕的"文会堂"、胡正言的"十竹斋"等皆是实行编印售一体的操作模式。所以，徽州坊刻图书的内容，"基本上集中在时文、策对、尺牍、生活类书方面，其次在故事、小说、戏曲、堪舆方面。这些书往往篇幅小，适应广大士子及社会中下层人的阅读需要，易刻易卖，便于销售赢利"②。如汪樵云刻印的《蓝桥玉杵记》，"本传兹因海内名公闻多渴慕，故急刊布，未遑音释，重订有待。"③为满足读者的急需，先初版以占市场，复谋划修订

---

①　无名氏：《题汪无如〈投桃记〉序》，吴毓华：《中国戏曲序跋集》，北京，中国戏剧出版社 1990 年版，第 105 页。

②　刘尚恒：《徽州刻书与藏书》，扬州，广陵书社 2003 年版，第 70 页。

③　汪樵云：《蓝桥玉杵记·凡例》，明万历间"浣月轩"刻本。

再版，其精明若斯！又如胡文焕刻印的《格致丛书》即如此，胡文焕虽总其名为《格致丛书》，但杂采诸书，随刻随印，没有预先设立固定书目，"是编为万历、天启间坊贾射利之本，杂采诸书，更易名目，古书一经其点窜，并庸恶陋劣，使人厌观。且所列诸书，亦无定数"，而且随着市场需要，还不断更改书目、删改内容，"随印数十种，即随刻一目录，意在变幻，以新耳目，冀其多售。故世间所行之本，部部各殊，究不知其全书凡几种"①。虽然其质量上乘，但也遭到后人的诟病。如叶德辉批评说："至晚季胡文焕《格致丛书》，陈继儒《秘籍》之类，割裂首尾，改换头面，直得谓之焚书，不得谓之刻书矣。"此类批评固然表明了叶氏等人不理解书贾的市场手段，但从侧面表明了胡氏市场销售的精明的市场意识。万历歙县岩镇周氏坊刻亦是如此，其镌刻《新镌汇选辩》，迎合市民口味，杂糅了传奇、散曲多种于一体。郑振铎说："凡选传奇《琵琶记》以下三十四种，散曲《步步娇》'闺怨'（万里关山）以下二十一套。不知何以于散曲后，更杂入《金貂记》传奇一种。所选传奇，中有《四节记》《减灶记》《合璧记》较罕见。然如《京兆记》，则巧立名目，故为眩人，实即汪道昆四剧中之《京兆眉》耳。明人故多此恶习，而于俗本、坊本尤甚。"② 虽有胡编滥造之嫌，但这是徽州坊刻为达到促销，而迎合市场的有效手段。

2. 打造品牌，创意营销

徽州书贾普遍重视书铺门面的命名，力求体现文化底蕴，而且还能深入人心，形成别具特色的招牌堂号。如吴勉学的"师古斋"、吴养春的"泊如斋"、吴继仕的"熙春楼"、程大约的"滋兰堂"等等（更多堂号见《明代徽州本土坊刻分布表》《明代外埠徽州坊刻分布表》《清代徽州本土坊刻分布表》《清代外埠徽州坊刻分布表》）。这些书铺堂号一旦形成品牌后，无疑具有广告效应，对其刻印图书具有促销作用。

徽州坊刻在图书书名上面也很下功夫，力求引人注目，达到宣传效果。"这些书坊刻书，为了吸引读者，引起阅读兴趣，既注意注释，又注意插图，他们所刻书的书名，多带有'新刻''新刊''绘像''注释'等字眼，明显地具有商品色彩。"③ 如以刊刻戏曲小说闻名黄正位"尊生馆"，精选元明杂剧 39 种辑为一刻，为吸引眼球，黄正位为"俗"的丛书起了非常"雅"的名称——《阳春奏》，"兹复选名家杂剧，付之剞劂；乃以杂剧之

---

① 《四库全书总目提要》卷 134，《子部四四、杂家类存目十一》，文渊阁四库全书本。
② 郑振铎：《西谛书话》，北京，三联书店 1998 年版，第 118 页。
③ 刘尚恒：《徽州刻书与藏书》，扬州，广陵书社 2003 年版，第 70 页。

名为未雅也，而题名之曰《阳春奏》，夫《阳春白雪》和者素寡，黄叔以是命名，岂不为元时诸君子吐气乎？"（于若瀛《阳春奏序》①）难怪黄正位所刻之书影响巨大，"悬之国门，纸价为高"，除了其内容通俗，刻印精湛之外，在图书市场小说方面下足了功夫也是非常重要的因素。

3. 借助名人，打造品牌效应

首先，聘请名人圈点评说。刻本书有圈点评说的风气源于宋中叶，元代徽州人方回喜好评点唐宋人说部、诗集，徽州坊刻将其圈点本推向市场，谋以暴利，随即模仿成风，明清徽州坊刻圈点本的范围也在不断扩大，不局限于说部、诗集，还涉及经史。为区别原版正文，坊贾将圈点文字采用别种颜色，推出套色刻印，将刻印技术推向极致，"因是愈推愈密，愈刻愈精。有朱墨套印焉，有三色套印焉，有四色套印焉，有五色套印焉，至是而椠刻之能事毕矣"②。其次，请名人撰写、绘刻，吸引读者。如程荣刻书多延请当时歙县名工黄氏，故其所刻之书多版本精良、技艺高超。同时，为扩大其图书影响，延请焦竑、胡应麟等学界名人作序跋。其所辑刻的《程氏丛刻》9 种 13 卷为当时名版。万历二十四年（1614）程百二组织辑刻的《方舆胜略》18 卷，其中附录《外夷》6 卷中刊载了利玛窦的《世界舆地全图》，"开汉籍引入西洋地图的先河"③。这在当时是相当吸引人的。如万历年间徽州刻坊刻印的《朱翼》，"按是书题为《朱翼》，而实为一普通类书，不过借朱子为号召耳"④。再次，请名人名宦作文题诗词，刊刻宣传。如万历年间汪云鹏"玩虎轩"刊刻《元本出相北西厢记》，为吸引读者，扩大影响，该书卷首刊印了"莺莺小像"，并有"明伯虎唐寅写，于田汪耕摹之"的署名落款。仇英（1502～1552）是吴门画派代表之一，唐寅（1470～1523）号称"江南第一风流才子"，二人均有广泛的影响力，打他二人的招牌，无疑具有很强的宣传效果。但实际上，仇英、唐寅二人均在嘉靖年间去世，而此刻本刊刻于万历年间，无疑是伪作。但这却实现了吸引读者、推广市场的目的。

4. 借助宗族力量，多点多元营销

不少徽州坊刻尤其是大型刻坊，为更好将图书推向市场，充分任用族

---

① 吴毓华：《中国古代戏曲序跋集》，北京，中国戏剧出版社 1990 年版，第 123～124 页。
② 叶德辉：《书林清话》，《刻书有圈点之始》，北京，北京燕山出版社 1999 年版，第 42 页。
③ 《安徽省志·出版志》，北京，方志出版社 1998 年版，第 21 页。
④ 王重民：《中国善本书提要》，《朱翼不分卷》，上海，上海古籍出版社 1993 年版，第 383 页。

人，采取多处设立销售点，扩大市场销售面（类似现代的"连锁店"）。如前所述的胡文焕不仅在杭州设立"文会堂"，从事图书刻印售业务，而且还在金陵设立"思莼斋"书铺，作为销售点，如此多处售书，从而扩大了市场销售面，也提高了市场竞争力。关于汪廷讷刻书所在地，学界存在着争议，有学者认为在徽州本土，也有学者认为在金陵，亦有学者认为部分在徽州刻印，部分在金陵刻印。① 笔者以为，汪廷讷可能采取的就是多点营销的策略，即在徽州"环翠堂"刻印售，同时也在金陵从事销售业务，因为徽州和金陵咫尺之遥，往返运输并不困难，而且金陵市场是徽州书贾热衷地，汪廷讷瞄准金陵图书市场理所当然。明清徽州书贾采取此种营销策略的不在少数。另外，徽州人素以重视宗亲关系、善于在商海中团队作战著称。这种现象在徽州坊刻图书营销中也广泛存在。关于多元经营，这在徽商是常见现象，有些书坊主兼营笔墨纸砚等文化商品，也有的从事盐业兼营书坊等。多元营销可以规避商业风险，这是徽商的高明之处。

二、徽州出版创新与徽商经济的关系

经济发展是文化创新、提升文化竞争力的基础。失去经济的支撑，文化创作难以维持，更谈不上创新；没有创新，文化便失去了竞争优势。明中叶以降徽州出版异军突起，直接原因在于其实现了文化创新。这种文化创新根植于繁荣的徽商经济。徽商不仅积极投身于刻书活动中，而且为徽州出版的创新发展提供了诸多条件和支持。

（一）徽商为徽州出版创新创造了条件

第一，纸业、制墨业、雕刻业等是徽州的传统手工行业，它们在徽商的经营下，无论是生产规模还是技术要求，其发展均达到极致。而这些行业又与图书生产所需的原料、制作技术和刻印方法都比较接近，因此常常可以互相借鉴、互相影响。从而为徽州出版的发展提供了有利条件。就纸业来说，徽商好古董、爱收藏，故书旧纸也是他们爱好收藏的对象，因此，徽州的造纸业迎其所好，仿宋纸、皮纸甚行。明屠隆《考盘余事》载："新安（徽州）仿宋藏经纸亦佳。有旧裱画绵纸（皮纸），

---

① 参见周心慧：《明代徽州出版家——汪廷讷》，《图书馆工作与研究》2002年增刊，第73页。

作纸甚佳，有则宜收藏之。"① 这种纸型的盛行，也影响到徽州出版纸张的采用。就制墨业来说，自唐宋以来，徽州制墨业一直保持着对模范的形制、花纹要求精雅的传统，墨范常在方寸之内表现人物走兽、花草翎毛、屋宇庭榭，却不允许出现丝毫误差。制墨业的这种强调精雕细刻的雕镂技艺被徽派版画的刻工们融会贯通地运用到版画的雕刻上，并且不断予以创新发展，他们的刻技逐渐达到了"线条细若毛发，柔如绢丝"②的程度。就雕刻业来说，徽州"三雕"虽然材质、表现手法不尽相同，但在艺术风格上却颇有异曲同工之处：细腻繁复、层次分明、虚实相间、精巧多变。徽州"三雕"的行业技艺使版画艺人受益颇多，在徽派雕刻技艺的影响下，徽派图书插图版画便形成细腻、繁复、精致的风格。

第二，徽商的文化自觉，无形中造成了巨大的图书市场。自宋元以来，徽州便形成了重教兴学的传统。前文述及儒学传播及徽州浓厚的学风促进了徽商文化自觉的形成。正因为文化上的自觉，徽商极其重视教育、文化艺术等方面的建设和发展，从而又推动了明清徽州学风更加浓厚。徽商不仅投入大量的资金资助官修学（府学、县学等）院（书院等）、乡村修建社学塾学、宗族修建族学，而且亲自督促家族子弟购书读书，将这种重教兴学的风气发扬至极致，出现了所谓"虽十户之村，不废诵读""比户弦诵"的局面。教育、学术、学风的发展，造成了广大的图书需求市场。不仅如此，徽州女子也加入读者行列之中。美国学者高彦颐说："在江南的城市化地区，许多富足的家庭出资建学和出版，直接增加了女性受教育机会。"③ 那么这种现象在徽州地区也是普遍的。徽商的富足，也为徽州女子造就了教育机会，徽州女子读书、出书现象也不在少数。所有这些必然推动徽州出版的发展和繁荣。

第三，徽商的雄厚经济是出版发展的经济保障。明清文人、藏书家都比较重视宋版图书。宋版图书字体一般大且圆润、行距疏朗，且多运用字型端庄的楷体如颜体、欧体。纸张也精挑细选。徽州刻书尤其官刻和家刻喜欢仿宋版，不惜工本。图书字大圆润，行距疏朗，意味着印刷书籍所耗费的纸张增多，所延请的刻工亦非一般水平，所以刻写不仅耗时，而且其工价较其他刻工为贵。另外，明代徽州插图版画的精工细作，更是达到历

① 屠隆：《考槃余事》卷 2，《国朝纸》，丛书集成第 1559 册，北京，商务印书馆 1937 年版，第 37 页。
② 郑振铎：《西谛书话》，《古今女范》，北京，三联书店 1998 年版，第 116 页。
③ 〔美〕高彦颐：《闺塾师：明末清初江南的才女文化》，李志生译，南京，江苏人民出版社 2005 年版，第 33 页。

史最高水平。所有这些都意味着刻书的成本增加。这在商业化发展显著的时代，这种"皆极精工，不下宋人"（明代文人谢肇淛对《庄子》《离骚》《墨谱》等徽版图书的评语）的刻书风格为数不多，与建阳等书坊刻书"板纸俱最滥恶"（谢肇淛对明代中后期建阳书版的评语）成截然相反的刻书风格。这种风格的形成与徽商雄厚的财力作后盾是分不开的。如明歙县盐商吴养春"泊如斋"，多刻名著，且所刻之书校勘精审，写刻精工，纸版精美绝伦，其所刻印的《宣和博古图》《古今闺范》等书中插图堪称徽派版画中的代表。墨商程君房、方于鲁为展开竞争，宣传商品，更是不惜工本刊刻精美墨品画册《程氏墨苑》《方氏墨谱》，其套印技术在当时出版界产生了广泛的影响。闻名于世的明末出版家胡正言，与刻工创制"饾版"套印技术，"十竹斋"常雇刻工十数人，胡正言"不以工匠相称"，尤其是与徽州刻工汪楷"朝夕研讨，十年如一日"，故"诸良工技艺，亦日益加精"（程家珏《门外偶录》），终研制成功"饾版""拱花"印制之法，这对后来的木版水印技艺和版画艺术制作影响很大。清代盐商马曰璐兄弟、吴焯父子、鲍廷博父子等刊刻了大量的精美图书，在当时产生了广泛的影响。试想，如果没有其雄厚经济作为保障，这些精品图书焉能面世？

第四，明代自嘉靖、万历以来，江南和徽州地区，商业繁荣，商人为了满足商业经营、市民需要，沿袭宋元时期陈元靓《事林广记》等书籍，纷纷刊刻民间日用的百科全书性质的图书，徽商尤其率为人先，如刊刻《五刻徽郡释义经书士民便用通考杂记》《士民便用通考》等，内容涉及天文地理、典章制度、人情风俗、买卖地契以及医卜星相等。此外，商人还从经营、风俗民情、出行交通等专门编辑了商业类书，如《商程一览》《水陆路程宝货辨疑》等，详见第五章"商业文化传播：徽州商业书的出版分析"。凡此种种，徽人关于日用类书、商业类书的出版均是走在国内前列的，这与徽州发达的商业经济、浓厚的商业风俗有着密切的关系。

第五，徽商或徽商子弟必然将商人的新观念、新思想融入著述中去，商业思潮得到阐释和传播，与明中叶兴起的实学思潮融为一体。如明代徽人著述代表作品有汪道昆的《太函集》《太函副墨》汪琬的《尧峰文集》、程嘉隧的《松园浪淘集》、程廷祚的《青溪文集》、吴子玉的《大鄣山人集》、江瓘的《江山人集》、许国的《许文穆公集》等，清代徽人代表作品有吴定的《紫石山房文集》、戴震的《戴东原文集》等。在其影响下当时一些名士作品中亦有大量徽商事迹及其思想观念的描述，如王世贞的《弇州山人四部稿》、焦宏的《澹园集》、方苞的《望溪先生全集》、吴甯的《吴学士诗文集》、王艮的《鸿逸堂稿》等。明清各府县方志都有大量关于徽商及为其歌功颂德、思想懿行之内容。

（二）徽商藏书著述推动了出版创新

徽州乃程朱桑梓之邦，人文繁盛，向有诗书弦诵之风。濡染了新安之风的徽州商人，自小便形成了嗜书好学的倾向，其藏书著述活动极大地推动了出版创新。

在"藏金不如藏书"观念的影响下，徽商有着浓厚的藏书嗜好，其藏书数量相当可观。据刘尚恒统计，明清徽州藏书家（含本土、外埠）有156人（见表2-1），[①]而在这些徽籍藏书家中，大多数为徽商或出身于徽商家庭，或者其本人便兼儒士和商人的双重身份。乾隆年间修撰《四库全书》，向民间征集乾隆以前文献。全国进呈书籍达百种以上者为91人，其中徽州藏书家12人，占总人数的13.1%。[②] 他们分别是吴玉墀（徽商吴焯次子，侨寓钱塘，有"瓶花斋"藏书楼）、汪如藻（侨寓桐乡，有"裘杼楼"藏书楼）、程晋芳（原籍歙县，侨寓扬州，盐商，家藏书五万卷）、程景伊（原籍歙县，侨寓武进）、戴震（休宁人，年少曾业商）、汪承霈（休宁人，汪由敦之子）、黄登贤（原籍歙县，侨寓大兴）、江春（原籍歙县，侨寓扬州，两淮总商）、汪启淑（原籍歙县，侨寓杭州，家有"开万楼"）、马裕（马曰琯之子，原籍祁门，侨寓扬州，两淮盐商）、鲍士恭（鲍廷博之子，原籍歙县，侨寓桐乡乌青镇，盐商之后）。这些人几乎都是徽商或出身于徽商家庭，从他们献书的数量，可以略知徽商藏书的丰富。

表2-1　宋至清徽州藏书家统计表

时代 \ 地区 人数		歙县	休宁	祁门	绩溪	黟县	婺源	总计
宋		7	8				10	25
元		3	1	2		2	2	10
明		20	7	2		3	7	39
清	本土	25	10	1	5	8	14	63
	外埠	32	18	2			2	54
总　计		87	44	7	5	13	35	191

---

① 参见刘尚恒：《徽州刻书与藏书》，扬州，广陵书社2003年版，第285页。
② 参见秦效成：《徽州学人与〈四库全书〉》，《黄山学院学报》2002年第4期，第11页。

　　徽商开放的藏书风气促进了图书出版业的发展。明清时期，图书的普及扩大了读者队伍和藏书阶层。不过，私家藏书一般是"重藏轻用""秘藏不宣"，做出"借书不孝"的规定和家训，正如陈登原在《旧五代史之冥求》中指出："夫明明知所有之书，为仅存之秘籍，于是过分珍视，秘而不宣，书遂无由流通，人亦无由抄印。"① 这种行为虽然在客观上起到了保护典籍的作用，但无疑阻碍了文化的交流和进步。但这种藏书风气，在明清徽商身上较少见，他们是属于富有的文化阶层，他们藏书不纯是为了满足阅读，而且是一种有闲消费。他们一般从艺术和文物角度来规划、收藏图书，同时，把玩、收藏相结合，以此追求特殊的精神需求。或许是出于商业阶层的品性所然，他们乐于将所藏之书向社会开放，并形成了与社会文人互动，甚至不惜经费，与文人共同开展对所藏图书进行校勘刻印活动，甚至以此为尚，带动了徽州藏书风气的转变。故而，刘尚恒说："就徽州刻书与藏书的历史而言，大体说来，明嘉靖以前以封闭保守为主，而隆庆、万历之后则以开拓进取为主，也就是这后一个时期，成为徽州刻书最辉煌的时代。"② 不过，徽商更倾向于对具有乡缘族缘关系的徽州刻主开放图书。这无疑为徽州刻书提供了丰富的稿源。

　　徽商的藏书对徽州的刻书给予了充分的支持。如清代著名藏书家潘景文，其先祖世居歙县，后贩运盐业往来苏杭之间。其"滂喜斋"藏书极大支持了潘氏家族的刻书活动。又如休宁人胡树声，出身业盐世家，家有"琳琅秘室"藏书，多蓄宋元旧本，不仅自己刻书，也支持了乡族的刻书。歙县人汪梧凤，家设"不疏园"，藏书丰富。江永、戴震、程瑶田、汪肇龙等都曾寄寓其园中翻阅校勘图书，汪氏还为戴震刊刻《经考》《屈原赋注》等。类似情形在徽商中是较普遍的。

　　明清徽商及其家族亦有著书的风气。韩结根认为，"明中叶以后徽州地区商人加盟文坛、参与文学活动是一种普遍现象""随着士商关系的变化，商人普遍加盟文坛成为明中叶以后徽州地区作家群体市民化倾向最显著的特征……他们中有的人虽身在商海，却对文学仍是十分爱好，于是一边经商，一边从事文学创作，从而拥有商人与作家的双重身份。"③ 如明代中叶的郑宜述、程诰、方于鲁等人。清代则更多，尤以扬州盐商

① 陈登原：《旧五代史之冥求》，《东方杂志》第 27 卷第 14 期，第 78 页。
② 刘尚恒：《徽州刻书与藏书》，扬州，广陵书社 2003 年版，第 3 页。
③ 韩结根：《明代徽州文学研究》，上海，复旦大学出版社 2006 年版，第 148～149 页。

为甚。如歙县江村，其族人大都去扬州业盐，形成扬州盐商中的"江家军"，其中尤以江春、江仲馨最为著名。在雄厚的盐业财富的支撑下，江村人笃好风雅，以诗书为尚。乾隆四十年（1775），村人江爱山（登云），编撰《橙阳散志》12卷，并刊刻行世，以一村之力，编为一志，已足令人惊异，然而该志记录了江村著书者有75人，著述多达152部，著述门类相当广泛，尤以经史子集为主。不仅如此，还有不少女性的创作，如江昱妻陈佩，著《闺房集》等。这些足以说明在雄厚商业经济的支撑下，徽商及其家族纷纷以著书为好，其著书的数量应当是可观的。

不仅经史子集著述的创作，徽商还从事戏曲小说、商业书的编撰。如明万历年间吴琯将古代33个有关剑客的故事汇集成《剑侠传》4卷，汪云程杂采汉唐宋小说140余种，汇编成《逸史搜奇》10集。

徽商所著的商业书更是明清出版界的奇葩。不少有远见的徽商文人迫切感到需要把自身的商业经验和知识传承下去，他们于是用笔墨一点一滴地记下了他们经商中的所见所闻、所知所感，吸取经验教训，总结经商规律和规则，编纂成书用以指导子孙后人，这就是我们通常所说的商业书和路程书。徽商商业书的创作，不仅是商业界的新气象，也是文化创作的新气象。据李琳琦统计，现存的明清商业书约10余种，其中绝大部分都是徽商编撰的①，而且徽商起到了开风气之先的作用。

（三）徽商经营文化有助于徽州出版创新

在雄厚商业经济基础上诞生的徽商文化，既秉承传统又萌生了诸多变异因素，这些无疑为徽州传统文化输入了新鲜血液，促进了徽州传统文化在悄然中变化着。以出版为例，徽商经济不仅直接带动了徽州坊刻业的发展，而且，在徽商经营文化的影响下，明清徽州的官刻业和家刻业也都发生了较大的变化。

首先，徽商的整体经营文化营造了徽州坊刻业成长的氛围。坊刻业是徽商经营的行业之一。徽州坊刻业作为徽商整体的部分，在经营运作和发展轨道上是与徽商整体发展基本一致的。第一，徽商的"儒贾结合"特色在坊刻业上得到集中体现。这在前文已述，不再赘言。第二，徽商经营中的创新意识在徽州坊刻业上得到了充分的实践。徽州地处万山丛中，地瘠物薄，徽民便寄命于商，"因地有无以通贸易，视时丰歉以计屈

---

① 参见李琳琦：《从谱牒和商业书看明清徽州的商业教育》，《中国文化研究》1998年第3期，第44页。

伸。诡而海岛，罕而沙漠，足迹几半禹内"①。在商海中开拓新的生存领域。残酷的市场竞争，培育了徽商的创新意识，他们"其货无所不居，其地无所不至，其时无所不骛，其算无所不精，其利无所不专，其权无所不握"②，在市场竞争中不断变革创新，从而壮大发展。徽商的创新精神在徽州坊刻业中得到了充分的体现。明中叶以后，国内图书市场逐渐繁荣，徽州坊刻在徽州本土迅速崛起的同时，积极向外埠图书市场进军。他们为提高市场竞争力，占领市场，在图书生产上力求变革创新，从追求版本的精良到刻印技术的不断革新，这些直接推动了徽派版画的勃兴。正是由于不断创新，明清徽州坊刻业走在当时国内同行业的前列。第三，徽商经营文化中的人本理念在徽州坊刻业中也得到了充分体现。人本理念促使经营者始终关注普通大众的生活，从大众的日常需求出发，经营自己的商品。徽商虽经营百业，但其根本一条就是从人们的需求出发，所以，盐、典、粮、茶、木、布、书、纸、笔、墨等无所不营，不仅如此，他们更追求实用，在品质上下功夫，这是他们的精明之处，也是他们的成功之处。这种理念体现在坊刻业上，就表现在他们刻书始终关注人们的日常阅读需求，所以从教育启蒙读物到科考应试读物、从日常实用读物到娱乐消闲读物，都是他们经营的重点。而这些往往为一般官刻、家刻所忽视。不仅如此，他们也讲究质量，很少粗制滥造，他们刻印的戏曲、小说、商业书的版本往往都是后世希求的珍贵版本，如《环翠堂乐府》《牡丹亭》《水浒传》《红楼梦》《金瓶梅》等皆广泛流传民间，为士林所津津乐道，其书版也为书林所重，被盗印、剜改成风。第四，徽商经营文化中宗族观念浓厚，这也是徽州坊刻业中较为浓厚的一面。徽州坊刻业中尤其外埠从业人员中家族提携外出经商有很多，宗族联营的现象也非常普遍。族规家法在徽州坊刻经营中起到了相当大的规范作用。另外，不少坊刻主和书贾致富后，也往往将资金用于报效宗族建设之中，巩固了其自身的封建性。第五，在徽商经营文化和刻书业利润的影响下，不少徽州家刻转向了坊刻。如明代的汪灿、汪宗尼父子刻书、清代张习孔、张潮父子"诒清堂"刻书等，先后由家刻转向坊刻。

　　其次，徽商经营文化对徽州家刻的影响。第一，徽商家刻的介入，改变了宋元以来徽州家刻的阵容，也改变了家刻经营的模式。宋元以来，徽州家刻以官宦、士子、乡绅为主体。但明中叶以后，徽州商业经济的

---

　　① 李乔岱纂修：《（万历）休宁县志》，《舆地志·风俗》，万历三十五年（1607）刊本。
　　② 谢陛：《歙志》，《货殖》，万历三十七年（1609）刊本。

膨胀和不断渗透，商人开始介入家刻行列，并呈后来居上的趋势。第二，在徽商经营文化的影响下，一些徽州家刻图书在欣赏、收藏之余，也纷纷走向市场，其出版性质介于家刻与坊刻类型之间。如汪廷讷、胡正言等即类似于此，他们刻书出于欣赏自娱之余，也面向市场。第三，在徽商经济的影响下，徽州家刻越来越多地纳入了一些商人和商业信息。如出现不少日用类书、商书刻本。第四，在徽商经济的影响下，徽州家刻图书类型扩大，突破了传统的儒家经典以及解经释义著作的出版类型，向反映和满足市民生活需要的日常用书、消闲娱乐、蒙养教育之类图书发展。如徽商后人汪道昆、潘之恒等人，就曾刊刻了不少戏曲、小说之书。

复次，徽商经营文化对刻、写、绘、印等手工业者的影响。最主要表现在不少徽州刻工、写工、印工等手工业者，在徽商经营文化氛围的影响下，走上了商业化之路。如很多徽州刻工（尤以黄姓刻工为典型）在积累了一定的资金后，开设刻坊，融入商人之列。在经营方式上，采取了家族联营之路，为获取更多的利润和规避市场风险，他们也采取多种行业兼营的经营模式。同时，徽州刻工在徽商的带动下，纷纷走出家门，向刻书业发达地区如江浙一带寻求发展。一些徽州绘画家在商业风气的影响下，也纷纷走向市场，开始了商业化创作。如绘画家仇英、丁云鹏等人就参与了不少徽州坊刻的图书版画的创作。

（四）徽商带动了徽州出版的外向发展

徽商对徽州出版的巨大作用，不仅体现他们积极参与其中，为其提供资助，更重要的还在于他们带动了徽州出版的外向发展，并在外埠获得广泛的声誉，产生了积极的影响。

首先，带动了刻坊、刻工的外向发展。明代中叶以后，徽商在江浙一带的兴盛，带动了徽州出版在该地区的发展。徽州人素有强烈的乡土意识，"徽州商贾发财致富以后，往往在桑梓乡土修建祠堂、拓展道路，使得先前的僻野乡村迅速城市化……桑梓的乡土的城市化，刺激了当地手工业的发达。新安四宝（澄心堂纸、汪伯玄笔、李廷珪墨和旧坑石之砚）……都成为精制的拳头产品。与苏州的手工业品相比，丝毫不见逊色。徽派版画刻工，皖派和歙派金石艺术，也为世人所瞩目。"① 随着徽州笔墨纸砚在国内的畅销，徽州刻工技艺享誉海内，以及同宗同族商人

---

① 王振忠：《两淮盐业与明清扬州城市文化》，《盐业史研究》1995 年第 3 期，第 23 页。

的带动，徽州刻坊很快走向了金陵、扬州、杭州、苏州、湖州、建阳等外埠图书中心地。随之越来越多的徽州刻工走向外埠，将徽派雕绘技艺传播各地，并赢得广泛声誉。明中叶以后，活跃在南京、苏州、杭州、扬州等地的刻工大多数都是徽州人。郑恭《杂记》中云："明时杭州最盛行雕板画，殆无不出歙人手，绘制皆精绝。"明人钱泳《履园丛话》载："雕工随处有之，宁国、徽州、苏州最盛，亦最巧。"金陵、扬州、苏州、湖州、建阳等地，徽州刻工技艺皆享誉一方。

其次，促进了刻书家、刻工与外埠的交流与合作。明清徽商贾而好儒，在当时文化艺术界是非常活跃的。他们凭借雄厚的资金，能够组织各地的学者文人、艺术家参与刻书活动。徽州家刻、坊刻正是在一些知名学者、艺术家的参与下，从图书内容到版式装帧方面，其质量都达到了很高的水平。如出身盐商世家的吴骞酷爱藏书、刻书，与江南一带学者文人关系密切，常常合作校勘刻书，黄丕烈云："海宁吴槎客（即吴骞，笔者注）先生藏书甚富，考核尤精。每过吾郡必承枉访，并出一二古书相质。"黄丕烈记载，吴骞曾与他及陈仲鱼等人合作校勘翻刻宋版《前汉书》，"且余所深服乎槎客者，如此种残编断简，几何不为敝屣之弃，而装潢什袭直视为千金之比，可谓爱书如性命……始幸天壤之大，不乏好古之士"①。明清徽商中类似吴骞的不胜枚举，不但他们自己与知名学者、艺人合作，而且还带动徽籍刻家、刻工与外地合作。如胡正言刊刻《十竹斋书画谱》《十竹斋笺谱》时，就与金陵等地的30多名著名书画家合作，有些书画家还亲自参与了刻印活动，胡正言还组织徽州刻工与金陵刻工合作、研讨。正是基于精明的市场意识和开放的市场观念，一些徽州坊刻除与本族合作外，还积极与外埠坊刻合作刻书。正是在徽商尤其徽州坊刻的组织和带动下，徽州刻工也纷纷与外地刻工合作，从而促进了徽州刻风与各地刻风的交流与融合。明清时期徽州刻工的技艺是当时国内最高超的，尤以版画为著。他们世代以此为业，家族传承，创造了中国版画最光辉的时代。他们吸收和融合了外地的刻书风格，促进了本身风格的不断进步，同时，将徽州刻书风格带到了外地，促进了外地的刻书风格的转变。正如周心慧所说："徽派艺术风格的形成，实际上是在接受了建安、金陵两派未成为主流的工细严整格调，并对之取精用宏，发扬光大，进而升华为纤丽秀劲的特征，又反过来影响各派，加速了各流派、各地区版画风格的徽派化。明万历中期以后，由于有歙工

---

① 黄丕烈：《士礼居藏书题跋记》卷2，《前汉书》，清光绪十年（1884）"滂喜斋"刻本。

的直接参与，金陵版画由粗豪转为精丽的变异速度极快，就很清楚地说明了这一转化过程。"①

再次，带动了徽版图书走向外地市场。由于宗族血缘关系的存在，在外经商闯出天地的徽商会将所见所闻的外地相关信息带回家乡。图书信息也毫不例外。同时，明代家族同宗经营刻书业的现象比以前更加突出。一人在外致富，会带动一批同族人共同出外经营，如此，经营的规模会越来越大。歙县黄氏刻工同族几代人乃至几十代人迁徙江浙地区从事刻书活动，便是极好的证明。而像黄氏家族在外从事刻书业经营的是比较普遍的现象。

三、文化媒介与商业经济的互动

只有解放社会生产力，实现经济的繁荣，才能推动文化的昌盛，这是社会发展的一般规律。进步的文化尤其是不断创新的文化是经济发展的重要动力。经济与文化互动的规律在市场环境下得到了更鲜明的体现。徽商热衷于出版活动，在于有雄厚的经济为基础。经济发展是文化创新、提升文化竞争力的基础。失去经济的支撑，文化创作难以维持，更谈不上创新；没有创新，文化便失去了竞争优势。明中叶以降徽州出版异军突起，直接原因在于其实现了文化创新。这种文化创新根植于繁荣的徽商经济。

（一）经济繁荣是文化创新的基础

经济是基础，没有经济的支撑，文化创作难以维持，更谈不上创新，文化传播水平就会大打折扣，文化传播对经济发展的协调、促进作用就难以充分发挥。相反，经济发展越快，文化传播技术、手段和传播水平就越高，而高水平的文化传播又会给经济交往能力和经济影响力注入新的活力，促进经济的快速发展。明清时期徽州文化异常繁荣，其深厚的文化底蕴固然是重要因素，但若没有徽商经济的支撑，其恢宏的繁荣局面是难以实现的，正如徽学专家张海鹏所说：徽商创造了大量的财富，他们"贾而好儒"，积极资助桑梓"振兴文教"事业，更重视培养子弟业儒，他们在各个不同的文化领域，创造了灿烂的徽州文化。因此，徽商

---

① 周心慧：《中国古代版刻版画史论集》，上海，学林出版社1998年版，第49页。

是徽文化发展的"酵母"。① 自宋以来，徽州就积淀了深厚的文化底蕴，但刻书业尤其是坊刻不见起色，而至明清却异军突起，原因何在？其直接原因在于明清徽州刻书业实现了文化创新。这种文化创新是根植于繁荣的徽商经济基础之上的。正如前文所述，在徽州商业风气的带动下，徽州刻书特别是家刻、坊刻、刻工人数迅速增长，并呈商业化的趋势发展；也正是在徽商雄厚经济的支撑下，徽州刻书业的刻印技术、版本质量获得了极大的提升，推动了出版传播文化的创新，出现了光芒万丈的徽州版画一统天下的局面。归根结底，徽州繁荣的商业经济推动了出版传播文化的创新，没有雄厚的徽商经济为基础，以精雕细刻为特征的高成本的徽州版刻是很难出现的。

（二）文化媒介对经济发展的推动

文化的交流与传播是深层次的交流与传播，充分、有效的文化交流与传播是促进经济发展的重要基础。历史实践告诉我们：信息闭塞或交流不畅，会造成文化观念认同上的隔阂，于是往往会演变成经济交流活动过程中的障碍。从某种程度上说，经济发展是客观的，必须遵循其自身发展的客观规律；而文化的发展，一定程度是主观能动的，需要通过教育、引导等途径促进改变、更新。所以，促进地域经济的交流与发展，必须促进文化观念的解放与革新。具有创新的文化，会推动人们的积极性和主动性，有助于形成创造性。

文化因素在经济发展中具有巨大的作用，先进的文化是经济发展的重要动力；反之，保守落后的文化则是经济发展的重要阻力。这在明清徽商兴衰上得到了充分的体现。以徽州刻书业为例。首先，徽州刻书业将刻书与版画艺术等相结合，创造出灿烂夺目的徽州版画，也造就了刻印技艺超群的徽州刻工，这两大要素推动了徽州刻书业的迅速发展、繁荣。文化创新带来知识的创新，知识的创新必然推动人才的进步，而人才资源在经济发展中是占主导地位的。其次，在市场竞争的推动下，徽州刻书业尤其是坊刻业在图书选题、装帧质量方面尤为注重，徽版图书在情趣性、实用性、观赏性等方面得到不断提升，这都促进了版刻技艺的不断创新，为刻书业发展注入了新的活力。文化创新带来了生产技术的革新，生产技术的革新必然又为经济发展注入新的活力。

---

① 参见张海鹏：《徽学漫议》，《光明日报》2000 年 3 月 24 日。

（三）经济发展与文化传播的相互转化

文化传播与经济发展具有互动作用，这种互动不仅在于二者之间能够相互影响，而且在于二者之间在一定条件下还能够相互转化。一方面，在经济领域，诸如经济制度、经营规范、经济习俗等经过历史的积淀可以形成经济文化，经济文化逐渐就成为社会文化的重要组成部分，如徽商的经营文化就是明清社会文化的典型表现之一，其"儒""贾"结合的文化特色就是"义"与"利"、社会效益与经济效益的有机统一，这样的理念经过传播深深影响了传统儒家文化和传统商业文化。另一方面，文化对经济的影响也是深远的。前已述及，具有创新的文化自觉对于商人的可持续发展意义重大。不唯如此，文化本身也能形成经济效益，即"文化经济"，明清坊刻所造就的图书市场的繁荣、造就的经济效益便是明证。

（四）市场赋予了文化创新的活力

明清时期的文化生产依然是服从于传统道德教育为主流的文化生产形态，教化功能突出，经济功能薄弱甚至受到鄙视。这种文化生产决定因素不是市场，而是统治力、个人意识以及社会教化，"怎样生产文化产品、生产什么样的文化产品，或取决于行政权力，或取决于生产者的个人兴趣、社会嘉许"。[①] 徽州出版生产的主流亦是如此，官刻、家刻以及其他诸如书院、社团、寺院等刻书，其学术研究性质非常浓厚，基本上是辅助于学术研究的，其经济性非常淡弱，与市场很少发生联系。

明中叶徽州商业风气兴盛，商品经济开始对这种文化生产形态产生冲击，市场配置功能在出版创新方面的作用逐渐显现，这主要有：第一，市场选择在坊刻图书选题、坊刻版式装帧等方面，往往起到了主导性作用。例如戏曲、小说、日用类书等图书选题的兴盛，便完全是市场需求造成的。第二，市场在出版生产资源配置方面的作用也越来越明显。如徽州坊刻、刻工等外向发展，并与外埠的坊刻、刻工交流、融合，最终推动了区域性的刻书风格的趋向"一统化"发展，其内在根源主要在于市场导向推动了资源流动和生产配置。第三，市场竞争导致出版生产技术的创新。徽州版画的高度发达，其内因便是不断的技术创新，其根源在于市场竞争。

---

① 刘诗白：《文化与经济的互动》，《人民日报》2005 年 4 月 1 日。

　　市场配置促进了坊刻业的发展和繁荣，坊刻业的繁荣又推动了官刻、家刻的发展，在市场因素的影响下，明清官刻、家刻的生产机制或多或少地发生了变化，这也是市场配置功能强大的一个表现。

　　总之，文化进步是与经济发展相适应的，文化自觉促进了人的发展与进步，人的可持续发展必然为经济发展带来活力。经济发展所需的物质文化资源、人才资源，在有效的市场机制调剂下将得到很好的配置；市场竞争必然为技术创新提供最佳的环境。市场配置为经济与文化互动提供了一个重要平台。

第三章　明清文化传播主体与商业发展（上）：徽州官刻、家刻、刻工与徽商的视角

文化传播主体即传播者，是指文化元素（信息）创作者、加工者和发送者，是内容提供者。传播学科奠基人拉斯韦尔将"传播者"列为传播五要素之一，"传播者又称传播人，是大众传播的信息发送者，由大众传播组织及其内部工作人员组成"。① 本章主要是指非商业化经营的文化传播主体，即徽州传播文化传播系统中的官刻、家刻等。刻工属于手工业者，徽州刻工一般属于半手工半商业性质（也有完全商业化的，自己刻书同时又开设书坊或从事图书贩运贸易，已转为书坊主或书贾性质，本书将其列入下一章讨论），为便于叙述方便，也将其列入本章讨论范畴。本章讨论徽州官刻、家刻、刻工与徽商的关系，目的在于揭示明清文化传播（非商业性）主体与社会环境（商业环境）的相互作用、相互影响。

一、明清徽州官刻与徽商的互动

总体而言，明清徽州官刻图书在宋元的基础上得到了进一步的发展，这种发展与徽商的推动具有一定的关系。徽商视捐助家乡官府刻书为一种报效的形式，他们不仅积极捐资资助徽州官刻，同时，踊跃参与刻书活动之中，这无疑密切了与官府的关系，从而为其家族在当地的发展创造了一定的政治环境，也为徽商的发展营造了一定的条件。

---

① 陶涵：《新闻学传播学新名词词典》，北京，经济日报出版社1997年版，第29页。

（一）明清徽州官刻发展概况

1. 明代徽州官刻的发展

明代徽州府官刻机构有徽州府署和所辖六县县署及府学（儒学，又称新安郡斋）、紫阳书院、县学（儒学）。尤其是府治歙县一直是安徽地区官刻中心。

徽州官刻种类繁多，内容有三大类：解经著述、新安理学家的著述、府县志书。据刘尚恒统计，明代可考有府署刻书目22种715卷（含府属书院刻书），府属各邑，歙县刻书目2种28卷；休宁县12种121卷；绩溪县1种9卷；婺源3种43卷。另外，方志修刻数量可观，府志凡7种50余卷（平均30余年一修）；县志凡17种近200卷。①

表3-1　宋、元、明、清徽州可考官刻数量表

朝代	两　宋	元	明	清
数量	30余种1300余卷	10余种200余卷	29种765卷	76种1000余卷

2. 清代徽州官刻的承继

清代徽州府官刻机构，与明代没有明显区别，仍主要是府县学及所属儒学、书院为主，不过所刻图书类型，与明代相较而言，差别较大，图书品种和数量大大缩减，所刻图书以方志、政书、地方名贤的专著以及经史子集教科书等为主，其中尤以方志为多。图书品种和数量的锐减，与清初、中期文字狱的严酷密切相关。

据刘尚恒统计，清代徽州官刻图书，确知的计府署所刻1种，县署所刻26种，府学所刻15种，县学所刻3种，合计45种，"显然较之宋明徽州官刻书品种及数量皆所逊远矣，这首先与清代文字狱之烈有关，官刻书禁例之严，甚于私刻和坊刻"②。尤可称道的是，方志的出版超越前代，出版府志5种87卷，县志凡26种400多卷，"其数量在安徽省甚或在全国均称发达，堪与江、浙两省可比……这固然反映了清政府屡下诏书，重视志书的编纂与出版，同时也反映出徽州本地人文及经济之盛"③。

---

① 参见刘尚恒：《徽州刻书与藏书》，扬州，广陵书社2003年版，第41~44页。
② 刘尚恒：《徽州刻书与藏书》，扬州，广陵书社2003年版，第92页。
③ 刘尚恒：《徽州刻书与藏书》，扬州，广陵书社2003年版，第93页。

图3-1　康熙《休宁县志》（1693年）插图之"霞山"①

3. 徽州官立书院的刻书

明清两代前期由于统治者在政策上采取限制态度，书院两度沉寂，到了中后期由于统治者的提倡又繁盛起来。明清徽州书院大盛，明清时期安徽省书院计252所，其中徽州府66所，占全省的26.2%。徽州府成为全国书院发达的地区之一。道光《徽州府志》"营建志·学校"云，明清两代"天下书院最盛者，无过东林、江右、关中、徽州"，仅明代徽州府书院即有49所②。从书院的主办者身份来看，歙县的紫阳书院、斗山书院、崇正书院，休宁县的还古书院、海阳书院，婺源县的紫阳书院，祁门县的东山书院，黟县的碧阳书院，绩溪县的颍滨书院、湄公书院等，均是官立书院。但从书院经费来源看，明清时期这些书院的经费大部分均来源于民间捐赠。官方书院在从事教育活动之余，亦从事藏书和刻书活动。但官方对书院的投资有限，书院的资金主要来源于民间尤其是徽商捐助。李琳琦《徽商与明清徽州教育》第三章"徽州学校教育发展与徽商关系的经济透视"，对徽州书院与徽商之间的密切经济关系作了较为详细的考察和分析，本书不再赘言，以下仅对徽州官立书院刻书情况略作介绍。

紫阳书院，是位于徽州府治歙县的府立官方学校，也是自宋迄清为

---

① 图片来源于康熙三十二年刊本，"中国方志丛书"台湾成文出版社影印公司影印。
② 参见李琳琦、张晓婧：《明代安徽书院的数量、分布特征及其原因分析》，《华东师大学报》（教育科学版）2006年第4期，第77页。

全国最有影响的书院之一。早在元贞二年（1296），紫阳书院就刻有山长程信叔的《中庸讲义》3 卷。至明代，紫阳书院成为徽州府重要的官刻机构，成化三年（1467），徽州知府龙遵叙刻元方回撰《瀛奎律髓》49卷。入清以后，书院刻书风气更盛，目前查有实据的有 16 种，其中载有卷数的 12 种 275 卷。

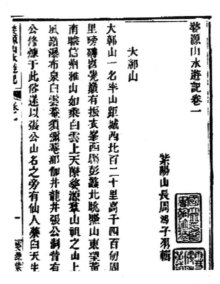

图 3-2　紫阳书院刊刻《婺源山水游记》书影①

其他官立书院刻书，可考的还有乾隆年间还古书院刻施璜辑《还古书院志》18 卷；新安书院刻汪瑢撰《语余漫录》等。

4. 明清徽州官刻的特点

第一，资金来源。明清徽州官刻资金，府县署刻图书资金主要来源于政府划拨，但也有部分来源于民间尤其徽商捐赠。官立书院刻书前期资金主要来源于官府划拨，但后期主要靠民间尤其徽商捐赠。

第二，所刻图书选题内容，主要包括解经著述、徽州地方文献及文人文集、徽州地方志三大类。刊刻目的大多在于宣扬政德教化、表彰地方官宦贤良、反映地方文化等。

第三，刻印质量精良、纸优墨匀等。如明成化十五年至十八年（1479～1482）徽州府同知张英，刻宋胡安国撰《春秋胡传》30 卷、宋林尧叟音注《纲领》1 卷《提要》1 卷《诸国兴废说》1 卷《列国东坡

_____

① 图片来源：康熙五十五年（1716 年）紫阳书院木活字本。

说》1卷《正经音训》1卷，这些目前均为国家级善本书。

第四，所刻图书走向，主要是捐献高层、本地官府收藏以及教育机构收藏、教育使用，还有作为表彰地方贤良的奖励等。

（二）徽商支持徽州官刻

徽商的封建性，决定了他们必然想方设法靠拢官府、巴结官府，其途径便是积极响应、支持、资助官府的有关活动，以赢得官府的赏识、表彰和支持。徽商对于徽州官刻的资助亦是如此，其支持方式主要有：资助官刻；捐献图书；参与官刻活动；资助与刻书相关的文化机构建设等。

1. 资金捐助

明中叶以后随着徽州民间商人的崛起，尤其是对其宏富的商业资本，徽州官府莫不垂涎。因而在官府各项建设中，很多项目的资金，往往会摊派到府县所属的富裕商人头上。对于徽商而言，他们一方面震慑于官府的淫威，不得不屈服于官府的各项摊派，另一方面，笼络官府，巴结官员，搞好与官府的关系，不仅有利于改善其商业环境，而且还能显亲扬名，有利于提高家族的声望和地位。因此，从某种角度上看，他们也乐于捐助官府，其中官刻图书便是其中之一。自明中叶以来，无论是官府摊派，还是自觉捐赠，徽商对徽州官刻图书都表现了极大的热情，给予了大量的资金资助。翻开徽州地区方志，其所附捐资名单之中，很多都是当地的商人。如经商上海的黟县人吴羲，生平善事举不烦数，他捐款3万元办敬业小学，还为学校提供每年日用经费上千元，向县署捐资刻印《黟县志》。

更多的徽商能够认识到笼络官府的重要性，他们能够自觉地捐助官府刻书，视捐资刻书为传播美名、向官府靠拢的手段之一。如婺源商人金芬，"侨居维扬，尝念郡志百余年未修，文献阙略"，慨然对其妾魏氏曰："吾年老不及见修郡志，他日幸遇其时，嘱两子力输以毕吾愿。"金芬逝后，魏氏常以其语告诫其子，尝曰："吾无以教汝，汝父有志未逮，汝兄弟须谨识之。"道光乙酉年间修郡志，其子遵父遗训，"输千金为一邑倡"，都人士闻之曰："为之前者美既彰，为之后者盛必传"[1]。又道光

---

① 汪正元、吴鹗等纂修：《（光绪）婺源县志》卷39，《人物十一义行五》，中国方志丛书"华中地方"第680号，台北，台北成文出版社1985年版。

间婺源商人程世杰，"生平好义急公。乙酉修志，捐银五百两。修城垣，捐银一千四百两。海疆有警，捐饷一千两，见（建）郡城嘉义坊。他如修路造桥，无不踊跃乐输"[①]。胡瑛，"婺修县志，捐输从丰。顺直水灾，筹捐助赈，奉旌'乐善好施'匾额，由州判盐提举衔加级请三代从二品封典"[②]。类似情况在徽州方志中有很多记载。

2. 捐献典籍

徽商富好藏书，家藏万卷的不在少数。因而，逢官府刻书，向民间征集之时，徽商往往踊跃捐书。即使在咸同兵乱之后，一些后起徽商依然积极支持文化事业，向地方官府捐献典籍，如光绪年间黟商李宗煟，"捐置各省书籍致之国子监南学及焦山书藏"[③]。

徽商不仅积极向徽州府县捐献典籍，而且还向国家捐书。最为著者，当属清乾隆年间统治者下令征集民间图书。全国进书500种以上的只有4家，除浙江范钦八世孙范懋柱天一阁进呈638种外，其余3家均为徽州府人，而且均是徽商家世。最多的为祁门县马曰琯之子马裕，进书776种；次为歙县长塘鲍廷博，进书600余种；三是歙县汪启淑，进书500种以上；民间呈缴的书，累计数更大。这些似乎不能表明徽商会积极向徽州地区官府捐献典籍，但笔者认为这种捐献实际上在徽商中是常见的现象，他们有着很强的向政府靠拢的意识。徽州府县刻书尤其是方志之类，需要大量的地方文献，而徽商素来以藏书著称，其藏书应占徽州地区藏书的主要部分，因而徽州地方官府向他们征集图书，应当是情理之中的。

3. 参与官府举办的出版活动

徽商向以儒者自居，他们不少人有较高的文化水平，因而徽州官府刻书，常常邀请他们参与图书刊刻的谋划、编撰乃至刻印活动。徽商程氏、许氏、鲍氏等家族均有很多人参与地方县志等图书的编刻活动。如歙商方弘静、潘之恒、黄琯等人都曾参与明清历朝《歙县志》的修撰。清代程晋芳曾先后多次担任编刻活动，不仅参与地方官刻，而且还参与四库馆编修任务。延至咸丰、同治以后，一些徽商依然积极参与地方官

① 汪正元、吴鹗等纂修：《（光绪）婺源县志》卷40，《人物十一义行六》，中国方志丛书"华中地方"第680号，台北，台北成文出版社1985年版。

② 汪正元、吴鹗等纂修：《（光绪）婺源县志》卷42，《人物十一义行八》，中国方志丛书"华中地方"第680号，台北，台北成文出版社1985年版。

③ 吴克俊等纂修：《（民国）黟县四志》卷14，《杂志·文录》，中国地方志集成·安徽府县志辑（58），南京，江苏古籍出版社1998年版。

府举办的出版活动，尤以黟县、婺源二县的商人为突出。如黟县盐商李宗�，多次参与县志的编修活动。又如婺源程应鹏，"父命就商，历游吴越，称干济才""尝承县志……又集兄弟兴文会、给膏火以培后学，俱捐赀不吝"①。同治年间婺源商人董应崧，"壬午吴公聘修县志，阐扬节孝，表彰宿学，皆悉心考订，总纂汪御史正元、李侍郎昭炜一切委任之"②，还有诸多类例。这些说明明清徽商参与地方官刻是非常活跃的。

4. 资助与刻书相关的文化机构建设

徽商不仅捐资官刻、参与编撰等活动，而且对于与刻书相关的官府文化机构建设，也表现了极大的热情。如明代祁门商人马禄，输金 300 佐修学宫③。歙县汪应庚也是扬州的盐商巨富，他一贯热心社会公益，大灾之年，他不仅输谷数百石，米数万石，银 7 万余两赈饥赈灾，还捐银 6 万余两兴建府学、县学，为府学、县学等相关建设提供了积极的支持，为其运用余资从事刻书活动提供了一定的经济支撑。

明清徽商资助官立书院最为突出（徽商投资私立书院更甚，将在"明清徽商与徽州家刻"中予以讨论），为官立书院的刻书提供了一定的经济支持。乾隆五十五年（1790）出身于盐商世家的曹文植于歙县文公祠旧址建古紫阳书院，其资金全仰两淮徽州盐商的捐助，其中大盐商鲍志道"请援扬州安定书院例，出库金，增诸生膏火，自以私财白金三千两益之，于是城内之紫阳书院成。又出白金八千两，自置两淮生息，以复城外之山间书院。"④ 此后鲍志道之子鲍均捐银 5000 两。书院建成后，两淮徽州盐商又于"淮南杂项活支款"下，每年拨银 3720 两以作延请山长及诸生膏火、书院岁修等项支用。乾隆数十年间，侨居扬州的歙商共捐助紫阳、山间两书院银计 70000 余两。徽州其他各邑商人，亦多捐助：黟县吴甸华以银六万两分发盐典生息，计岁入息金三千六百两，以其作为延请山长修金、生童住院之费用⑤。婺源程世杰"早岁由儒就商，往来

---

① 汪正元、吴鹗等纂修：《（光绪）婺源县志》卷 44，《人物十二质行四》，中国方志丛书"华中地方"第 680 号，台北，台北成文出版社 1985 年版。

② 汪正元、吴鹗等纂修：《（光绪）婺源县志》卷 23，《人物四学林》，中国方志丛书"华中地方"第 680 号，台北，台北成文出版社 1985 年版。

③ 参见谢存仁纂修：《（万历）祁门县志》，《人物志》，万历刻本 1961 年影印本。

④ 鲍琮纂修：《棠樾鲍氏宣忠堂支谱》卷 21，《中宪大夫肯园鲍公行状》，嘉庆十年（1805）刊本。

⑤ 参见吴克俊等纂修：《（民国）黟县四志》卷 15，《艺文·碧阳书院复旧章记》，中国地方志集成·安徽府县志辑（58），南京，江苏古籍出版社 1998 年版。

吴楚，稍聚赢余，推邑济众……邑建紫阳书院，捐金千两"①。"由是两书院不复告匮，而（徽州）六县之来学者，咸给其求，自宋以来，于斯为盛"②。其他如绩溪章必泰捐银 200 两助建东山书院③；黟县典商捐资生息筹建黟县书院，"官吏俱不为经理"④；婺源金玉成"尝捐千金倡修紫阳书院"⑤；婺源商人金芬，"仗义疏财，邑建紫阳书院，倡输千金"⑥；等等。明清徽商的慷慨捐助，无疑为官立书院的发展提供了重要的经济条件，也为书院刻书提供了经济支持。

（三）襄助官刻对徽商发展的影响

对徽商来说，支持官刻活动，无疑与其他诸如修城筑路、救灾助赈等一样，深得地方官府的赏识，彼此之间的关系也就靠近了，这为徽商的发展无疑创造了良好的条件。

1. 密切了徽商与官府的关系

需要特别指出的是，支持官刻只是徽商靠近官府的途径之一，相对其他诸如修城池、巨额捐资等而言，这些是微不足道的。即便如此，对密切徽商与官府的关系也起到了积极的作用。这主要表现在以下几个方面。

其一，官府对徽商本人的嘉奖褒扬，赠送官府头衔等。如前文所述的金芬之子捐输千金助修郡志，深得官府褒扬，金芬死后，获赠"中宪大夫"称号，而且，官府还特地修建"乐善好施"牌坊以示旌表。⑦ 再如嘉庆道光年间婺源木商施圭锡父子，"生平慕义好施，凡郡邑修志及造至圣庙、书院考棚、河西桥，均挥金襄助"。这些善事义行深得官府的赞许，故而当时大学士曹振镛奏请朝廷，赏以"藩垣佐理"匾额，太守赏

---

① 汪正元、吴鹗等纂修：《（光绪）婺源县志》卷 33，中国方志丛书"华中地方"第 680 号，台北，台北成文出版社 1985 年版。

② 王定安等纂修：《重修两淮盐法志》卷 55，《碑刻》，清光绪三十一年（1905）刻本。

③ 参见章乔编：《（绩溪）西关章氏族谱》卷 24，《家传》，明万历刻本。

④ 马步蟾纂修：《（道光）徽州府志》卷 3，《营建志·学校》。中国地方志集成·安徽府县志辑（50），南京，江苏古籍出版社 1998 年版。

⑤ 汪正元、吴鹗等纂修：《（光绪）婺源县志》卷 29，《人物·孝友》，中国方志丛书"华中地方"第 680 号，台北，台北成文出版社 1985 年版。

⑥ 汪正元、吴鹗等纂修：《（光绪）婺源县志》卷 39，《人物十一义行五》，中国方志丛书"华中地方"第 680 号，台北，台北成文出版社 1985 年版。

⑦ 参见汪正元、吴鹗等纂修：《（光绪）婺源县志》卷 39，《人物十一义行五》，中国方志丛书"华中地方"第 680 号，台北，台北成文出版社 1985 年版。

以"义行可风"匾额。① 婺源商人俞瑛，"甲子岁，邑兴书院，其妻李承瑛志，输银一千两"。丁邑侯给额曰"足式须眉"②。这些无疑成为徽商巨大的荣耀。

其二，获得了官府对徽商利益的保护和眷顾。如徽商子弟的入学、科举以及商业利益等方面的保护。当然这种保护与眷顾的获得，不仅仅在于徽商在官刻方面的贡献，还在于其他方方面面的人力物力等支持和捐献。不过，毋庸置疑，徽商在官刻方面的贡献也是重要的方面。

另外，徽商还通过资助一些官员刻书，从而亲近了与官府的关系。如清末黟县商人李宗煸曾多次捐助当时两江总督、兵部尚书曾国藩府中的幕僚程桓生（歙县槐塘人，深得曾国藩器重）、朱孔彰（黟县人）及其家族人刻书。朱孔彰之父的《说文通训定声》一书亦是李宗煸出资于同治九年（1870）重刊印。朱孔彰曾在给李宗煸的信中这样说："奉诵惠书并赐助刻赀谨领到，承询助刊姓氏，我公暨居停合成四百，唐观察属代招十五股，未收齐。六合县舒令朝冕、溧水县谭令日襄、候选同知朱君汝翰共数股均收到。其余刊助者尚未交来，不便先书姓名。此书七月初写样必齐，刻工约至冬间告竣，特此奉闻。坿致陈君书已送方伯处，松翁已到汉皋，尊函即由驿寄去。弟题曾文正公祠诗百章注坿誊入……"除此外，李宗煸与曾国藩幕府中的黟人程鸿诏、歙人汪士珍、遵义黎纯斋、桐城萧敬孚等名士均有交往。所有这些，都得到曾在曾府行事过的友人们的赞许与尊重，故通过上奏，李宗煸得到了朝廷旨赏，"议叙道员，分发江苏，赠三代二品封典"③。李宗煸经营淮盐生意，没几年就成了名震江南的百万富翁。这样的巨大成功，均与曾府幕僚关系密切有着相当大的关系。

2. 官刻书中留下了徽商的美名懿行

明以前，商人在地方志乘中的记载还是不多见。明中叶以后，官刻方志中记载商人的事迹逐渐增多，尤以徽州官刻方志较为突出。徽商对官府的捐助，赢得了官府的赞许，徽州官刻书特别是地方志乘，留下了大量的徽商事迹。这些褒扬的官方言语，改善了徽商的声誉，提高了徽

---

① 参见汪正元、吴鹗等纂修：《（光绪）婺源县志》卷41，《人物十一义行七》，中国方志丛书"华中地方"第680号，台北，台北成文出版社1985年版。

② 参见汪正元、吴鹗等纂修：《（光绪）婺源县志》卷39，《人物十一义行四》，中国方志丛书"华中地方"第680号，台北，台北成文出版社1985年版。

③ 舒育玲：《巨贾李宗煸与曾府幕僚们》，"黟县政协"网"文史资料"，http：//www.hsyxzx.com/wsh_301.htm。

商的社会地位，反过来，也更推动了徽商善行义举行为的积极性。

另外，徽商捐献典籍以助修官府刻书等行为，将家藏书加以充分利用，有利于学术的交流和文化的传播，这也是一种传播美名的途径。同时，徽商将助修官刻、支持官刻视为一种善行义举，报效国家和朝廷的一种方式，实现人生价值的一种途径。所有这些理念也有助于徽商及其后人的价值观念的塑造和培养。

不过，徽商的一些巨额捐助活动，也对徽商的商业积累产生了一定的不利影响。

二、明清徽商与徽州家刻

明清时期徽州文化发展至极盛，学人辈出，学术流派繁衍芜杂，著述繁多。仅从徽州文人的著述来看，据道光《徽州府志·艺文志》载，明清时期徽人著述，经部有 472 部、史部有 306 部、子部有 615 部、集部有 1093 部，总计 2486 部，著述之丰名列当时府属地区前列。新安理学、新安画派、徽州文学、徽州戏剧等文化形式交织铺陈，共同架构了徽州地区深厚而又独特的文化底蕴。在丰厚的文化底蕴基础上，徽州家刻亦发展至极盛，其发展亦与雄厚的徽商经济有着密切的关系。

（一）明清徽州家刻发展概况

徽州家刻起源较早，几乎与国内其他发达地区同步，唐末即出现家刻图书。两宋是徽州家刻发展的一个高潮期，据徐学林的不完全统计，两宋时期，徽州刻书约百起，近百种，有确切记载或存世实物可考的 76 起 70 种以上，其中家刻 21 起 21 种，其中标有卷数的 19 种，总卷数为 681 卷。元代徽州家刻有所萎缩，元代徽州路刻印书 58 起 57 种，其中家刻 44 起 43 种。① 明初徽州家刻即开始复兴，明中叶至清中叶更是其鼎盛期。

1. 明代徽州家刻的发展

明前期徽州家刻秉承宋元家刻，并呈超越之势。家刻名称很多，叶德辉列举有：私家书院、精舍、书堂、书屋、堂、馆、斋、山房、草堂、

---

① 参见徐学林：《徽州刻书》，合肥，安徽人民出版社 2005 年版，第 5、第 21 页。

书林、铺、书舍、药室、书室、室、亭、楼、别墅、寓舍、阁、书斋、轩等 23 种。①

（1）明代徽州家刻分布状况。为便于比较研究，本书分别从本土徽州家刻和外埠徽州家刻加以考察和分析。

徽州本土分布。与前朝相比，明代徽州本土地区家族化刻书的风气更为浓厚，徽州各姓氏几乎均有刻书，尤其一些世家大族刻书累世不断，特别是谱牒的修撰风气，更为浓厚，其精确数量更是难以估计。据刘尚恒统计，明代徽州本土家刻计有 33 姓氏，258 人（其中汪姓 48 人，程姓 46 人，吴姓 25 人，潘姓 16 人，方姓 11 人，江姓 11 人，黄姓 10 人），刻书 377 种。② 而据徐学林的不完全统计，有明一代，徽州私刻（含家刻、坊刻）经史子集及丛书有 53 姓 500 余家，加上家刻家谱的刻书人则更多，真正达到"家传户习""村墟刻镂"的程度。③ 姑不论二者数字精确与否，明代徽州本土家刻的繁荣是不容置疑的。在徽州府本土，家刻分布基本上遍布徽州六县，尤以文风极盛的歙县、休宁为最（见表3－2）。

表3－2　明代徽州本土家刻代表及刻书要目一览表

地区	代表刻家	刻书年代	代表刻本
绩溪	汪茂槐	嘉靖二十年	《新刊环谷杏山先生诗集》6 卷、《西园康范集》4 卷
	程伯祥	嘉靖末年	《颜氏家训》2 卷
	汪廷佐	隆庆三年	《环谷杏山二先生诗稿》6 卷
	汪文川	万历年间	《曾思二子全书》2 卷
歙县	罗宣明	洪熙元年	《罗鄂州小集》8 卷
	鲍宁	天顺五年	《天原发微》8 卷
	程孟	天顺八年	《黄山图经》3 卷
	叶孟	成化年间	《樵云独唱》6 卷
		弘治十三年	《学言诗稿》9 卷

① 参见叶德辉：《书林清话》卷5，紫石点校，北京，北京燕山出版社1999年版，第137~150页。
② 参见刘尚恒：《徽州刻书与藏书》，扬州，广陵书社2003年版，第60页。
③ 参见徐学林：《徽州刻书》，合肥，安徽人民出版社2005年版，第41页。

续表

地区	代表刻家	刻书年代	代表刻本
歙县	罗文达	弘治十一年	《鄂州小集》8 卷
	鲍　松	正德八年	《杜工部集》52 卷、《李翰林集》30 卷
	鲍　雄	正德八年	《朱子纪实》12 卷
		正德末年	《蛟峰批点止斋论祖》4 卷
	汪　正	正德八年	《上蔡先生语录》3 卷
	鲍　山	正德八年	《南唐书》19 卷
		天启二年	《野菜博录》3 卷
	汪　灿	正德十四年	《增注唐策》10 卷
		万历初年	《方壶存稿》9 卷
	罗文殊	正德十四年	《尔雅翼》32 卷
	程　璩	正德十六年	《晦庵先生文公诗集》12 卷
	汪尚唐	嘉靖年间	《管氏指南》1 卷
	戴有庆	嘉靖年间	《文章轨范》7 卷
	毕效钦	嘉靖年间	《五雅》6 种 73 卷
		万历年间	《十九家唐诗》20 卷
	汪　栻	嘉靖十年	《浮溪文粹》16 卷
	程　爵	嘉靖十年	《周子张子程子抄释》15 卷
	潘惟时	嘉靖十二年	《六臣注文选》60 卷
	郑　烛	嘉靖十四年	《济美录》4 卷
		嘉靖十七年	《师山先生文集》18 卷
	潘　侃	嘉靖十五年	《山海经传》18 卷
	郑　作	嘉靖十七年	《方山子诗集》3 卷
	王敏芝	嘉靖十八年	《泾野先生周易说翼》3 卷
	郑　玄	嘉靖十九年	《玉台新咏》10 卷
	汪一元	嘉靖十九年	《文心雕龙》10 卷
	汪通值	嘉靖二十四年	《注解伤寒论》10 卷
	汪尚磨	嘉靖二十六年	《古乐府》10 卷
	江应宿	嘉靖二十八年	《名医类案》12 卷

续表

地区	代表刻家	刻书年代	代表刻本
歙县	程煦	嘉靖二十八年	《程氏演繁露》22卷
		嘉靖三十四年	《晞发集》6卷
	汪云程	嘉靖三十年	《欣赏编》12卷、《皇明名臣经济录》53卷
		万历初年	《逸史搜奇》22卷
	吴默	嘉靖三十年	《文选拔萃》3卷
	黄珣	嘉靖三十四年	《东园遗稿》2卷
	黄训	嘉靖三十八年	《黄潭文集》10卷
	黄子学	嘉靖四十一年	《黄潭先生读书一得》4卷
	黄长寿	嘉靖末年	《雪洲集》14卷、《文公家礼仪节》8卷、《诗人玉屑》20卷、《望云集》《壬辰集》《江湖揽胜集》
	黄琪	嘉靖末年	《新增格古要论》13卷
	方廷玺	嘉靖末年	《元音集》8卷
	方广	嘉靖末年	《丹溪心法附录》24卷
	潘仕	嘉隆年间	《事类赋》30卷
	汪滋	隆庆元年	《新刊伤寒撮要》6卷
	吴绅	隆庆三年	《便产须知》2卷
	罗文明	隆庆五年	《豫章罗先生文集》17卷
	程宗颢	隆庆六年	《双柏草堂集》7种7卷
	潘之恒	万历年间	《亘史》（随写随刻）
	唐晖	万历年间	《国语髓析》21卷
	方庞	万历年间	《易学六种》
	黄邦彦	万历八年	《诸葛武侯心书八阵图说》2卷
		万历十七年	《孙子集注》13卷
		万历末年	《历朝诗林广记》4卷
	方攸绩	万历八年	《方简肃公文集》11卷
	吴元满	万历十二年	《六书总要》7卷
		万历末年	《万籁中声》20卷
	程开泰	万历十三年	《十岳山人集》5卷

续表

地区	代表刻家	刻书年代	代表刻本
歙县	方嘉树	万历十六年	《方建元集》14 卷
	孙大绥	万历十六年	《茶经》及《外集》4 卷、《茶具图赞》1 卷、《茶经水辨》1 卷
	汪一鸾	万历十八年	《淮南鸿烈解》21 卷
		万历三十二年	《吕氏春秋》26 卷
	朱朝聘	万历十八年	《四史鸿裁》40 卷
	汪学尼	万历十八年	《国朝名公经济宏词选》12 卷
	汪宗尼	万历十九年	《万首唐人绝句》101 卷
		万历年间	《国秀集》3 卷、《唐诗品汇》90 卷、《唐诗拾遗》10 卷
	方有执	万历二十一年	《伤寒论条辨》10 卷
	程元方	万历二十二年	《白榆集》28 卷
	朱元镇	万历二十六年	《牡丹亭还魂记》2 卷
	程　涓	万历二十七年	《千一疏》22 卷
	吴中明	万历二十八年	《山海舆地全图》
	郑舜宾	万历二十九年	《古乐府》4 卷
	毕懋康	万历三十一年	《新安文献志》100 卷、《先贤事略》2 卷
		万历三十七年	《新安文献志（简本）》67 卷
		万历三十八年	《文俪》18 卷
		万历四十年	《冯少墟集》22 卷
		万历四十六年	《道德经测》2 卷
		万历末年	《十家唐诗》12 卷
		崇祯九年	《寓简》10 卷
	洪世俊	万历三十一年	《宝和堂重修宣和博古图》30 卷
	方万山	万历三十二年	《谢叠山先生文集》6 卷
	罗文瑞	万历三十三年	《尔雅翼》32 卷
	吴可中	万历三十四年	《苏堂集》10 卷
	汪汝淳	万历三十五年	《天主教义》2 卷（利玛窦著）
		万历三十七年	《明初四家诗》41 卷

地区	代表刻家	刻书年代	代表刻本
歙县	汪　翰	万历三十六年	《可泉拟涯翁拟古乐府》3 卷
	许立言	万历三十六年	《许文穆公集》6 卷
	江秉谦	万历三十八年	《对问编》8 卷
	张时升	万历四十年	《晞发集》6 卷
	汪　瑗	万历四十二年	《杜律五言补注》4 卷
	汪文英	万历四十三年	《楚辞集解》19 卷
	方时化	万历四十三年	《方初庵先生集》16 卷
	朱时新	万历四十四年	《朱枫林集》10 卷、《覆瓿集》8 卷
	吴　迥	万历四十四年	《珍善斋印印》4 卷
		万历四十六年	《晓采居印印》4 卷
	汪元标	万历四十六年	《警语类抄》8 卷
	江湛然	万历四十六年	《少室山房笔丛》4 集 189 卷
	程明善	万历四十七年	《坡仙集》16 卷
	吴士奇	万历四十八年	《绿滋馆考信编》2 卷、《征信编》5 卷
		万历末年	《绿滋馆稿》9 卷、《皇明副书》100 卷、《唐乐府》18 卷
	江绍前	万历末年	《续藏书》27 卷
	程　标	万历末年	《针方六集》6 卷
	程明恕	万历末年	《国秀集》3 卷
	吴可奇	万历末年	《卓吾先生批评龙溪王先生语录抄》8 卷
	吴子玉	万历末年	《中立四子集》4 种 64 卷
	吴守忠	万历末年	《吴瑞谷集》16 卷
	吴子湛	万历末年	《医方考》6 卷、《脉语》2 卷、《吴注黄帝内经素问》24 卷
	方九如	万历末年	《草诀百韵歌》1 卷
	汪益源	天启二年	《大佛顶如来密因修证了义诸菩萨万行首楞严经讲录》15 卷
	朱泰阳	天启二年	《思问初编》12 卷

续表

地区	代表刻家	刻书年代	代表刻本
歙县	程从约	天启三年	《唐诗选句》12 卷
	吴勉	天启四年	《文泉子》6 卷
		天启五年	《孙可之集》10 卷
	吴正旸	天启五年	《印可》3 卷
	潘弼亮	天启六年	《亘史》93 卷
	罗朗	天启六年	《罗鄂州小集》6 卷、《尔雅翼》32 卷
	许志才	天启年间	《许文穆公全集》20 卷
		天启崇祯间	《城阳山志》3 卷
	曹臣	天启崇祯间	《舌华录》9 卷
	吴先贤	天启末年	《太常怀溪吴公奏议》
	方一藻	崇祯二年	《历测》3 卷、《元布算法》1 卷
	鲍宇度	崇祯三年	《瑞芝山房集》14 卷
	程从周	崇祯五年	《程茂先医案》
	吴时行	崇祯六年	《两洲山人集》10 卷
	汪瑶光	崇祯六年	《太函副墨》21 卷、《（汪道昆）年谱》1 卷
	汪汝谦	崇祯八年	《参寥子诗集》12 卷、《东坡称赏道潜之诗》1 卷
		崇祯十五年	《秦少游集摘》1 卷
	江德新	崇祯十一年	《对问编》8 卷
	方生	崇祯十一年	《春秋繁露》17 卷
	程衍道	崇祯十三年	《外台秘要》40 卷
休宁	汪德茂	洪武初年	《赵东山文稿》
	金德玹	天顺四年	《新安文粹》16 卷
	程充	成化十八年	《丹溪心法》3 卷
	程敏政	弘治四年	《宋纪受终考》3 卷
		弘治五年	《心经附注》4 卷
		弘治十年	《经礼补遗》9 卷、《仪礼逸经》2 卷
	汪泰元	弘治五年	《太上玄灵无量度人上品妙经》3 卷、《元始无量度人上品妙经》3 卷

续表

地区	代表刻家	刻书年代	代表刻本
休宁	汪　循	弘治十二年	《儒志编》2 卷
	张　辉	弘治十七年	《梅岩小稿》30 卷
	汪大章	正德八年	《渭南文集》52 卷
	程　球	正德末年	《痘疹玄言》3 卷
	邵　龄	嘉靖年间	《宋文鉴》150 卷
	程　威	嘉靖四年	《宋遗民录》15 卷
	程玘纲	嘉靖五年	《重集读素问抄续注》10 卷
	程闻礼	嘉靖五年	《书经旁注》6 卷
	方　广	嘉靖十五年	《丹溪心法附馀》24 卷
	金曰诵	嘉靖二十四年	《春秋集传》15 卷
	黄　瑶	嘉靖二十九年	《后圃先生存集》4 卷、《响明斋诗文》1 卷
	程元晒	嘉靖三十五年	《程端明公洺水集》27 卷
	何其贤	嘉靖三十六年	《宋王荆公文集摘粹》4 卷
	詹景凤	嘉靖三十七年	《寒松阁集》3 卷
	程缵洛	嘉靖四十三年	《闲辟录》10 卷
	张　复	嘉万年间	《矍下语》2 卷
	汪时元	隆庆四年	《青萝馆诗集》6 卷、《白云楼诗》12 卷
		万历年间	《古今诗删》34 卷
	俞指南	万历元年	《五经注选》5 卷
	朱正民	万历二年	《笔畴》2 卷
	吴　瀛	万历七年	《吴文肃公集》52 卷
	金　瑶	万历七年	《周礼述注》6 卷
	程善定	万历十年	《俞仲尉先生集》25 卷
	徐春甫	万历十四年	《医学入门捷径六书》6 卷
	黄尚色	万历十六年	《七政全书大成》
	金继震	万历十七年	《孟龙川文集》20 卷
		万历十九年	《唐骆先生文集》6 卷
	林熙春	万历十九年	《龟山先生全集》47 卷

续表

地区	代表刻家	刻书年代	代表刻本
休宁	孙平仲	万历二十二年	《南华真经旁注》5 卷
		万历二十六年	《汉隽》10 卷
	孙泰来	万历二十四年	《赤水玄珠》30 卷、《医宗绪余》2 卷、《医案》5 卷
	汪宗淳	万历二十四年	《焦太史汇选中原文献》24 卷
	汪可进	万历二十四年	《公余草就》3 卷
	程朝京	万历二十五年	《清源文献》18 卷
	张　羽	万历二十六年	《古本董解元西厢记》8 卷
	汪　栋	万历二十六年	《汪虞卿梅史》1 卷
	吴继安	万历二十九年	《历代帝王历祚考》11 卷
		万历末年	《汉隽》10 卷
	范　涞	万历三十一年	《典籍便览》8 卷
		万历四十年	《朱文公语录类要述》18 卷
		万历四十五年	《巵言》10 卷
	吴继京	万历三十二年	重修《吴文肃公文集》22 卷
	汪　荫	万历三十七年	《东山存稿》8 卷
	黄懋德	万历三十八年	《南华真经》8 卷
	汪　淮	万历三十九年	《徽郡诗》8 卷
	程禹迹	万历四十二年	《耕余剩技》4 种 6 卷
	汪高科	万历四十五年	《巵言》10 卷
	江邦柱	万历四十五年	《周易会通》12 卷
	程大宪	万历四十六年	《程氏雪斋竹谱》3 卷
		万历末年	《程氏印谱》5 卷
	黄　俅	万历四十七年	《黄帝内经素问注释》10 卷
	程胤万	万历末年	《程仲权先生集》26 卷
	吴　沦	万历末年	《湛甘泉先生文集》35 卷
	朱　简	万历末年	《修能印品》9 卷
	朱梦阳	万历末年	《吕氏春秋》26 卷

续表

地区	代表刻家	刻书年代	代表刻本
休宁	朱士泰	万历末年	《韩非子纂》2 卷
	金　声	万历末年	《秦律》15 卷
	程明宗	天启二年	《弈薮》（朱、墨、蓝三色套印）
	汪先岸	天启四年	《休阳诗集》12 卷
	程至远	崇祯元年	《程洺水先生集》31 卷
	程宗猷	崇祯二年	《射史》8 卷
	程一础	崇祯二年	《老子道德经》6 卷
		崇祯四年	《孝经刊误》1 卷
	汪宗友	崇祯末年	《汪子中诠》6 卷
	程维培	崇祯末年	《通鉴全史汇编历朝传统录》8 卷
黟县	王　静	宣德三年	《效颦集》3 卷
		宣德七年	《历朝通略》4 卷、《枫林小四书》4 种 5 卷
	舒荣都	天启二年	《练兵纪实》15 卷、《闲署日抄》22 卷
	江之宝	崇祯五年	《新镌易经玄备》15 卷
祁门	汪　衍	正德元年	《祁阆杂咏》2 卷
	汪　机	正德六年	《本草集要》8 卷
		嘉靖初年	《脉诀刊误》3 卷
	方　谦	嘉靖五年	《秋岩先生稿》83 卷
	汪邦铎	嘉靖年间	《石山医案》7 种 26 卷（后补刻 8 种 32 卷）
	陈嘉谟	嘉靖四十四年	《本草蒙荃》12 卷
婺源	戴　铣	弘治年间	《宋纪受终考》2 卷、《篁墩程先生文粹》25 卷
	叶天爵	弘治年间	《豫章黄先生文集》52 卷、《伐檀集》2 卷、《山谷先生年谱》30 卷
	程　启	正德二年	《新安学系录》16 卷
	胡　珽	正德二年	《沧浪严先生吟卷》3 卷
		嘉靖十八年	《梅岩胡先生文集》10 卷
	潘　旦	嘉靖元年	《周易本义通释》14 卷
	江应晨	嘉靖二年	《秘传天录阁寓言外史》8 卷

续表

地区	代表刻家	刻书年代	代表刻本
婺源	许　亮	嘉靖初年	《先天集》11 卷
	汪元锡	嘉靖年间	《史通》20 卷
	方　升	嘉靖年间	《刘须溪杜诗选》7 卷、《赵东山五言类选》1 卷、《虞伯生七言杜诗选》1 卷
	潘　滋	嘉靖七年	《梅岩胡先生文集》10 卷
		嘉靖十四年	《山屋百官箴》6 卷
	王懋元	嘉靖十二年	《双溪文集》27 卷
	程　资	嘉靖十九年	《正德十二年丁丑年增注会录》1 卷
	洪　垣	嘉靖十九年	《东廓先生文集》9 卷
		万历七年	《湛甘泉先生全集》
	潘　璜	嘉靖二十一年	《晦庵先生朱文公集》143 卷
	胡　陞	嘉靖二十二年	《梅岩胡先生文集》10 卷
	朱崇正	嘉靖二十九年	《新刊仁斋直指》27 卷
	叶茂芝	隆庆四年	《汪东峰先生奏议》4 卷
	游有常	隆庆六年	《新刊书经批注分旨白文便览》12 卷
	詹惟修	万历年间	《史记拔奇》2 卷
	程嘉祥	万历年间	《本草纲目》52 卷
	汪以成	万历十年	《大明同文集举要》51 卷、《同文千字文》2 卷
	汪跃德	万历十三年	《医方考》6 卷
	潘时从	万历十四年	《书法要录》40 卷
	余一龙	万历十九年	《督抚奏议》6 卷
	余一贯	万历二十年	《史记要删评苑》4 卷
	戴文宗	万历二十年	《四六梅花》4 卷
	叶　份	万历二十一年	《莲峰先生集》7 卷
	余昌祚	万历二十二年	《仁狱类编》30 卷
		万历三十二年	《说颐》8 卷
		万历三十八年	《读史随笔》2 卷
	王　璘	万历二十四年	《双溪文集》28 卷

地区	代表刻家	刻书年代	代表刻本
婺源	江起鹏	万历三十二年	《近思录补》14 卷
	潘士藻	万历三十二年	《朴溪潘公文集》9 卷
	朱崇沐	万历三十二年	《重锓朱文公先生奏议》15 卷、《朱文公校昌黎先生集》52 卷
		万历四十三年	《重辑朱子要录》15 卷
		万历末年	《楚辞集注》16 卷
	潘士鲁	万历三十四年	《读易述》17 卷
	汪国楠	万历三十七年	《宋名臣言行录》75 卷
	程汝济	万历三十七年	《周易宗义》12 卷
	洪士漠	万历四十二年	《觉山洪先生史说》3 卷
	余懋衡	崇祯十三年	《古方略》18 卷
不明	黄时耀	万历二十八年	《知非录》2 卷
	潘是仁	万历四十三年	《宋元诗》61 种 273 卷

注：①本表所列刻家不含家族、私家书院、文会等集体刻书；②本表未列入谱牒刻本；③佚名刻本未列入。

本表根据明、清、民国时期文献、书目提要、题跋等并参考刘尚恒《徽州刻书与藏书》、徐学林《徽州刻书》、张国标《徽州版画》等书整理、补充而成。

此表不可能详尽列出明清徽州本土家刻代表及其所刻书目，特别是一些佚失的图书更是难以稽考，但基本上可以反映出明代徽州六县刻书的地区分布、刻书盛衰状况分布以及刻主姓氏分布的概貌。从地区看，歙县家刻约占徽州地区家刻总数的 1/2，休宁约占 1/3，婺源约占 1/6，其他三县约占 1/6。从刻书盛衰分布来看，明代 277 年的时间里，徽州地区家刻数量从嘉靖年间开始迅速增长，至万历年间则达到高峰（见图 3–3）。从刻主姓氏分布来看，则以汪姓、程姓、吴姓、潘姓、方姓、江姓、黄姓等为多。无论是地区分布还是时间分布，均可发现明代徽州家刻的繁荣地区、高潮期均与徽商的活跃区、巅峰期基本是吻合的。表象的背后往往隐藏着必然的规律，即两者之间存在着必然的关联。这种表象的吻合，恰恰反映了经济与文化之间互动的内在规律。

外埠徽州家刻分布。明代徽州人到外地或做官或游学或经商而长期定居该地，在定居期间亦积极主持或参与刻书活动。外埠徽州家刻最主要分布在江浙地区如金陵、杭州、扬州、嘉定等地，也有部分分布于北京、两湖、山东等地（见表 3–3）。

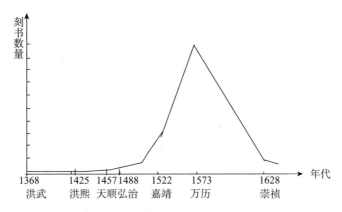

图 3 - 3　明代徽州家刻时间分布示意图

表 3 - 3　明代外埠徽州家刻代表及刻书要目一览表

地区	代表刻家	刻主身份	原籍	年代	代表刻书
金陵	潘之恒	士商	歙县	嘉靖	《合刻三志》81 种 81 卷、《黄海》60 卷、《尧山藏草》3 卷、《雪山草》9 卷、《空同子集》71 卷、《黄帝内经素问》24 卷、《灵枢》9 卷、《亘史》6 种 93 卷
	余懋学	官	婺源	隆庆	《春秋蠡测》4 卷、《仁狱类编》30 卷
杭州	张士镐	官	歙县	嘉靖	《三子口义》15 卷、《集注太玄经》6 卷、《说玄》1 卷
	胡宗宪	官	绩溪	嘉靖	《阳明先生文录》24 卷、《传习录》3 卷、《筹海图编》13 卷、《历代史纂左编》142 卷、《十岳山人诗集》5 卷、《皇明经济录》41 卷、《督抚奏议》12 卷、《荆川稗海》120 卷
	汪道昆	官（徽商之后）	歙县	万历	《春秋文》12 卷、《弘明集》14 卷、《广弘明集》32 卷、《周礼注疏》42 卷、《春秋左传节文》15 卷、《大雅堂杂剧》5 种
扬州	黄 瓒	官（徽商之后）	歙县	正德	《淮海集》40 卷
	黄 埻	官（徽商之后）	歙县	嘉靖	《十二家唐诗》24 卷
	郑元勋	官（徽商之后）	歙县	万历	《媚幽阁文娱》10 卷

续表

地区	代表刻家	刻主身份	原籍	年代	代表刻书
金坛	王肯堂	官	歙县	万历	《六科准绳》6 种
登州	潘　滋	官（徽商之后）	婺源	嘉靖	《浮槎稿》12 卷、《梅岩文集》10 卷、《双溪文集》17 卷
南昌	毕效钦	官	歙县	嘉隆	《五雅》（《尔雅》《释名》《广雅》《埤雅》《尔雅翼》）5 种 73 卷、《十九家唐诗》19 种 20 卷、《江光禄集》10 卷、《新刻释名》8 卷
广昌	余宗器	官	婺源	嘉靖	《椒丘文集》35 卷
泰州	吕　清	官		嘉靖	《吕忠穆公奏议》3 卷
嘉定	李流芳		歙县	万历	《檀园集》12 卷
嘉定	程嘉燧	商	休宁	万历	《程孟阳诗》4 卷
巨野	方时化	官	歙县	天启	《巨野县志》10 卷
山东	汪砢玉	官		崇祯	《古今鹾略》9 卷
北京	王意庵	医	祁门	嘉靖	《意庵医案》

注：①本表所列刻家不含家族、私家书院、文会等集体刻书；②本表未列入谱牒刻本；③佚名刻本未列入。

本表根据明、清、民国时期文献、书目提要、题跋等并参考刘尚恒《徽州刻书与藏书》、徐学林《徽州刻书》、张国标《徽州版画》等书整理、补充而成。

上表只是罗列了部分家刻代表，但基本上反映了明代徽州家刻在外埠的分布情况。从所列刻家代表的身份来看，除部分是官宦或士子外，商人逐渐增多。表明越来越多的徽商开始投身于家刻行列，这种刻书现象在明以前是较少见的。

（2）徽州家刻刻主身份分析。从以上两表所列刻主身份来看，明代徽州家刻主要有以下几种类型：其一，官宦家刻。其二，士人家刻。其三，乡绅家刻。其四，商人家刻。除上述之外，还有家族刻书、私家书院刻书、文会刻书等机构、组织或集体刻书。如万历二十一年（1593）徽州书林郑少斋的"宗文书院"刊刻的《新镌京本校正注释句解古文正宗》16 卷，该书请明文士茅坤、李廷机评，彭滨校订。

明隆庆、万历以前，徽州家刻以官宦、士人、乡绅为主，商人刻书较少见；万历以后，随着徽商的崛起，商人刻书越来越多，并逐渐在徽州家刻队伍中占主导地位。并随着其经济力量的延伸，其他几种刻书类型也与徽商有着直接或间接的联系。如官宦、士人家刻中，不少官宦、士人出身徽商家庭，特别是很多徽商通过捐资纳官，成为官宦行列；家族刻书、书院刻书、文会刻书等，其刻书资金绝大多数来源于徽商。

（3）徽州家刻图书类型分析。明代徽州家刻的图书类型相当丰富，不仅超越前代，而且也为清代所不及。所刻图书类型有：其一，解经著述类。此类在传统刻书中占主流地位，这主要是由传统主流思想意识决定的。徽州家刻自然也趋之若鹜。其二，名人文集类。主要是本族先世有影响的或对本族有重要贡献的名人的文集。其三，家传秘籍类。其四，艺术欣赏类。如程大约刻印的《程氏墨苑》《方氏墨谱》、汪廷讷刻印的大型园林图版《环翠堂园景图》、胡正言刻印的《十竹斋书画谱》《十竹斋笺谱》等，这类刻本重要的一个特点是，讲究刻印质量，不惜巨金，打造精品。其五，戏曲小说类。典型如汪道昆创作刻印的杂剧《远山戏》《高堂戏》《洛水悲》《游五湖》四种；吴大震创作并刻印的明人传奇《龙剑》；汪宗姬创作并刻印的传奇《丹笯》；汪廷讷刻印的《环翠堂乐府西厢记》等。其六，方志谱牒类。谱牒可以说是一个家族或宗族的源流史，徽州地区素有浓厚的宗族之风，普遍重视修谱，家家有谱，形成每20年、30年修谱一次的风气。谱牒类型，大至郡谱（徽州六县范围内所有大族合编一谱如《新安名族志》）、县谱（以一县为范围，合编各大族谱如《休宁名族志》）、合族之族（凡属一姓，共同编谱如《新安武口王氏世系谱》）；小至分支主谱（某族某支的单独宗谱如《新安歙北许氏东支世谱》）。谱牒的形式多样，如族谱、宗谱、统宗谱、世谱、世牒、支谱、房谱、家乘、家谱等。

徽州家刻中的艺术欣赏、戏曲小说和谱牒类刻本是明代徽州刻本中的亮点，不仅刻印数量在传统徽刻中空前绝后，而且出现大量的精本、善本，特别是出现了大量的图书版画，其精湛技艺为国内翘楚，其艺术风格对其他刻书地区如金陵、苏州、杭州等地产生了重要影响。尤其是家刻本的戏曲小说，它与坊刻本的戏曲小说显著不同之处在于：不仅其刻印质量远远超出坊刻本，而且其思想性也要高于坊刻本（当然，也存在一些家刻本被坊刻盗版）。

（4）徽州家刻图书的走向分析。徽州家刻的图书走向主要有以下几种情况：其一，珍藏于家，这是徽州家刻的主要走向。徽州家刻主人一般将藏书、勘误与刻书活动视为一个整体，其过程是：收藏→校勘→刻印→珍藏。在有着浓厚的文化传统的徽州，图书收藏与刊刻尤其得到重视，在某种程度上说，可以视为徽州人的一种文化自觉，是继承祖业、亢大儒学的文化追求。不过，在徽商的开放意识影响下，徽州无论是藏书还是刻书，逐渐形成了开放性的收藏风气，即打破了纯粹的收藏行为，而能够向社会上士人尤其是徽州本族士人开放，供他们无偿阅读。其二，作为馈赠之礼品。一些徽商为维系人脉关系，常刊刻一些书籍作为礼品赠送。如清婺源嵩峡人齐应时，业木维扬，尝捐资刊刻《感应》诸书，赠送亲朋好友。① 黟县商人李宗煜也尝刻书赠送官府人员，以此靠近拉拢官府。许振祎为曾国藩的幕僚，李宗煜曾刻《七家后汉书》托人赠送给他，深得许的称许。许振祎给李宗煜信中说："……由朱仲我孝廉交来《七家后汉书》六册，知为贵乡汪南士先生所辑。阁下重刊行世，具见褒章先哲，嘉惠艺林之盛意，远承寄赐，感佩莫名。仲我又言承慨助《周益公全集》刻赀五股，此书自国初以来久无行本，实敝乡文献所关，同人患其湮没无传，固有是举。今台端嗜古，古雅有同情，可钦可感，专肃鸣谢，敬请升安，诸希惠照不宣……尊处所刻名人遗书，均极精雅，而阐微显幽之意，尤足以风当世，钦佩无已。远承惠赠，感何如之。敝门人陈松山现赴扬州，拟由扬至大通，再回临川本籍，既蒙厚爱许代张罗，俟其亲拜请教，即乞鼎言吹嘘，无论多寡，总铭高谊，决不在此计较也。专肃鸣谢，敬请台安百益。"② 其三，出售。在徽州商业风气的影响下，徽州一些家刻图书也开始走向市场，尤其是一些生活陷于困顿的家庭，将所刻印之书出售，维持生活。如明俞安期晚年病苦，生活困顿，不得不变卖家藏书，他寄诗与友人说："卖书充药裹，削迹老蘅门"③。又如侨寓溧川的吴诠、吴用仪父子，酷爱刻书藏书。修建"遂初园"作为藏书、刻书之所，"遂与江浙诸名士流连觞咏，座无俗客"，可惜吴诠逝世后不久，兄弟争析产，所藏、刻之书连同"遂初园"皆被变卖。④ 类似情况在明代徽商中是常见的事情。

---

① 参见汪正元、吴鹗等纂修：《（光绪）婺源县志》卷 47，《人物十二质行八》，中国方志丛书"华中地方"第 680 号，台北，台北成文出版社 1985 年版。

② 舒育玲：《巨贾李宗煜与曾府幕僚们》，黟县政协网"文史资料"，http://www.hsyxzx.com/wsh_301.htm.

③ 俞安期：《窭窭集》卷 25，《寄汪仲庵》，四库全书存目丛书本集部。

④ 杨立诚、金步瀛：《中国藏书家考略》，俞运之校补，上海，上海古籍出版社 1987 年版，第 72 页。

2. 清代徽州家刻的变化

清初由于文字狱的桎梏，对出版的发展产生了严重的消极影响。乾隆后期以徽州府方国泰收藏《涛浣亭诗集》案再兴文字狱。歙县方国泰因收藏有五世祖清初贡生方芬撰《易经补义》，七世祖方有撰《陛辞疏草》两书，请奖孝友匾，结果被歙县知县杨祈迪查出他收藏有方芬撰《涛浣亭诗集》，经周纳深究，其中有"征衣泪积燕云恨，林泉不共鸟啼新""乱剩有身随俗隐，问谁壮志足澄清""兼葭欲白露华清，梦里哀鸿听转明"句，为意在影射，诅咒清廷，图谋复明，构成叛逆大罪。一时间，恐怖的黑云四起。前安徽巡抚农起和督臣萨载立即具文上奏乾隆。继任安徽巡抚谭尚忠等辈当作大事来抓，严加审讯。并于乾隆四十七年（1782）四月二十九日上书乾隆，要求将已故多年的"方芬刨坟戮尸，以彰国法"。方国泰以"胆敢隐藏方芬诗集，比照'大逆知情隐藏者斩律'，拟斩立决。"五月初三，乾隆亲批刑部奏议有："若无不法字句，即可毋庸办理。朕凡事不为已甚，岂于语言文字反过于推求？各省督抚尤当仰体朕意，将此通谕中外知之。钦此。"后才没有大张旗鼓地办罪。①

虽然在清初文字狱的压制下，徽州家刻受到较大影响，刻书种类和数量尤其是戏曲小说大大缩减，但随着经济、文化的复苏和发展，徽州家刻得到了复苏和繁盛。特别是崇尚宋版书，校勘、考订宋版书之风日盛，徽州家刻也加入此行列。如叶德辉所举称："自康雍以来，宋元旧刻日稀，而缙绅士林佞宋、秘宋之风，遂成一时佳话……吴焯有《绣谷亭熏习录》（残稿本。存经部《易》一卷，集部三卷，近仁和吴昌绶校刻），吴寿旸有《拜经楼藏书题跋记》（五卷）……"② 同时，徽州婺源县江永及其传人戴震等举起朴学大旗，取而代之程朱理学，使独具特色的徽州之学走向繁荣。在文风浓郁，师承和家学链特别发达的徽州学术丛林里，学者林立，显宦迭出，著述丰富，家刻日益昌盛。

此外，还有初为家刻，后转入坊刻，以至家刻、坊刻性质难以分清，或前期为家刻、后期演变为坊刻。如歙县张习孔的"诒清堂"初为家刻，及至其子张潮经营出版时"诒清堂"和"霞举堂"已转为坊刻，经营地

---

① 参见《安徽省志·出版志》，北京，方志出版社 1998 年版，第 39 页。

② 叶德辉:《书林清话》，《古今藏书家纪板本》，北京，北京燕山出版社 1999 年版，第 14 页。

点也由徽州转向杭州。①

（1）清代徽州家刻分布的变化。清代徽州家刻历经明末清初的战乱、文字狱以及经济的复苏，也经历了受挫、复兴的过程。无论在本土还是外埠，徽州家刻分布状况均发生了一些变化，这些变化与徽商的发展密切相关，甚至受徽商经济所左右。

徽州本土家刻的变化。据刘尚恒统计，清代徽州家刻计有 32 姓，所刻图书有 300 余种。② 实际刻书可能要超出这个数字。清代徽州六县家刻的人数和刻书数量上，与明代相较而言，总体差不多但略有变化。从地区分布看，歙县刻书的人数和刻本数量占徽州的 1/2 强，依然是徽州刻书的中心地；而休宁县却有所萎缩，由明代的约占 1/3 降至约 1/10；婺源基本未变，约为 1/6；绩溪和黟县的比例上升，分别约为 1/10、1/13。祁门发展较缓慢，明清两季刻书人数和刻本数量在六县中为最少（见表3 - 4）。

表 3 - 4　清代徽州本土家刻代表及刻书要目一览表（1644 ~ 1840）

地区	代表刻家	年　代	代表刻书
绩溪	鲍承勋	康熙二十四年	《怀嵩堂赠言》4 卷
	胡氏耘经堂	康熙年间	《苕溪渔隐丛话》100 卷
		嘉庆年间	《仪礼释官》6 卷、《侯国官制考》2 卷、《侯国职官表》1 卷、《孔子编年》5 卷
	方起泰	乾隆五十五年	《礼笺》3 卷
	朱　琳	乾隆年间	《尚书考异》、《书集传》
	胡思平	嘉庆年间	《四书注说参证》7 卷
	邵　堂	嘉庆年间	《闻见晚录》2 卷、《徽志补遗》1 卷
	胡匡衷	嘉庆二十一年	《仪礼释官》10 卷
	洪氏绩学堂	道光元年	《名臣言行录》75 卷
		道光十四年	《双池文集》10 卷
	胡绍勋	道光十四年	《四书拾义》6 卷

①　参见《安徽省志·出版志》，北京，方志出版社 1998 年版，第 28 页。
②　参见刘尚恒：《徽州刻书与藏书》，扬州，广陵书社 2003 年版，第 103 页。

续表

地区	代表刻家	年代	代表刻书
歙县	汪大年	康熙年间	《济世全书》
	汪士铉	康熙年间	《栗亭诗集》6 卷、《黄山志续集》8 卷
	程哲	康熙年间	《蓉槎蠡说》12 卷、《带经堂集》92 卷、《分甘余话》4 卷、《新安志》10 卷、《罗鄂州小集》6 卷、《罗鄂州遗文》1 卷、《旧唐书》200 卷
	程义	康熙年间	《耕钓草堂诗》6 卷、《悟雪斋墨史》不分卷
	王艮	康熙年间	《鸿逸堂稿》
	方芬	康熙年间	《周易补义》4 卷、《涛浣亭诗集》
	吴瑞征	康熙年间	《不古编》1 卷
	洪钺	康熙年间	《七峰草堂诗稿》6 卷
	孙琅	康熙年间	《四书绪言》44 卷
	江氏祭书草堂	康熙年间	《江止庵遗集》8 卷
	程从周	康熙年间	《程茂先医案》
	黄生	康熙元年	《唐诗摘抄》4 卷
		康熙三十五年	《杜工部诗说》12 卷
		康熙末年	《一木堂诗稿》12 卷、《押韵便览》6 卷
	罗美	康熙十四年	《古今名人医方论》4 卷
	朱本中	康熙十五年	《贻善堂四种须知》
	朱观	康熙十五年	《国朝诗正》8 卷
	王氏	康熙二十七年	《新都秀运集》2 卷
	吴𪷦	康熙三十一年	《樵贵谷诗》4 卷
	汪立名	康熙三十四年	《唐四家诗》8 卷、《天下名山记抄》16 卷
		康熙三十九年	《今韵笺略》5 卷
		康熙四十二年	《汗简》7 卷、《白香山诗集》40 集
		康熙五十五年	《钟鼎字源》6 卷
	吴承渐	康熙三十八年	《庄子旁注》5 卷
	吴瞻泰	康熙四十一年	《北黟山人诗》10 卷

地区	代表刻家	年　代	代表刻书
歙县	洪　璟	康熙四十二年	《北游记》1 卷
	程　釜	康熙四十四年	《陶诗汇注》6 卷
	汪洪度	康熙四十三年	《新安二布衣诗》8 卷
		康熙四十五年	《新安女史征》1 卷
	汪树琪	康熙年间	《息庐诗》6 卷
		康熙四十七年	《眉洲诗》1 卷
	程　玘	康熙四十七年	《韦斋集》12 卷、《玉澜集》1 卷
	郑重光	康熙四十九年	《瘟疫论补注》2 卷
	郑氏天游堂	康熙五十年	《春秋经传阙疑》45 卷
	许象晋	康熙五十四年	《青岩诗文集》12 卷
	汪天荣	康熙六十年	《德音堂琴谱》10 卷
	黄蔚南	雍正年间	《光裕堂琴谱》8 卷
	吴文焕	雍正四年	《存古堂琴谱》8 卷
	洪正治	雍正五年	《尚书纂注约解》2 卷
	江耀舟	雍正十一年	《医学心悟》5 卷、《外科十法》1 卷
	江元林	乾隆年间	《地理裘腋集》5 卷
	畲华瑞	乾隆年间	《岩镇志草》4 卷
	汪师韩	乾隆年间	《汪韩门四种》13 卷、《上湖遗书》9 种 36 卷
	项怀述	乾隆年间	《隶法汇纂》10 卷
	汪天与	乾隆六年	《沐青楼集》7 卷
	程之骹	乾隆六年	《黄山纪游诗》1 卷
		乾隆十八年	《练江诗抄》8 卷
	吴　谦	乾隆七年	《医宗金鉴》14 种 90 卷
	汪嘉谟	乾隆十一年	《妇科胎产经验良方》4 卷
	郑奠一	乾隆十七年	《瘟疫明辨》5 卷
	吴　迈	乾隆二十一年	《方症汇要》4 卷
	程瑶田	乾隆二十五年	《琴音记》3 卷、
		嘉庆八年	《通艺录》21 种 42 卷

地区	代表刻家	年　代	代表刻书
歙县	汪梧凤	乾隆二十五年	《屈原赋注》12 卷
		乾隆年间	《松溪文集》《诗学女为》26 卷
	郑开基	乾隆二十七年	《影园诗文稿》1 卷
	项天瑞	乾隆二十七年	《同寿录》6 卷
	吴宏定	乾隆三十二年	《景岳新方汤头》2 卷
	江　权	乾隆三十五年	《东皋集》1 卷、《瞻云集》1 卷、《可复集》1 卷、《丛兰诗草》1 卷
		乾隆三十八年	《凤城集》2 卷、《嘉陵集》1 卷
		乾隆三十九年	《正颐堂文集》6 卷
	张　节	乾隆三十八年	《嘤鸣集》6 卷
	江氏潜德堂	乾隆三十八年	《群经补义》5 卷、《乡党图考》10 卷
	江氏集道堂	乾隆三十九年	《四书古人典林》12 卷
	江氏蕴真书屋	乾隆三十九年	《河洛真蕴》9 卷
	曹振镛	乾隆四十一年	《宋四六选》24 卷
		嘉庆四年	《石鼓斋文集》63 卷
		嘉庆五年	《话云轩咏史诗》2 卷
	方成培	乾隆四十二年	《香研居词尘》5 卷
	江　春	乾隆四十四年	《古玉图谱》100 卷
	吴炳文	乾隆四十八年	《春秋左传汇辑》40 卷
	汪　龙	乾隆五十三年	《四声切韵表》1 卷
	曹文殖	乾隆五十四年	《黄山纪游诗》1 卷
	江　进	乾隆五十五年	《集古良方》12 卷
	项　淳	乾隆五十五年	《一幅集》18 卷
	江绍莲	嘉庆初年	《紫壶便录》2 卷、《橙阳散志》15 卷、《披芸漫笔》18 卷、《梅宾诗抄》6 卷
	汪　灼	嘉庆年间	《毛诗周韵诵法》10 卷、《诗经言志》26 卷、《渔村诗集》23 卷

地区	代表刻家	年代	代表刻书
歙县	汪 任	嘉庆年间	《溪村诗抄》6 卷
	汪 莱	嘉庆年间	《衡斋算学》7 卷
	汪光绪	嘉庆年间	《道德经注》3 卷
	项应莲	嘉庆年间	《西昭竹枝词》1 卷
	曹恩滢	嘉庆年间	《曹文正公行述》1 卷
	王于圣	嘉庆四年	《慈航集》4 卷
	胡良会	嘉庆四年	《新城伯子文集》8 卷
	许豫和	嘉庆六年	《怡堂散记》3 卷
		同治年间	《许氏幼科七种》
	洪 莹	嘉庆七年	《元和姓纂》10 卷
	朱文翰	嘉庆九年	《汉书地理志稽疑》6 卷
	罗廷凤	嘉庆十二年	《黄山游记》1 卷
	程振甲	嘉庆十四年	《伊犁三种》《西陲总统事略》13 卷、《绥服纪略图诗》1 卷
	黄 筏	嘉庆十五年	《虚船集》4 卷
	罗浩养	嘉庆十七年	《医经余论》1 卷
	洪 范	嘉庆二十年	《四声调法指掌》1 卷
	洪 梧	嘉庆二十二年	《春余赋草》1 卷、《辛壬韩江唱酬集》4 卷
	吴 焜	嘉庆二十四年	《鹤舫遗诗》4 卷
	江有诰	嘉道年间	《江氏音学十书》12 卷
	程振圃	嘉道年间	《杏轩医案》3 卷、《医述》10 卷
	程德寿	道光六年	《宝善堂印谱》2 卷
	张 淦	道光八年	《宝墨斋印略》2 卷
	江忠俦	道光十年	《新安景物约编》6 卷
	徐宝善	道光十八年	《壶园全集》26 卷
	程恩泽	道光年间	《程侍郎遗集》10 卷、《国策地名考》20 卷
	吴云蒸	道光年间	《说文引经异字》3 卷

续表

地区	代表刻家	年　代	代表刻书
休宁	查　氏	康熙年间	《靳史》30 卷
	程应旄	康熙九年	《伤寒论后条辨》18 卷、《医径句测》2 卷
	吴人驹	康熙四十一年	《医宗承启》6 卷
	吴宗信	康熙四十四年	《履心集》4 卷
	叶良仪	康熙四十五年	《馀年闲话》4 卷
	毕守祥	康熙四十五年	《莹心堂诗》6 卷
	汪　灏	雍正年间	《骈体新编》1 卷、《七律新编》1 卷
	程永芳	乾隆年间	《地理水法宗旨》2 卷
	金　氏	乾隆年间	《金元忠遗集》4 卷
	戴胜征	乾隆十六年	《石枰诗抄》2 卷
	汪兆舒	乾隆二十二年	《谷玉类编》50 卷
	黄士埙	乾隆三十年	《瀛山笔记》2 卷
	程盛修	乾隆三十八年	《夕阳书屋诗初编》4 卷
	陈森年	乾隆四十七年	《四本堂印谱》4 卷
	汪　汲	乾嘉年间	《古愚老人消夏录》17 种 67 卷
	汪　喆	嘉庆四年	《产科心法》2 卷
	戴延介	嘉庆八年	《玉句草堂词》3 卷、《银藤花馆词》4 卷
	赵继序	嘉庆九年	《汉儒传经记》2 卷、《历朝崇经记》1 卷
	徐　卓	嘉庆十六年	《休宁碎事》12 卷
		道光五年	《声韵合表》2 卷
		道光七年	《经义未详说》12 卷
	汪梅鼎	嘉庆二十三年	《浣云诗抄》8 卷
	徐大纶	道光十年	《画工诗抄》1 卷、《帖体诗》1 卷
	汪文绮	道光十二年	《脉学注释汇参证治》2 卷
	戴长根	道光十三年	《律话》3 卷
黟县	汪士通	雍正年间	《东湖诗抄》2 卷
	胡与高	乾隆十三年	《道德经编注》2 卷
		乾隆二十年	《存悔斋诗草》4 卷

地区	代表刻家	年 代	代表刻书
黟县	朱 需	嘉庆六年	《经学质疑》4 卷
	孙学道	嘉庆十七年	《笠人诗稿》1 卷
	胡成俊	嘉庆二十三年	《雪眉抄》4 卷
	胡宗姚	道光十三年	《松舫居士印谱》1 卷
祁门	汪宗豫	康熙十八年	《环谷集》9 卷、《古西集》9 卷
婺源	江 永	康熙年间	《音学辨微》1 卷
	朱 烈	康熙八年	《五经》
		康熙十年	《四书集注》21 卷
		康熙十一年	《诗经集传》8 卷
	李 卓	康熙三十五年	《凝玉堂诗》3 卷
	程之康	康熙四十三年	《程氏人物志》8 卷
	董大鲲	康雍年间	《经传音画辨伪》《春秋四传合编》《春秋列国考叙》《姓氏郡望考》
	齐 翀	乾隆年间	《杜诗本义》2 卷、《雨峰诗抄》8 卷、《南澳志》13 卷
	汪 绂	乾隆三十六年	《读礼志疑》2 卷
	詹德祖	乾隆三十六年	《伤寒总注》4 卷
	洪腾蛟	乾隆五十六年	《寿山丛录》1 卷
	朱 恒	嘉庆七年	《毛诗名物略》4 卷
	董桂敷	嘉庆十九年	《春江诗稿》2 卷
		道光十四年	《自知堂文集》4 卷
		道光十六年	《自知堂吟草》10 卷
	戴大昌	嘉庆年间	《补余堂集》30 卷、《琴音标准》5 卷、《四书答问》25 卷、《驳四书改错》21 卷
	王凤生	道光初年	《荒政备览》2 卷、《宋州从政录》《感逝草》1 卷
	董桂山	道光二年	《琅嬛仙庐诗初集》6 卷
	齐 康	道光十二年	《秋舫诗存》1 卷

续表

地区	代表刻家	年　代	代表刻书
不明	程允基	康熙四十四年	《诚一堂琴谈》2 卷
	汪文珍		《才调集》

　　注：①本表所列刻家不含家族、私家书院、文会等集体刻书；②本表未列入谱牒刻本；③佚名刻本未列入。

　　本表根据明、清、民国时期文献、书目提要、题跋等并参考刘尚恒《徽州刻书与藏书》、徐学林《徽州刻书》、张国标《徽州版画》等书整理、补充而成。

　　从时间上来看，清代徽州本土家刻历经三个低谷期和两个高潮期。三个低谷期分别为清初顺治至康熙初年、雍正至乾隆初年、咸丰以后衰落；两个高潮期分别为康熙中后期、乾隆年间（见图 3 - 4）。

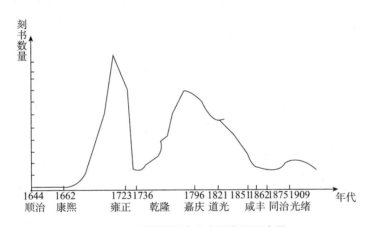

图 3 - 4　清代徽州本土家刻发展示意图

　　外埠徽州家刻的变化。清代外埠徽州家刻，一改明代以官宦、士人为主，为徽商家刻为主，这是清代外埠徽州家刻最大的变化。因而徽商活动频繁的外埠地区，往往就是徽州家刻比较活跃的地区。清代徽商活跃的地区仍以江浙为主，康熙《徽州府志》载："今则徽之富民尽家于仪（征）、扬（扬州）、苏（苏州）、松（松江）、淮安、芜湖、杭（杭州）、湖（湖州）诸郡，以及江西之南昌，湖广之汉口，远如北京，亦复挈其家属而去。甚且舆其祖父骸骨葬于他乡，不少顾惜，而徽之本土仅贫娄而不能出者耳。"① 因而这些地区的徽州家刻非常活跃。与明代徽州家刻

---

　　① 马步蟾等纂：《（康熙）徽州府志》卷2，《风俗》。道光七年（1827）刊本，"中国方志丛书"华中地方（719），台北，台北成文出版社1975年版。

在外埠分布不同的是，清代的扬州是徽州家刻最为活跃的地区，金陵退居为次席，苏杭二州也很活跃（见表 3-5）。而这些地区也恰恰是徽商最为活跃的地区，如扬州，是徽州盐商把持的重镇，几为徽商的殖民地，扬州徽商几乎家家藏书、人人刻书。苏杭二地向为徽商青睐的地区，加之该地区的刻书非常发达，经商致富的徽商为风气所向，纷纷投资刻书。

表 3-5　清代外埠徽州家刻代表及刻书要目一览表（1644~1840）

地区	代表刻家	刻主身份	原籍	年代	代表刻书
扬州	张习孔	官	歙县	顺治	《云谷卧余》28 卷、《诒清堂文集》14 卷
				康熙	《大易辨志》24 卷、《读书论世》16 卷、《檀弓问》4 卷
	汪楫	官	休宁	康熙	《悔斋集》6 卷、《山闻诗》2 卷
	江德新	官	歙县	康熙	《丹溪心法》5 卷、《脉诀指掌》1 卷、《医学发现》1 卷、《治法机要》1 卷
	程应旄	医	歙县	康熙	《医学分法类编》
	程林	医	歙县	康熙	《圣济总录纂要》26 卷
	汪懋麟	官	休宁	康熙	《百尺梧桐阁集》19 卷、《遗稿》10 卷、《汪氏家集》4 种 20 卷
	汪应庚	盐商	歙县	乾隆	《平山揽胜志》10 卷
	黄晟	盐商	歙县	乾隆	《隶辨》8 卷、《三古图》《水经注》40 卷、《太平广记》（小字本）500 卷、《山海经传》18 卷、《三才图会》106 卷
	黄履暹	盐商	歙县	乾隆	《叶氏指南》10 卷、《圣济总录》200 卷
	黄承增	盐商	歙县	嘉庆	《今诗所见集选》15 卷、《广虞初新志》20 卷
	黄承吉	盐商	歙县	道光	《梦陔堂诗集》35 卷、《冬潮诗集》4 卷、《义府》1 卷、《字诂》1 卷
	江春 江昉 江兰	盐商	歙县	乾嘉	《白石道人四种》16 卷、《古玉图谱》100 卷、《何水部集》2 卷、《集古良方》12 卷

续表

地区	代表刻家	刻主身份	原籍	年代	代表刻书
扬州	江士相	盐商后人	歙县	乾隆	《六朝二家集》2 种 11 卷
	程晋芳	盐商	歙县	乾隆	《勉行堂诗集》25 卷《文集》6 卷
	江 昱	盐商	歙县	乾隆	《尚书私学》4 卷、《韵歧》5 卷、《松泉诗集》6 卷
	江 恂	盐商后人		乾隆	《蔗畦诗稿》2 卷
	江振鹤	盐商	歙县	嘉庆	《新安二江先生集》10 卷
	汪喜孙	盐商后人	歙县	嘉庆	《汪荣甫所著书》6 种 21 卷
				道光	《甘泉汪氏遗书》5 种 30 卷、《江都汪氏丛书》22 种 42 卷
	马曰琯马曰璐	盐商	祁门	雍正	《小玲珑山馆丛书》6 种、《韩柳二先生年谱》8 卷、《困学纪闻》20 卷、《经义考》300 卷、《宋诗纪事》100 卷、《班马字类》2 卷、《嶰谷词》1 卷、《沙河逸老小稿》8 卷、《南斋集》6 卷、《说文系传》（小字本）40 卷
	鲍淑芳鲍约亭鲍冶亭	盐商	歙县	嘉道年间	《安素轩法帖》12 卷、《论语》《孟子》《说文》
	鲍桂星	盐商	歙县	嘉庆	《寿藤斋诗集》35 卷、《紫石泉山房集》15 卷、《觉生诗抄》10 卷、《咏物诗抄》4 卷、《咏史诗抄》3 卷、《感旧诗抄》2 卷、《觉生自订年谱》4 卷
	鲍崇城	盐商	歙县	嘉庆	《太平御览》1000 卷
	项 絪	盐商	歙县	康熙	《山海经传》18 卷、《水经注》40 卷、《五经文字》3 卷、《新加九经字样》1 卷、《隶辨》8 卷、《王韦会刻》16 卷
				雍正	《绝妙好词》7 卷
	吴 绮		歙县	康熙	《记红集》4 卷、《唐近体诗咏》14 卷、《宋金元诗咏》14 卷、《艺圃诗》1 卷

地区	代表刻家	刻主身份	原籍	年代	代表刻书
扬州	吴寿潜		歙县	康熙	《林蕙堂全集》26卷
	吴瞻泰		歙县	康熙	《北黟山人诗》10卷、《沙罗草堂诗合集》5卷
	吴之骒		歙县	康熙	《孝经类解》18卷、《天下名山记抄》16卷
	罗聘		歙县	乾隆	《正信录》2卷
				嘉庆	《香叶草堂诗存》
	罗挺		歙县	乾隆	《杜诗提要》14卷
	程梦星	盐商	歙县	乾隆	（雍正）《江都县志》20卷舆图1卷、（雍正）《扬州府志》40卷、（雍正）《江都县志》32卷、《山水集》、《平山堂小志》12卷、《今有堂诗集》6卷
	孙默		休宁	康熙	《国朝名家诗余》17种43卷
	查士标		休宁	康熙	《种书堂遗稿》3卷
	巴慰祖	盐商	休宁	乾隆	《四香堂摹印》2卷
金陵	汪士汉		婺源	康熙	《双溪遗集》16卷、《秘书二十一种》、《古今彝语》12卷、《古今记林》26卷
	程廷祚		歙县	乾隆	《春秋识小录》3种9卷、《晚书订疑》3卷、《大易择言》36卷
	程嗣章		歙县	道光	《禘祫辨误》2卷、《论语说》4卷、《青溪文集》12卷
苏州	吴诠		休宁	乾隆	《四书日课录》30卷、《半农先生春秋说》15卷
				嘉庆	《四书章句集注》26卷、《四书集注定本辨》1卷、《家塾读本句读》1卷、《四书章句附考》1卷、《真意堂丛书》3种13卷
				道光	《经史论存》4卷
	吴志忠		歙县	乾隆	《懒庵偶存稿》4卷《续稿》2卷《又续稿》2卷《三续》2卷
				嘉庆	《璜川吴氏四书学》3种6卷、《真意堂三种》13卷

续表

地区	代表刻家	刻主身份	原籍	年代	代表刻书
苏州	汪士铉	徽商后人	歙县	康熙	《齐山先生诗文集》6 卷、《近光集》28 卷、《黄山志续集》8 卷、《秋泉先生集》17 卷
	潘奕隽潘曾沂潘曾莹潘遵祁潘钟瑞潘祖荫	徽商后人	歙县	嘉庆—同治	《说文蛮笺》14 卷、《三松堂集》30 卷、《三松堂诗集》16 卷
					《功甫小集》5 卷、《船庵文集》6 卷、《放猿集》1 卷、《桐江集》1 卷、《船庵词》1 卷
					《小鸥波馆诗文钞》4 卷、《红蕉馆诗集》18 卷
					《伤寒寻源》3 卷、《不复远斋丛书》6 种 17 卷、《西甫文集》5 卷《诗词集》15 卷《题画诗》2 卷、《西甫集》10 卷续 4 卷补 1 卷
					《合刻四家诗词》4 种 4 卷、《香禅精舍集》15 种 33 卷、《庚申噩梦记》2 卷
					《越三子集》5 种 7 卷、《潘刻五种》15 卷、《攀古楼彝器款识》2 卷、《小谟觞馆全集》4 种 26 卷、《滂喜斋丛书》54 种 95 卷、《功顺堂丛书》18 种 75 卷、《士礼居藏书题跋记》6 卷序跋 1 卷
	汪　瑺		休宁	乾隆	《黄山导》4 种 14 卷
	吴翌凤	徽商后人	休宁	乾隆	《宋金元诗选》16 卷、《与稽斋丛稿》18 卷、《怀旧集》12 卷《续集》6 卷《又续集》1 卷《女士诗录》1 卷、《吾与堂汇编》10 卷
杭州	赵吉士	官	休宁	康熙	《寄园诗》1 卷、《寄园六咏》1 卷、《又新堂诗》1 卷、《寄园寄所寄》12 卷、《续表忠记》8 卷、《万青阁诗余》8 卷、《万青阁全集》8 卷

续表

地区	代表刻家	刻主身份	原籍	年代	代表刻书
杭州	汪　宪 汪汝栗 汪　潞 汪　诚 汪远孙	徽商之后	黟县	乾隆—嘉庆	《振绮堂书录》10 卷、《经义考》100 卷、《借闲生诗》1 卷词 1 卷、《(咸淳)临安志》
	汪康年	官	黟县	光绪	《辽史拾遗》24 卷、《樊榭山房集》10 卷续集 10 卷文集 8 卷集外集诗文 2 卷集外词 4 卷集外曲 1 卷、《樊榭山房全集》、《曲洧旧闻》10 卷、《道古堂全集》76 卷、《振绮堂丛书》二集 12 种 23 卷、《振绮堂丛书》一集 10 种 21 卷
	汪启淑	盐商	歙县	乾隆	《通志二十略》52 卷、《说文解字系传》41 卷、《新集古文四声韵》5 卷、《兰溪棹歌》1 卷、《讱庵诗存》8 卷、《撷芳集》80 卷、《于役新吟》1 卷、《飞鸿堂印人传》8 卷、《飞鸿堂印谱》40 卷、《永曹清暇录》16 卷、《汉铜印丛》12 卷、《古铜印丛》4 卷、《集古印存》32 卷、《退斋印类》10 卷、《汉铜印原》16 卷
	鲍廷博 鲍士恭 鲍正言	盐商	歙县	乾嘉	《知不足斋丛书》30 集 207 种 781 卷、《列女传》16 卷、《水云集》5 卷、《名医类案》12 卷、《历代纪元汇考》5 卷、《聊斋志异》(与赵起杲合刻) 16 卷
	鲍廷爵	盐商后人	歙县	同治光绪	《后知不足斋丛书》首刻 4 函 25 种 70 卷、《宋元明诗合钞》300 卷首 2 卷、《后汉书补表》8 卷、《内经知要》2 卷
	胡　珽	盐商		咸丰	《琳琅密室丛书》4 集 30 种 127 卷、《续幽怪录》4 卷拾遗 2 卷校勘记 1 卷、《鸡肋编》3 卷校勘记 1 卷
	吴　骞	盐商	休宁	乾隆	《国山碑考》1 卷、《阳羡名陶录》9 卷、《拜经楼诗集》12 卷

续表

地区	代表刻家	刻主身份	原籍	年代	代表刻书
杭州	吴 焯 吴 城 吴玉墀	盐商	休宁	乾隆年间	《药园诗》、《陆渚鸿飞集》、《宝楚阁著录》、《清吟阁书目》、《武林耆旧续集》、《瓯亭小稿》、《云蝼斋诗话》、《吹豳录》
嘉兴	汪 森	盐商	休宁	康熙	《词综》36 卷、《粤西诗载》25 卷《文载》75 卷《丛载》30 卷、《华及堂视昔编》6 卷、《小方壶存稿》18 卷、《裘杼楼词稿》6 卷、《桐扣词》2 卷
	汪文柏	盐商	休宁	康熙	《汪柯庭汇刻宾朋诗》7 种 11 卷、《摘藻堂诗稿》6 卷、《古香楼吟稿》4 卷、《西山纪游诗》1 卷、《柯庭余习》12 卷
	汪孟鋗	盐商	休宁	乾隆	《枳坡居士集》12 卷、《厚石斋集》12 卷
	吴之振	徽商	休宁		《宋诗钞》初集 84 家 94 卷、《八家诗选》8 种 8 卷、《黄叶村庄诗集》6 卷、《瀛奎律髓》49 卷
	吴 骞 吴寿旸 吴之淳 吴昂驹 吴春熙	商	休宁	乾嘉道	《咸淳临安志》91 卷、《乾道志》3 卷、《淳佑志》6 卷、《愚谷文存》正续、《拜经楼》诗集、词话，校刊《拜经楼丛书》、《海昌丽则》
	金 檀		休宁	康雍	《文瑞楼丛刊》3 种 71 卷
无锡	汪 璐	商	休宁	康熙	《读易质疑》23 卷
常州	吴 铨 吴成佐 吴用仪 吴 英	盐商		雍乾	《乐意轩书目》4 卷、《嫩庵偶存稿》8 卷、《读史小论》2 卷、《经句说》
常熟	程允基	商	歙县	康熙	《诚一斋琴谱》6 卷、《诚一斋琴谈》2 卷
丽水	汪 昂	商	休宁	康熙	《增订本草备要》5 卷
宜兴	齐彦槐	官	婺源	乾嘉	《锟川胡公崇祀乡贤录》1 卷、《梅麓诗钞》6 卷

本表根据明、清、民国时期文献、书目提要、题跋等并参考刘尚恒《徽州刻书与藏书》、徐学林《徽州刻书》、张国标《徽州版画》等书整理、补充而成。

（2）徽州家刻刻主身份的变化。清代徽州家刻队伍的成分，与明代没有什么区别，主要包括官宦家刻、士人家刻、乡绅家刻、商人家刻以及家族刻书、书院刻书、文会刻书等集体刻书。但与明代徽州家刻以官宦、士人为主的家刻队伍不同的是，清代徽州家刻队伍中商人和出身于商人家庭的比例增大，成为徽州家刻队伍中的主力军。这种主力军地位表现在三个方面：一是随着徽商队伍的壮大以及其经济实力的不断增长，并在徽州朴学治学风气的影响下，越来越多的徽商参与刻书活动，其刻书人数大大超过明代；二是分布的地域广，不仅遍布徽州本土，而且遍及徽商活跃的地区尤其是江浙各个发达城镇，如果说清中期流传的"无徽不成镇"的谚语反映了徽商的活跃的话，那么可以说有徽商的地方就有徽商家刻，这与徽商普遍好儒的特色是分不开的，而且徽商刻书往往不惜巨资，延请学界名流参与校刻，其高超的刻印技术、精美的刻印质量，在外埠产生了广泛的影响，扩大了徽刻的影响力；三是其他类型的家刻更多地依赖徽商的资助，无论是官宦、士人、乡绅，还是家族、书院、文会，不仅其刻书资金绝大多数来源于徽商，而且更依靠徽商丰富的藏书，正是依赖于徽商雄厚的资金以及丰富的藏书，清代徽州家刻才刊印了大量的丛书、类书。

（3）家刻图书类型的变化。在清代文化高压政策的压制和徽州朴学治学风气的影响下，徽州家刻所刻图书一改明代的活跃局面，而转向解经述典、校勘考订之书的刊刻。如乾隆年间的汪梧凤（1726～1771），出身盐商家庭，家资富厚，有"不疏园"藏书，师事朴学大师江永，与同学戴震、郑牧、汪肇龙、程瑶田等长期在"不疏园"内精研藏书。先后校勘刻印《尔雅》《说文》《三礼》《三传》《史记》《汉书》等；又从刘大櫆学古文，晚年致力于《毛诗》。其毕生精力耗于读书、著书、刻书和课其子汪灼及程敦。其子汪灼继承父志，先后创作并刻印了《毛诗周韵诵法》《渔村诗集》《渔村文集》《诗经言志》等。汪氏父子均以"不疏园"为家刻堂号，乾嘉间刻有汪氏父子自著及学者著述 7 种，多达 100余卷。① 其次，修身养性之类和休闲养生之类的图书刊刻得到进一步发展。如乾嘉年间休宁人汪汲，有漱经斋、古愚山房等室名，编有《事物纪原》40 卷，著有多种字书，诗、词、曲、医书，编为《古愚丛书》。乾嘉间古愚山房刻自辑《古愚丛书》又名《古愚老人消夏录》17 种 67卷最为著名。再次，医学类图书增多。如清代黟县南屏大盐商李宗煝

---

① 参见《安徽省志·出版志》，北京，方志出版社 1998 年版，第 34 页。

（字金榜）刻印了《眼科正方》；程应旄在扬州辑有《医学分法类编》；清代驻通州石港任盐场大使的程翼安（字镜宇）于光绪元年（1875）在扬州撰刻《喉痧阐义》；清代迁徙江都的歙县程鼎调（字梅谷）刊刻《习医明镜》6 卷等等。在扬州的徽人撰刻的医书中，以歙县槐塘名医程林（字云来）于 1681 年寓居扬州时纂著《圣济总录纂要》影响最大。《圣济总录纂要·吴序》称："岁辛酉（1681），余游维扬，邂逅云来于二十四桥头。盖方以校订《圣济总录》一书，留此者几一载矣。"① 此外，明代丛书刊刻风气较盛，徽州家刻亦不例外，一些资本雄厚的徽商纷纷投资丛书刊刻。清代徽州家刻延续了明代刊印丛书的风气，而且版本质量得到世人赞许。如著名的鲍廷博"知不足斋丛书"，深为乾隆帝所赏识，清末藏书家丁丙也说："知不足斋者其藏书处也，所刊丛书多人间秘本。"②

（二）徽商促进了家刻的繁荣

由于清初统治者实行文化高压政策，清代家刻活动受到了种种限制。但在徽商雄厚资金和丰富藏书的支持下，以及徽商开放性的文化意识的影响下，清代徽州家刻在明代的基础上得到了进一步发展，并在清中后期出现繁荣局面。徽商在徽州家刻发展过程中起到了举足轻重的作用。

1. 商业风气对徽州家刻的影响

首先，商业经济的活跃对徽州家刻的影响。明清徽商的活跃更促进了徽州地区传统手工行业的繁荣，很多徽商从事与文化相关的商业活动。自唐宋以来，徽州地区就以盛产笔、墨、纸、砚"文房四宝"而闻名全国。明清时期上自官僚贵族，下至文人学士更是喜爱备至，此类商品有着较广泛的市场空间。许多徽商都从事"文房四宝"的商业活动。另外，徽商也瞄准了刻书市场，他们有的专门从事图书刻板、活字版的经营，满足刻书发展的需要，凡有刻书需要者，市场上从纸、墨到刻板等材料是应有尽有。这些文化商业的丰富，客观上为徽州家刻的繁荣提供了有利的条件。"徽人在扬州最早，考其年代，当在有明中叶。故扬州之盛，实徽商开之。扬，盖徽商殖民地也……而徽扬学派，亦因以大通。"这段

---

① 程林：《圣济总录纂要》，《序》，新安医籍丛刊本，合肥，安徽科技出版社 1991 年版，第 1 ~ 8 页。

② 丁丙：《善本书室藏书志》卷 6，《史部一"班马异同"》，清光绪刻本。

记载很鲜明地说明了扬州学派与扬州商业经济、商人的互动关系：商业的发达、商人的参与促进了学术文化的发展。以医学为例，新安医学发达，徽商把新安医学植入扬州。同时为了满足健康、治病的需求，受传统宗族思想的影响，徽商随带了大批的徽州医家或儒商兼医、好医者迁徙扬州，带去了高超的医学人才；同时，应医学发展的需要，徽商投资刊刻了大量的医学典籍，促进了新安医学在扬州的发展，也对扬州医学的繁荣与发展产生了深远的影响。①

其次，"儒贾迭相为用"的理念促使徽商对徽州家刻的关注。学界熟知的汪道昆关于徽商"儒贾关系"的评论："新都三贾一儒，要之文献国也。夫贾为厚利，儒为名高。夫人毕事儒不效，则弛儒而张贾；既侧身飨其利矣，及为子孙计，宁弛贾而张儒。一弛一张，迭相为用，不万钟则千驷，犹之转毂相巡，岂其单厚计然乎哉，择术审矣。"② 相当准确地分析了徽商的"儒贾"理念，在此商业文化理念的指导下，徽商形成了关注文化活动的风气，他们积极参与和投资各种文化活动，家刻便是其中重要的一个方面。明清时期，徽商无论是在徽州本土还是在其活跃的外埠，其文化活动往往起到了着举足轻重的作用，尤其是许多大盐商，以其雄厚的经济实力，舍得在这方面投资，在某些方面，他们往往充当了文化风气的引领者和推动者。这在张海鹏、王廷元主编的《明清徽商资料选编》中关于徽商在文化风气中充当引领者作用的资料俯拾皆是。本书在此不再赘言。从这个角度来说，徽商对家刻的关注和投资，无疑也助长了徽州家刻风气的浓厚。

再次，徽商娱乐爱好的影响。不少徽商酷好收藏，把校勘刻印典籍作为一项文化爱好。如在扬州的歙县鲍氏家族中，鲍志道、鲍方陶兄弟、其子鲍淑芳、鲍勋茂，均以收藏金石书画闻名，他们都热爱刊刻经典图书，如先后刻印《论语》《孟子》《说文》《灵枢经》等。其中以鲍淑芳所刻《安素轩帖》最著名。此外，还有歙人程梦星的筱园，收集图集书画甚多，并聘请文人韦谦恒为其校书长达 5 年。不仅如此，徽商还酷爱戏曲小说，往往自己编剧、度曲，如明代潘之恒、汪季云、吴越石等人则"自为按拍协调"，指导家班演戏唱曲活动。富商程志辂也喜好词曲，

---

① 参见张玉才：《明清时期徽人在扬州的医事活动及影响》，《中国中医基础医学杂志》2000 年第 9 期，第 62~64 页。

② 汪道昆：《太函集》卷 52，《海阳处士金仲翁配戴氏合葬墓志铭》，四库全书存目丛书集部 118 册，济南，齐鲁书社 1997 年版。

收录的曲谱多达十数橱，绝大多数是当世孤本。其子程泽，也擅长作诗，习承家传工尺四声之学。徽商的这些文娱爱好也推动了戏曲小说刻本的繁盛。

另外，徽州商业风气也推动了徽州谱牒的刊刻。徽州宗族教育风气培育了徽商的宗族理念，反过来经商致富后的徽商往往以报效宗族为己任。出资刊刻宗族谱牒，成为他们报效宗族的重要途径之一。如婺源商人朱国桢，"设木行于苏之常熟。凡族党客吴者，告贷辄应。尤重读书，同族赴试，馈赠甚厚，时议修宗谱，捐金为倡"①。这些被时人视为"义行"的行为表现了徽商报效家族的强烈愿望。类似记载在徽州方志谱牒中繁不胜举。

2. 徽商家刻壮大了徽州家刻队伍

商人家刻直至明清才发展至极盛，尤以徽州商人为突出。明中叶以前虽也有徽州商人刻书如宋代的祝穆等，但非常稀少。明中叶以后，徽商家刻快速发展起来，纷纷以刻书相尚，尤以歙县、休宁商人为甚。如明嘉靖年间歙县商人黄长寿（字延祉），"性喜蓄书，每令诸子讲习加订正，尤嗜考古迹，藏墨妙……所著有《望云遗稿》，藏于笥。刻《文公家礼》《诗文玉屑》《雪州文集》《望云集》《壬辰集》《壬辰续集》及《江湖览胜》，行于世"②。明代如汪氏、吴氏、潘氏、方氏、程氏、鲍氏、郑氏等徽商家族有很多人加入刻书队伍。至清中叶，徽商商业经济发展至极致，其刻书风气亦发展至鼎盛，并且家族化、世代相承刻书风气更为浓厚，其刻书人数、刻书数量要远远超过官宦家刻。如清歙县商人许明贤（字仲容），贾扬州，平生深究性命之学，以诚敬为宗。教子读书取友尤有法。一日渡江，取诸子所辑时文投江中，曰："此无益之学。"命编辑《历代史论》及《名臣事略》二书。③ 此类情形在清代徽商家族中是较普遍的现象。

寄籍外埠的徽商很多都以刻书为尚，并形成风气。如乾隆年间寄籍扬州盐商江春，"工制艺，精于诗，与齐次风、马秋玉齐名。先是，论诗有南马北查之誉，迨秋玉下世，方伯遂为秋玉后一人"④。建"随月读书

---

① 汪正元、吴鹗等纂修：《（光绪）婺源县志》卷48，《人物十二质行九》，"中国方志丛书"华中地方（680），台北，台北成文出版社1985年版。

② 明黄玄豹修：歙县《潭渡黄氏族谱》卷9，《明故绥德卫指挥金事黄公墓志铭》，雍正九年（1731）刊本。

③ 参见许承尧：《歙事闲谭》卷11，合肥，黄山书社2001年版，第360页。

④ 李斗：《扬州画舫录》卷12，济南，山东友谊出版社2001年版，第323页。

楼",选时文付梓行世,自著有《水南花墅吟稿》。其子振鸿,好读书,长于诗。江氏世族繁衍,名流代出,坛坫无虚日,其家族刻书累及数世,称一时之盛。又如寄籍钱塘的吴焯(字尺凫,号绣谷),家有"绣谷亭",喜聚书,筑"瓶花斋"藏书,"瓶花斋藏书之名称于天下"。"凡宋雕元刻与旧家善本,若饥渴之于饮食,求必获而后已。"① 好书如此,其校刻书也是如此,"与赵昱同时,每得一异书,彼此必钞存,互为校勘……"② 其校刻《唐大诏令集》130 卷,手跋云:"得长洲汪西亭氏所钞朱检讨旧本校勘一过,此书传写多讹,而朱氏藏书多校者,余从文苑英华中所录诸篇,更加细雠,惜其不多录耳。"又书云:"勘后再取《唐文粹》诸篇丹铅落处,庶可洛诵,更搜得《册府元龟》数十篇,鱼鸟奔放都为是正可喜也。"③ 显现了吴焯对刻书的严谨与热爱。其子吴诚、吴玉墀均"承其先业,雅好聚书,储藏所未备者,搜求校勘,数十年丹黄不去手"④。其他如扬州马氏兄弟、鲍廷博以及吴骞、吴寿旸、吴之淳、吴昂驹、吴春煦数代人(见杨立诚、金步瀛合编,俞运之校补:《中国藏书家考略》,上海古籍出版社 1987 年版)等等对刻书的热爱与投入亦不亚于此。更多徽商案例详见前表 3 – 3 和表 3 – 5。

此外,徽州家刻涌现一批丛书、类书的刊刻,而这些丛书、类书的刊刻一般是商人所为,因为丛书、类书的刊刻需要有两方面的条件,一方面要有雄厚的资金为后盾,另一方面还需要有丰富的藏书为依托,这两个条件除了官宦外,只有商人具备。代表性的如明代盐商鲍思翊家业富庶,一生酷爱图籍,不惜重金收藏书籍,因而家富藏书且所藏之书多为世所罕见。其子鲍廷博在其影响下,少喜读书,以其丰富的家藏图籍为依托,校刻《知不足斋丛书》24 集,并遗命其子士恭继志续刊,共凡32 集,为嘉庆皇帝所赞赏,传为美谈。

　3. 徽商对相关徽州家刻的襄助

一些贫寒士子苦于乏资,无力刻书,致使一些著述湮没于世。徽商性好施善,资助士子是他们津津乐道的善行之一,对于士子刻书,也往往不吝于资。如清歙县鲍康,是清代中后期名噪四方的古币收藏家,却

---

① 吴晗:《江浙藏书家史略》,北京,中华书局 1981 年版,第 23 页。
② 杨立诚、金步瀛:《中国藏书家考略》,俞运之校补,上海,上海古籍出版社 1987 年版,第 67 页。
③ 丁丙:《善本书室藏书志》卷 8,《史部六"唐大诏令集"》,清光绪刻本。
④ 杨立诚、金步瀛:《中国藏书家考略》,俞运之校补,上海,上海古籍出版社 1987 年版,第 72 页。

总不愿以著述传世之想，后经徽商潘祖荫等人力劝，才始著《观古阁泉说》，并在潘祖荫的资助下，刊印传世。① 婺源茶商朱文炜（字锦明），常往来珠江，输金助乡人汪氏刻《汪子遗书》。② 清代扬州徽商资金雄厚，他们更是以助士人刻书为尚。如盐商马曰琯、马曰璐兄弟、黄履暹四兄弟等等。徽商助乡人刊刻之风一直延续到清末，如清末黟商李宗煝，捐资助刻《癸巳存稿》，深为乡人传颂，禹航人姚清祺序云："壬午夏间，李君辉亭宗煝以书来，云此《存稿》现于谢君和庵永泰处借得抄本，傥捐资付刊，以广流传，嘱即于武林代觅手民。李君与理初先生同里，谢君又适宰是邑，故有是举。窃幸是书之几于无传者，今遇谢君之搜罗散佚，又有李君之慨捐钜资，得以流播无穷，洵快事也。"③ 类似情形不胜枚举。

此外，徽商好藏书，且其藏书具有开放性，往往免费为士子开放，且为其查阅典籍提供方便。如扬州"二马"，家设"丛书楼""小玲珑山馆"，"二马"购书、藏书、校书、刻书，不断丰富着丛书楼的藏书。他们藏书号称富甲江北，但并非秘不示人，而是慷慨地向广大学者文士开放，支持他们利用自己的藏书从事学术研究。正因为如此，著名学者如惠栋、全祖望、厉鹗、陈章、陈撰、金农、姚世钰、高翔和汪士慎等都来投靠马氏。休宁人惠栋曾题诗谢马曰琯曰："玲珑山馆辟疆俦，邱索搜罗苦未休。数卷论衡藏秘籍，多君慷慨借荆州。"④ 全祖望"南北往还，道出其间，苟有留宿，未尝不借其书……其得异书，则必出以示予"⑤。著名诗人厉鹗也同样得到"二马"的优待，《清史列传》记载："鹗搜奇嗜博，馆于扬州马曰琯小玲珑山馆者数年，肆意探讨……"⑥

书院存在的主要目的是研究学问，培养人才，传播知识，而与此相关的书院藏书与刻书活动，在中国出版史中亦占有重要的一席之地。一些私家书院尤其徽州本土书院刻书也离不开徽商的赞助。明清时期书院也更加兴盛，徽州六县明代创建书院45所，清代创建19所，大部分均属

---

① 参见鲍康：《观古阁丛刻九种》，《题记》，《中国钱币文献丛书》第15卷，上海，上海古籍出版社1992年版。

② 参见汪正元、吴鹗等纂修：《（光绪）婺源县志》卷35，中国方志丛书"华中地方"第680号，台北，台北成文出版社1985年版。

③ 俞正燮：《癸巳存稿》，《序》，沈阳，辽宁教育出版社2003年版。

④ 李斗：《扬州画舫录》卷10，《虹桥录上》，济南，山东友谊出版社2001年版，第270页。

⑤ 全祖望：《鲒埼亭集外编》卷17，《丛书楼记》，四部丛刊本。

⑥ 王钟翰：《清史列传》卷71，《马曰琯传》，北京，中华书局1987年版。

私人创办。与书院名异实同的还有精舍、书屋、会所、庵、堂、学会等。其时徽州文人学者以书院为基地，聚众讲学研讨，学术风气炽盛，贤才辈出。同时，蒙馆、经馆、义塾、家塾等私塾遍及四乡，直至民国时期仍有大量的存在。书院刻书一般是在维持日常开销、教学、购书外，才进行的活动。若经费不足的话，是不可能从事刻书活动的。无论是徽州本土书院还是外埠徽人书院，徽商的捐助是它们兴办乃至正常运转经费的主要来源。徽商对书院的资助大致包括三个方面：一是直接捐款；二是捐资购买学田作为办学的专项经费；三是从他们捐款的祠田、祭田中提取部分利息，作为族内子弟的学费或应试科举之费用。如歙县大盐商鲍志道，捐8000两金修山间书院。歙县巨商汪兆晁，对义馆无力延师者，每年捐资数百金。道光八年（1828），当绩溪设立东山书院之际，徽州墨商胡余德捐银1000余两。

4. 为家刻质量的提高提供了经济条件

明代徽州家刻，"从时间上看，主要集中在明代中晚期的嘉靖、万历年间，这与其时徽州商人的最鼎盛期是相一致的，充分地说明徽商雄厚的财力是刻书业兴盛的物质基础"①。徽州家刻以汪、程、吴、潘、方、江、黄等姓氏为著，而这些姓氏恰恰是徽州经商最著的氏家大族。这种现象不是巧合，表象的背后蕴藏着内在关联，这正说明家刻图书正是建立在雄厚徽商经济基础之上的。因为徽州家刻正是以高质量高技术的刻印水平闻名于世，而高质量高技术的刻印是需要以雄厚的资金条件给予保障。徽商雄厚资金对徽州家刻质量提供保障，主要体现如下几个方面。

首先，在版刻内容质量方面，由于徽商财力，能够邀请到名家学者从事校对工作，从而最大程度上确保刻本内容方面的准确。不仅如此，在刻本校勘中，往往需要很多版本对照甄别，有时还要涉及珍贵孤本，这没有足够的财力是无法办到的。清代仁和（今杭州）朱文藻（字映漺，号朗斋）云："余馆武林汪氏者垂三十年。汪氏有振绮堂为藏书之所，与同郡诸藏书家若小山堂赵氏、飞鸿堂汪氏、知不足斋鲍氏、瓶花斋吴氏、寿松堂孙氏、欣托山房汪氏皆相往来，彼此互易借钞借校，因得见宋椠元钞不下数百十种。"② 振绮堂系汪康年藏书楼。汪康年（字穰卿）先世

---

① 刘尚恒：《徽州刻书与藏书》，扬州，广陵书社2003年版，第60页。

② 吴寿旸：《拜经楼藏书题跋记》卷2，《"正史载记"之"前汉书"》，清道光二十七年刻本。

是徽州人，乾隆年间迁居杭州，经营盐、典两业而成巨富。汪氏亦商亦官，子弟风雅性好藏书。汪氏正是凭借其雄厚的盐商资财，聘请朱文藻之类的文人从事校勘工作，而且还能与其他著名藏书楼相互借书校勘。朱文藻所列的杭州著名藏书家、刻书家中飞鸿堂汪氏、知不足斋鲍氏、瓶花斋吴氏皆是徽商家族，他们的刻书也是以质量精良著称，以他们联合校勘《默记》事迹中可窥他们刻书的精益求精。乾隆年间，鲍廷博校勘《默记》，将汪氏飞鸿堂、汪氏振绮堂藏本与自己藏本互勘。之后，朱文藻取飞鸿堂本重勘，然飞鸿堂藏本不佳尚有讹脱。吴骞随后重借知不足斋藏本校勘，"据其所见笔之简端又不下数十处，而此外讹舛者亦尚有数处，终未能释然"。后朱云达为吴寿旸"手钞并以意改其亥豕，藏之箧衍"。最后，吴寿旸又得朱、鲍二君从汪氏二本校过之本。"凡此一书，合四家藏本，经四人手眼，吾辈之好书可谓勤矣。"① 这些徽州家刻之所以能够精益求精，正是建立在其商业资本之上的。如鲍廷博刻印"知不足斋丛书"，每集8册，共刊32集。丛书两大优点，"凡收一书，必首尾具足，其善一也"；"必校雠精审而后镂版……无一二字之差讹，其取材之精密，刊刻之矜慎，尤非他书可比，其善二也"②。这两大优点的具备，如果没有鲍氏雄厚的盐商家底，是无法做到的。

其次，在版刻技术方面，为追求观赏性，徽商不惜工本，花费大量的资财用于提高版刻的观赏性。他们不惜巨资聘请技术最好的画工和刻工，刊刻插图版画。如明代万历年间婺源商人程嘉祥，家设"摄元堂"，多刻医籍图书，所刻医籍书以李时珍《本草纲目》为著。该书52卷190余万字，附插图1110幅，插图聘请徽州名工绘刻，图版精美，刻写精细，所费资财甚巨，所印版本为时人所重。清代扬州马曰琯、马曰璐兄弟不惜花费千金装潢《十三经》，聘请最好的刻工刊刻《许氏说文》《玉篇》《广韵》《字鉴》等书，这些高质量的图籍，为马氏刻书赢得了广泛声誉，时人赠以"马版"美誉。盐商江春刻印宋朝龙大渊编辑的《古玉图谱》100卷，更是不惜花费巨资，邀请名工绘刻，图版精美绝伦（见图3-5）。正是在徽商雄厚资金的支撑下，徽州版画技术得到迅速发展。同时，为提高家刻本的知名度，还耗费资金，一些徽商家刻还邀请学者名人给

---

① 吴寿旸：《拜经楼藏书题跋记》卷3，《"地志目录"之"默记"》，清道光二十七年刻本。

② 谢国桢：《明清笔记谈丛》卷4，《丛书刊刻源流考》。上海，上海书店2004年版，第154页。

其家刻本作评点。不仅如此，还应评点需要，同时兼顾美观，很多徽商将多色套印技术应用到文字印刷方面，即用不同的颜色区分原文和评注文，这样刷印程序要比单色刷印复杂，其成本自然要昂贵。一些徽商家刻本仰仗富厚的家资，大都采用套印技术印刷。

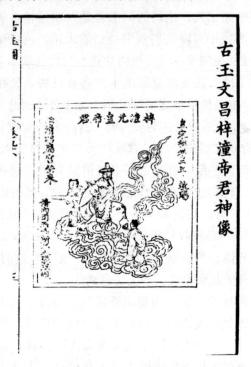

图3-5　《古玉图谱》"梓潼元皇帝君"①
（原版 23.2cm×14.7cm）

另外，徽州家刻以刊印丛书为风尚，这种风尚的形成也是与徽商雄厚的经济密不可分的。如明天启年间程好之校刊《天都阁丛书》15种26卷，清康熙七年新安汪氏重刊《秘书》21种，道光年间歙县鲍崇城刻《太平御览》1000卷，同治十二年歙县鲍康刊《观古阁丛书》等。程、吴、汪、鲍等皆是徽州商人家族。

（三）家刻对徽商发展的影响

徽商支持和促进了徽州家刻的发展和繁荣，反过来，徽州家刻也丰

---

① 图片来源：周芜《中国版画史图录》图241，上海，上海人民美术出版社1988年版。

富了徽商的业余生活，增强了其好儒的特色。而且其刻书活动也促进了徽商与士人的贾儒互动。

1. 强化了徽商"儒"的特色

在传统观念中，刻书是发扬儒者精神，传播儒文化的功德之事，其影响不亚于著述。因而，徽商一般将刻书视为一项儒行，纷纷引以为尚。翻开明清江南一些文人文集，其中往往记载了大量的徽商儒行，并给予热情的褒扬，刻书便是常常被提到的一项重要儒行。而徽商自己更是将刻书作为业余生活，大力提倡。如前文提及的清代徽商吴焯便为典型。又如吴中袁氏，原籍徽州，明初这支袁氏并不盛。至明成化、嘉靖年间，袁褧由儒入贾，家业稍稍振起，后复由商再仕、成为文化族群。文徵明《袁府君夫妇合葬铭》纪曰："（袁褧）于时年甫弱冠，家既单竭，复遭悯凶，能掇收化治，以造厥家。又任其智能，排解侵侮，久遂靖救，而家益昌大。所居阛阓，列肆栉比，角逐纷哄惟其常；而府君独文雅自将，虽在廛井，而不忘占毕，益悬金购书，以迪诸子。治别第，礼延四方名胜，与相周旋。屋庐靓深，图史充列，群从子姓，雅游丽泽，已皆渐渐有成……赞曰：吴西市区肆栉列，布泉流输竞干没。有贤一人秀而杰，贾服儒趋谢猥黩。履贞推诚义揭揭，易驵而文懋先烈。"[1] 其后人便是明嘉靖年间吴中赫赫有名的"袁氏六俊"，袁氏同族兄弟六人，全皆文学斌斌。其中袁褧（字尚之）、袁褒（字与之）尤著。"袁氏自高曾而下，世以气义长雄其乡，而未有显著。至君昆弟数人，藻发竞秀，突起闾阎，声生势长，隐然为文献之邦"。[2] 袁氏兄弟对吴中最大的贡献是刻书和庋藏。如袁褧建"石磬斋"，刊刻《六臣本书选》《世说新语》《四十家小说》《后四十家小说》《广四十家小说》等。

2. 推动了徽商与士人的互动

徽商自己投资，不仅表明了其对儒的践行，而且通过支持徽州官宦、士人、学者家刻，加强了两者之间的文化交流，密切了两者之间的互动关系。余英时曾说："在明清士大夫作品中，商人的意识形态已浮现出来了，商人自己的话被大量地引用在这些文字之中……更值得指出的是：由于'士商相杂'，有些士大夫（特别如汪道昆）根本已改从商人的观点

---

① 文徵明：《文徵明集》，《袁府君夫妇合葬铭》，上海，上海古籍出版社1987年版，第1497页。

② 文徵明：《文徵明集》，《广西提学金事袁君墓志铭》，上海，上海古籍出版社1987年版，第759页。

来看世界了。"①

　　一方面，徽商投资家刻，不惜巨金邀请海内学者文人参与校勘活动，在校勘过程中，他们"互为师友，考校文艺，评骘史传"，不仅密切了相互关系，也传播了徽商好儒的美名。如李宗煓刻俞正燮《癸巳存稿》，就邀请多位学界名人校勘复核再三，"奈原本辗转传抄，颇多讹错，幸经程君伯敷鸿诏点勘改正，然其中疑义尚多，且或引书较僻，考核为难。今会垣中藏书最富者无过于丁松生先生家，因介褚君敦伯借得《连筠簃》刊本，与四儿诒庆反复雠校，得资订正。其抄本中《积精》篇，刊本已删；《澳门记略跋》一篇，已见《类稿》，兹亦一并删去，此外零星数条，刊本所未收者，仍照抄本补入，其举报乡贤事实十余条亦附刊于卷首。计自去秋开雕，迄今夏竣工，历经张君忻木王熙、吴君于修庆坻、程君棣华际唐、褚君敦伯成炜详校再三。虽亥豕鲁鱼仍恐难免，然以视《连筠簃》本已觉较为完善"②，其实李宗煓的文化程度并不高，读书也不多，但是他自己意识到文化的重要性，非常乐意与文人仕客交往，刻书是他与士人交往的重要途径，也为他赢得了好儒的美名。

　　另一方面，徽商资助乡人仕子家刻，加强了贾儒互动。仅以清代扬州徽商与资助乡人家刻为例。寄籍桐乡的徽商汪季青，筑"摛藻堂"，藏宋元旧刻书籍于其中，别筑"古香楼"以藏书画。资助刊印赵汸著《春秋集传》15 卷等，喜与当时学者文人交往，"一时往还多耆德宿学"③，名重一时。"八怪"之一的汪士慎（1686~1759，字近人，号巢林，歙县人），出身寒家，后至扬州，穷困潦倒，开始难以立足。后投奔盐商马氏兄弟。得到了马氏兄弟的热情接待。汪士慎著有诗集《巢林集》7 卷，雍正十二年（1734），《巢林集》由马氏资助刊刻，金世禄《巢林集》跋言："《巢林集》七卷，富溪汪近人先生侨寓邗江时所著者，其堑板旧为玲珑山馆马氏藏本。"汪士慎正是在马氏兄弟的支持下，才得以声名远扬。其他还有如马氏兄弟为朱彝尊刻《经义考》，为厉鹗刊辑《焦山化游集》，为戴震刊刻《屈原赋注》和《水经注》，为孙默刻《乡谷卧全》等等。马氏兄弟也正是借助与这些文人接触、资助他们从事著述、刊刻活动而儒名远播。类似马氏兄弟的情况还有很多，兹不一一列举。

---

①　余英时：《中国近世宗教伦理与商人精神》，台北，台北联经出版公司 1987 年版，第 162 页。

②　俞正燮：《癸巳存稿》，《序》，沈阳，辽宁教育出版社 2003 年版。

③　丁丙：《善本书室藏书志》卷 3，《经部五"春秋集传"》，清光绪刻本。

总之，徽商通过投资家刻、捐助乡人家刻等文化活动，密切了与士人的关系，传播了自己好儒的美名，赢得了广泛的赞誉，对于商人地位的改变有着积极的作用。

3. 巩固了徽商的封建宗族性

徽商投资家刻，资助族人刊印图籍，很大程度上是其报效家族、光耀祖先的一种手段。因而从这个目的出发，其投资家刻实际上仍然是徽商宗族性的回归，这突出表现在徽商投资家族谱牒的修撰上。

明清时期徽州地区有着千年世系家族的村落比比皆是，康熙《徽州府志》云："家多故旧，自唐宋来数百年世系，比比皆是。"[①] 朱熹说："三世不修谱，则为不孝。"成为徽州人的警语。每一个世系家族都非常重视建宗立祠、修撰族谱。如光绪《婺源县志》云："乡落皆聚族而居，多世族，世系数十代，尊卑长幼犹秩秩然，罔敢僭忒。"[②] 清代歙人程且硕《若庵集》中《春帆纪程》一种，其记徽俗云："徽俗，士夫巨室，多处于乡，每一村落，聚族而居，不杂他姓。其间社则有屋，宗则有祠。支派有谱，源流难以混淆……虽穷困至死，不肯轻去其乡。"[③] 徽州家谱品种繁多，如家谱、族谱、家乘、房谱、支谱、世谱、统谱等众多名目。"家有谱，犹国有史也。国有史而后是非明、得失定。家有谱，而后支系叙、昭穆分，若四肢之联而不乱，气脉之贯而相通也。"[④] 这些不同类型的谱牒，在维系徽州宗族性方面均起到了各自的作用。而且，由于徽州文化具有很强的凝聚力，千百年来，形成众多的文化世家。据统计，单是明代中期的徽州文化世家就有 84 个。清代加强乡老统治，宗法观念得到强化，宗族文化得到更大的发展，文化世家更多。这些文化世家都有完整的家谱体系。如程敏政纂修的《新安程氏统宗世谱》，为合族谱，全书 20 卷，合世族 44 支，延续 53 代，涉及族中人物达一万人以上。再如歙县《十万程氏会谱》中记载了程元谭为新安太守及定居篁墩过程，以及程氏家族几代人参与镇压地方农民起义等重要史料，反映了家族历史、

① 马步蟾等纂：《（康熙）徽州府志》卷 2，《风俗》，道光七年（1827）刊本，"中国方志丛书"华中地方（719），台北，台北成文出版社 1975 年版。

② 汪正元、吴鹗等纂修：《（光绪）婺源县志》卷 3，《风俗》，"中国方志丛书"华中地方（680），台北，台北成文出版社 1985 年版。

③ 许承尧：《歙事闲谭》卷 8，《程且硕〈春帆纪程〉》，合肥，黄山书社 2001 年版，第 258 页。

④ 程士培撰、程之康重修：《新安程氏统宗补正图纂》，《序》，清乾隆十二年（1747）刊本。

世系变迁、官宦、学术、兴衰、丧葬、婚姻、祀典、家规族规等内容，对于研究宗法思想、家族制度、民族迁徙融合、经济、社会、政治史都有很高的文献资料价值。《北京图书馆古籍善本书目》著录的 427 部族谱中，徽州世家占据了一半以上。

明清家谱注重家族（统宗或支系）的源流、世系血缘关系、茔墓、族产、族规等各种内容，编修和宣讲家谱成为宗族管理重要手段。族谱被视为"家之大典"，明代是 10 年修一次，还是 20 年、30 年修一次，各宗族可视自己的经济状况而定。到了清代，各宗族一般都规定为 30 年一修。清代赵吉士《寄园寄所寄》中写道："新安各姓聚族而居，绝无一杂姓搀入者，其风最为近古。出入齿让，姓各有宗祠统之，岁时伏腊，一姓村中千丁皆集，祭用朱子家礼，彬彬合度。父老尝谓，新安有数种风俗，胜于他邑：千年之冢，不动一抔；千年之族，未尝散处；千载谱系，丝毫不紊。主仆之严，数十世不改，而宵小不敢肆焉。"充分显现了族谱对宗族的巨大的维系作用。特别是族谱中的"行辈歌"，它是宗族为便于支丁取名而特别编制的一种歌谣，为的是"叙彝伦修名孝第，陈俎豆登进诗书"（呈坎村楹联），在维护宗族子弟的昭穆世次方面起到了极大的作用。如呈坎村《罗氏族谱》行辈歌（旧派从珠公 43 世起）："盛应实用君，成彦伯公叔。以之懋宪光，秉兴克永福。亨运会时来，贤嗣序昭穆。富有本日新，德业世常禄。"又如徽州南屏叶氏家族的《南屏叶氏族谱》记载的"行辈歌"共 8 句："祖志思文永，廷荫善元日；万枝荣宗启，懋尝自新芳；玉树宜培厚，桂林定毓良；克昌怀美德，世济肇嘉祥。"① 歌词每字维系着一代人的同辈关系，上下两字决定了两辈人之间的世次等级关系，因此，这两首"行辈歌"维系了罗氏、叶氏家族 40 代人的世系关系。还有更长的，如清代道光年间徽州西递明经胡氏宗族族谱制定了《西递明经壬派排行》百字行辈歌："圣世长清，兆锡嘉名；逢时辅赞，家学汝成；懋德常宏，大文昭炳；笃志敦修，惟良仰景；泰遇兴贤，建树必先；自新其本，敏秀联延；书传卓立，朝宗元吉；洪庆有锺，寿高福积；守道崇增，瑞云允升；咸思克济，祖述继承；作式绍之，益征厚泽；麟耀祥晖，凤鸣腾达；百代同发。"② 若按正常繁衍的话，则能维系 100 代人之间的世系关系。

正是由于徽州谱牒对于维系家族世系的凝聚关系有着巨大的作用，因而对于热衷谱牒修撰、注重乡族关系的徽商来说，无论其经商到哪里，

① 叶有广、叶邦光修：《黟县南屏叶氏族谱》，清嘉庆十七年（1812）木刻本。
② 胡叔咸纂修：《西递明经胡氏壬派宗谱》，清道光六年（1826）木刻活字印本。

都始终有一条无形的纽带牵绊着他，促使其认祖归宗，向其本族回归。同时，徽商还往往以族规、家法为管理核心，合伙并力，成帮结队，形成了庞大的商业网络。

4. 家刻书对徽商的教育功能

徽州家刻书尤其是谱牒中的家训族规对徽商的思想言行乃至经商行为起到规范作用，对徽商的教育意义重大。徽州有很多文化世家，文化世家一个重要特色便是文教风气浓厚。这种浓厚的文教风气来源于宗法族规和一代代家长的训诲，更有些家长族长将这些宗族法规、训诲雕刻成文本，作为训诫子弟之用。有不少徽商就诞生于这些文化世家之中，家刻文本无疑对他们具有重要的教育作用。另外，明清徽商编撰并刻印了一批商业书（家刻坊刻兼有），这些商业书最主要的便是教育子弟经商成才，这在前文中已作论述，在此不赘。下面重点介绍家刻谱牒中相关内容对徽商的教育作用。

徽州谱牒中记载的家规族法内容广泛，包括规范个人的道德行为如忠义、孝顺、友悌、勤劳、节俭、礼貌等，规定族人对家族的义务和权利，这是加强家族向心力、凝聚力的有力保证。其他相关事务，主要涉及家族与外族、地方、国家的关系，告诫子孙要遵守法纪、睦邻乡里。不少家族对族人为匪作盗、参加会党严加制裁。徽州宗族为了强化族众凝聚力，除了修谱、墓祭、建祠等途径来维系宗族群体的认同之外，还注意恤族。对族内的贫寒之家从经济上给予救济，从族产中贷本给族人经商。尤其在教育上舍得投资，各族在家规族法上都列有兴办族学、资助族中贫困子弟读书的条文。对乡试、殿试的路费也有补贴的规定，对入泮、补廪、登科者也都有奖励，等等。如若违反宗族族规，宗族将给予处罚，处罚手段之一便是不得将其姓名载入宗族谱牒，这在极其重视名节和血脉关系的传统徽州社会里，这无疑具有极强的威慑力，因而对徽商的约束力也极大。如安徽师范大学图书馆藏徽州汪氏《同心合文契》中载：

> 立同心合文人王福寿公秩下洪锦等原身族自四世祖卜居历溪，一脉流传，清白传家。《王氏统宗谱》载明：义子异姓不得紊乱宗支，婚姻不缔于不重之门。祖规森严，谁敢逆犯。今我族合修宗谱告成在即，逆裔（王）清池抱来异姓之子，业已控告在案，不能入谱；至缔婚于不重之门，前圣玑结婚于汤姓，众心不服，遭（造）成人命，累死数人，祖祀神会败尽，前车

可鉴。况合都四村公立合文，杜禁结婚于不重之门。今我族
（王）际臊等各自数家恃强不遵，复娶于张、汤二姓，以致大众
议论臊等诣祠削除，不载入谱，固是美举。身等诚恐伊等狼心
莫测，事后生波，凡我同人不得不预立章程。伊等如有恃强逞
凶等事，大家俱要入局，不得退缩。推重一人，其费用尽系中
秋神会出备，不得累及出身之人。禀案者务要同心协力，不得
临事退缩。敷合者务要费用随时，不得推故短见。讼完之日，
誓神交帐。今立同心合文一样三纸，同人合一，两祠各收一纸，
出身人收一纸存照。

　　咸丰六年九月初二日　　立同心合文人王福寿公秩下　洪锦、
修耀、修齐……

　　　　　　　　　　　　　　　　　　　　　计二十四人

　　可以说，徽商好儒，常以忠孝节义廉告诫规范自身行为，其重要根
源之一便是家传谱牒的规范。如歙县呈坎罗氏家族《重修家谱叙》中即
反复叮嘱子孙后代："吾族子孙蕃衍，历年滋远，无非祖宗积善余庆也。
后之人谨勿亏孝敬之行，以伤蠹此善根；谨勿贼骨肉之恩，以湮塞此善
源；谨勿怀奸饰诈犯义侵礼，以断丧此善根基。"其教育意义彰而显之。
　　所有这些表明，徽州家刻书在徽商成长和发展中起到了十分重要的
教育作用。
　　5. 投资家刻分化了徽商资本
　　徽商花费巨资用于家刻事业以及其他非生产性的投资，无疑对其商
业资本是个重要的分化，特别是过度的花费则不利于其商业资本的积累
和扩大再生产。如徽州休宁人吴骞，家族世代经商，先世流寓海宁，是
海宁盐业的开创者。吴骞笃嗜典籍，遇善本辄倾囊购之。校勘精审，所
得不下五万卷，筑"拜经楼"藏之。曾翻刻《前汉书》，不惜千金。一书
如此，可见其生平在刻书上花费巨大。其后人亦秉承其刻书传统，刻书
不惜千金。无疑，刻书所费分化了其商业资本。其他如道光间婺源木商
程显荣，生平好义，善举无数，"他如修宗谱、建文社，均不惜重赀倡首
助成"①。胡德埔，"资稍裕，族修宗谱即踊跃输金，初祖祠圮坏，父虑难

---

　　① 　汪正元、吴鹗等纂修：《（光绪）婺源县志》卷41，《人物十一义行七》，"中国方志丛
书"华中地方（680），台北，台北成文出版社1985年版。

修整，埘至是倾橐金二千余两，栋宇一个新，复置圭田，倡文社，宗族咸利赖之"①。这些事例不是发生在个别徽商身上，而是涵盖了徽商的绝大部分，其对徽商商业资本的分化总量是惊人的。

总之，徽商非营利性的刻书投资，其总量是相当惊人的，其对明清出版发展作出了积极的贡献，这是无可厚非的。但对其商业资本的扩大再生产是不利的。

三、明清徽商与徽州刻工

徽州刻工，约两宋时期即已出现，但是作为团体规模且呈家族世袭化发展，并且不仅在徽州而且在国内造成广泛影响，则是在明中叶以后。这种现象的出现，固然有其深厚的政治、文化背景，但其与明清徽商之间密切关系则是不容忽视的，"徽商的兴起是徽刻业强大的后盾；书商的竞争，从客观上也促进了刻工队伍的兴盛。所以徽刻的兴起、昌盛是与徽商同步的"②。

（一）徽州刻工的发展概况

徽州刻工的发展经历了两个阶段，一是明中叶以前的零星发展阶段，一是明中叶后呈群体化、外向化发展阶段。

1. 徽州刻工的兴盛及刻书特色

徽州刻工兴起较早，宋时即有徽人从事刻书业，虽经宋元明初的发展，徽州刻工却一直未能形成规模。至明弘治、成化年间，徽州刻工开始崛起，在徽商经济的带动下，发展迅速，并呈家族世袭化、合作跨族化、活动外向化的发展态势，并延续至清中叶。在明清徽州刻工的发展过程中，尤以明万历至崇祯年间为高峰。明清刻工技艺尤以版画刻印技术最为世人瞩目。郑振铎在《中国版画史》序中说："我国版画之兴起，远在世界诸国之先……独我国则于晚唐已见流行。迄万历、崇祯之际而光芒万丈。歙人黄、刘诸氏所刊，流丽工致，极见意匠。'十竹斋'所刊

① 汪正元、吴鹗等纂修：《（光绪）婺源县志》卷40，《人物十一义行六》，"中国方志丛书"华中地方（680），台北，台北成文出版社1985年版。
② 张国标：《徽派版画艺术略论》，《徽派版画艺术》卷首，合肥，安徽美术出版社1996年版。

画谱、笺谱则纤妙精雅，旷古无伦，实臻彩色版画最精至美之境。"明代中后期插图版画辉煌时期的领军人物，皆是徽州刻工，"万历中叶以来，徽派版画家起而主宰艺坛，睥睨一切，而黄氏诸父子昆仲，尤为白眉。时人有刻，其刻工往往求之新安黄氏。徽郡文士之作，若高石山房目莲救母记，汪氏'环翠堂'弈谱、传奇、人镜阳秋，程氏墨苑，方氏墨谱，固无论矣。即金陵刊之养正图解、南北宫词纪，杭刊之海内奇观与夷白堂诸演义，吴刊之吴骚、吴歈，浙刊之徐文长改本昆仑奴，王伯良校注西厢记，凌蒙初朱墨本西厢五剧之类，无不出于歙县虬村黄氏父子昆仲手"①。徽州刻工以黄氏刻工技艺为杰出。据学者考证，黄氏从明正统即开始刻书，延至清道光年间，历时 400 余年，而明代则是黄氏刻工最为活跃的时期，从明正统至崇祯末，黄氏刻工有 280 位，占据明清黄氏刻工人数总数（400 位左右）的大半。②

明中叶徽州刻工的兴盛有多方面原因。首先，明中期"班匠银"制度的改革，一定程度上解放了手工业者的人身自由，刻工亦受惠其中。随商品生产的发展，货币经济的上升，明政府对轮班匠制度进行了改革。成化二十一年（1485）规定轮班匠可以银代役。此法实行后，值班匠只要缴纳匠班税，就可自由经营，不需服役。在此政策下，徽州刻工获得了较大人身自由，可以常年专心于刊刻事业。其次，徽州刻工家族传承、积累的结果。徽州刻工刊刻技艺与徽州深厚的文化传统分不开的，砖、木、石"三雕"是徽州传统的工艺，明清时期在徽商的推动下，三雕技艺发展至极致。徽州刻工充分运用传统的"三雕"和徽墨歙砚的雕刻技艺，精益求精地钻研刻印技术，并家传户习传承下来。复次，明清时期，徽州地区商品经济的繁荣和教育风气的浓厚，为徽州出版带来了新的生机，徽州刻工获得了更大的发展空间。最后，徽州刻工的兴盛，与徽商的带动有着密切的关联，后文将有详细论述，在此不赘述。

与其他地区刻工相比较而言，徽州刻工有其自身鲜明的特色：第一，其刊刻技艺有徽州深厚的文化传统为支撑。前文述及，徽州刻工技艺很多源于徽州传统"三雕"技艺，徽州刻工将其潜移默化到刻书中去。同时，徽州素有重视教育的传统，在家弦户诵的风习下成长的徽州刻工，一般具有一定的文化水平，有的甚至兼具书法、绘画技艺于一身。这些因素在徽州刻工技艺发展过程中起到了重要的作用。第二，徽州地区秀

---

① 郑振铎：《西谛书话》，北京，三联书店 1998 年版，第 203、第 206 页。
② 参见曹之：《明代新安黄氏刻书考略》，《出版科学》2002 年第 4 期，第 63 页。

丽的自然环境造就了徽州刻工娟秀细腻精致的版画刻风。明清兴盛的徽州版画，向来以线条劲秀有致，刀法精妙入微，画面、版面生动活泼，形象俊逸缜密而著称。任何艺术的创作均来源于创造者感官对现实的认识，徽州刻工这种刻风自然与秀美甲天下的徽州自然环境分不开的。第三，明中叶后徽州刻工大多呈家族化、外向化发展态势。明中叶以后黄氏、仇氏、汪氏、刘氏等刻工家族充分体现了家族世袭化发展的特色。除黄氏刻工外，徽州一地他姓中，也涌现出一批赫赫有名的木刻能手，如洪国良、刘君裕、刘大德、谢茂阳、汪成甫、刘杲卿、郑圣卿、郭卓然等，都是能与黄氏刻工并耀争辉的卓然大家，他们也和相当一部分黄氏名工一样，走出徽州，走向外埠，其精湛刻印技艺为徽州刻工赢得了广泛的声誉。因而周芜评价说："黄氏木刻家大批流寓杭州，把杭州的版画提高到一个崭新的阶段，使杭州版画与徽州版画得以分庭抗礼。"[1] 第四，徽州刻工往往与画家、书法家通力合作。尤其是黄氏刻工，他们"对难度大、内容复杂的画稿都能够从理解、制作上充分表达画家的思想境界，栩栩如生地再现画面，渲染环境，做到阐工尽巧，神达韵臻的地步。世有'徽刻之精在于黄，黄刻之精在于画'之说"[2]。徽州刻工大部分把刻书、插图版画作为一门真正的艺术加以对待，所以他们刻写文字、插图无不精工细作，连一些细枝末节都不放过。正是如此，徽派刻工技艺为世人称羡，他们也以高超技艺为傲。明清刻工一般都不署名的，只有以徽州刻工为代表的技艺高超的刻工往往署名于作品之上，这也充分表明他们在当时刻书市场上具有招牌式的影响力。

2. 明清徽州刻工的群体发展

（1）徽州刻工家族化发展。明清时期，基于徽州强烈的宗族观念和竞争日趋激烈的刻书市场，徽州刻工走上了家族刻书的道路。他们刻书技艺基本上是家庭式的父子传承（如图 3－6、图 3－7 所示），一家一族的合作[3]。如黄氏刻工家族，据黄氏第三十三世孙黄开梧（凤冈）、开簇（耕野）、开植（立之）、易堂同刻《虬川黄氏宗谱》（清道光十二年刊本）考证：从明正统元年（1436）到道光十二年（1832），400 年左右，黄氏家族刻工约三四百人（不包括女工），其中雕镂过版画的亦不下四五十人，现已发现刻书约 270 余部，其鼎盛期在万历至清初，"他们的出

---

① 周芜：《徽州版画史论集》，合肥，安徽人民出版社1984年版，第6页。

② 《安徽省志·出版志》，北京，方志出版社1998年版，第23页。

③ 参见刘尚恒：《徽州刻书与藏书》，扬州，广陵书社2003年版，第178～179页。

现，使得久负声誉的建安派和金陵派的版画相形见绌。他们的版画风格也影响着杭州、吴兴和苏州版画"①。又如歙县虬川仇氏家族，明弘治至嘉靖年间仇姓刻书的就有 20 多人。另有汪氏家族刻工、刘氏家族刻工、洪氏家族刻工、项氏家族刻工、吴氏家族刻工、鲍氏家族刻工等等。家族合作刻书在家谱刻印中也是常见的。翟屯建调研虬村黄氏刻工家族后说："还有一些专门刻印家谱、族谱的刻工，当地称为'谱匠'……谱匠们制谱也有分工合作，一般分刻字、图像、排印和装订几道工序，最后由有经验的老谱师负责总成谱书。"②

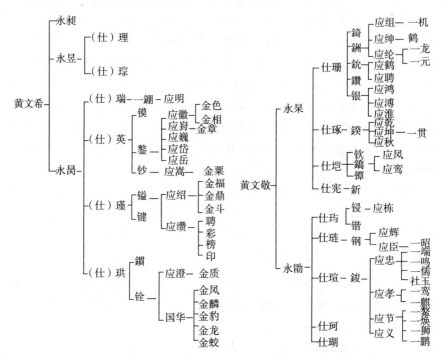

图 3-6　刻工黄文希家族传承图　　　图 3-7　刻工黄文敬家族传承图③

刻书家族化的意义：首先，在技艺、风格上有相对的沿袭和稳定性，从而一定程度上保证了刻印技艺的长盛不衰。徽州刻工绘刻技艺，在结构

---

①　周芜：《徽州版画史论集》，合肥，安徽人民出版社 1984 年版，第 6 页。

②　翟屯建：《虬村黄氏刻工考述》，《江淮论坛》1996 年第 1 期，第 67 页。

③　图片 3-6、3-7 来源：周芜《徽派版画史论集》，合肥，安徽人民出版社 1984 年版。

上以单线为主来叙事铺陈，重视诗情画意，常以诗文、书画相结合，构图充实饱满，讲究设境立意和装饰效果；刀法流畅细腻，线条一丝不苟，以"流利工致""精雅绝伦"、秀丽纤巧、生动明快的格调及朴厚遒劲的品格和浓郁的乡土风味著称。它既有文人的书卷气，亦有民间稚拙味。这些风格是迎合了当时人们的审美需求的。其次，取得行业竞争上的优势，这是毋庸置疑的。第三，技艺传承，并不断推陈出新，使徽州刻书技艺不断完美。本书第二章提及的刻工工业口诀，言简意赅，但极具指导意义。正是在技艺家族经验积累、代代口耳相传之下，徽州刻工技艺才最终达到极致，尤其是徽派版画才赢得世人瞩目的境界。天顺六年（1462）程孟刊本《黄山图经》已显示出徽州版画自早期所走的就是较为工细的路子。郑振铎先生以万历三十年草玄居刊《仙媛记事》为据说，徽派版画是"由粗豪变而为秀隽，由古朴变而为健美，由质直变而为婉约"，秀隽、健美、婉约这几个词用得极妙，很好地概括了徽派版画的艺术风格。

詹录像

图 3-8　《休宁流塘詹氏宗谱》肖像图[①]

（6 卷，弘治十二年刊，原版 21.8cm×15.2cm，黄永嚚、永升、永旻、永晟、永昊、文通等合刻）

---

①　图片来源：周芜《中国版画史图录》图 86，上海，上海人民美术出版社 1988 年版。

（2）徽州刻工跨族、跨地区合作。明清徽州刻工跨族化合作，是指在刻印同一种图书之时，不同家族的徽州刻工密切合作，共同完成刻印任务。明中叶以前，徽州刻工跨族合作刻书的现象还较少见，明中叶以后日渐增多，尤其是刻印一些大部头的图书或刻印质量要求高的图书。徽州刻工跨族合作以两姓合作为多，三姓、四姓也有不少，四姓以上合刻者较少见（本书强调的是经济因素起主导作用。官府刻书在民间招募刻工，杂姓刻工更多，这种合作刻书的政治因素较强，历史上早已有之，本书不予讨论）。

徽州本土两姓刻工合作，明清徽州本土黄氏、仇氏、项氏、刘氏、汪氏、吴氏、鲍氏、程氏、汤氏等刻工都曾合作刻过书，尤以黄氏、仇氏合作为典型。黄、仇二族因同村合住，又操同行，面临大部头图书的刊刻时，便很容易地走上合作的道路。黄、仇二族合作的重要图书有：明成化十八年（1482）年《程氏贻范集》30 卷，由黄文敬、文希、文达、文汉、文通等黄氏族人与仇以兴、以茂、以忠、以森等仇氏族人合刊。弘治二年（1489）《雪峰胡先生文集》14 卷附录 1 卷，黄文敬、黄文汉、黄文通与仇中合刻；明弘治三年（1490）《贡文靖公云林诗集》6 卷，黄永升、贵全、道清、道齐与仇寿、以铭、以顺合刻；明弘治五年（1492）《心经附言》4 卷，黄文汉、文通、永旻、永升与仇以茂、以忠、以淳、以才、以顺合刻；明弘治五年（1492）《文公家礼仪节》，由黄文通、永暠、永升、黄金、齐、青、壬等与仇才、仇民等合刻；弘治十年（1497）《新安文献志》100 卷，黄文敬、文汉、文通、文迪、永升、永晟、永旻、永暠、永杲、永昊、道清、道齐、士环与仇以茂、仇以寿、仇以忠、以顺、以才、以淳、廷永、廷海、仇裕、仇方、仇学等刻；正德年间《篁墩文集》，黄文汉、黄文敬、黄文通、黄文迪、黄永升、黄永晟、黄永昊等与仇以寿、仇以茂、仇以忠、仇以顺、仇以才等刻，等等。其他姓氏合作刻书的有：万历年间刻工刘次泉、陈聘洲、陈凤洲合刻《陈眉公批评丹桂记》2 卷（三姓合刻）；万历年间刻工吴凤台、黄应光合刻《李卓吾先生批评玉合记》2 卷；万历年间刻工吴凤台、姜体乾、黄应光、谢茂阳合刻《李卓吾先生批评幽闺记》2 卷（四姓合刻）；万历年间刘君裕、郭卓然合刻《李卓吾先生批评西厢记》5 卷；天启年间汪文佐、刘升伯合刻《牡丹亭记》4 卷；崇祯年间刘应祖、刘启先、黄子立、洪国良、黄汝耀合刻《新刻绣像金瓶梅》100 回（四姓合刻）；明末清初汤尚、汤义、刘荣合刻《太平山水图》1 册（三姓合刻）；等等。

先圣像　　　　　　　　　　　　　　夹谷会盟

图 3－9　吴嘉谟校、程起龙绘、黄组刻《孔圣家语图》插图①

（16 卷，原版 20.8cm × 13.5cm）

　　跨地区合作刻书，是指徽州刻工与其他地区刻工的合作刻书。徽州刻工活跃于江南各主要刻书中心，在当地书商的组织下，往往与所在地的刻工合作刻书。如胡正言"十竹斋"在金陵刻印《十竹斋笺谱》时，组织徽州刻工与金陵当地刻工合作，胡正言还亲自与他们朝夕研讨刻印技艺。在杭州、苏州徽州刻工与当地刻工合作的现象更多，如在杭州，黄氏刻工中的黄应光、黄一彬，吴氏刻工吴凤台，洪氏刻工洪国良等，与当地刻工项氏刻工项南洲、蔡氏刻工蔡思瑛、蔡照初等合作，刊刻了《集雅斋画谱》《元人杂剧选》《九歌图》《任渭长四种》等。杭州白雪斋主人张师龄组织刻工项南洲、歙洪国良刻《白雪斋选订乐府吴骚合编》4卷中的插图。另外，项南洲、洪国良还合作刊刻《七十二朝四书人物演义》40 卷、《骚隐居士选辑》中插图版画，其中《骚隐居士选辑》史称"雅典绮丽、柔情绵绵，幅幅佳作"②。在徽派刻工影响下，杭州刻工项南洲所刻风格呈现了典型的徽派风格，并独立刊刻了《秘本西厢》《鸳鸯冢》《水浒传》等绣像图稿。正是由于他们之见的长期合作、交流切磋，

　　① 图片来源：周芜《中国版画史图录》图 80、图 81，上海，上海人民美术出版社 1988年版。

　　② 董智慧主编：《中国美术全集》版画卷，《图 76》，通辽，内蒙古少年儿童出版社 2002年版。

不同地区间的刊刻技艺才不断地实现融合，并最终导致徽州版画"大一统"的局面出现。

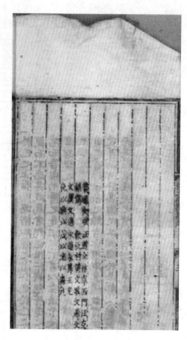

图3-10   徽州刻工跨族合作刻书落款

（二）徽商与徽州刻工发展的关系

明清徽商对徽州刻工的发展影响巨大，主要表现在徽商带动了徽州刻工的发展和壮大，徽商的欣赏品位也刺激了徽州刻工技艺的发展，同时，在徽商经济的影响下，部分刻工走上了商业化（如自刻自销、开设书坊、制作版片销售等）的道路。

1. 徽商带动了刻工队伍的发展和壮大

明清徽商的兴盛，为徽州刻工的发展带来了契机，如由于宗族性的关联，流寓外地的徽商为徽州刻工提供刻书市场信息，并为徽州刻工广为宣传。徽州坊刻更愿意雇佣徽州刻工为其刻印。徽商尤其徽州坊刻的外向发展，也带动了徽州刻工的外地发展。同时，徽州刻工的家族化、跨族化发展，也与徽商关系非常密切。

首先，徽州刻工技艺的成长直接源于徽商的生产经营过程中。

其一，徽州木版刻字技艺高超，这当源于徽州木雕商人的生产和经营。明清时代，徽商崛起，不计其数的徽州牌坊、祠堂、民宅出现在这一群山环抱之地，形成了一幅幅精致的村落景观。由于封建等级制度森严，住宅的营造规模受严格控制，徽州商贾不敢越礼，加上聚族而居，房屋拥挤，自然条件又是山高地少，建屋用地少的矛盾十分突出。因此，徽贾建宅时争奇斗富，不在于房屋规模的大小，而在于建筑雕刻的精湛与否，在典雅、华丽上另觅蹊径，为木雕、砖雕、石雕技艺提供了施展空间。其二，徽州版画刻印技艺，在明清时代是处于国内领先水平。而徽州版画刻印技艺起源于徽州制墨业中的墨模雕刻，不少徽州制墨业中的墨匠转行成为版画刻工，他们将墨范制作技艺应用到版画刻印中去，从而使版画艺术得到迅速发展。版画制作的原理，就是将墨模图案"移植"于木板上，说明刻制墨模和雕镌木板在技艺上是相通的。其三，一些徽州墨商为了市场竞争，制作了商业广告书籍，这些书籍精益求精，不惜工本，更直接将墨范艺术直接应用到书籍印刷中去，从而促进了书籍版画装帧艺术的进一步发展。

其次，徽州坊刻直接雇佣徽州刻工。

从刻印技术角度来说，徽州刻工具有当时国内一流的刻印技术。从宗族性角度来说，徽州坊刻更愿意雇佣徽州刻工从事刻印业务。因此，无论徽州本土还外埠徽州坊刻，绝大多数雇佣的是徽州刻工。如在徽州本土，程君房"滋兰堂"刻印《程氏墨苑》，聘请黄应泰、黄应道等黄氏刻工。方于鲁"美荫堂"刻印《方氏墨谱》，聘请黄德时、黄德懋等黄氏刻工。歙县黄氏刻工为徽州本土版刻效力的，还有万历时人黄应瑞刻有《闺范图说》《历科状元图考》《程朱阙里志》、黄文技、仇以寿等刻《新安文献志》；黄一楷刻《西厢记图》；黄挺刻《目连救母曲》；黄德时刻《宣和博古图》；黄和卿、黄子明刻《康熙徽州府志》；黄一桂、黄一绪为吴勉学刻书；等等。在外埠如金陵，汪廷讷"环翠堂"聘用歙县刻工黄应祖为其刻《环翠堂乐府》《坐隐图》等。汪云鹏"玩虎轩"聘用黄一木为其刻《有像列仙全传》等。在杭州，张梦征聘用黄一彬、黄桂芳、黄瑞甫合刻《青楼韵语》。徽州坊刻"香雪斋""容与堂"分别聘用黄应光刻《校古注本西厢记》《李卓吾先生批评琵琶记》等。黄一楷"起凤馆"刻《王凤洲李卓吾评北西厢记》。黄一凤为顾曲斋刻《顾曲斋元人杂剧选》。在湖州，徽州坊刻"桂芝馆"聘黄一彬为其刻《西厢记五本》，等等。

再次，徽商重视修谱的风气，也为徽州刻工提供了刊刻市场。

在徽商雄厚资本的带动下，徽州修谱风气日渐盛行。因此一些刻工瞄准了修家谱的巨大市场，于是专门携带刀具、刻板，上门为人刻谱牒，时人称之"谱匠"或"谱师"。农闲时节，这些谱匠携带工具，自由组合成"谱匠担子"，走乡串镇，上门为人刻谱谋生。在制谱过程中，他们分工合作，一般分刻字、图像、排印、装订等工序，最后由经验丰富的老谱师负责汇总成书。总之，在徽商的推动下，徽州兴起浓厚的修谱风气，从而为徽州刻工提供了较大的刊刻市场。

复次，徽商在外地发展过程中，为徽州刻工提供了市场网络。

徽商的兴盛，带动了本土人员的外出，徽州刻工亦不例外。徽州毕竟地方偏小，加上同行竞争激烈，徽州的书商、画家、刻工不安于在本地营生，便纷纷流向外地，以致流寓在外地的徽州刻工比本地的还要多，声誉也较高。尤其是徽州坊刻将徽州刻风特别是徽州版画推向市场以后，徽州刻工的刊刻技艺便广受青睐，从而为他们赢得了广泛的市场空间。许多外地书坊改弦更张，聘请徽州刻工绘刻。在徽商的影响下，徽州刻工也纷纷奔赴外埠，从事刻书谋利。据周芜《黄氏刻工考证》，黄氏刻工到杭州者有黄铤、黄铣、黄铝、黄烈、黄尚润、黄观福、黄继福、黄应秋、黄应积、黄应和、黄福元、黄满元、黄一楷、黄一彬、黄积明、黄七宝、黄八宝、黄一松、黄社员、黄三安、黄四安、黄一枝、黄贞祥、黄贞德、黄建中、黄义中、黄重中等；到苏州者有黄镴、黄德宠、黄应淮、黄应凤、黄应鸾、黄一佐等；到北京者有黄尚序、黄千老、黄朔等；到南京者有黄肿、黄明中、黄应麟、黄铃、黄亨中等；到镇江者有：黄一本，黄行中，黄从中，黄得中，黄衡中，黄值中，黄健中、黄一椿、黄质中等；到婺源者有黄钧、黄钧、黄镑、黄应皋等；到金华者有黄长孙、黄喜孙等；到霸州者有黄天祥等。① 学者曹之在研究黄氏刻工家族之后言："黄氏刻工作为徽商的一个重要组成部分，既有深厚的文化底蕴，又有源源不断的资金，加上四通八达的发行网络，刻书业的兴盛是不言而喻的，这正是黄氏刻工世代相传、乐此不疲的原因所在。"②

最后，徽商经济与徽州刻工发展的家族化、跨族化有着紧密的联系。

徽州刻工无论是家族化发展还是跨族化合作，都与当时徽商经济有着密切关系。首先，家族化和跨族合作是适应市场竞争的结果，面临市场竞争，在徽商经营作风的影响下，徽州刻工必然以宗族关系或乡族关

---

① 参见周芜：《徽州版画史论集》，合肥，安徽人民出版社 1984 年版，第 34～46 页。
② 曹之：《明代新安黄氏刻书考略》，《出版科学》2002 年第 4 期，第 64 页。

系为纽带，走向集体合作的道路。其次，家族化和跨族合作刊刻的图书一般是大部头图书，在徽州，除官府投资外，一般大部头图书都是徽商资助的。这可从嘉靖年间歙县潘氏刻《六臣注文选》（60 卷）聘用黄氏刻工可窥一斑。歙县潘氏系商人家族，家资富厚，为刻《六臣注文选》不惜工本，专门雇佣虬村黄珽、黄硐、黄碹等黄氏刻工 30 人雕版，每页书口下方镌有刻工姓名，明确责任所归，使每位刻工不敢苟且从事。当时黄氏刻工 30 余人同刻这一部书，可想此工程何其壮观。从刻工名字看到，都是一卷中由数人雕刻，各人刻的页数不等。纵观全书，却如同出自一人操刀，实在分不出技艺谁高谁低。可见黄氏家族刻书技艺之高超。这么多具有高超技艺的刻工汇聚一起，同刻一部书，其花销经费是相当惊人的，没有雄厚资金是难以办到的。再次，在明清时期，徽州刻工技艺在国内处于领先水平，尤其黄氏刻工的刻书刻版画技能卓越，各刻书中心的书坊经营者由于书籍市场竞争激烈，需要有名气而有特殊才能的工匠帮忙，才邀请这些徽州工匠助其刻书。良工难求，因而，以黄氏家族为代表的徽州刻工工价亦是最高的，能够高薪聘请他们，除了官府外，只有具有雄厚资本的商人，而商人中不吝巨资刊刻图书的，以徽商为突出。书坊若要想在激烈的市场竞争中脱颖而出的话，低工价将留不住那些技艺高超的刻书工匠的。刻书技术精良与否，常会影响到当地刻书中心地位是否能持续维持。徽州歙县正是由于黄氏刻工等技艺高超的名刻工聚集，"徽刻之精在于黄，黄刻之精在于画""歙刻骤精"的深层因素便是在于雄厚徽商经济的支撑。

2. 徽商的品位对刻工刻风的影响

秀美的徽州山水培育了徽商细腻唯美的审美品位。徽州工艺形成细腻、精巧、美观风格，徽商经济是其中的重要因素，徽州刻书概不例外。徽商经济对徽州刻工刻风的形成起到了一定的推波助澜之作用。

首先，从刻字风格上看。

宋版书为明人普遍所重，各地书坊瞄准此市场，竞相仿刻宋版书。在商业经济的刺激下，坊刻主又往往追求出版速度和图书生产数量。然而，宋版书字体多为楷体（颜体、欧体、柳体），曲直顿挫之间，颇费工夫，因而，明代坊刻在模仿宋版图书字体同时，开始有意无意地简化笔画、变曲为直，这样既加快了刊刻速度，又达到了模仿之功效。这种字体实际上为新型字体，后人成为"宋体"或"仿宋体"。虽然这种字体的欣赏价值要远逊于宋版书，为明清不少文人所诟病，但其工整易读的特点还是受到一般读者的欢迎。徽商几乎嗜古成癖，图书方面尤其爱好宋版书；一般在购买图书时又毫不吝惜，而且其图书需求量一般很大。作为当时较有影响的读者群，其欣赏口味无疑对图书的形制产生重要影响。徽商重宋版图书的嗜好，再加上徽州俊秀审美风格的影响下，徽州刻工刻书字体的风格在国内率先转变，逐渐形成秀隽、婉丽、细腻的刻风。

其次，从版画风格上看。

徽州刻工在创作时，更多地加入了自己的思想感情和理想愿望，画出自己眼中的现实社会生活。画插图，对刻工的艺术水平要求很高，首先必须要了解书籍的思想精髓，分析人物的个性，这种要求比一般的读者阅读要高出许多，然后，在尊重原书的基本精神的基础上进行创作加工，既要表现出图书作者的思想感情，又要将自己对感情的理解转化为读者熟悉和欢迎的形式，还要突出展现自己的艺术风格。如徽州刻工仇英绘刻《列女传》插图，其本身便是插图的创作者。特别是万历以后，徽州图书版画尤其是戏曲小说的插图开始使用整页插图或连页插图的形式，图版的幅面比例增大，插图传达信息的功能增强，往往在细微处见精神或表达信息，这要求绘刻者要有很好的理解和把握能力，在不需要很多文字的基础上，能够将图书信息准确表达出来。在徽州深厚文化底蕴的熏陶下，徽州刻工一般都能很好地把握和准确地表现，同时也展现了自身的风格。一些徽州书坊主为了提高市场竞争力，积极探研刻印技术。在他们的要求下，一些徽州刻工不断研制新技术，从而推动了刻印技术的发展。明末金陵"十竹斋"斋主胡正言与刻工十余人朝夕研讨刻印技艺，便是典型代表，前文已述及，不赘。另外，前文述及的书坊主如程大约、滥玄等积极复制西洋版画，这必然导致其聘用的徽州刻工黄鏻、黄应泰、黄应道、黄伯符等人加强了西洋版画技法的学习和研究，他们无疑是当时国内刻工中的先导。他们学习和复制的西洋版画，"不仅大大地影响了后来的曾鲸画派、焦秉贞画派，而且还产生了一些有价值的版画作品……并促使张星聚复制的西洋版画、苏州年画的'仿太西画法'作品，以及杨柳青的年画，都大胆地吸取了西洋版画的因素，更进一步的丰富了祖国版画的内容"①。

---

① 戎克：《徽派版画中的复制西洋作品问题》，《安徽史学》1958 年第 4 期，第 48 页。

图3-11　《程氏墨苑》中西洋版画"信而步海不沉"①

（黄鏻、黄应泰等刻，原版24.7cm×14.2cm）

徽州刻工在长期的雕版实践中，不但创造了一整套刀法技艺，也创制革新各种刻刀和工具（见图3-12）。

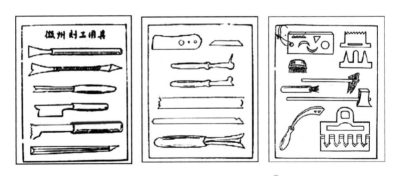

图3-12　明代徽州刻工工具②

3. 部分徽州刻工的商业化发展

在浓厚商业风气的影响下，一些徽州刻工在积累了足够的资本后，也

①　图片来源：周芜《中国版画史图录》图227，上海，上海人民美术出版社1988年版。

②　王伯敏：《中国版画史》，上海，上海人民美术出版社1986年版，第96页。

开始独立走向商业化道路。其商业化发展形式主要有：自刻自印自销、制作图书版片销售、设立书坊等。如程起龙，歙县人，明万历年间刻工兼书贾，刻印并自行销售了朱墨套印本《古今女范》3卷等；黄一桂，歙县人，明末徽州府著名刻工兼书坊主，因其出身于精湛的刻工世家，加上自身高超的刻工技艺，故而其刻坊所出图书均为当时名版善本。天启七年（1627）刻印的《叶向高全集》7种118卷，以版本良、刻印精、装潢优享誉士林。清康熙乾隆间黄利中，歙县虬村黄氏第二十八世孙，"力田之暇，稍习为书贾，习为镌工。出其童蒙书售于邑。及久，镌益工、售益广，凡经史古文诗赋试艺无所不镌，邑中缙绅人皆乐与交，业隆隆渐起……家置一小楼，扃钮之，蓄其所余，数岁遂出其日积月累之金，以济乡里"①。乾隆歙县虬村黄云景，曾经是个半农半手工业者，平时务农，农闲时四处为人刻字。后随着刻书业务的扩大，逐渐脱离了农业生产，开设刻坊，"雕刻不自任也，而鸠良工选尤粹者则独具精能，古籍之残缺失次者，一入目必研搜补证完之……云景子亦五人，亦业先业。而群书之是非真赝则惟云景授之"②。黄启梓，虬村黄氏第三十世孙，初为刻工，后转为刻坊业主，常与通儒硕士来往，刻典籍多部。黄鼎瑞，虬村黄氏第三十二世孙，初为刻工，后开设"古香书店"，成为刻坊业主，集藏书、刻书、销售于一体。这些由刻工出身而成为书商业主，起初因为资金少，规模也就不大，编辑、审稿、校勘能力有限，故刻书内容限于童蒙读物、小说、戏曲、日常生活用书、谱牒、民间年画、宗教版画等。这些读物易刊刻，销售快，资金回笼也快。待他们羽毛丰盛，成气候了，即开书坊雇工刊刻，广集奇书、善本，刻书、售书、藏书并举。同时为了激发读者兴趣，注重书中插图质量，绘刻均引起诸方面的重视③。

四、文化传播（非商业性）主体与商业的互动

（一）非商业性传播主体的社会价值观对商业道德的引导与规范

非商业性传播主体通过出版文化向社会传达其社会价值观，作为受

---

① 歙县《虬川黄氏宗谱》，《黄义先老人传》，道光十年（1830）刊本，藏安徽省图书馆。

② 歙县《虬川黄氏宗谱》，《云景黄翁六十寿序》，道光十年（1830）刊本，藏安徽省图书馆。

③ 参见张国标：《徽州版画》，合肥，安徽人民出版社2005年版，第82页。

众者之一，商人受其影响。这种影响主要表现在如下方面：

第一，封建正统思想和传统主流社会价值观的传播。

传播封建正统思想和主流社会价值观，是官方刻书的指导思想和主要目的，这自是不待说。"修身、治国、齐家、平天下"，在家国一体思想导引下，家刻将修身自省、报效国家、遵循社会秩序作为作品内容的指导思想。明清徽州家刻深受朱子理学思想影响，出版了大量的儒家经典图书。程朱理学可说是中国儒学发展的一个里程碑，在某种程度上可说是儒学宗教化。新安理学秉承朱子学说，又有开拓创新。宋元明以来直至清咸丰同治五六百年时间里，徽州尤其歙县收藏书籍古人书画文物之风盛行，甚至超过了江浙各省，这也促进了徽州本身书画艺术的发展。新安文学方面，"文艺则振兴于唐、宋……而元明以来，英贤辈出，则彬彬然称'东南邹鲁'矣"①。据道光《徽州府·艺文志》载，明清时期徽人著述中：经部472部、史部306部、子部615部、集部1093部，总计2486部，可见著述之丰。② 新安理学、新安画派、徽州文学、徽州戏剧等文化形式交织铺陈，共同架构了徽州地区深厚而又独特文化的底蕴。"徽州文化是浓缩着中华民族灿烂历史文化的极具典型意义的区域文化，是古徽州的历代先民以及与徽州密切相关的人们所共同创造的物质文明和精神文明的总和。徽州文化所具有的十分丰富的历史文化内涵，不仅体现了中国正统的儒家思想，同时也受到了佛家、道家思想的深刻影响。由此，徽州文化是华夏文明汇合儒佛道而成主流文化的典型表现形式，地灵人杰的古徽州构成了一处别地罕见的中国传统文化的厚实积淀区。"③正是这种正统的儒家伦理思想的影响，再加上徽州独特的文化底蕴和人文环境，使生于斯长于斯的徽商即使长年奔波于各地，也时刻忘不了祖宗的遗训、家乡的文化情趣，在内心深处交织着一份解不开的文化情结。许承尧说："商居四民之末，徽殊不然……斯其人文之盛，非若列肆居奇肩担背负者能同日语也。"④

歙县黄墩的程氏家族、棠樾的鲍氏家族、唐模的许氏家族、江村的江氏家族、谭渡的黄氏家族；黟县西递的胡氏家族、屏山的舒氏家族；绩溪西关的章氏家族、上庄的胡氏家族等等，他们的祖宗先代都在不同

---

① 许承尧：《歙事闲谭》卷18，合肥，黄山书社2001年版。

② 参见道光《徽州府志》艺文志，《中国地方志集成·安徽府县志辑》（48）（49）（50），南京，江苏古籍出版社1998年版。

③ 《徽州文化研究》第一辑《序》，合肥，黄山书社2002年版。

④ 许承尧：《歙事闲谭》卷18，合肥，黄山书社2001年版。

程度上曾经显赫一时。长期以来，在正统的卑商观念压抑下，他们常常追怀先辈的辉煌尤其儒业仕途上曾经的显赫。渴望入儒入仕，与儒与仕为伍。这种价值观念随着一代代的传承，便最终沉淀在徽商心中，成为解不开的情结。贾而好儒甚至弃贾从儒入仕，在文化生活中实现贾人所不能达到的人生愿望。明休宁商人汪镗，卒日嘱其孤曰："吾家世着田父冠，吾为儒不卒，然麓书未尽蠹，欲大吾门，是在尔等。"① 可谓道出了徽商"业儒入仕"终极价值追求的心声。

第二，传播商人形象与商业道德。

长期以来中国正统经济观念一直排斥工商，认为工商专计淫巧，不务正业，贻害农桑。以致工商行业乃至工商形象一直为人所不齿。明中叶后市民阶层的崛起，兴起了实学思潮，在实学思潮的影响下，一些文人士客改变了对工商行业的看法，出版的著述中流露出对商贾形象的重新塑造，这种新形象其实质就是塑造了新的商贾道德形象。致富后的徽商努力通过各种途径来证明商人不是只知逐蝇头之利而专计淫巧的小人。在各种孝行义行之外，崇儒好儒，追求文化生活便是途径之一。他们经商之余，读书识字，作文歌咏，以文言志，"良贾何负闳儒，则其躬行彰彰矣"②。追求文化生活，以儒饰贾，努力完善自身素质；参与文化活动，以贾张儒，力图改变人们对商人的偏见。他们中不少是成功的，最终赢得士人们的竖指称赞。新安程白庵客于吴，"吴之士大夫皆喜与之游"。当时文豪归有光作文如此称赞说："程氏由洺水而徙，自晋太守梁忠壮公以来，世不乏人，子孙敷衍，散居海宁、黟、歙间，无虑数千家，并以诗书为业，君岂非所谓士而商者与？然君为人恂恂慕义无穷，所至乐与士大夫交，岂非所谓商而士者与？"③ "贾而好儒"的内在情结张力在现实生活中外化为文化追求。

徽州，商人"以诗书训子弟"，从而"子孙取高科登显仕者"代不乏人，他们倾大量的商业资本于兴办学校中，促进了封建文化事业的发展，赢得了"东南邹鲁"的美誉。宗族内对获得科第者给予诸多奖励，商贾"供子弟读书"被列为一善。

民国《黟县四志》如此说："昔戴东原先生撰《戴节妇家传》而首论及吾郡多平原旷野，依山而居，商贾东西，行营于外以就口食。

---

① 《休宁西门汪氏宗谱》卷6，顺治十年刊本。

② 汪道昆：《太函集》卷55，合肥，黄山书社2004年版。

③ 归有光：《震川先生集》卷13，上海，上海古籍出版社1981年版。

然生民得山之气质，重矜气节，虽为贾者，咸有士风。"① 近代歙人许承尧说："歙之业盐于淮南北者，多缙绅巨族。其以急公议叙入仕者固多，而读书登第，入词垣跻跽仕者，更未易仆数，且名贤才士往往出于其间，则固商而兼士矣……斯其人文之盛，非若列肆居奇肩担背负者能同日语也。自国初以来，徽商之名闻天下，非盗虚声，亦以其人具干才，饶利济，实多所建树耳。故逢翠华巡幸，晋秩邀荣，夫岂幸致哉。则凡为商者，当益知所劝矣。"② 显然，在这两位文人名士眼中，徽商已不是纯粹意义上的商人了，他们身上透出一股士气，与其他地区的商人相比，"徽俗殊不然"。徽商"居者为儒，出者为贾，相好相济而不相扰"。可谓士商融合于一身，为商人的表率，其他地区"凡为商者，当益知所劝矣"。我们还可以从一具体事例中看到人们眼中对徽商的看法。光绪年间修《祁门县志》时，对同治《祁门县志》把徽商马曰琯马曰璐兄弟列为《义行》中表示不赞同，认为宜应列二人入《文苑》中，"马秋玉（曰琯）先生兄弟，嗜学工诗，名重一时，已入国朝先王事略文苑门，乃祁志仅列义行，何耶？后之修志者，宜添入文苑为是。"③ 这足见人们不再仅仅以商人来看待徽商，更是以士人而刮目相待。

第三，商业文化尤其新商业观在非商人群体中的传播，引起受众对商人、商业的重新认识，学术界已在此方面有诸多研究，诸如余英时的《中国近世宗教伦理与商人精神》（《士与中国文化》，上海人民出版社1987年版）、张海鹏、王廷元的《徽商研究》（安徽人民出版社1995年版）、王振忠的《明清徽商与淮扬社会变迁》（三联书店1996年版）、刘艳琴的《明代话本小说中的徽商形象》（《明清小说研究》2004年第4期）等，本书不再细述。

（二）商业浪潮对（非商业性）传播主体的冲击

明中叶以后，商业经济获得极大发展和繁荣。这种发展和繁荣典型表现或者可以说是发展动因在于中国传统商业出现了转型，这种转型是从以贩运奢侈品和土特产、为社会上层集团服务为主的商业，向贩卖日用百货、面向庶民百姓的商业转化。转型的结果，百姓的日常生活成为

---

① 吴克俊等：《黟县四志》卷14，民国十二年黟县蔡照堂刊本。
② 许承尧：《歙事闲谭》卷18，合肥，黄山书社2001年版。
③ 倪望重等：《祁门县志补》，光绪年间稿本。

经济发展的又一首主旋律。在这首主旋律下，市民阶层尤其商人力量逐渐壮大，以至在官僚士大夫中出现了一批市民利益的代言人。同时商业的繁荣又带来了拜金意识、消费意识的增强。人们对传统的本末轻重、旧"四民"观、公私义利的认识产生了与以往不同的见解。他们认为"四民同业""工商皆本"，士农工商同等重要。"农商为国根本，民之命脉"①，"天下衣食出于农工商"，它们之间有着依存"相资"的关系。与商业经济发展相呼应，在公私义利观上，他们提出在"天下为公"的前提下，承认合理的私欲，主张"义利"并举，"以义为利"的利益观。明官僚张翰就说："夫利者，人情所同欲也。同欲而趋之，如众流赴壑，来往相续，日夜不休，不至于横溢泛滥，宁有止息。"② 这些官僚士大夫对日益膨胀的人欲给予了一定的认同。随着时间的推移，明代人逐步改变了对商贾的传统看法。他们不仅在实际生活中纷纷投身于商贾行列，而且还在思想意识上也懂得"工商皆本"的道理。明代施行的捐纳制度，"凡文武所擢升，但衡金之多寡而界之"③，这又使明人从经商致富、蓄资致仕的通途中展望美好前景。一些开明的缙绅家庭，也把经商一行列入子弟食力资身的范畴。从明中叶后，社会心态是向"轻本从末"倾斜。在工商业繁荣的情况下，出现了提倡消费，以消费带动经济发展的思想。如明顾公燮说："有几千万人之奢华，即有几千万人之生理。若欲变千万人之奢华而返于淳，必将使千万人之生理，亦几于绝，此天地间损益流通，不可转移之局也。"④

传统的四民观念获得解放，君子谋道不谋食的假面具被撕去，无论是宗室勋贵、退职官吏，还是书生都纷纷下商海。王阳明认为，只要能"调停得心体无累，虽终日作买卖"亦"不害其为圣贤"⑤，以至发展到以后就难免产生"最下者方令读书"⑥的重商轻文现象。这些观念的变化在思想界引发了实学思潮的蓬勃兴起。总之，这些观念的变化，无不是商业经济发展特别是商人经济力量的增强给传统以农耕为本的农耕社会带来的巨大冲击的结果。

---

① 朱国桢：《涌幢小品》卷9，北京，文化艺术出版社1998年版。
② 张翰：《松窗梦语》卷4，元明史料笔记丛刊。
③ 张廷玉等撰：《明史》卷218，"列传第九十七"杨继盛条，北京，中华书局1974年版。
④ 顾公燮：《消夏闲记摘抄》，元明史料笔记丛刊。
⑤ 《王阳明全集》下册卷32，补录第十四条，上海，上海古籍出版社1992年版，第1171页。
⑥ 《雍正朱批谕旨》第47册，雍正二年五月十二日。

　　这种商业浪潮对传统社会的冲击，在徽州表现得尤为明显。明初至弘治年间的徽州社会处在一个相对较为封闭而稳定发展的环境和状态之中，"民俗真淳……安土重迁"①"稚朴少文，里子不识城市"②。诚如万历《歙志》所云："国家厚泽深仁，重熙累洽，至于弘治盖甚隆矣。于是，家给人足，居则有室，佃则有田，薪则有山，艺则有圃。催科不扰，盗贼不生，婚媾依时，闾阎安堵，妇人纺绩，男子桑蓬，臧获服劳，比邻敦睦。诚哉，一时之三代也。"明中叶以前徽州地区总体上依然保持着男耕女织、自给自足的小农经济生活状况。这种状况至明正德以后开始发生了显著变化。

　　正德末至嘉靖初，"出贾既多，土田不重；操资交捷，起落不常。能者方成，拙者乃毁；东家已富，西家自贫。高下失均，锱铢共竞；互相凌夺，各自张皇"。徽州社会出现了"诈伪萌矣，讦争起矣，芬华染矣，靡汰臻矣"的格局，传统的安土重迁、重农轻末和不事竞争的稳定的农耕社会开始发生变迁，起落无常的贫富差距开始产生。嘉靖末至隆庆间，社会变迁速度加快，贫富差距进一步拉大，社会问题与矛盾更加尖锐和突出，"末富居多，本富居少；富者愈富，贫者愈贫。起者独雄，落者辟易；资爱有属，产自无恒。贸易纷纭，诛求刻核；奸豪变乱，巨猾侵牟。于是，诈伪有鬼蜮矣，讦争有戈矛矣，芬华有波流矣，靡汰有丘壑矣"。万历以后，是明代中后期至清前期徽州社会变迁中最剧烈的一个发展阶段。经过前两个阶段的积累和推进，这一阶段的社会变迁力度远远大于前两个阶段，"富者百人而一，贫者十人而九。贫者既不能敌富，少者反可以制多。金令司天，钱神卓地；贪婪罔极，骨肉相残。受享于身，不堪暴殄；因人作报，靡有落毛。于是，鬼蜮则匿影矣，戈矛则连兵矣，波流则襄陵矣，丘壑则陆海矣"③。金钱观念已深入人心。

　　百余年社会变迁对徽州大众心态和观念的猛烈抨击，把传统徽州推向了一个充满竞争与风险、生机与活力的新阶段。农本商末观念为重商思想取代后，徽州所出现的"业贾遍于天下"④的局面，使徽州大众摆脱了封闭与愚昧，增长了见识，开阔了视野。他们"藉怀轻赀，遍游都会，

---

　　①　弘治《徽州府志》卷1，《地理志·风俗》，天一阁藏明代方志选刊，上海，上海古籍出版社1982年版。
　　②　万历《休宁县志》卷1，《舆地志·风俗》，万历三十五年（1607）刊本。
　　③　万历《歙志》卷5，《风土》，万历三十七年（1609）刊本。
　　④　金声：《金太史集》卷4，《与歙令君书》，《乾坤正气集》，同治求是斋本。

因地有无以通贸易，视时丰歉以计屈伸。诡而海岛，罕而沙漠，足迹几半禹内"①，形成了"一贾不利再贾，再贾不利三贾，三贾不利犹未厌焉"②的不屈品格。他们这种顽强不屈的精神、任重致远的"徽骆驼"品格，促进了徽商放眼看世界，敢于走出去闯荡商海。

---

①　万历《休宁县志》卷1，《舆地志·风俗》，万历三十五年（1607）刊本。
②　光绪《祁门倪氏族谱》，卷下《诰封淑人胡太淑人行状》，清光绪二年（1876）刻本。

第四章　明清文化传播主体与商业发展(下)：徽州坊刻、书贾及其商业活动的视角

本章通过考察徽州坊刻、徽州书贾（部分由私刻、刻工转变而来的出版主体也在此列，其活动类似书坊、书贾，不再单列讨论）以营利性为主要目的的传播主体，关照明清商业化文化传播主体的商业行为及其影响。

明前期，国内出版以官刻和私刻为主，坊刻未见起色。明成化以后，手工商业蓬勃发展，经济繁荣，市民阶层迅速成长壮大，其图书需求刺激了坊刻业的迅速发展。在此背景下，徽州坊刻业迅速崛起。《明代版本图录初编》云："建阳书林之业，自宋迄明六百年间独居其盛……启祯以还，坊肆所刻经史百家，取便士子诵习，不求精工，其刻益陋，其业寖微。建阳刻书业转而为新安，为武林，又转而为金陵，此其演变之大略也。又坊肆雕椠往往不着其业，与私家相混，致数百年后举不能抉别，其人其事茫然无征，是其一失也。"[①] 徽州自宋即已有官刻和私刻书，其刊刻亦为精致，如《新安志》等。但坊刻业却未见起色，造成徽州刻书长期黯然不著。明中叶以后，坊刻业开始兴盛，并产生广泛影响，带动了徽州刻书业整体的发展。正如胡应麟所说"歙刻骎精""与苏常争价"。谢肇淛所推崇的当时著名刊本，其中《庄》《骚》《墨谱》《墨苑》，均是明中叶徽州坊刻所产。但徽州坊刻一般不愿承认自己为书贾坊肆，所以往往不著图书版本性质，因此往往与家刻相混，致使后人辨识不清。另外，不少徽州坊刻迁设侨寓地，所刻图书往往标识侨寓地，造成与外地版本相混。这造成了人们无法准确估计徽州坊刻的真正实力，其生产数量也难以准确估算。

---

① 潘承弼、顾廷龙：《明代版本图录初编》卷8，《书林》，民国丛书第五编第100册。

一、明清文化的商业化传播

明清商业发展繁荣，给文化传播带来了巨大的冲击，文化的商业化传播兴盛。考察明清商业出版的变迁尤其重点考察徽州坊刻业，可以在一定程度上、一定范围内揭示该时代文化的商业化传播的特色及演变趋势。

（一）明清商业出版之流变：以坊刻为中心

明清坊刻业的变迁至少表现在六个方面：

1. 坊刻中心地之变迁

自宋元以降，建阳、杭州、成都、开封等地为坊刻中心，明中后期（本书所指的明中后期主要是指成化至崇祯（1464～1664）计 200 年间，历经成化、弘治、正德、嘉靖、隆庆、万历、泰昌、天启、崇祯九朝，在中国刻书史上，是坊刻业发生变化最为显著的时期。而隆庆万历年间变化更是显著，在某种程度上说，是明中后期坊刻业流变的分水岭——笔者注）各地坊刻更是遍地开花，除上述几个中心地外，更有金陵（南京）、燕京（北京）、苏州、湖州、新安（徽州）等地。但各中心地的地位和影响发生了巨大的变化。这种变化最主要反映在图书产地的质量上。

建阳坊刻自宋迄明，其坊刻产量一直位居前列。但万历以后，建阳坊刻因循传统选题，更因质量滥恶为世人所不美。福建长乐人谢肇淛（1567～1624）说："闽建阳书坊，出书最多，而板纸俱最滥恶，盖徒为射利计，非以传世也。"[①]

明前期金陵坊刻发展并不显著，万历以后则突飞猛进。浙江金华人胡应麟（1551～1602）评论各地刻本质量云："余所见当今刻本，苏常为上，金陵次之，杭又次之，近湖刻、歙刻骤精，遂与苏常争价。蜀本行世甚寡，闽本最下，诸方与宋世同。"不过，胡应麟的评论也有前后不一之处，如同书中又说："凡刻之地有三：吴也、越也、闽也……其精，吴为最……"[②] 名次为之一变，吴地即苏州为第一。不管怎样，从版刻质量

---

① 谢肇淛：《五杂组》卷 13，《事部一》，上海，上海书店 2001 年版，第 266 页。
② 胡应麟：《少室山房笔丛》，《经籍贯通四》，文渊阁四库全书本。

上来说，金陵、苏州、杭州坊刻为争夺市场，在注重选题之余，均不断研制新技术，注重装帧美观，各具特色。

其实，明中后期坊刻中心地最大的变化，便是徽州坊刻业的崛起。成化以后，在徽商经济的整体带动下，徽州坊刻迅速崛起。谢肇淛评论云："近时书刻，如冯氏《诗纪》、焦氏《类林》，及新安所刻《庄》《骚》等本，皆极精工，不下宋人，然亦多费校雠，故舛讹绝少……至于《水浒》《西厢》《琵琶》及《墨谱》《墨苑》等书，反覆精聚神，穷极要眇，以天巧人工……"① 其中《庄》《骚》《墨谱》《墨苑》等均是徽州所出，占据了谢肇淛所推崇的当时著名刻本的近1/2。同时，由于徽州坊刻形成外地经营的风气，如金陵、杭州、湖州均是徽州坊刻经营的阵地，徽派刻书风格对当地的坊刻产生了重要影响。如在金陵有汪云鹏的"玩虎轩"、郑思鸣的"奎璧斋"、汪廷讷的"环翠堂"、胡正言的"十竹斋"，在杭州、湖州等地的黄氏刻工等。他们将徽派的刻书风格带到了这些地区，并与这些地区的刻书风格相互影响、相互融合、相互促进，推动了当地刻书风格的转变。

入清后，坊刻总体状况大不如明末，北方坊刻日衰，北京刻书在清初稍沉寂后乾隆年间逐渐复苏；而南方坊刻主要集中于江南、湖广一带，明中后期盛极一时的福建、四川等地坊刻此时已衰弱。清代学者王士祯（1634～1711）《居易录》言："近则金陵、苏、杭书坊刻板盛行，建本不复过岭，蜀更兵燹，城郭邱墟，都无刊书之事，京师亦鲜有佳手。"② 这反映的是清初康熙年前坊刻之情。

至乾隆末年，"山西一省皆无刻板之书坊，其坊间所卖经史书籍，内则贩自京师，外则贩自江浙、江西、湖广等处"③。可见，清初坊刻主要集中于江南尤其是苏州、杭州、金陵等地。徽州本土由于鲜受兵燹，其坊刻依旧繁荣，为全国刻书中心之一，徽州外埠坊刻虽在战乱中受到挫伤，但随着苏州、杭州、金陵等地的复苏也随即迅速恢复。南方广州坊刻发展迅速。至清代中期，北方刻书中心以北京为最，南方则以苏州、广州为最。"书坊最多者为北京，约有百余家，次为苏州，再为广州"④。

及至晚清，近代书局兴起，湖南、山东印书迅速崛起，打破了传统

① 谢肇淛：《五杂组》卷13，《事部一》，上海，上海书店2001年版，第266页。
② 叶德辉：《书林清话·古今刻书人地之变迁》，北京，北京燕山出版社1999年版，第247页。
③ 鲁九皋：《鲁山木先生文集外集》卷1，清道光11年（1831）刻本。
④ 张秀民：《中国印刷史》，上海，上海人民出版社1989年版，第546页。

刻书中心局面，"刻书之风移于湘、鄂，而湘尤在鄂先"①。

　　2. 图书选题之变迁

　　与宋元、明初相比而论，明中后期至清末坊刻选题变化主要表现在两个方面：一是"与社会潮流共舞"，二是"应民众需求而动……主要以适应中下层民众的生活日用和文化消费为主要目的"②，即传统之经史子集四部典籍类和新兴之通俗读物类，尤其是后者最易获利，因而成为各地书坊竞相刻印的选题。昆山人叶盛（1420~1474）云："今书坊相传射利之徒，伪为小说杂书，南人喜谈如汉小王光武、蔡伯喈邕、杨六使文广；北人喜谈如继母大贤等事甚多。农工商贩，抄写绘画，家畜而人有之，痴騃文妇，尤所酷好。好事者因目为《女通鉴》有以也。甚则晋王休征、宋吕文穆、王龟龄诸名贤，至百态诬饰，作为戏剧，以为佐酒乐客之具。有官者不以禁杜，士大夫不以为非，或者以为警世之为而忍为推波助澜者亦有之矣。意者其亦出于轻薄子一时好恶之为，如《西厢记》《碧云騢》之类，流传之久，遂以泛滥，而莫之捄欤！"③ 约同时代的太仓人陆容（1436~1494）也称："但今士习浮靡，能刻正大古书以惠后学者少，所刻皆无益，令人可厌。"④ 其所说的"无益"之书即指戏曲、小说之类。

　　科举考试、医药、日用类图书也为坊刻所热衷。如江阴人李诩（1506~1594）云："余少时学举子业，并无刻本窗稿……今（指隆庆万历年间，笔者注）满目皆坊刻矣，亦世风华实之一验也。"⑤ 另外，随着商业经济的繁荣，各种商旅图书选题也为坊刻竞相印版。如《一统路程图记》《商程一览》《水陆路程》《水陆路程》《士商类要》《新刻客商一览醒迷天下水陆路程》《士商要览》《商贾指南》等类选题因热销商旅辈，为坊肆反复翻刻，不厌以足。

　　在鸦片战争以前，清代坊刻选题主要有以下类型：

　　第一，文教科举类。清代，私学遍地、书院盛行，官学也有很大的发展。私学教材多是幼蒙读物，书院、官学的教材则是儒家经典类著作。科举考试更使朝廷指定经典著作的注疏、解说之类的著作、考场应试之

---

① 叶德辉：《古今刻书人地之变迁》，《书林清话外二种》，北京，北京燕山出版社1999年版，第247页。
② 黄镇伟：《坊刻本》，南京，江苏古籍出版社2002年版，第65页。
③ 叶盛：《水东日记》卷21，文渊阁四库全书本。
④ 陆容：《菽园杂记》卷10，文渊阁四库全书本。
⑤ 李诩：《戒庵漫笔》卷8，《时艺坊刻》，北京，中华书局1982年版，第334页。

类书籍和时文的需求大增，这一巨大市场对各地书坊很有吸引力，因此，文教、科举类书籍构成了清代坊刻刻书的重要选题。

第二，日常生活类用书。书坊刻书以营利为主要目的，其所刻之书往往应市场所需。而日常生活类之书在清代民间需求量很大，坊刻自然趋之若鹜。

第三，通俗文艺类。小说、戏曲、传奇等通俗文艺类书籍向来为正统儒家文化所排斥，也为官方刻书机构所不屑。但清中期后，随着市民阶层的壮大，通俗文艺类书籍市场需求日渐增大，因此坊刻自然追逐该类图书的出版。如凌濛初的《拍案惊奇》系列、公案系列、历史演义系列、才子佳人系列等坊刻图书在民间广为流传。

第四，诗文选本类。唐诗宋词元曲选本，为民间广为流传，市场需求量很大。因此，诗文选本类书籍为坊刻的重要内容。

第五，善文、占卜、经文类。占卜、星相、堪舆、佛经、劝善类图书也广为民众日常生活所需，具有较大的市场需求。

第六，书目类图书。清前中期，由于鉴别古书之真伪、了解典籍之存佚、知晓优良底本之所藏、掌握古籍之完缺、判断版本之优劣以及广告宣传推销之目的，书坊也非常重视书目的编制、刊刻和行销。

3. 印刷技术之进步

明中后期，活字印刷和套版印刷发展到极盛，而这两方面技术的研制创新都是从坊刻开始的。究其原因，主要有二，一是坊刻为了取悦读者，赢得市场，二是坊刻为了提高刻书速度和产量，不断研发印刷技术，最终目的是提高市场竞争力。

首先，活字印刷技艺的突破。除金属活字开始得到大量应用外，应图书装帧的美观，活字印刷板块也逐渐灵活多变。如前文提及的安徽黄山市屯溪区发现一件集版画、活字于一体的明中期的道教典籍《性命圭旨》展现了目前国内年代最早的将版画与活字混合拼版的图文共版活字印刷技术。

其次，套版印刷的应用和发展，也是明代出版取得的辉煌成就之一。套版印刷术虽然不肇始于明，晚期尤其是万历、天启年间，则是它运用上的兴盛期。尤其是胡正言创制了饾版、拱花印刷术，刻印了《十竹斋书画谱》《十竹斋笺谱》，把版画套版彩印艺术推至传统印刷之巅峰。

入清后，坊刻印刷技术有了进一步发展，集中表现在铜活字和木活字印刷技术方面。铜活字主要有福州林春祺福田书海铜版、吹藜阁铜版、常州铜板、台湾武隆阿铜版等。关于铜活字的制法，林春祺所著《铜板叙》中说明是手工刻制而成。木活字印刷非常流行，徽州人程伟元"萃文书屋"印制的《红楼梦》首印本即为木活字印行。时人金简还编有《武英殿聚珍版程式》一书，细述木活字印刷术。清代之前铜活字印刷和木活字印刷不及清时多，可见清代印刷技术有了进一步发展。

4. 印本装帧之美化

明前期，承宋元余绪，只有宗教图书才有插图。至明中后期，各地书坊为了吸引读者，刊印的插图本书籍日渐增多，图书类型也逐渐扩大，经史典籍以及各类科技、军事、方志、人物类图书均有插图本，尤其以戏曲、小说类插图本为多，徽州就有"凡剧必有图"之说。明中叶徽派版画崛起，并以细腻精致风格取胜，建安、金陵等地版画风格受其影响，原先粗犷质朴刻风为之转变，徽派风格逐渐占据明代插图艺术的主流。

插图装饰而外，坊刻还在图书边栏和版面精心设计花栏、点版。万历以后，坊刻图书显得更加鲜华亮丽。"自嘉隆以前，笺制朴拙，至万历中年，稍尚鲜华，然未盛也，至中晚而称盛矣，历天崇而愈盛矣。"[①] 另外，随着书籍流通的频繁，线装书随之迅速流行，逐渐取代包背装，占据统治地位。

清初期刻本，字体仍是明代末期的风格，字形长方，直粗横细。康熙之后，盛行着两种字体。一种是软体字，也称写体。写刻上版多出于名家手笔，字体优美，刻印俱佳。另一种是硬体字，也称仿宋字，这种字体与明仿宋不同的是横轻直重，撇长而尖，捺拙而肥，右折横笔粗肥，道光以后，字体变得呆板，世称匠体字。清刻本版式一般为左右双栏，也有四周双栏或单栏的，大部分为白口，也有少数黑口，字行排列比较整齐。装帧形式，基本采用线装，私坊刻书板框大小不尽一致，坊间刻书多小型版本，以便于销售、携带，价格低廉。书籍装帧以齐下栏为规矩。

5. 大型丛书之刊刻

张之洞《书目答问》道："丛书最便学者，为其一部之中可该群籍，搜残存帙，为功尤巨。欲多读古书，非买丛书不可。"[②] 正是丛书具有单

---

① 李克恭：《十竹斋笺谱序》，见谢国桢《明代社会经济史料选编》（上册），福州，福建人民出版社 1980 年版，第 326 页。

② 范希曾：《书目答问补正》，上海，上海古籍出版社 2001 年版，第 243 页。

种书无法比拟的优势，具有较大的市场需求，明嘉靖以后，坊间刊刻丛书兴盛。建阳、金陵、杭州、苏州、徽州等各地坊刻均先后兴起刊刻丛书类书的热潮。如万历年间徽州吴琯西爽堂辑刊的《古今逸史》42 种 182 卷、万历三十七年（1609）金陵坊肆刊印《三才图会》106 卷，吴勉学也刊刻了大量的丛书，后文将详述。这些大部头丛书得以刊印，其原因主要在于：一是藏书的丰富，二是坊刻书肆经济实力的雄厚，三是图书市场竞争的结果，四是书坊主人传承文化的自觉意识。

入清之后，秉承明朝刊刻丛书之风，自乾隆而后达极盛。刊刻的丛书"大约应是二百几十种，几乎是清代历史上每年都有一种丛书产生"①。如张海鹏《借月山房汇钞》丛书 135 种 312 卷；《学津讨原》丛书 173 种 1043 卷；《墨海金壶》117 种 758 卷。徽人刊刻丛书向为人先，鲍廷博《知不足斋丛书》30 集 207 种 781 卷，是清代水平高，影响大的一部丛书，被誉为中国古籍之翘首，影响深远，谢国桢给予了很高的评价："盖有明嘉靖、万历以前，读书人士欲求子史杂家之书，散在藏家，访求甚难，自长塘鲍氏专刻唐宋以来子史诸部零篇短册罕见有用之书，供学人省览，厥业甚伟，后人踵事增繁，有启迪之功，其一生纂辑之勤与刊刻之精，有裨艺林不少没也。"②徽商后裔黄丕烈的《士礼居丛书》善本书 22 种，徽州府最大的坊刻主张潮数代刻书，杭州亦有分坊，传世的刻本包括丛书子目共 300 多种 360 余卷，影响较大的有《昭代丛书》、《檀几丛书》等，这些书为后人称为开编辑出版新风气的名书名版，有力地巩固了这一时期徽州府在全国的刻书地位。

（二）坊刻的市场宣传：徽州坊刻图书广告及其特色

明清图书市场属于自发形成，没有规范的管理机制，市场竞争相当激烈，为了在这种局面下能够生存并发展，吸引读者注意，扩大图书发行，徽州坊刻图书采取多种多样的广告手段以扩大影响，拓展销路。

1. 徽州坊刻图书广告表现形式

（1）巧用图书显要位置嵌入广告。标题广告。就一部书而言，标题处在最直观、最显眼的位置，最先进入读者的视野，明清精明的徽州书坊主们充分意识到这一点，他们想方设法在标题上做文章，利用图书

---

① 郑鹤声等：《中国文献学概要》，上海，上海古籍出版社 2001 年版，第 167 页。

② 谢国桢：《江浙访书记》谈鲍氏《"知不足斋丛书"刻本》，上海，上海书店出版社 2004 年版，第 216 页。

标题进行广告宣传，如程大约的《徽郡新刻名公尺牍》、黄正选的《新刊徽郡原板绘像注释魁字登云日记故事》、吴琯的《合刻山海经水经注》《新制诸器图说》、程子美的《出像牡丹亭还魂记》、黄尚文的《古今女范》、程一枝的《精辑时兴雅谜》、黄裔我的《鼎镌吴宁野汇选四民切要时制尺牍芳规》、黄灿宇的《鼎刻京板太医院校正分类青囊药性赋》、黄正甫的《精选古今诗词筵席争奇》《新刻考订按鉴通俗演义全像三国志传》、高石山房《新编目连救母劝善戏文》等。徽州坊刊图书标题具有广告意义的常用词语有：徽郡、徽刻、徽版、新刊、新刻、新锲、新制、鼎刻、精辑、合刻、参采史鉴、参补、通俗、演义、京本、古本、秘本、原本、官板、大字、名公、汇编、精选、音释、音诠、注释、评释、旁训、新增、插增、增补、校正、考订、补订、重订、精订、新订、绣像、补相（像）、全相（像）、出相（像）、评点、评林、题评、批评、评定、圈点、增评等。上述词语表达意义，有说明刻源地，有说明刊印时间，有说明刊印质量，有说明编创方式，有说明创作倾向，有表明稿件来源，有说明印刷装帧形式，有说明图书编辑方式等。另外，徽州书坊普遍重视书铺门面的命名，力求体现文化底蕴，而且还能深入人心，形成别具特色的招牌堂号。如吴勉学的"师古斋"、吴养春的"泊如斋"、吴继仕的"熙春楼"、程大约的"滋兰堂"等。这些书铺堂号一旦形成品牌后，无疑具有广告效应，在标题中冠以堂名，也起到宣传推销作用。

识语、凡例广告。图书识语一般印在封面、扉页或末页等较为醒目的位置上，篇幅较短，几十至百余字，若用得好，也能起到很好的广告宣传作用，如万历年间汪云鹏"玩虎轩"刊刻的《元本出相北西厢记》，为吸引读者，扩大影响，该书卷首刊印了"莺莺小像"，并有"明伯虎唐寅写，于田汪耕摹之"的识语。仇英（1502~1552）是吴门画派代表之一，唐寅（1470~1523）号称"江南第一风流才子"，二人均有广泛的影响力，打他二人的招牌，无疑具有很强的宣传效果。但实际上，仇英、唐寅二人均在嘉靖年间去世，而此刻本刊刻于万历年间，无疑是伪作。但这却实现了吸引读者、推广市场的目的。又"玩虎轩"刊《琵琶记》，其"凡例"云："一，校梓以元本为主，而元本亦不免差讹数字，故参酌诸本以掩其瑕，如穷秀才—秀才之类是也；一，点板黜浙从昆，审经名校；一，题评聊见雠校大意，唯俟博识去存。"① 点明该版本雠校之严肃，

---

① 汪云鹏：《新校〈琵琶记〉始末凡例》，明万历间玩虎轩刊本《琵琶记》。

一丝不苟，其实际也是借机宣传版本的质量优良。吴继仕在其刻印的《六经图》扉页识语："夙遇是书，如获和璧，不忍私藏。今公海内。第图像俱精，字纸兼美，一照宋板，校刻无讹。视夫妄意增改者，奚啻悬殊，博雅君子当自鉴之。如有翻刻，虽远必究！"这既是版权声明，也是广告宣传。汪启淑在所印《飞鸿堂印谱》的凡例中道："印谱非特为文房赏玩之品，六书原本于小学，大有裨益，缘是不异赀费，咸用朱砂泥、洁越楮、顶烟墨、文锦函以装潢之，非与射利者所可同日语也，具眼谅能识之。"① 汪氏为这部印谱从材料到装帧都尽了最大努力，在凡例中特别说明，也是希望广而告之。

序跋广告。图书序跋的作用和价值是多方面的，或交代写作及刊印的时间、地点、刊印缘起以及校勘情况，或介绍小说的内容及其价值，或为刊印者歌功颂德等，体现撰者和刊刻者的小说观念，同时为读者购阅提供借鉴与参考。程大位重新编印《算法统宗》，该书跋中言："复就《统宗》中去繁摘要，正讹黜谬，编为《纂要》四卷，付之剞劂"（范时春《跋算法纂要后》），又如明万历丙申胡文焕"文会堂"编印《文会堂琴谱》6卷，为达到宣传作用，在其卷首自序云："谱多不同，琴师炫新，改换名目，欺弊非一。然琴独尚浙操者，犹曲之有海盐也。今余此谱，皆新传之浙操，其间首自创制……"② 这无疑具有广告效应。又如汪廷讷刻《三祝记》，其友陈昭远叙云："新安无如汪蹉使，天纵慧悟，性乐，潜藏五车，蕴藉三百，才情穷海内外，谁不想慕其人，而复世好行德，扶困济厄，父子相承无替……著《三祝》之传奇，取其还金，赠麦二事，足以风天下之仗侠仗义者，是为寓言寄意云。至于词曲之佳，则蹉使之余技，旨趣委婉，丰韵美秀，诙谐绝类，曼倩丽藻，岂让相如……而又描写之工，善恶兼呈，美刺具备，直使文正公实之幽行隐德，奕世如见，其有裨于风华者，岂勘鲜小哉。嗟乎！世道日变，谁不哆谈因果，甚之持斋布施，以求福利。而于日用人情，绝不肯少行方便，是舍近图远，恶知夫因果之义也。试取《三祝记》歌咏之，自当知所兴起矣。"③ 则从汪廷讷的秉性才情、行侠仗义等方面鼓吹作者、图书的价值。

牌记广告。类似于后世的商标，徽州坊刻一般在图书的书口下方或

① 汪启淑：《飞鸿堂印谱》，《凡例》，上海，上海古籍出版社1992年版。
② 《四库全书总目提要》卷114，《子部二十四·艺术类存目》，文渊阁四库全书本。
③ 陈昭元：《叙〈三祝记〉》，明万历间环翠堂刻本《三祝记》。

天头、地脚或其他书页空白处刻印堂号或印记。如万历嘉靖四十五年（1566）新安余氏刻《重刊五色泉潮插科增入诗词北曲勾栏荔镜记戏文（不分卷）》，其牌记："重刊《荔镜记戏文》（计有一百五叶），因前本《荔枝记》字多差讹，曲文减少，今将潮、泉二部，增入颜臣勾栏诗词北曲，校正重刊，以便骚人墨客闲中一览，名曰《荔镜记》，买者需认本堂余氏新安云耳。嘉靖丙寅年。"如汪廷讷"环翠堂"所刻印之书往往在图书扉页、正文卷首落款处或白口等多处刊印堂号，这无疑具有明显的版权意识。万历年间吴继仕"七经堂"编印《七经图》7 卷，为防盗印，在卷前叶上印有古玉花纹，并附上"棉纸双印，恐有赝本，用古双雕玉为记"印记。①

　　图书附上精美的插图也具有较好的广告效应。李泽厚《美的历程》在谈到明清市民文艺时，把插图作为其艺术美学的重要部分："把这种市民文艺展现为单纯视觉艺术的，是明中叶以来沛然兴起的木刻版画。它们正是作为上述戏曲、小说的插图而成商品广泛流传、市场销路极好。它也是到明末达到顶峰。像著名的画家陈洪绶和徽刻便是重要代表。"②书坊在图书中精雕细刻，造成强烈的视觉效果，增添阅读情趣之外，其宣传广告之目的不言而喻。如万历年间歙县坊刻吴继仕"熙春堂"刊刻的《六经图》，书中版画精美，线条流畅，不仅对研究易、书、诗、礼、春秋等儒家经典提供了直观的形象资料，而且也极具艺术欣赏价值。"第图像俱精、字纸兼美，一照宋版校刻无讹……是书摩刻之工，几与宋椠莫辨。"③仅精美的版画，就极富鉴赏和收藏价值，这无疑迎合了一些图书收藏家、品鉴家的口味。

　　另外，也有书坊随书刊印书目，便于读书人通晓其所刊印之书。如明嘉靖元年（1522）旌德人汪谅刻《文选注》，后附汪氏刊书目一叶，其题识云："金台书铺汪谅见居正阳门内西第一巡警更铺对面，今将所刻古书目录列于左，及家藏今古书籍不能悉载，愿市者览焉。"其书目："翻刻《司马迁正义解注史记》一部。重刻《名贤丛话诗林广记》一部。翻刻《梁昭明解注文选》一部。重刻《韩诗外传一部》十卷，韩婴集翻刻《黄鹤解注杜诗一部》全集。重刻《潜夫论》汉王符撰一部。翻刻《千家注苏诗》一部。重刻《太古遗音大全》一部。翻刻《解注唐音》一

---

①　丁丙：《善本书室藏书志》卷 4，《经部七 "七经图"》，清光绪刻本。

②　李泽厚：《美的历程》，天津，天津社会科学院出版社 2001 年版，第 317 页。

③　彭元瑞等撰：《天禄琳琅书目后编》卷 13，北京，中华书局 1995 年版。

部。重刻《服仙神奇秘谱》一卷。翻刻《玉机微义》一部，系医书重刻《诗对押韵》一部。翻刻《武经直解》一部，刘寅进士注重刻《孝经注疏》一册。俱宋元板俱古板。嘉靖元年十二月望日，金台汪谅古板校正新刊（己未）。"此识语和书目都在说明自家书肆的位址居所，方便读者寻踪访求购书。

（2）借助名人效应推动广告宣传。聘请名人圈点评说。前文（第二章中"借助名人，打造品牌效应"）中已提及"聘请名人圈点评说"的事例，此处再补充二三例以助说明。现存明代最早的套版印刷书籍万历年间刻印的《闺苑十集》，于1602～1607年由歙县黄尚文作传，程起龙绘图，黄应瑞刻印出版。该书聘请名人圈点、评说，并别出心裁，采用套版技术双印出版，即以墨版印原文，以朱色印批评与圈点，精致美观，又便于识读。又如明万历年间郑之珍高石山房刻本《目连救母劝善戏文》，卷末有叶桠沙评点："先儒谓文字无关于世教，虽工何益。是编假一目连，生出千枝万叶，有开阖，有顿挫，有抑扬，有劝惩。其词既工，而关于世教者不小也，岂特为梨园之绝响而已乎。"[1] 短短62字，从内容、目的、剧情、文笔到价值，面面俱到，却又言简意赅，令人读后不免拍案叫绝。

请名人撰写、绘刻，吸引读者。明清徽州黄氏刻工技艺冠绝天下，若能请黄氏刻工参与刊刻，无疑为图书添光增彩，故而一些著名的黄氏刻工也成为书坊炫耀的资本。如程荣刻书多延请当时歙县名工黄氏，故其所刻之书多版本精良、技艺高超。同时，为扩大其图书影响，延请焦竑、胡应麟等学界名人作序跋。其所辑刻的《程氏丛刻》9种13卷为当时名版。胡正言"十竹斋"刻印的《十竹斋书画谱》《十竹斋笺谱》，两谱除胡正言自画外，还聘请当时名画家吴彬、吴士冠、倪英、魏之克、米万钟、文震亨等绘画，另请高阳、凌之翰、吴士冠、魏之璜、魏之克、胡家智、高友、行一和尚等名家学者担任校对任务。胡正言还聘请徽州十数名名工巧匠担任刻印工，胡正言与他们"朝夕研讨，十年如一日"，"诸良工技艺，亦日益加精"[2]。南京上元人程家珏《门外偶录》载，十竹斋两谱刊成后，"销于大江南北，时人争购，都不计工价。良工汪楷，以致富矣"。名士名家独具眼光，其亲自精心编辑的图书，内容上乘，往

---

① 叶桠沙：《目连救母劝善戏文》批语，万历高石山房刻本。
② 昌彼得：《中国印刷史上的奇人奇书：胡正言与〈十竹斋画谱〉》，《故宫文物月刊》1990年第87期，第38～39页。

往深得读者信赖。因而，冒充名家编辑的图书，也易于抢占图书市场。一些徽州书坊为借助名人效应，不惜冒名借用。如明代有"南司马"之称的歙县人汪道昆，就常为徽州坊刻所冒名的对象。如某徽州坊刻刊印明吴昭明撰的《五车霏玉》34卷，署名"汪道昆增订"，然而"是编于诸类书中掇拾残剩，割裂饾饤，又皆不著其出典。盖兔园册子之最陋者"。所以四库全书馆臣认为"道昆虽陋，尚未必至是，疑坊刻托名也"①。

附上名人印钤。藏书印记既表示书的递藏关系、流传程序，有时也表示书的身份价值。凡书一经名家收藏，钤盖上名家的藏书印记，借助名人效应，往往如鱼跃龙门，身价十倍。一些徽州坊刻常常请学界名人、藏书家赏鉴图书，然后在图书的显明位置钤上印章，起到宣传作用，明清学界名人、藏书家如李贽、汪道昆、项元汴、钱谦益、徐乾学、黄丕烈、陈仲鱼、汪士钟、张蓉镜、张金吾、鲍廷博等均是徽州书坊邀约的对象。

请知名作家或名人为该书题词、作文，也是徽州书坊利用名人效应，宣传图书的常见方式之一。万历二十六年（1598）歙县程子美"九我堂"刊印《出像牡丹亭还魂记》，这是《牡丹亭》的第一次刊行本，颇为可贵。其版本扉页有"出像牡丹亭还魂记槐塘九我堂发行"牌记，作者汤显祖书写了牌记并作了题词，题词之后还有刻印者程子美的刊记。

2. 徽州坊刻图书广告的特色

明清徽州坊刻图书广告具有如下一些特色。

第一，从广告信息内容看，除了宣传书籍的内容、校勘、镌刻等方面的优秀外，还注重塑造"贾而好儒"的品牌形象，提升书坊声誉。徽州商人贾而好儒，徽州坊刻主更是如此。在朱子理学的影响下，明清徽州书贾更注重自身的"儒者"形象，常把刊刻好书作为善事之举而津津乐道，特别是在序、跋、传记中，对书籍编著者、校勘者、镌刻者以及捐资助刊者等品行给予高度宣扬，如于若瀛《阳春奏序》云："吾友黄叔，气禀醇和，志嘤慕古，往所镌《草玄》《虞初》诸书，悬之国门，纸价为高矣……黄叔博学才高，其于纯成药劀，犹日孜孜不倦。兹箕踞北

---

① 《四库全书总目提要》卷137，《子部四七·类书类存目一》，文渊阁四库全书本。

窗之下，潜心著刻，以嘉惠后人，其志盖有足多矣。"① 其刻固优，其德犹高，令人未读该书而生敬意。这在徽州坊刻图书广告中，"儒商义行"的宣传是常见现象，借助这种类似道德宣传，无疑塑造了徽州坊刻图书的品牌形象，也提升了书坊的声誉。

第二，从广告信息形式来看，徽州坊刻图书广告形式丰富多样。在明清徽州书坊所刊图书中，可以说广告无处不在，从卷首到卷末，从标题到牌记，均可成为广告宣传的工具。黄山白岳盛名于宇内，徽州笔墨纸砚亦扬名于天下，徽人有很强的乡土文化意识，无论在徽州本土还是外埠，他们喜冠以徽名，如"新安""新都""徽郡""徽版""古歙"等地域标志性词语常常出现在徽州坊刻图书中，这也成为其图书标新立异之处，具有一定的广告效应。

第三，借助精英（名人）效应是徽州坊刻图书广告惯用手段。自唐宋以来，徽州儒风独茂好儒，有"东南邹鲁"之称。在儒学氛围熏陶下，徽人好读书、重视教育，逐渐形成了崇尚精英文化的文化自觉。在这种文化自觉的影响下，徽州书坊从图书选题的抉择、内容的删削、版本的甄选、校勘刻印人员的选定以至于图书宣传，无不体现出了崇尚精英文化的倾向。因而，借助名人效应自是徽州坊刻图书广告中惯用的营销手段，通过利用文化名人的高知名度和民众情感倾向，以达到产品宣传、品牌建立和培养顾客忠诚度的目的。

第四，徽州坊刻图书在广告宣传中，伴有较为明显的版权意识。叶德辉说："明人刻书有一种恶习，往往刻一书而改头换面，节删易名。"② 这表明明代图书市场上出现了盗版图书的风气。清人袁宏道（1568～1610）更记载："往见伴利之夫，原板未行，翻刻踵布。"（《书种堂禁翻豫约》）图书盗版风气严重损害了正当书商的经济利益。明清徽州坊刻在这股盗版与反盗版洪流中亦不能幸免，正如郑振铎所言："明代所刊书，往往被后人攘窃，据为己有，而于新安所刊者为尤甚。盖徽地产良材，所镌书版，坚致异常，易代而后，每完好如初。版片售去后，得者略易数字，便成'新刊'。"③ 徽州坊刻图书充分利用标题、识语、牌记、钤印等，既起到广告作用，亦是版权保护方式。

---

① 王重民：《中国善本书提要》，上海，上海古籍出版社1993年版，第689页。
② 叶德辉：《书林清话》卷7，紫石点校，北京，北京燕山出版社1999年版，第185页。
③ 郑振铎：《西谛书话》，《宝古堂宣和博古图录·重修宣和博古图录》，北京，三联书店1998年版，第154页。

（三）明清徽州书坊的版权保护问题：反盗版与盗版

前文述及明代图书市场上出现了盗版的风气，此风为当时人所恶，明人郎瑛《七修类稿》云："我朝太平日久，旧书多出，此大幸也，亦惜为福建书坊所坏。盖闽专以货利为计，凡遇各省所刻好书，闻价高即便翻刻，卷数、目录相同而篇中多所减去，使人不知，故一部止货半部之价，人争购之。"① 明小说家、书坊主凌濛初对盗版更是义愤填膺："自赝本盛行，览之每为发指，恨不起九原而问之。"② 清人袁宏道（1568～1610）更记载："往见侔利之夫，原板未行，翻刻踵布。"明清图书盗版风气严重损害了正当书商的经济利益。于是一些书商便掀起了版权保护行动。我国古代的版权保护意识滥觞于隋唐五代、形成于两宋、发展于明清、成熟于近代。明清时期，作者的版权意识，已由萌芽趋于成熟，他们要求享受应有的精神及经济权利，请求政府用法律加以保护，但收效甚微。

由于缺乏相应的政治气势，缺乏法律保障，作者的版权并没有得到真正的保护，一书畅销则翻刻蜂起。而且任意删改，造成一书有多种版本。有的作品在这里还是稿本、抄本的时候，书商认为有利可图，就不管作者意愿，将它付之雕版。随着图书市场的繁荣，传统书商的盗版与反盗版的活动亦达到了极致。明清徽州书坊也自然参与了图书盗版与反盗版的博弈中，他们有的为维护自己的利益而采取各种措施反盗版；也有的为了谋利而采取各种手段进行盗版。研究徽州书坊的盗版与反盗版行为，对研究明清图书市场版权状况具有典型意义。

1. 徽州书坊的反盗版

相较而言，明清徽州书坊以刊刻精良著称于世，故而其优良刻本往往成为盗版的对象。正如郑振铎所言："明代所刊书，往往被后人攘窃，据为己有，而于新安所刊者为尤甚。盖徽地产良材，所镌书版，坚致异常，易代而后，每完好如初。版片售去后，得者略易数字，便成'新刊'。"③ 因而徽州书坊被盗版的现象非常突出，如吴继仕的书版往往被人

---

① 郎瑛：《七修类稿》卷 45，《事物类·书册》，上海，上海书店 2001 年版，第 478 页。

② 王实甫：《西厢记》凡例，明天启凌氏刻本。

③ 郑振铎：《西谛书话》，《宝古堂宣和博古图录·重修宣和博古图录》，北京，三联书店1998 年版，第 154 页。

挖去"新都吴继仕考校""熙春堂藏版"等字样，或替补上其他坊刻堂号；吴勉学"师古斋"、吴琯"西爽堂"等所刻之书版也往往被人挖去堂号刊号，被人冒充宋版书出售；黄尚文编印的《古今女范》，插图原为程伯阳所绘，黄应泰、黄应瑞昆仲所刊，后为建阳坊贾所盗版，程伯阳及黄氏昆仲之署名，皆被挖去，而补入刘金煌、刘玉成、刘振之、刘汝性诸名，类似案例不胜枚举。在明清盗版之风面前，徽州书坊经济损失很严重，徽州书坊反盗版的愿望也就非常强烈。明清徽州坊刻图书反盗版行为主要有以下几种。

途径之一：附刻刻主堂号、印记。如前文所述，徽州书坊一般在图书的书口下方或天头、地脚或其他书页空白处刻印堂号或印记。如汪廷讷"环翠堂"所刻印之书往往在图书扉页、正文卷首落款处或白口等多处刊印堂号（见"汪廷讷环翠堂刊本扉页堂号、正文卷首落款堂号、白口堂号"）；万历年间吴继仕"七经堂"编印《七经图》7卷，在卷前叶上印有古玉花纹，并附上"棉纸双印，用古双雕玉为印记"；明万历丙申胡文焕"文会堂"编印《文会堂琴谱》6卷，也刊印堂号，卷首自序云："谱多不同，琴师炫新，改换名目，欺弊非一。然琴独尚浙操者，犹曲之有海盐也。今余此谱，皆新传之浙操，其间首自创制，末附鄙见，以'文会堂'别之，恐滥厕于丛恶间也。"① 万历二十六年（1598）歙县程子美"九我堂"刊印的《出像牡丹亭还魂记》，其版本扉页有"出像牡丹亭还魂记槐塘九我堂发行"牌记，作者汤显祖书写了牌记并作了题词，并有刻印者程子美的刊记。这些做法在防盗版方面起到了一定的作用。

途径之二：发表反盗版声明。如前提及的吴继仕刻印的《六经图》扉页声明中"虽远必究"之语，足见刻主的反盗版决心。

途径之三：重新编辑刊印。明万历二十年（1592），程大位编印《算法统宗》，因刻印精良和实用，受到普遍欢迎，问世之后，"一时纸价腾贵，坊间市利，竞相翻刻"。程大位鉴于坊刻本"讹舛相乘，豕鱼莫辨"，"书坊射利，将版翻刻。图象字义均讹，致误后学"，程大位在发现有盗版后，重新编辑，"复就《统宗》中去繁摘要，正讹黜谬，编为《纂要》四卷，付之剞劂"（范时春《跋算法纂要后》），并发表反盗版声明："买者须从本铺原版，方不差谬……买者亦须认本铺原版，勿使鱼目混珍。"

---

① 《四库全书总目提要》卷114，《子部二十四·艺术类存目》，文渊阁四库全书本。

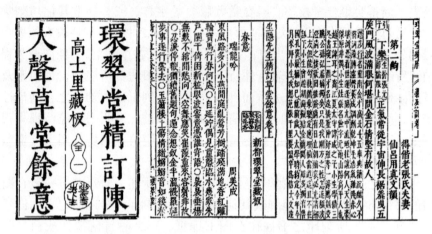

图 4 - 1　汪廷讷环翠堂刊本扉页堂号、正文卷首落款堂号、白口堂号

（程大位《算法统宗识语》）①

途径之四：向官府寻求保护。徽州书坊向官府寻求反盗版保护在历史早已有之，宋嘉熙二年（1238）歙县书商祝穆即请求有司进行书版保护，祝穆将有司保护榜文附于所刻《新编四六必用方舆胜览》书后。榜文明令："本宅见刊《方舆胜览》及《四六宝苑》《事文类聚》等书……窃恐书市嗜利之徒，辄将上件书版翻开，或改换名目，或以节略《舆地纪胜等书为名，翻开挽夺……使台申明，乞行约束，庶绝翻版之患……如有此色，容本宅陈告，乞追人毁版，断治施行。"该榜文是我国最早的版权保护文件。② 可见，徽州书商已开始重视版权的经济权力，明清时期徽商同官府关系密切，他们更多地依赖官府的保护。虽然当时版权保护尚未制度化，仅是个别刻书者的申请，但是这种自我版权保护、自我利益维护的意识已得到较大的发展。

以上种种反盗版途径，徽州书坊往往加以综合运用。

2. 徽州书坊的盗版

《万历野获编》言：伪作半印以欺耳食之徒，皆出苏人与徽人伎俩，赝迹百出，又不可问矣。③ 说的是徽州人善于制作艺术赝品，充斥了艺术品市场，其作旧技巧几与真品相混。制作书籍赝品包括盗版图书也自然包括其中。在市场利润的诱惑下，一些徽州书坊也加入盗版行列。他们

---

① 李培业：《算法统宗校释》，合肥，安徽教育出版社 1986 年版，第 246～247 页。

② 王永顺：《中国最早的版权保护文件》，《文史杂志》2000 年第 2 期，第 19 页。

③ 参见沈德符：《万历野获编》卷8，《籍没古玩》，北京，中华书局 1959 年版。

的盗版手段也是多种多样。

手段之一：直接购买书版，将原版中的堂号印记进行剜改。明刊书籍，其版片往往辗转贩卖。得之者每挖去原刊者姓氏及斋名，即作为自刻之书。不少徽州书坊亦采取此法。如万历年间歙县著名刻工出身的书坊主黄之寀，善于刻印经史子集书目，其刻印的子目达 40 余种 200 余卷，所刻图书版本大都很精善。不过，黄之寀也盗印其他书贾的精美书版，如将吴勉学原刻的《二十子》20 种 143 卷原版中的"吴勉学校刊"牌记剜改为"黄之寀校刊"牌记。不过，百密一疏，其盗印的《庄子》《楚辞》篇末，竟还漏剜"吴勉学校刊"字样。又如吴琯的《古今逸史》中不少书版转入吴中珩手中，吴中珩将吴琯之名改为己名，王重民《中国善本书提要》"《增订古今逸史》五十五种"下云："此本多剜改吴琯为吴中珩……而吴琯与吴中珩之关系，亦至今未能考证明白，余将另撰专文以论之。兹以影印本与此本相较，影印本自序题吴琯名，此本改为吴中珩。又合志十三种之内，《白虎通》《小尔雅》《古今注》三种，影印本均题吴琯，此本均改为吴中珩。殆中珩曾助吴琯增定是书，故影印本内已有题吴中珩名者。吴琯下世，中珩遂多窜入己名……今所愿知者，二十二种、二十六种两本，均无吴中珩名；四十种与四十二种本，不知已有中珩名否？愿他日见该两本时，特别留意。"① 清歙县朱元镇尝得万历刊本《牡丹亭还魂记》版片，删去原版中石林居士序，并于题下增补"歙县玉亭朱元镇校"字样，重加刷印，让人误以为是朱元镇重刊本。此本印刷较模糊，但市场需求很大，流传颇广。

手段之二：将原版内容进行删改增益。如胡文焕编辑刻印的《格致丛书》就采取这种伎俩。黄丕烈《士礼居题跋记》校元本《宋提刑洗冤录》云："胡文焕覆本，文理略同，殊多脱误，且改易卷第。"又云："明人喜刻书而又不肯守其旧，故所刻往往戾于古，即如此书，能翻刻之，可谓善矣。而必欲改其卷第，添设条目，何耶？"叶德辉也说："胡文焕《格致丛书》、陈继儒《秘籍新书》尤为陋劣……胡文焕一坊估，无知妄作……"② 言辞虽激烈，却表达了对胡文焕的盗印窜改行为的厌恶之情。又如清代张潮编印的《昭代丛书》，《四库全书总目提要》指出："《昭代

---

① 王重民：《中国善本书提要》，《子部丛书类》，上海，上海古籍出版社 1993 年版，第 417 页。

② 叶德辉：《书林清话》，北京，北京燕山出版社 1999 年版，第 186 页。

丛书》一百五十卷……是编凡甲、乙、丙三集，每集各五十卷，每卷为书一种，皆国初人杂著。或从文集中摘录一篇，或从全书中割取数页，亦有偶书数纸，并非著述，而亦强以书名者。中亦时有窜改。如徐怀祖之《海赋》，去其赋而存其自注，改名《台湾随笔》。黄百家之《征南先生传》，芟其首尾，改名《内家拳法》。犹是明季书贾改头换面之积习，不足采也。"① 在重视版本和校勘质量的明清时代，徽州书坊的这种促销的市场手段难免遭到批评的。

手段之三：将别人作品据为己有。为世人所闻名的汪廷讷刊刻的《环翠堂乐府》含杂剧 9 种、传奇 16 种。然而，据周晖《续金陵琐事》卷下言："陈荩卿所闻，工乐府，《濠上斋乐府》外，尚有八种传奇：《狮吼》《长生》《青梅》《威凤》《同昇》《飞鱼》《彩舟》《种玉》，今书坊汪廷讷皆刻为己作。余怜陈之苦心，特为拈出。"若其言属实的话，《环翠堂乐府》中有 8 种传奇的作者并非汪廷讷自己，而是盗自陈荩卿，其作伪手段令周晖为之不平。

手段之四：冒充宋元旧刻。明中叶以后，随着商品流通的便利、出版技术的进步，图书出版出现了泛滥的态势，图书质量也是与日俱下。在这种背景下，重视校勘质量、雕刻质量并精挑细选纸墨的宋元版图书便得到人们的青睐，"宋人近古，分行数墨，犹仍旧式。有明之代，传刻日多，臆改错讹，妄删旧注，读者苦之，遂宝宋本。近百余年，并元板而重之，并影宋本而重之。"② 其市场价格也是颇为昂贵，于是冒充宋版图书出售获利颇丰。自明中叶始，书贾纷纷"明代仿宋元之本有仍其面目而不著岁月并佚其摹刻姓氏者，有为坊贾刻割序跋者"，称其"传本既稀，后遂无征，核其精雅，实推善本"③。图书市场上冒充宋版图书之风盛行。徽州书坊为提高自身身价和谋取厚利，也加入此行列。如明初《武威石氏源流世家朝代忠良报功图》（今藏安徽省博物馆），署为"宋初太平兴国元年四月"刻，但据有关专家鉴定，从其该书绘画、雕刻风格来看，其与明刻本《新编目连救母劝善戏文》类似，该书应为明初作品，系绩溪石氏族人伪托宋太宗御赐刊刻，实则抬高自家身价。万历四十三年吴继仕"熙春堂"于金陵《六经图》六卷，以充宋版，图本俱佳。

---

① 《四库全书总目提要》卷 134，《子部四四·杂家类存目十一》，文渊阁四库全书本。
② 瞿镛：《铁琴铜剑楼藏书目录》序，上海，上海古籍出版社 2000 年版。
③ 潘承弼、顾廷龙《明代版本图录初编》，民国丛书第五编，上海，上海书店 1989 年版，第 4 页。

崇祯十三年程衍道"经余居"刻《外台秘要》四十卷，与宋版无异。吴勉学之子吴中珩，万历间于徽州刻《资治通鉴》294 卷（附《释文辨误》12 卷）、《史记集解索隐正义》130 卷、《汉书注》100 卷、《后汉书注》120 卷、《古今注》3 卷、《世说新语》6 卷、《李何二先生诗集》48 卷、《广弘明集》30 卷等，皆充宋版。

手段之五：盗用其他名版中的部分内容。如盗版插图，万历年间徽州玩虎轩刻本《元本出相北西厢记》卷首的插图《莺莺小像》，盗版的是隆庆三年苏州何钤刻本《西厢记杂录》中的插图。

手段之六：伪造伪钤名家藏书印鉴以抬高版本身价。藏书印记既表示书的递藏关系、流转顺序，有时也表示书的身份价值。凡书一经名家收藏，钤盖上名家的藏书印记，往往如鱼跃龙门，身价十倍。一些徽州书坊常常盗用学界名人如项元汴、毛晋、钱谦益、徐乾学、黄丕烈、陈仲鱼、汪士钟、张蓉镜、张金吾、鲍廷博等诸藏书名家名钤。以次充好，提高书价，牟取厚利。

手段之七：直接冒充名家手订。名士名家独具眼光，其亲自精心编辑的图书，内容上乘，往往深得读者信赖。因而，冒充名家编辑的图书，也易于抢占图书市场。此法在徽州书坊中也较常见。如明代有"南司马"之称的歙县人汪道昆，就常为徽州书坊所冒名的对象。如某徽州书坊刊印明吴昭明撰的《五车霏玉》34 卷，署名"汪道昆增订"，然而"是编于诸类书中掇拾残剩，割裂饾饤，又皆不著其出典。盖兔园册子之最陋者"。所以四库全书馆臣认为"道昆虽陋，尚未必至是，疑坊刻托名也"[①]。

当然，徽州书坊为追逐市场利润，抢占图书市场，在竞争中立足，其盗版的名堂五花八门，上列六种方式仅是常见方式。当然在盗版过程中，大部分还是能够保证质量的，但也出现一些粗制滥造或任意篡改以致歪曲了原刻本的真实面目。如崇祯间武林刊本《远西奇器图说录最》，原刊本图式皆准确无错。后来汪云鹏"玩虎轩"翻刻，将其图样大为改动，谬讹百出，像齿轮之类，刻工每图省事，往往刻作圆形，与原意已大为不同。《图书集成》曾收入此书，亦参用汪应魁刻本，故图式亦均大错。

无论是盗版还是反盗版，均是书坊为追逐市场利润或保护自身利益，抢占图书市场，在竞争中立足而做出的反应。纵观徽州书坊的反盗

---

① 《四库全书总目提要》卷 137，《子部四七·类书类存目一》，文渊阁四库全书本。

版与盗版行为，可以看出明清时期书坊主已具有很强的市场意识。此外，形式多样的反盗版手段，不仅表明明清书房主已具有明确的版权保护意识，同时还伴随着两种情形，其一具有明显的广告宣传意图，如吴勉学的"师古斋"、吴养春的"泊如斋"、吴继仕的"熙春楼"、程大约的"滋兰堂"等，这些书铺堂号一旦形成品牌后，无疑具有广告效应，起到宣传推销作用；其二具有"正讹黜谬"的文化传播意识，如吴继仕的《六经图》扉页版权声明、胡文焕的《文会堂琴谱》序文、程大位的《算法统宗》识语中所言及"恐滥厕于丛恶间""致误后学"，故"正讹黜谬"，惠及后人。这种意识对于文化的保护与传承无疑具有重要意义。

二、徽商与徽州坊刻的互动

徽州坊刻业的骤兴，与明中叶徽商的兴盛密切相关。称雄商界的徽商带动了徽州坊刻业的发展；作为徽商经济的一部分，徽州坊刻业对徽商整体的发展也有积极作用。

坊刻不同于官刻和家刻，首先，坊刻是将书籍作为商品形式向社会流通的，所以，书坊在选择稿件时，必须根据市场动态即满足市民阅读的心理需求，挑选合适的出版选题；其次，坊刻作为个体经营的刻书单位，其刻印之图书，必须遵循市场供求的规律，其生产流通过程要受所在地区的文化环境影响。这个文化环境包括读者来源，读者所在地、读者行业的特征，读者的文化结构和层次以及他们身上反映出来的文化价值取向，这些因素都会影响着坊刻的出版形式、销售方法，必须体现作者—坊刻者—读者三者的互动关系。

毋庸置疑，图书的发行量与读者人数呈正比关系，读者越多，发行量越大，反之则越小。明清时期，在雄厚的徽商经济的支撑下，徽州地区读书风气日趋浓厚，"家弦户诵"，人人以读书相尚。这无疑造就了巨大的图书需求市场，图书市场的需求，必然驱动徽州坊刻的繁荣和发达。无论是从财力、购书欲望、文化价值取向，还是从地缘、血缘角度，徽商都是徽州坊刻首选读者对象。甚至，徽商还是徽州坊刻关注的作者群。由此看出，徽州坊刻与徽商之间有着密切的互动关系。

（一）以徽商为中心的读者群体

能够成为图书市场上长期稳定的读者，需具备两大因素：具有购书的强烈欲望；具有购书的经济能力。这两大因素，徽商完全具备。以徽商为中心的家族圈、社会圈，不仅是徽州本土坊刻最重要也是最主要的读者群，也是外埠徽州坊刻重要的读者群。

1. 从购书欲望来看

与同时代其他商帮相比较，明清徽商具有较强的购书欲望，其原因主要有以下几个方面。

首先，徽商好儒的特色使然。好儒，不仅造成徽商群体识字率高，而且养成喜读书、好藏书的风气。"徽俗训子，上则读书，次则为商贾，又次则耕种。"① 徽商在从贾前，一般受过家庭教育或宗族书塾教育，学习三字经、家训族规之类；正式从商前一般也接受学徒教育，学习商业经营知识。因此，徽商极少有不识字的。同时在以儒为尚的风气影响之下，大部分徽商更以读书为好，以藏书为荣。明歙县茶商吴容让，幼年家贫无以学，长服贾，转毂东南，骎骎起富，在徽商好儒风气影响之下，读书欲望日浓，"乃始购书读之，然无常师。独从人受章句，既通大义，辄孳孳务躬行"②。类似吴容让的徽商繁不胜举。对于徽商群体读书藏书的嗜好，明清文人文集中有大量的描写。如袁宏道在《新安江行记》即道："徽人近益斌斌，算缗料筹者，竞习为诗歌，不能者亦喜蓄图书及诸玩好。"③ 徽商好书风气之浓，有时令人咋舌。清乾隆年间徽商子弟鲍倚云结婚时，其岳丈赠嫁，"有书数千卷，而无他财"④。而徽商詹仰之临终前，"沐浴整衣冠，召其所与厚者与之诀，料检其箧中文字数十卷付其子，遂卒。"⑤ 清歙商吴瑞鹏（字云翀），"晚岁弃贾，日督诸子读书，而雅蓄书史……多购书画、金石诸古物，置之座右，晨夕寓目，摩挲自得。康熙丙辰春，偶不怿，忽割所爱，命诸子分遗旧亲曰：'寒食前吾将逝

① 傅岩：《歙纪》卷5，陈春秀点校，合肥，黄山书社2007年版，第50页。
② 汪道昆：《副墨》卷5，《明故处士吴公孺人陈氏合葬墓志铭》，四库全书存目丛书本集部。
③ 袁宏道：《解脱集》卷3，《新安江行记》，成都，四川文艺出版社1996年版，第69页。
④ 姚鼐：《惜抱轩诗文集文集》卷13，《鲍君墓志铭（并序）》，四部丛刊本集部，上海涵芬楼藏原刊初印本。
⑤ 归有光：《震川先生集》卷19，《詹仰之墓志铭》，上海，上海古籍出版社1981年点校本。

矣.'诸子愕然,已而果卒."① 嫁妆和遗产唯有图书,足以反映出徽商对图书之好。关于徽商在经营之余读书、藏书的史料记载,在张海鹏、王廷元主编的《明清徽商资料选编》中俯拾皆是,不作赘述。正是喜读书、好藏书的风气,造就了徽商强烈的购书欲望。同时,儒学治世原则,是学而优则仕。所以,"新都三贾一儒,要之文献国也。夫贾为厚利,儒为名高。夫人毕事儒不效,则弛儒而张贾;既侧身飨其利矣,及为子孙计,宁弛贾而张儒"②。因而,徽商在商而不言商,他们重视家族教育和科举致仕,这也促使他们不遗余力地购买教育和科举之类图书。

其次,文化娱乐生活的需要。徽商虽然好儒,他们当中也有不少人最终成为真正的儒者,但就总体而言,绝大部分虽有一定的文化水平,但水平不是很高。就这个层次而言,他们需要精神生活,更懂得娱乐消遣和享受,与同时代其他商帮相较而言,他们较倾向于阅读尤其是消闲娱乐类的图书,这也是明清徽州地区戏曲、小说、饮食、医学保健等消遣类图书繁盛的主要原因。清嘉庆道光年间黟县商人舒遵刚云:"人皆幼读四子书,及长习为商贾,置不复问,有暇辄观演义说部,不惟玩物丧志且阴坏其心术,施之贸易遂多狡诈……"③ 明清尤其明中后期,徽州坊刻极为繁荣,其刊刻的戏曲小说等通俗文学类图书繁多,其主要原因就在于满足徽商的需求。明清很多小说都是以徽商作为描写对象,其中不少是对徽商持褒扬笔调的,这在明小说"三言二拍"中较常见,许承尧《歙事闲谭》载:"偶见一写本中有《琐琐娘传》,不著撰人姓氏,兹节录云:琐琐娘,艳姝也,妙音声。明嘉靖中,新安多富室,而吴天行亦以财雄于丰溪,所居广园林,侈台榭,充玩好声色于中。艳琐娘名,聘焉……"这种以徽商为描述对象,固然是徽商重儒行多善举,与同期其他商人相比,享有较高的美誉,但也多多少少是为迎合徽商阅读心理的反映,尤其是徽州坊刻图书更是关注这一点,因为作为同乡人更能够理解和懂得徽商阅读的心理和感受,只有迎合其阅读需求,才能够让他们更多地购买图书。

再次,日常生活和商业经营的需要。徽州经商风气浓厚,日用类

---

① 杨立诚、金步瀛合编:《中国藏书家考略》,俞运之校补,上海,上海古籍出版社1987年版,第77页。

② 汪道昆:《太函集》卷52,《海阳处士金仲翁配戴氏合葬墓志铭》,四库全书存目丛书集部118册,济南,齐鲁书社1997年版。

③ 谢永泰等纂修:《(同治)黟县三志》卷154,《舒君遵刚传》,中国地方志集成·安徽府县志辑(57),南京,江苏古籍出版社1998年版。

书、商业书最易畅销，拥有广大的读者市场，因此，徽州坊刻对此类图书刻印繁多。例如《鼎镌十二万家订万事不求人博考全书》《士民便考杂字》《开眼界》等，内容涉及天文地理、风俗物产、士农工商外出居家日常生活之事一应俱全，类似今天的小百科全书。有一种《朱翼》（12 册，万历间刻本，原题："新安江旭奇舜升甫编辑，吴养春百昌甫校阅，江应贡君常甫参订"），"实为一普通类书"，"《提要》（《四库总目提要》，笔者注）讥其庞杂不伦，而不知明末为我国学术极解放时代、亦为极盛兴时代，当时虽无期刊日报之刊行，此种小类书实具有现代流行之刊物性质。一面征引古人之嘉旨懿行，一面汇入当时之新知识、新思想，故虽朝生夕灭，已尽传播文化之责矣……乃以适应当时社会一般读书识字者之需要也……而此类小书，正是期刊之先河也"[1]。这些图书自然勾起徽商购买的欲望。另外，明代徽商的足迹遍及全国，迫切需要掌握各地的地理资料，《明一统路程图记》《商程一览》《江南绘图路程》《士商规略》《士商十要》等类商旅图书更是他们所热盼的。

2. 从购买能力来看

关于明清图书的价格，因当时书版大都未标明价格，一般由坊肆或书贾任意出售。也有极少数标明价格的，通过这几部图书价格，可以管窥当时书价情形。现存明代小说很少直接在书上标明价码，目前所见，仅有两部。万历苏州龚绍山刊本《陈眉公批评列国志传》12 卷 223 则，约 40 万字，"每部纹价一两"。万历天启间苏州舒载阳刊本《封神演义》20 卷 100 回，约 70 万字，"每部定价纹银二两"。二两银子是当时购买一亩地的价格，按万历时的米价，《封神演义》折合米三石余，相当于六品官员一个月的月俸。《列国志传》一石四斗。以李渔的书做参照，可以推断这是当时小说的一般水平的定价。李渔南归降价销售书："价较书肆更廉，不论每部几何，但以本计。每本只取纹价五分，有套者每套又加一钱。南方书本最厚，较之坊间所售者，一本可抵三本，即装订之材料工拙，亦绝不相同也。不用则已，用则别。"所列书目中的小说《十二楼》《连城璧》每部各六本，一部书售价约三钱，"较之坊间所售者，一本可抵三本"，可推断坊间售价约纹银九钱。考虑到篇幅的因素，《封神演义》

---

① 王重民：《中国善本书提要》，《朱翼不分卷》，上海，上海古籍出版社 1993 年版，第 383 页。

约 70 万字,《十二楼》约 19 万字,《连城璧》约 25 万字,书价总体上较为接近。按照这个定价,通俗小说的接受者,诚然是有闲有钱阶级。当然,也有学者从坊刻降低成本的角度论证明代小说的售价是可以为大众接受的①,但总体而言,在注重版本质量的明清时期,制作精良的图籍的价格是不低的,非中下层市民读者所能承受,尤其珍本稀本图书,非财力雄厚的达官绅商难以能购。

表 4 – 1　书价变迁表

书　目	版本	装　帧	卷、册数	时间	价　格	资料来源
《说文解字韵谱》			5 卷	万历乙未	10 两（约 6900 文）	《天禄琳琅后编》
李鼎祚《周易集解》	宋版影钞		10 本	明末清初	5 两（约 3500 文）	毛扆《汲古阁珍藏秘本书目》
《周易兼义》	元版		8 本		4 两	
《礼记集说》		棉纸抄本	42 本		20 两	
秦酉岩手抄《太和正音谱》		名人墨抄	2 本		2 两	
周公谨手抄《绛帖平》		名人墨抄	2 本		1 两 2 钱	
《杜工部集》	宋版影钞		10 本		30 两	
《宋词一百家》		精抄			100 两	
明无撰人《启祯记闻录》	明版		2 卷	顺治二年	1 两（约 700 钱）	徐康《前尘梦影录》
《前》《后汉书》	宋版			康熙年间	1200 两	王士禛《分甘余话》二
《通鉴纪事本末》	宋刻	大字本			120 两	《居易录》三三
李诫《营造法式》			36 卷		40000 钱	钱遵王《敏求记》

---

　　①　参见蔺文锐:《商业媒介与明代小说文本的大众化传播》,《中国戏曲学院学报》2005 年第 2 期,第 83 页。

书　目	版本	装　帧	卷、册数	时间	价　格	资料来源
公羊解诂	宋版		12 卷		120 两	
春秋繁露	宋版		17 卷		100 两	
舆地广记			36 卷		120 两	
新定续志			10 卷		30 两	
吴郡图经续记	宋版		3 卷		50 两	
历代纪年	宋版		10 卷		20 两	
编年通载	宋版	残版	4 卷		40 两	
东京梦华录	宋版		10 卷		24 两	
《新序》10 卷、《列子》8 卷	宋版		18 卷		80 两	
说苑	宋版		20		30	
管子	宋版		24		120	
太平御览	残宋本		360		240 两	
陶靖节诗注	宋本		4		100 两	
三谢诗	宋本		3		16	
王右丞集	宋本		10		120	
甲乙集	宋本		10	乾隆年间	16	黄丕烈《士礼居藏书题跋记》
朱庆余集	宋本		目录 5 叶，诗 34 叶		10 番银	
唐女郎鱼玄机集	宋本		1 卷 12 叶		5 番银	
林和靖诗集	校宋本		4 卷		4 两	
温国司马文正公集	宋本		80 卷		160 两	
参寥子诗集	宋本		12 卷		30 两	
吴礼部集	元本		20 卷		30 两有奇	
中州集	金本		10 卷		50 两	
东坡乐府	元本		2 卷		30 两	
乐府新编阳春白雪	元本		10 卷		51 番银	
曹子建集	明活字本		10 卷		10 两	

但徽商富甲一方，完全有能力购买图书，甚至有的徽商不遗余力购买稀书珍本。如嘉靖隆庆年间，贾于扬州的歙商吴时英（字伯举，号慕庵），"博古重购商周彝鼎及晋唐以下图书，即有奇，千金勿恤"①。明休宁商人吴用良，"其出入吴会，游诸名家，购古图画尊彝，一当意而贾什倍"②。清乾隆程晋芳，"祖居新安，治盐于淮。乾隆初两淮殷富，程氏尤豪侈，君独惜惜好儒，罄其资，购书五万卷"③。歙人江元卿比部，讳士相，先世业鹾于扬，因家焉。君少勤学……喜蓄书画，每下值，辄往琉璃厂坊肆，流连玩索，月无虚日。④ 明徽商吴琦，"季公虽贾人子乎，然雅，不喜声色、狗马之戏，第时时购求遗书古鼎，不爱千金"。是故，家富藏书⑤。清歙县商人汪士嘉（字国英），"性喜买书籍，巢经贮史，无有厌足"⑥。清黟县商人胡际瑶（字美堂），"君虽业商，然于诗书皆能明大义，舟车往返，必载书箧自随……居家持躬皆尚节俭，无鲜衣美食，惟从师买书之费一无所靳。过通圜见书肆，必入观书，能辨优劣，遇佳者辄购归与子，凡数百卷"⑦。休宁盐商胡树声，家称富，雅好藏书，见宋元旧本，必购之，不吝书价之高。类似情形，在《明清徽商资料选编》中俯拾皆是，可见购买图书在徽商生活消费中占有很大比例。这为同时代的其它商帮望尘莫及。

不仅如此，徽商还带动了其家族、友人等读书风气。万历《歙志》载：成弘以前，民间椎朴少文、甘恬退、重土著、勤稼事、敦愿让、崇节俭。而今则家弦户诵，夤缘进取，流寓五方，轻本重末，舞文珥笔，乘坚策肥。⑧ 成化弘治前后徽州出现这种截然相反的风习变化，最主要的原因在于徽商导致。成化弘治至万历年间，徽商的兴盛对徽州产生了极大的影响，徽商重视文化教育，更强化了徽州素来的文教风气，徽州地

---

① 汪道昆：《太函集》卷15，《赠吴伯举》，四库全书存目丛书集部118册，济南，齐鲁书社1997年版。

② 汪道昆：《太函集》卷52，《明故大学生吴用良墓志铭》，四库全书存目丛书集部118册，济南，齐鲁书社1997年版。

③ 许承尧：《歙事闲谭》卷3，《程鱼门〈刘姬行〉》，合肥，黄山书社2001年版，第71页。

④ 参见许承尧：《歙事闲谭》卷10，《鲍觉生感旧诗抄序》，合肥，黄山书社2001年版，第336页。

⑤ 方扬：《方初庵先生集》，《寿太学吴季公序》，四库全书存目丛书本集部。

⑥ 厉鹗：《樊榭山房集文》卷7，《汪君啸园传》，四部丛刊本集部。

⑦ 谢永泰等纂修：《（同治）黟县三志》卷15，《胡君春帆传》，中国地方志集成·安徽府县志辑（57），南京，江苏古籍出版社1998年版。

⑧ 参见张涛修、陶珽等纂：《（万历）歙志》，《序五》，万历三十七年（1609）刊本。

区"家弦户诵"的学风更是浓厚。致富后的徽商不仅自己读书，而且加强对子孙甚至族中子弟的教育。明正德嘉靖年间的休宁商人程正时（字汝一，号五渠），业盐扬州，经营之余，爱好读书，"于书无不览，医方占卜堪舆之说皆能通究"。自己好书，更鼓励子弟读书，尝谓诸子曰："经书之外，《小学》《近思录》不可斯须去也。毋攻异端。"①　嘉靖万历年间婺源商人李大祈（字惟成），每以幼志未酬，属其子，乃筑环翠书屋于里之坞中，日各督之一经，而叮咛勖之曰："予先世躬孝悌，而勤本业，攻诗书而治礼义，以至予身犹服贾人服，不获徼一命以光显先德，予终天不能无遗憾。然其所恃善继述、励功名、乾父蛊者，将在而诸子。"以故诸子发愤下帷，次第蔚起，或驰声太学，或叨选秩宗，翩翩以文章倾人耳，皆足以慰公之望也。②　明歙县商人方迁曦（字天曜），"常念方氏入国朝以来，宦学继美无间，近世兹寝有愧，乃谋诸族，肇建书屋于金山隈，俾后嗣相聚相观以振业"③。他建立书屋，购买图书，鼓励族人读书。明末清初休宁商人汪可训（字尔彝），有子五人，延请名师教其读书，云："此余未究之业也，尔小子容一日缓乎？"严格督促他们学习所购经书古文词。④　晚清婺源商人程执中，以程氏之"四箴"谓曰："读圣贤书，非徒学文章掇科名已也。"其诸弟及期功子弟虽营商业者，亦有儒风⑤。弘治嘉靖年间休宁商人汪贵（字道充），"通习经传，旁及子史百家，至于音律之妙，靡不究竟。尤潜心于卫生堪舆之学，仰探轩岐之奥，默契曾扬之旨……意薄进取，挟赀皖城，先达谢公辅奇其刚毅不挠，器度弘伟，日与讲论诗文。远近商游于兹者，咸师事之"⑥。浓厚学风必然造成图书消费的旺盛，故此教育类图书是徽州坊刻中最重要的刻印对象。

　　强烈的购书欲望、雄厚的经济条件，再加上徽商与徽州坊刻特殊的亲近关系（宗族关系或地缘关系），这些造成了以徽商为中心的家族、社会群体是徽州坊刻图书的最重要、最稳固的读者群。

---

　　①　方弘静：《素园存稿》卷12，《庠生五渠程君墓志铭》，四库全书存目丛书本集部。
　　②　参见婺源：《三田李氏统宗谱》，《环田明处士松峰李公行状》，万历刊本。
　　③　方善祖等编：《歙淳方氏会宗统谱》卷19，《明故处士南滨方公行状》，乾隆十八年（1753）刊本。
　　④　汪尚和等纂修：《休宁西门汪氏宗谱》卷6，《太学可训公传》，顺治十年（1653）刊本。
　　⑤　《婺源县志稿》，民国抄本。
　　⑥　汪湘纂：《汪氏统宗谱》卷37，《传》，明万历三年（1575）家刻本。

（二）徽商的图书需求对徽州坊刻的推动

既然徽商是徽州坊刻最重要的读者群，那么，满足徽商的读书需求，也是徽州坊刻立足、赢得市场的极为重要的方面。

徽商的图书需求，刺激了徽州坊刻图书的多层次化。与其他读者相较而言，徽商的图书需求具有需求层次不等、需求面广、购买量大等特点，这是由徽商特定的知识层次决定的。前文已提及，总体而言徽商是具有一定文化水平的商人。"一定文化水平"的含义，并非是指徽商的知识水平都是一个层面的，而是多层次的。徽商的知识接受层次可分为三个层次（按：此处不含文盲者，因其不属于知识接受层之列，文盲者在徽商当中肯定存在，但为数较少，此处不作讨论），由儒入贾、儒而兼贾、儒贾并重者，一般接受正规的儒学教育，文史精通，文化底蕴深厚，是为上层；幼时接受过家庭教育和私塾教育，未竟业转而经商者，没有接受较高的儒学教育，知识文化水平不高，是为中层；也有粗通笔墨、略懂文字者，是为下层。知识接受层次的不同，阅读品位也就不一样，上层者，更注重图书的品位，尤其关注经史文集之类的图书；中层者，更倾向通俗文学、日用便民之类的图书；下层者，因粗通笔墨，文化素养不高，他们更喜欢浅显、通俗易懂的图文并茂之类的图书。当然，他们之间的界限并非绝对的。不管怎样，三个层次所关注的图书类型也不一样，这决定了图书出版选题的多样性，要满足不同类型的图书需求。"徽刻业既镌刻了供观赏、收藏、研读的著作，又印行了一批迎合市民趣味和世俗需要的实用读物。这不仅对文化普及作出贡献，尤使上层文化更细腻、精致。这也反映了处于上层文化和通俗文化接榫处的徽商雅俗共赏的文化观念。"①

徽州坊刻中的许多技术得益于徽墨和绘画技艺，而徽墨和绘画技艺的进步是离不开徽商经济支撑的。如徽派版画（明清大都是书籍插图版画）以精致细腻、俊美娟秀著称，其刻印整个过程，需要将名画家、名刻工和名印工集合到一齐，由集体的力量加工完善而成，并且还需要质量很好的纸张木材墨料等原材料，所有这些必须要有雄厚的资金作为支撑，否则难以发挥极致，更谈不上技艺的进步。正是由于徽商的参与和操作，并以雄厚资金作支撑，徽州刻工的技艺才不断进步，插图版画才达到至高之界。

---

① 居蜜、叶显恩：《明清时期徽州的刻书和版画》，《江淮论坛》1995 年第 2 期，第 58 页。

徽商经济力量雄厚，他们读书藏书风气浓厚，因而图书消费比重很大，有些徽商甚至购买图书不遗余力，如徽商姚胤华，"尤喜蓄古书，购求不下数千卷，拟构一楼贮藏之，而未果。今仲子震偕其兄升收捃益富，方将成其先志"。徽商喜好购书藏书的特性自然为徽州坊刻所熟稔，他们密切关注徽商的图书需求。在徽商图书需求的导引下，徽州坊刻从选题内容到装帧设计不断变革和创新。以商业书为例，明清徽州坊刻出版的商业书发达，直接源于徽商的需要。再以应试书籍为例，徽商对科举的热衷，导致了科举类图书在徽商图书消费比重中是非常大的，这也直接刺激了徽州坊刻对科举考试类图书的热衷。

（三）坊刻是徽商从业的重要部分

徽州坊刻是徽人从商的重要行业，是徽商经济的重要组成部分。徽人从事坊刻的原因主要有三个方面。

第一，徽州文风昌盛，图书需求量大，有着丰厚的利润可图，这是徽人投资坊刻的最主要最直接的原因。如明隆庆万历年间歙县人黄正位，开设"尊生馆"，专刻文学、戏曲、小说销售谋利，其编印的《阳春奏》《南华真经》《云仙杂记》《新增格古要论》《草玄》《虞初》等书，甚为畅销，据说其书"悬之国门，纸价为高"，因而致富。清康熙乾隆年间歙县虬村人黄利中（字义先），"力田之暇，稍习为书贾，习为镌工。出其童蒙书售于邑。及久，镌益工、售益广，凡经史古文诗赋试艺无所不镌，邑中缙绅人皆乐与交，业隆隆渐起"[①]。等等。

第二，也有徽人是出于对刻书的爱好，刻书之余兼而出售，实际上是介于家刻与坊刻之间。如明隆庆万历年间歙丰南人吴勉学，利用丰富家藏书，开设"师古斋"，因其自幼便爱好医学，家藏有众多医籍，于是便广刻医书，兼而出售，获得丰厚的利润。同时他也酷嗜经史典籍，不惜花费巨资刊刻如《资治通鉴》《宋元资治通鉴》《两汉书》《世说新语》《花间集》等书，花费达十余万。其他如吴琯"西爽堂"刻《古今逸史》《晋书》《水经注》《诗记》；汪士贤"省吾堂"刻《汉魏六朝名家集》等，皆类似于此。沈德符《野获编》云："今新安所刻《水浒》有汪太函序"；又云："《养正图说》徽州人所刻，梨枣极工，其图像出丁南羽

---

① 　歙县《虬川黄氏宗谱》，《黄义先老人传》，道光十年（1830）刊本，藏安徽省图书馆。

手，飞动如生。"① 不过，不少坊刻为标榜清高，往往嫌讳贾人之名，不惜巨资刊刻经史典籍，声明不求盈利，实际动机却是为沽名。如汪启淑在所印《飞鸿堂印谱》的凡例中道："印谱非特为文房赏玩之品，六书原本于小学，大有裨益，缘是不异赀费，咸用朱砂泥、洁越楮、顶烟墨、文锦函以装潢之，非与射利者所可同日语也，具眼谅能识之。"② 汪氏为这部印谱从材料到装帧都尽了最大努力，并明确宣告与"射利者"不同，自信"具眼谅能识之"。

第三，迫于生活困窘，投资坊刻，小本经营，养家糊口。如清歙县虹村人黄启高（字云景），"少孤，事节母以孝闻，服田力穑，四体维勤。以其暇席先业为书贾，逐什一之利，谋甘旨，用孝养厥萱堂"③。实际上，很多徽州刻工由佣书起步，积累了一定的资金后，开始独立刻书，最终走上开设刻坊的道路，将刻书、售书相结合，他们的资本一般不是很大，是典型的手工作坊形式。

徽人投资坊刻业的形式，主要有四种情况：自刻自销；个体独资，雇人刻印销；多行业兼营；家族合资联营。以下分别略作介绍。

自刻自销。一般为中小资本的个体书商，小本经营，这在明清徽州为数众多，六县均广泛存在，尤其一些刻印工，他们刻印往往一体，自产自销。如上述的黄利中、黄启高就是典型，自刻自销，受到读者欢迎，刻印数量慢慢扩大，但受人力财力的限制，规模不是很大。

独资，雇人校刻印销。主要是指家世富厚的书商，一般家藏书丰富，设立书坊，雇请雕工名手或绘图名家，专门为其刻印图书，然后又雇人销售。如万历休宁人程百二"忻赏斋"刻印《方舆胜略》14卷，聘请著名学者李长卿校勘，又聘请黄氏刻工高手上版，故此书版本刻印精美，质量绝佳。又如万历歙县汪云鹏"玩虎轩"刊印《北西厢记》2卷，重金聘请汪耕绘画，又聘刻工高手黄鏻、黄应岳刻写上版。每幅插图版画绘制精绝，采用双面对页连式，精雕细刻，甚为精美。明末胡正言"十竹斋"高薪聘请当时名画家为其创作书画谱，并聘徽州刻工和金陵刻工10余人，朝夕研讨刻印技艺，套色上版。徽州刻工汪楷不仅参与刻印工

---

① 张海鹏、王廷元主编：《明清徽商资料选编》，第609条，合肥，黄山书社1985年版，第205页。

② 汪启淑：《飞鸿堂印谱》，《凡例》，上海，上海古籍出版社1992年版。

③ 歙县《虹川黄氏宗谱》，《黄延古老人传》，道光十年（1830）刊本，藏安徽省图书馆。

作，而且还成为胡正言的销售人员。

多种行业兼营，坊刻为其一。如明万历歙商吴养春，家世豪富，以经营盐业、木业为主，同时兼营书坊、典当、钱庄、珠宝、绸缎等等。其书坊"泊如斋"刊刻《重修宣和博古图缘》30卷30册、《重修考古图》10卷、《闺范》4卷12册、与吴勉学的"师古斋"合资刊刻《朱子全书》60种112卷、《朱翼》不分卷等等，既是满足个人好儒之意愿，也兼顾销售。又如明中后期歙县程大约、方于鲁均以制墨为主业，为商业竞争的需要，他们兼营书坊，分别设立"滋兰堂""美荫堂"，将编辑成墨图样，请绘图高手、刻印良工，精心刻印成书，随印随送购墨客户，在宣传墨品过程中，起到了极为重要的作用。

家族合资联营刻书。如吴勉学"师古斋"与吴养春"泊如斋"合资刊刻《朱子大全》60种112卷，吴养春捐资30万两。吴中珩"师古斋"与吴桂宇"文枢堂"合刊《诗纪》11种156卷，清代张潮、张渐兄弟合作刊印《昭代丛书》丙集50种50卷等。

三、徽州本土坊刻与外埠徽人坊刻

按坊刻所在地来看，徽州坊刻分为本土坊刻和外地坊刻两种。本土坊刻，即坊刻场所分布于徽州府辖六县，尤以歙县为多。外地坊刻或称外埠坊刻，即坊刻位于徽州以外地区，主要集中江浙地区。

（一）明清徽州本土坊刻概况

1. 明代徽州本土坊刻分布

从刻书时间分布来看，徽州本土坊刻从弘治初年始有发展，历经正德、嘉靖朝的延续，在万历中期达到极盛。明初徽州坊刻可考者，歙县仇以才、仇以忠兄弟开设的刻字馆在弘治七年刻印的《赤壁赋》1卷为最早，稍后则有歙县黄氏、汪氏等坊刻。明中叶以后，徽州府坊刻主要有四大姓：吴氏、程氏、汪氏、黄氏，其他还有许氏、方氏、周氏、徐氏等。从地域分布来看，徽州府六县坊刻以歙县为盛，其次为休宁，绩溪、祁门、黟县则相对稀少（见表4-2）。

表4-2　明代徽州本土坊刻代表及刻书要目一览表

地区	代表刻主	刻坊	年　代	代表刻书
歙县	仇以才 仇以忠	刻字馆	弘治七年	《赤壁赋》1卷
			弘治年间	《篁墩文集》93卷、《新安文粹》25卷
			正德十三年	《汪氏渊源录》10卷
	黄正慈	集义 书堂	弘治十七年	《大广益会玉篇》32卷
			正德九年	《左氏博议句解》8卷
			嘉靖十六年	《新刊春窗联偶巧对类编》2卷
			万历三十年	《全璧故事》5卷
			万历三十一年	《重刻联对便蒙图像七宝故事大全》20卷
			万历末年	《新镌京板全补源流引蒙登龙会海对类》30卷
	吴汝纪		嘉靖间	《韦苏州集》8卷
			万历十三年	《国语》21卷
			万历三十一年	《陶靖节先生集》8卷
	汪济川	生式斋	嘉靖二十四年	《伤寒论注》10卷、《明理论》3卷
			嘉靖二十六年	《巢氏诸病源流总论》16卷
	吴勉学	师古斋	隆庆万历年间	《古今医统正脉全书》《痘科大全》《东垣十书》《刘河间伤寒六书》《二十子》
	程大约	滋兰堂	万历四年	《徽郡新刻名公尺牍》3卷
			万历三十三年	《程氏墨苑》12卷、《人文爵里表》9卷、《中山狼传》2卷
			万历三十六年	《犍椎梵赞》1卷
			万历末年	《园中草》1卷、《青藜阁初稿》（与胡日新合刻）3卷
	黄正蒙		万历十六年	《大鄣山人集》53卷
	方于鲁	美荫堂	万历年间	《方氏墨谱》6卷、《佳日楼记》
	吴养春	泊如斋	万历十六年	《泊如斋重修宣和博古图》30卷、《朱翼》12册、《朱子大全集》60种112卷（与吴勉学合刻）

续表

地区	代表刻主	刻坊	年　代	代表刻书
歙县	吴　琯	西爽堂	万历年间	《古今逸史》55 种 223 卷、《大唐西域记》13 卷、《三国志》65 卷、《晋书》130 卷、《唐诗正声》22 卷、《薛氏医案》24 种 107 卷
			万历十三年	《合刻山海经水经注》2 种 58 卷、《唐诗纪》170 卷
			万历四十年	《诗纪》156 卷
			万历四十一年	《说略》30 卷
			万历四十三年	《王元美先生文选》26 卷
			崇祯四年	《新制诸器图说》1 卷
	蔡凤鸣	慈仁斋	万历十九年	《楞严经》10 卷
	汪应衢	玄鉴堂	万历二十二年	《毛诗郑笺纂疏补协》21 卷
			万历二十六年	《梵网经心地品菩萨戒义疏发隐》5 卷
	程子美	九我堂	万历二十六年	《出像牡丹亭还魂记》2 卷
	黄尚文		万历三十年	《古今女范》4 卷
	黄嘉育	文林阁	万历三十四年	《刘向古列女传》8 卷
	吴元维	树滋堂	万历三十六年	《秦汉印统》8 卷
			万历三十七年	《世说新语》3 卷
	黄正位	尊生馆	万历三十七年	《阳春奏》3 种 3 卷、《庄子南华经》8 卷、《剪灯新话》4 卷、《剪灯余话》4 卷、《云仙杂记》10 卷、《琵琶记》2 卷、《虞初志》7 卷
	潘膺祉	如皋馆	万历四十年	《砚笺》4 卷、《墨评》《墨谱》3 卷
			万历四十四年	《五杂组》16 卷、《履斋示儿编》23 卷
	程百二	师古斋	万历四十二年	《方舆胜略》24 卷、《程氏丛刻》9 种 13 卷
	黄昌龄		万历四十六年	重印孙幼安书版《稗乘》43 种 47 卷
	方瑞生		万历四十六年	《墨海》12 卷
	程　荣		万历年间	《汉魏丛书》38 种 251 卷、《山居清赏》15 种 28 卷

续表

地区	代表刻主	刻坊	年　代	代表刻书
歙县	程一枝	青藜阁	万历间	《精辑时兴雅谜》2卷、《精辑时兴酒令》2卷、《精定时兴笑语》2卷
	许　氏	醋醋斋	万历间	《醋醋斋酒牌》1卷
	黄正选		万历间	《新刊徽郡原板绘像注释魁字登云日记故事》2卷
	黄之宷	尊生馆	万历间	《六子书》21卷、《道言内外秘诀全书》34卷、《吕东莱左氏博议》12卷、重印吴勉学刊板《二十子》
	黄正达		万历间	《新刊徽郡原板校正绘像注释魁字登云三注故事》4卷
	黄正宗	兴正堂秀宇堂	万历间	《春秋胡传》30卷
	周少葵		万历间	《新刊徽郡原板校正绘像注释魁字天梯日记故事》4卷
	黄裔我	存诚堂	万历崇祯间	《鼎镌吴宁野汇选四民切要时制尺牍芳规》4卷、《新刻张侗初先生汇编四民便用注释札柬五朵云》4卷、《新刻张天如先生增补注释启蒙会海玉对类》4卷、《新刻魏仲雪先生批评投笔记》2卷
	黄德时（刻工出身）	还雅斋	万历间	《淮南鸿烈解》30卷、《新编女贞观重会玉簪记》2卷、《宝古堂重修宣和博古图录》30卷
	周　氏		万历间	《新镌汇选辨》（传奇34种、散曲21套）
	黄正甫	文宗堂	万历间	《精选古今诗词筵席争奇》3卷
			天启间	《新刻考订按鉴通俗演义全像三国志传》21卷
	黄耀宇		万历末	《新刊徽郡原板校正绘像注释魁字登云全璧故事》4卷

续表

地区	代表 刻主	刻坊	年　代	代表刻书
歙县	黄灿宇		万历末	《鼎刻京板太医院校正分类青囊药性赋》
	黄汝清		万历末	《堪舆论气正诀》2 卷
	黄一桂		天启七年	《叶向高全集》7 种 118 卷
	程好之		天启间	《天都阁藏书》15 种 26 卷
歙县	汪应皋		万历间	《宋之问集》2 卷、《沈佺期集》2 卷、《陈子昂诗集》2 卷、《卢照邻诗集》2 卷、《杨炯集》2 卷
	吴继仕	熙春堂	万历间	《七经图》7 卷
	汪　栋		万历十六年	《汪虞卿梅史》1 卷
	吴怀保	七松居	万历十六年	《杜律五言注解》3 卷、《晏子春秋》4 卷、《书言故事大全》12 卷
	汪廷讷	环翠堂	万历间	《环翠堂园景图》
			万历二十八年	《人镜阳秋》22 卷
			万历三十五年	《文坛列俎》10 卷
			万历三十七年	《坐隐先生全集》3 种 18 卷
			万历三十九年	《坐隐先生精订陈大声乐府全集》7 种 12 卷
	汪宗尼	晴云 精舍	万历十九年	《万首唐人绝句》101 卷
			万历三十三年	《唐诗品汇》90 卷
	程大宪	滋苏馆	万历三十六年	《程氏竹谱》2 卷
	程宗献		天启元年	《耕余剩技》4 卷
	佚　名	高升铺	天启三年	《新刻照千字文集音辨义》
	佚　名	开益堂	天启间	《新镌便蒙群珠杂字》
	黄嘉惠		崇祯间	《史记》130 卷、《董解元西厢记》2 卷、《苏黄风流小品》6 种 16 卷
婺源	游　氏	余庆堂	万历间	《诸家笔筹》4 卷
	汪樵云	浣月轩	万历三十四年	《新镌全象蓝桥玉杵记》3 卷
	汪士贤	省吾堂	万历年间	《汉魏二十二家集》128 卷、《山居杂志》21 种 38 卷

续表

地区	代表刻主	刻坊	年　代	代表刻书
不明	郑少斋	宗文书院	万历二十一年	《新镌京本校正注释句解古文正宗》16 卷
	佚　名	观化轩	万历二十六年	《新镌女贞观重会玉簪记》2 卷
	朱应元	慈仁斋	万历三十年	《大佛顶如来密因修正了义诸佛菩萨万行首楞严经》10 卷
	佚　名		万历三十四年	《女骚》9 卷
	佚　名	夜珠轩	万历四十年	《夜珠轩纂刻历代女骚》9 卷

本表根据明、清、民国时期文献、书目提要、题跋等并参考刘尚恒《徽州刻书与藏书》、徐学林《徽州刻书》、张国标《徽州版画》等书整理、补充而成。

2. 清代徽州本土坊刻分布

从刻书时间分布来看，清初大兴文字狱，禁止私人刻书，徽州本土亦受到影响，坊刻数量骤降。康熙中后期文化政策稍缓，但徽州坊刻再也没有恢复到明万历、崇祯时期的繁荣。可是从清代整个刻书业的状况来看，徽州刻书仍是积极而活跃的，仍然是全国刻书中心之一。嘉庆道光以后，徽州本土坊刻开始衰落。

从坊刻在各县分布情况来看，清前期徽州府各县虽均有坊刻，但从刻书数量看可以分为三个阶梯。第一阶梯为歙县，其坊刻人数和刻书数量占六县首位。第二阶梯为休宁、婺源。休宁坊刻在清代有所下降，婺源坊刻却有较大上升。第三阶梯为黟县、绩溪。黟县、绩溪二县坊刻却在嘉庆道光以后发展起来，为徽州坊刻的殿军，这与二县的后来居上的商业经济密切相关。

从坊刻主姓氏分布来看，程氏、汪氏、黄氏刻书依然很多。婺源的俞氏在嘉庆道光以后异军突起，刻书数量骤增。

表 4-3　清代徽州本土坊刻代表及刻书要目一览表（1644~1840）

地区	代表刻主	刻坊	年　代	代表刻书
绩溪	汪近圣	鉴古斋	嘉庆二年	《鉴古斋墨薮》8 册
歙县	程　义	悟雪斋	康熙年间	《悟雪斋墨史》1 卷、《耕钓草堂近诗》1 卷
	汪　氏	承德堂	康熙十五年	《世说新语》3 卷补 4 卷
			康熙四十六年	《新安志》10 卷

续表

地区	代表刻主	刻坊	年　代	代表刻书
歙县	曹素功		康熙二十七年	《曹氏墨林》2 卷
	吴　荃		康熙三十七年	《黄山真景图》
	汪　氏	明善堂	康熙四十三年	《重修玉篇》30 卷
			雍正年间	《四书》19 卷
	程　哲	七略书堂	康熙年间	《旧唐书》200 卷、《带经堂全集》7 编 92 卷
	黄惟质		康熙末年	《新刻增订释义经书便用通考杂字》3 卷
	徐士业		乾隆年间	《徐氏三种》3 卷
	程　氏	尺木堂	乾隆年间	《尺木堂墨谱》
	佚　名	有诚堂	乾隆三十二年	《广舆古今抄》2 卷
	方　氏	游文斋	乾隆五十九年	《礼笺》3 卷
	程伟元	萃文书屋	乾隆五十七年、五十九年	《红楼梦》"程甲本""程乙本"
休宁	程　氏	养志堂	康熙十九年	《十七史蒙书》16 卷
	汪　氏	茹古堂	康熙四十九年	《开眼经》
			光绪六年	《藕丝词》4 卷
	汪次侯		康熙五十三年	《白岳凝烟》1 卷
	佚　名	蘅照堂	嘉庆七年	《杜诗集评》15 卷
	佚　名	聚奎楼	嘉庆年间	《七经小记》6 种 9 卷
婺源	汪士汉	居仁堂	康熙七年	《浮溪遗集》16 卷、《秘书二十一种》94 卷
			康熙三十七年	《古今彝语》16 卷
	俞　氏	镂思堂	嘉庆十五年	《礼书纲目》85 卷
	朱安衡	慎德堂	嘉庆年间	《医学心悟》6 卷
	俞　氏	敬业堂	道光十八年	《理学逢源》12 卷

　　本表根据明、清、民国时期文献、书目提要、题跋等并参考刘尚恒《徽州刻书与藏书》、徐学林《徽州刻书》、张国标《徽州版画》等书整理、补充而成。

（二）明清外埠徽州坊刻概况

1. 明代外埠徽州坊刻概况

明代安徽籍外埠坊刻基本上都是徽州人所创办，主要集中在金陵、杭州、湖州、吴兴、苏州、扬州、北京等地。特别是金陵和杭州的徽籍坊刻，影响巨大，是推动当地刻书业发展的重要力量，其作用甚至超过了当地的刻书家。

金陵地区。明朝初年，金陵坊刻并不突出，万历至崇祯年间，金陵坊刻盛极一时。金陵坊刻的兴盛，与外埠此地的徽籍坊刻和刻工关系密切。徽州坊刻和刻工为了开辟新的图书经营领地，扩大书坊经营和销售业务，便瞄准了当时政治中心、文化中心的金陵。徽州坊刻图书很快受到金陵地区读者的欢迎，徽州坊刻风格也深深影响了金陵刻书风格，明中后期，在徽刻风格的带动下，金陵刻书风格发生了转变。金陵的徽州书商最著名的有汪云鹏的"玩虎轩"、郑思鸣的"奎璧斋"、汪廷讷的"环翠堂"、胡正言的"十竹斋"等。这些书坊所刻图书绝大部分为戏曲、小说、时文、笔记之类，因这些书与经史子集相比而言，投资小、读者多、销售快、盈利大。他们为了吸引读者，注重书籍装帧的美观，凡书必有插图。如汪廷讷刊刻戏曲图书《义烈记》《彩舟记》《狮吼记》《西厢记》等，重金聘请画家汪耕、钱贡为之作画，延请徽州名刻工为其镌刻。书中插图多采双面连式，富丽堂皇，纤细入微；在图版空白处，往往以细密的图案花纹相补充。环翠堂的刻书特色，得到了读者的广泛欢迎，从而推动了金陵刻书版画由粗放向细腻精致的转变。胡正言"十竹斋"，聘请十数名刻工，研制出饾版、拱花等印刷技艺，采用五色套印出了《十竹斋书画谱》《十竹斋笺谱》，谱中花卉羽虫，形象逼真，栩栩如生，成为学画的范本，当时行销各地，为人争购。

杭州地区。侨寓杭州的徽籍书商以黄姓最多，刻印声誉亦是最著，成为杭州刻书业中重要的支柱。而且，黄姓书商大都由刻工出身，他们精通版画艺术，他们将徽派版画精致细腻的风格带到了杭州地区，促进了杭州地区版画风格的转变。如黄凤池的"集雅斋"，以刻印画谱闻名于杭，万历至天启年间先后刻印了《集雅斋画谱》8 种、《唐诗画谱》3 种和《梅竹兰菊画谱》1 种等，其刻书风格在杭州地区产生了广泛的影响。其他著名坊刻还有胡文焕开设的"文会堂"书坊，刊印了大型丛书《格致丛书》，此外还有《文会堂琴谱》《古器名具》《诗学品汇》等书。

图4-2　玩虎轩《有像列仙全传》
（9 卷，20.7cm×12.7cm，1600 年刊）

图4-3　汪季通《文昌化书》[1]
（4 卷，20cm×13cm，1601 年刊）

福建地区。嘉靖《建阳县志》有"书坊图"，建阳书坊有堂号姓名可考者约 64 家，苏州则 37 家，杭州书坊 24 家，北京 10 家，徽州 10 家。[2] 如徽州书林"明雅堂"于崇祯末年刊印的《新镌赤心子汇编四民利观翰府锦囊》8 卷等。

扬州地区也是徽商汇聚地，徽州坊刻也较多。此外，北京等地亦有徽州坊刻。

2. 清代外埠徽州坊刻的状况

由于遭受战乱，清初外埠徽州坊刻骤减，康雍乾时期，又逢文化高压政策，特别是统治者对戏曲小说等出版活动加大了禁锢力度，国内坊刻数量面临市场瓶颈而呈现萎缩趋势，徽州坊刻也不例外，很多徽州坊刻因刊印有违封建理学伦理思想内容的戏曲小说，而书版遭到封建官府的焚毁，如张潮与王晫合作刊印的《檀几丛书》，"是书所录皆国朝诸家杂著，凡五十种。大半采自文集中，其余则多沿明季山人才子之习，务为纤佻之词。

①　图片来源：周芜《徽派版画史论集》，合肥，安徽人民出版社 1984 年版。
②　谢永顺：《福建古代刻书》，福州，福建人民出版社 1997 年版，第 333 页。

如张芳之《黛史》，丁雄飞之《小星谱》，已为猥鄙，至程羽文之《鸳鸯牒》，取古来男女不得其偶者，以意判断，更为匹配。其序文引谭元春之说，谓古来多少才子佳人，被愚拗父母板住，不能成对，赍情而死，乃悟文君奔相如，是上上妙策，其语已伤风化。书中以王昭君配苏武，以班昭配郑康成，以王婉仪配文天祥之类，虽古之贤人，不免侮弄。至于以魏甄居配曹植，以辽萧后配李煜，以汉班婕妤、晋左贵嫔配梁简文帝、梁元帝，则帝王妃后亦遭轻薄矣。其书可烧，奈何以秽简牍也"①。最后此丛书书版惨遭焚毁，在这种情况下，很多徽州坊刻也纷纷转为家刻。

此时期，记载外埠徽州坊刻的史料很少，突出的有以下几个地区。

杭州地区。著名的有张潮的"诒清堂""霞举堂"，汪立名的"一隅草堂"等。张潮的刻书情况后文有专案研究，在此不赘。汪立名，原籍歙县，其"一隅草堂"在康熙年间刻印了《白香山诗集》44 卷、《天下名山记抄》16 卷等，社会反响很大。

扬州地区。著名的有孙默的"留松阁堂"和鲍崇城的坊刻。孙默，原籍休宁，其"留松阁堂"康熙年间刻印了《十六家词》19 种 47 卷。鲍崇城，原籍歙县，嘉庆年间刻印了巾箱本《太平御览》1016 卷，颇受士人欢迎。

苏州地区。著名的有清初旌德鲍承勋、鲍天赐等。顺治、康熙年间，鲍承勋刻有《过去严动千佛》《杂剧新编》《怀嵩堂赠言》等，其与鲍天赐同刻《秦楼月》《扬州奇梦》等书插图，是徽派版画后起之秀，世称"殿军"。

另有不少徽州刻工在金陵、杭州、扬州、湖州等地开设书坊，从事坊刻业。

（三）两种坊刻的内在关系

本土徽州坊刻与外埠徽州坊刻两者之间并非毫无关系，而是相当密切的。

首先，血缘关系或地缘关系，是两者不可分割的纽带。徽人有重本土的风气，虽贸迁于外，不忘本乡。归有光《例授昭勇将军成山指挥使李君墓志铭》云："歙，山郡，地狭薄，不足以食，以故多贾。然亦重迁，虽白首于外，而为他县人者盖少。"这是吴人眼中对虽以客籍地为家，而仍"重迁"，不弃徽籍的认识。潘景郑说："吾吴自清以来，迁吴汪氏，乾隆嘉庆间分支频繁，以富商大贾著称一时。吴先高祖姒即出于

---

① 《四库全书总目提要》卷 134，《子部四四·杂家类存目十一》，文渊阁四库全书本。

汪。洎后两家朱陈，累世不绝，新安遗泽，盖可征矣。"① 吴中汪、潘二氏均出自新安，潘景郑追忆祖先云："溯吾家汉唐以上，世远难稽，迨唐广明光启间，始祖逢时公以闽人两任歙州刺史。任满致仕，父老攀辕，遂家于歙县之西篁墩，卒葬狮山之阳，今名潘村。四传至大阜公，迁歙南大阜后山坞，是为迁大阜始祖。又十一传至德辅公，自后山坞迁来龙山南，即今之大阜村，至今全村潘姓居多，盛称大阜潘氏是也……吾家自宋元明三朝，未列仕履，其蔚公以盐商往来杭苏间……是为迁吴始祖，卒仍归葬歙县之飞布山。"② 从潘景郑的追忆始祖的记述中可以看出，追宗认祖、延续血缘脉流是迁徙异地徽商的内在情怀。迁徙苏州的汪氏、潘氏族人中很多从事坊刻业，他们虽然迁徙异地，但是仍不忘旧地的族人。这种血缘关系或地缘关系无形中为徽州苏州两地的徽人坊刻建立了延绵不断的关系纽带，相互支撑、相互合作、相互提携。

其次，外埠徽州坊刻的发展对本土有着很大的依赖性。明中叶以后，徽派刻书风格能够享誉天下，很大程度上，得益于走出家门的徽商包括书商、刻工在外地的宣传和刻书活动。徽州府有不少书商活跃在南京、杭州、苏州等全国重要的刻书中心地，如明末在金陵有汪云鹏的"玩虎轩"、郑思鸣的"奎璧斋"、汪廷讷的"环翠堂"、胡正言的"十竹斋"，在杭州、湖州、扬州等地的黄氏刻工等。他们将徽派的刻书风格带到了这些地区，并与这些地区的刻书风格相互影响、相互融合、相互促进，共同发展。万历年间歙县人程渭用朱墨套版刻印的《闺范》10集16卷，首创分色分版套印技法。不久，此法由徽人传到吴兴、金陵等地，寓居金陵的胡正言将此法加以改进，开创饾版、拱花技法，推动了套版印刷的进一步提高，从而使套版印刷为世人所推重。特别是一些技艺精湛的刻工，将徽派的刻印风格发扬光大。

再次，本土徽州坊刻的发展亦仰仗于外埠徽州坊刻的连带关系。徽州本土坊刻的发展毕竟受限于本地图书市场的狭窄，只有外向发展才可能获得更大的市场空间。徽州本土坊刻的外向发展，必然离不开外埠族人尤其是徽州坊刻的提携。不少徽州坊刻在本土徽州刻版，然后将刻版运送到外埠刷印，装订成书，就地发卖。这在徽州坊刻中也是常见的现象。

---

① 潘景郑：《著砚楼读书记》，《跋歙县汪氏墓图卷》，沈阳，辽宁教育出版社2002年版，第141页。

② 潘景郑：《著砚楼读书记》，《奉思录跋》，沈阳，辽宁教育出版社2002年版，第133页。

四、徽州坊刻的图书生产状况

徽州坊刻生产实际上是半工半商的性质，了解其生产状况，有助于深化了解其生产和经营的市场特色。因此本书对其生产流程和生产人员结构加以介绍。徽州坊刻的人员构成，要视其经营规模和经营形态而具体分析。一般来说，资金少，规模小的刻坊，其人员构成较简单；反之，则人员较复杂，生产过程中的具体分工也较细密。

（一）徽州坊刻的生产流程

徽州坊刻按照其资金规模、资金来源和经营模式，可以分为不同的类型。

按刻坊的资金规模划分，有雇佣书贩、个体书贩、中小型书坊、大型刻坊。雇佣商贩，是指没有固定资本，被其他刻坊雇佣的书坊生产者。个体书贩是指资金很少，刻印规模较小，甚至不从事刻印生产只是从事贩卖图书活动的小型书贾。如康熙乾隆年间歙县黄利中，原本力田，余暇从事刻印工作，将自己刻印的童蒙教育书籍，挑担售往各乡村。黄利中就是很典型的个体书贩，类似他的书贩在徽州很多，尤其是一些刻工出身的书贩。中小型书坊，是指有一定的资金规模和刻印场所，雇佣一些校勘、刻印工人从事图书生产的书坊。这类刻坊在徽州坊刻中占较大比例。大型刻坊，是指资金雄厚，拥有较大的刻印场所，用工细密，生产规模很大的刻坊。明万历年间歙县坊刻大家吴勉学、吴中珩的"师古斋"、明万历崇祯年间的吴琯、吴钺的"西爽堂"、清代坊刻大家胡文焕的"文会堂"、胡正言的"十竹斋"，等等。但是，这三种类型不是绝对的，而是逐渐演变而来的。徽州坊刻很多都是小本起家，随着资本的增殖而扩大再生产，逐渐由个体书贩发展至书坊再至大型刻坊，这在徽州坊刻中是较普遍的现象。如明弘治年间的歙县虬村仇以才、仇以忠兄弟，以刻工出身，随着镌刻规模的扩大，兄弟设立刻字馆，专门从事刊刻工作。明万历年间徽郡书林周氏、书林徐氏等均是由刻工上升为书坊主。前所述黄利中，"及久，镌益工、售益广，凡经史古文诗赋试艺无所不镌，邑中缙绅人皆乐与交，业隆隆渐起"，于是"家置一小楼，扃钜之，蓄其所余，数岁遂出其日积月累之金，以济乡里"①。

按刻书的资金来源划分，有独资经营、联合经营。需要说明的是，此种划分并非指刻坊的本身，而是视所刊刻图书所需劳动量的大小而言的。一般地，卷数少、所需资金少、劳动量小的图书产销，往往独资经营即可；种类多、卷数多、所需资金多、劳动量大的图书产销，则需合资经营。在联合经营中，一般有家族合资（双方既出人力又出资金，或一方出人力一方出资金。前种情形如吴中珩与吴琯合作刻书，双方既出人又出资；后种情形如吴勉学与吴养春合作刻书，吴养春仅出资金）、异族合资（出人力与出资金的状况亦如家族合资）。

按刻坊的经营形态划分，有专营坊刻和兼营刻坊两种形式。专营坊刻，即指以从事坊刻图书并销售的单一的图书经营模式。徽州坊刻中由刻工上升为书坊主的刻坊，一般都是专营坊刻模式。兼营坊刻，根据主营的内容不同，分为以坊刻为主的兼营刻坊和以坊刻为辅的兼营坊刻两种。前者以图书坊刻为主，同时兼营其他商品如纸张、笔、墨、刻板等；后者则以经营其他商品为主，兼营图书坊刻，如墨商潘膺祉主营制墨，兼设"如皋馆"从事坊刻；墨商方于鲁兼设"美荫堂"、程大约兼设"滋兰堂"等等，这些墨商兼设坊刻，主要目的在于为其墨品作广告宣传。

不管是何种坊刻模式，其生产过程是大同小异的。坊刻生产过程根据其印版形式不同，有两种形式，即雕版印刷过程和活字版印刷过程，这两种印刷过程的工序有所不同，但印刷后装订过程却基本一致的。下面对两种印刷工序略作介绍。

雕版印刷原理是：将需印刷的文字或图像，书写（画）于薄纸上，再反贴于木板表面，由刻版工匠雕刻成反体凸字，即成印版。印刷时先在印版表面刷墨，再将纸张覆于印版，用干净刷子均匀刷过，揭起纸张后，印版上的图文就清晰地转印到纸张上，从而完成一次印刷，雕版印刷工序：誊写（正写、反写、勾描）→校对→制版（上版、刻版、打空、修版）→刷印（印刷台、固版、填色、覆纸、刷印）（见图4-4）②。明代还发展起木版多色套印彩色印刷技术，其工艺流程见"木版彩色印刷工艺流程"图。徽州休宁人胡正言（1581～1672）对彩色印刷作出了杰出的贡献。他与刻印工匠共同配合，于明万历四十七年（1619）起，刻印了《十竹斋书画谱》

---

① 歙县《虬川黄氏宗谱》，《黄义先老人传》，道光十年（1830）刊本，藏安徽省图书馆。
② 大中华印艺网"中华印刷之光"，http://www.cgan.net/book/books/print/cpg/gcp10.htm。

和《十竹斋笺谱》等彩色书画谱。

以细纹理木材制成手整木板 ← 依照版式规格将文字写于薄纸

将写好文字的纸反贴于木板 ← 校正写样

雕刻文字或图像

刷　印 ← 准备纸张

将印页装帧成册（卷）

成　品

图4-4　雕版印刷工艺流程图①

分色勾描 → 分色刻版 → 逐色套印 → 彩色印品

图4-5　木版彩色印刷（多色套印）工艺流程

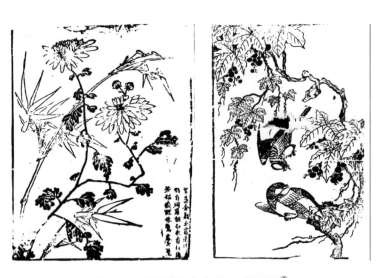

图4-6　集雅斋多色套印本《斋谱》②

（原版27.3cm×18.3cm）

活字印刷工序。徽州坊刻活字印刷绝大部分采用木质材料，这与徽

---

① 图片来源：金简《钦定武英殿聚珍版程序》，钦定四库全书本。
② 图片来源：周芜《中国版画史图录》图273，上海，上海人民美术出版社1988年版。

州盛产木材密切相关。关于木活字印刷工序，元代王桢的木活字印刷工艺流程：按韵写字后贴到木板上，刻好→用细齿小锯将木板上的字锯成单个字→将单字修理整齐，使之高低、大小一致→造轮盘贮字→检字、排版→刷印→装订。至清代，金简的《钦定武英殿聚珍版程序》①一书中所记载的木活字制作及印刷技术比王桢的《造活字印书法》更为详尽、严密、科学，在工艺规范、工艺流程、生产调度中出现前所未有的严谨，这是木活字印刷术接近顶峰的表现。清武英殿聚珍版木活字印刷工艺流程为（见图4-7）：成造木子（图A）→刻字（图B）→字柜→槽版（图C）→夹条→项木→中心木→类盘（图D）→套格（图E）→摆书（图F）→垫版→校对→刷印→归类。

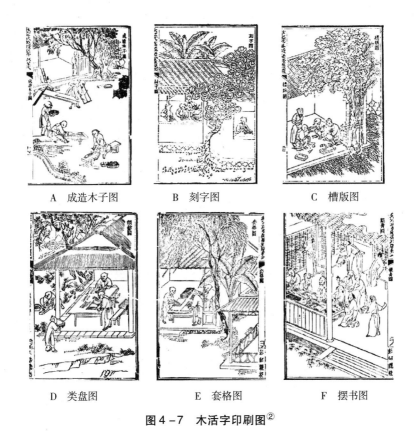

A　成造木子图　　　　B　刻字图　　　　C　槽版图

D　类盘图　　　　E　套格图　　　　F　摆书图

图4-7　木活字印刷图②

---

① 金简：《钦定武英殿聚珍版程式》，钦定四库全书本。
② 图片来源：金简《钦定武英殿聚珍版程序》，钦定四库全书本。

　　入清以后，徽州坊刻用木活字排印图书逐渐增多，最著名如程伟元"萃文书屋"于乾隆年间先后两次刻印的《红楼梦》。1791 年程伟元、高鹗将《红楼梦》补全、作序，用活字排印出了第一个刊印本，称"程甲本"，其用木活字排印的原因，用程伟元的话说，"抄录固难，刊板亦需时日，姑集活字刷印"（程乙本引言），这是《红楼梦》的第一个印本。封面题"绣像红楼梦"，扉页题"新镌全部绣像红楼梦，萃文书屋"，回首、中缝都有"红楼"字样。全书 120 回，书首为程伟元、高鹗序，次为人物、场景插图共 24 幅。程甲本的文字，基本上属于脂本系统。第二年，即乾隆五十七年（1792，壬子）程伟元和高鹗对程甲本删改了近两万字后再版并作"引言"，世称这个本子为"程乙本"。自"程甲本""程乙本"始，《红楼梦》便有了插图。由于程本《红楼梦》很快流行开来，各地纷纷翻刻。

图 4 - 8　程甲本书影①

（书中含版画 24 幅。原版 16.8cm×11.7cm）

---

　　① 图片来源：北京图书馆 1992 年影印程甲本。

（二）徽州坊刻的人员结构

"从明代中期起，坊刻书是在工场流水作业式生产的。为了加快生产，各种技术水平的雕工开始以组工作，徒弟专管文字的竖直，而师傅则负责更为重要的笔画。"[①] 关于坊刻人员的构成，据苏州地区无锡县顾氏"奇字斋"刻印的《类笺王右丞诗集》（刻于嘉靖三十四年，1555）书末附表所录刻书工作日程与工匠名单记载：写勘 3 人，雕梓 24 人，装潢 3 人。该书自嘉靖三十四年十二月望授锓，至三十五年六月朔完局。学者指出，这本家刻本书籍不过五六百页，但所用工匠则约计 30 人，所用雕印工时达 5 个半月。家刻本较讲究，或者不计成本，但无论坊刻本的平均刻书工匠多寡以及平均刻书工时是否很可能要比家刻本较少较短，至少在刻书的组织分工上，书坊刻书的组织工序应仍大致相似：包含有"写勘""雕梓""装潢"等工序[②]。徽州地区离苏州较近，且在坊刻方面两地区存在着密切的联系，徽州坊刻生产组织形式也几乎与此差不多。

徽州坊刻里，根据图书生产工序的不同，其人员有不同的岗位，其岗位大致有以下几种：坊刻主、写工、校对人员、雕工、印刷工、装裱工、销售人员。当然这些人员分工情形要视刻坊的规模而定。如在规模较小的个体书坊，其写工、校对、雕工、印工、装裱工、销售人员往往集于刻主一体。如歙县虬村黄启高，初为刻工，既刻书，又售书，成为藏书、刻书方面颇有名气的坊刻主。同时的黄鼎瑞，在徽州府开设"古香书店"，集藏书、刻书、售书"三位一体"。[③]

关于写工、印工和装订工，就古代图书生产工艺过程来说，他们和刻工同是紧密而不可分的雕版印刷工序的组成环节，其精粗优劣直接关系到图书质量的高低。以印工而言，同一版片，在技术不同的印工手中，其印刷后的效果大不一样，特别是对于雕版印刷来说，其差异就更大。因此，一些著名的艺人创作的作品，往往亲自参与印制工序中，如著名的绘画家仇英，不仅绘画技艺高超，而且为避免刻工不能完全表达其意，他多次亲自参与雕刻工作。如万历年间刊刻汪道昆"大雅堂"《列女传》，仇英不仅担任绘图，而且承担刊刻。又如胡正言，他既精通绘画，又善

[①] 高彦颐：《闺塾师：明末清初江南的才女文化》，李志生译，南京，江苏人民出版社 2005 年版，第 42 页。

[②] 参见许涤新等主编：《中国资本主义发展史》卷 1，北京，人民出版社 2003 年版，第 538～539 页。

[③] 参见《安徽省志·出版志》，北京，方志出版社 1998 年版，第 29 页。

于雕刻，因而刊刻《十竹斋书画谱》和《十竹斋笺谱》之时，他往往参与刊刻，并与诸多刻工朝夕研讨刊刻技艺。此外，不少刻工同时也是高超的写工、图绘工，他们往往也参与誊写、图绘工作。如刻工陈聘洲、陈凤洲、刘素明等皆是，他们在合刻《陈眉公批评丹桂记》之时，同时担任图绘工作。类似情况在黄氏刻工中也是比比皆是。

只有部分大型刻坊，资金雄厚，聘请有声望的学者担任校对人员，聘请书法家担任写工，聘请名工巧匠担任刻工和装裱工，又聘请专人担任销售任务，另外，为提高图书的欣赏性和趣味性，还聘请画师充当画工，为图书作插图。如胡正言"十竹斋"刻印《十竹斋书画谱》《十竹斋笺谱》，两谱除胡正言自画外，还聘请当时名画家吴彬、吴士冠、倪英、魏之克、米万钟、文震亨等绘画，另请高阳、凌之翰、吴士冠、魏之璜、魏之克、胡家智、高友、行一和尚等名家学者担任校对任务，这些人大都是以卖画为生的职业画家。胡正言还聘请徽州十数名名工巧匠担任刻印工，胡正言与他们"朝夕研讨，十年如一日""诸良工技艺，亦日益加精"①。南京上元人程家珏《门外偶录》载，十竹斋两谱刊成后，"销于大江南北，时人争购，都不计工价。良工汪楷，以致富矣"。徽籍良工汪楷不仅是胡氏聘有的专职刻工之一，而且也是位擅长推销的人员，两谱"销于大江南北，时人争购"，胡正言给予了汪楷丰厚的报酬，汪楷也因此发家致富。

徽州坊刻的劳资关系较复杂，这与坊刻的规模和佣工的具体情况而定。书坊老板在制作书籍的过程中，大致上要与雕版工匠、刊印工匠发生雇佣关系，要与提供旧书的人发生买卖关系，要与纸墨等原料批发商或加工坊发生贸易关系，等等。由于存世资料极为有限，深入研究有相当的困难。以上仅作粗略的介绍，细微处有待于日后进一步深入研探。

（三）徽州坊刻的图书质量

明代随着图书市场竞争的激烈，人们对图书质量有了较为系统的衡量标准。明人胡应麟《少室山房笔丛》甲部卷四《经籍会通四》中，对影响书价的因素作了总结："凡书之直之等差，视其本，视其刻、视其纸、视其装、视其刷、视其缓急、视其有无。本视其钞、刻，钞视其讹

---

① 昌彼得：《中国印刷史上的奇人奇书：胡正言与〈十竹斋书画谱〉》，《故宫文物月刊》1990 年第 87 期，第 38～39 页。

正、刻视其精粗，纸视其美恶，装，视其工拙，印视其初终，缓急视其时又视其用，远近视其代又视其方。合此七者参伍而错综之，天下之书之直之等差定矣。"①影响书价的因素有七个因素：本、刻、纸、装、刷、缓急、有无，而其中"本、刻、纸、装、刷"五个因素却直接归根于质量问题，即"本视其钞刻，钞视其伪正，刻视其精粗，纸视其美恶，装视其工拙，印视其初终"。

徽州坊刻在图书质量竞争方面有着得天独厚的优势。徽州坊刻正是充分利用了这些资源和优势，成功打进了明清图书市场，并在市场上牢牢占据一席之地，称雄明清图书市场百余年。首先，从版本方面看，徽州尤其徽商富于藏书，这些藏书为徽州坊刻提供了雄厚的版本资源。其次，从刊刻的质量和技术方面看，徽州既有先天的物质资源，也有后天的人力资源。徽州地区盛产檀、杏、枣等优良硬质木材，这些木材制成的书板经久耐用，防潒漫性能好；此外又善造纸、精制墨，这些为徽州坊刻提供了良好的物质条件。徽州地区拥有国内技术一流的刻工，这些刻工大都为徽州坊刻服务，这为徽州坊刻拥有了后天的人力资源。如万历年间歙县坊刻吴继仕"熙春堂"刊刻的《六经图》，书中版画精美，线条流畅，不仅对研究易、书、诗、礼、春秋等儒家经典提供了直观的形象资料，而且也极具艺术欣赏价值。"第图像俱精、字纸兼美，一照宋版校刻无讹……是书摩刻之工，几与宋椠莫辨"②。复次，从文本内容校勘来看，徽州坊刻不惜巨资聘请知名学者文人担任校勘任务。从而在内容质量上也得到了充分的保证。

此外，从图书装帧、印刷方面来看，如前所述，徽州坊刻拥有国内先进的插图版画制作技术和套印技术，这些为其制作精美的图书提供了必要的技术条件。

五、明清图书市场与徽州坊刻

市场是经济学的重要概念之一，根据商品流通的基本理论，市场是商品交换关系的总和。图书市场就是图书商品交换关系的总和。图书市场作为图书商品自由买卖的基本的制度安排，主要包括四种含义：第一，

---

① 胡应麟：《少室山房笔丛》卷4，《经籍会通四》，文渊阁四库全书本。
② 彭元瑞等撰：《天禄琳琅书目后编》卷13，北京，中华书局1995年版。

明德马后　　　　　　　　木兰代戍

（4卷，原版20.1cm×13.3cm，聘请黄应澄绘图、黄旸谷等20余名黄氏名工绘刻）

图4-9　万历四十年（1612）吴氏泊如斋刊《闺范》插图①

图书商品自由买卖的交换关系的总和，即图书商品所有权不断发生转移，各种图书商品通过货币媒介进行不断地等价交换，图书资本与货币资本在资本循环的不同位置上分列，并构成总循环的连续的环节，这种关系的总和就构成了图书交换活动的制度形态；第二，图书商品交换的组织形态，按照图书商品交换进行的集约化程度、交易规模、程序特点等，可以将图书交换的组织形态进行分类，如图书批发市场（大宗批发贸易为主）、图书零售市场（直接面向图书消费者为中心的市场）、书市（面向团体和个人的短期的图书交易组织形态）；第三，图书商品进行交换的场所；第四，图书商品的需求。需求是经济学的一个重要概念，指社会对某种商品的有支付能力的实际需要。图书需求即社会对图书商品的有支付能力的实际需要。②

　　坊刻的直接目的在于销售获取利润，因此，其生产便与图书市场发生直接联系。坊刻生产是图书市场发展和繁荣的主导因素，没有坊刻的发展和活跃，便没有图书市场的发展和繁荣；反过来，图书市场则是坊

---

① 图片来源：周芜《中国版画史图录》图97，上海，上海人民美术出版社1988年版。
② 陈悟朝：《图书市场含义简析》，《出版经济》2004年第8期，第66～67页。

刻生产的方向和归宿，也是坊刻革新和发展的动力。徽州坊刻与图书市场的关系亦是如此。徽州坊刻，作为徽商经济的重要组成部分，与图书市场关系紧密，体现了鲜明的互动关系。

（一）明清国内图书市场的概况

明清时期，国内传统图书市场发展历经几个阶段，即明初国内图书市场的开始复苏至明中叶开始繁荣并逐渐形成全国性的图书市场，明末清初战乱之际，各地图书市场受到沉重打击而急遽萎缩，清初虽受文字狱的影响，但图书市场依然逐渐复苏，至康乾之际趋向繁荣，道光以后，国内传统图书市场逐渐衰落。

1. 传统图书市场管理变迁

图书作为一种文化产品，其传播的内容涉及政治、文化、军事及社会生活等诸多方面，往往有着浓厚的意识形态色彩，在大众传播物相对贫乏的传统社会，图书出版活动的社会教化功能与思想宣传效应对统治阶级利益的影响尤为显著。因此，自图书市场形成后，我国古代各朝对图书的生产和流通均实行不同程度的控制与利用，这就涉及到图书市场管理问题。

图书市场是一个历史范畴，是社会经济发展与文化繁荣的必然产物。我国古代图书生产由来已久，而图书作为文化产品进入流通领域，据现有历史文献，最早可追溯至两汉时期的"书肆"。西汉扬雄《法言·吾子篇》载有"好书，而不要诸仲尼，书肆也"之句，民国学者汪荣宝《法言义疏》对此有"卖书之市，杂然并陈""无异于商贾之谓也"之注解。① 随着社会分工的出现，手工业不断发展，商品经济日趋繁荣，加之印刷技术的发明、进步及推广，自隋唐后，尤宋元以降，图书出版数量剧增，传播内容多元，交易方式多样，图书市场日益成熟。至明清时期，图书消费需求日盛，版权保护、促销宣传等已为常态，图书市场已然更为成熟，其发展规模远胜想象。

图书的生产与流通的不断发展，意味着图书市场交易活动趋向活跃，与此相应的则是历代政府对图书市场的管制的不断加深，其图书市场管理模式与其政治制度、经济形势、文化生态及统治者个人因素等密切相关。

---

① 汪荣宝撰，陈仲夫点校：《新编诸子集成（第一辑）·法言义疏（上）》卷四，北京，中华书局1987年版。

自先秦时起，图书出版环境由春秋战国时期的自由开放转向秦汉之后的封建社会的专制封闭，从"焚书坑儒""火烧阿房宫"到"独尊儒术"，可以说秦汉时期的文化专制思想对后世图书市场管理政策影响深远。

两汉政府注重文化教育，推行书籍征购，汉惠帝时解除挟书令，汉武帝时开始重视城市商业发展，由此早期图书市场萌芽"书肆""槐市"渐成，政府也设有专人或专门机构监管图书交易活动，简单宽松的图书市场管理政策极大地促进了两汉时期图书的生产流通。①

魏晋南北朝时期因纸本推广等因素，书肆广泛分布，图书已为常见商品，政府对于图书作用的认识也更为清晰深刻，其市场管理政策开始呈现出两面性特征：一方面通过设肆售书监管图书贸易，同时允许流动贩卖等多样化图书流通方式；另一方面根据政治需要对流通图书内容加以管理和引导，谶纬、宗教、国史类图书成为敏感题材。②

隋唐时期，随着印刷技术的革新，图书市场更加繁荣，市场管理模式因而逐渐趋向成熟和严格。隋唐政府从维护统治、推行教化出发，多通过法律手段控制图书内容，限制民间出版发展，鼓励儒学、宗教经典的流通，禁止伪书、匿名书、私史、星象、占卜、图谶、军事等类图书出版，查禁范围更广，惩处力度极严。同时，对署名权（以"物勒工名"行之，同时出现相关署名权纠纷案件）、版权侵权也做出了规定；通过行政手段筹措出版经费，颁发官方标准样式，开始注重书价、稿酬（谓之"润笔"）等问题，图书交易实行优质优价，确保市场图书质量，唐代图书交易甚至可以"钱货兼用"；通过经济手段制定税收制度，以"市牙印纸"（即今发票）的形式规定书商定期交税，严格管理书肆贸易。③

宋元时期商品经济发展、文化科技繁荣，图书的社会影响日益显著，政府在继承隋唐图书市场准入、内容管控等制度的基础上，探索建立了更为严整的图书市场管理模式。宋代政府综合运用行政、经济、法律手段自上而下地对图书市场进行管控，通过"禁印令"、事先审阅、事后查验、奖励检举等形式全程监管图书流通，通过专卖、商税及行会等商事制度规范图书交易市场，通过"立法禁戢"打击非法刻印售卖行为，尤

①　参见肖东发等：《中国出版通史·先秦两汉卷》，北京，中国书籍出版社2008年版，第190～193页。

②　参见周少川等：《中国出版通史·魏晋南北朝卷》，北京，中国书籍出版社2008年版，第427～433页。

③　参见曹之：《中国出版通史·隋唐五代卷》，北京，中国书籍出版社2008年版，第467～471页。

其重视惩处改编、盗印、翻印等著作权侵权行为。① 元代异族统治下的宽松政治氛围营造了相对良好的图书市场环境，通俗图书市场进一步繁荣，其市场管理最显著的特征是其严格的出版审查制度，即图书出版发行须逐级呈请、审核批准。②

明清处于封建社会晚期，其君主专制、商品市场、市民社会此时均已体现出一定的成熟性，图书出版主体、印刷技术、品类体式、流通方式等开始出现近代性萌芽，然而明清两代图书市场管理模式虽各有提升，但仍然具有无法摆脱"政治先行"的前朝惯例，以残酷保守的文化专制主义为中心的市场管理理念对两朝图书市场的发展产生了不同程度的影响。

明代（民间）图书市场管理整体上相对宽松，呈现出显明的前后分期特征，政策缺乏连续性。明初力主文治，通过征购编撰图书、免除书籍笔墨税、改变工匠役制等政策力量鼓励图书出版流通，同时以几乎无异于前朝的内容管制引导图书市场的经营、消费方向。明廷中后期统治日趋腐朽僵化，图书市场规制有所松动，政府较少的干涉促使图书生产、流通迎来提升契机，图书市场进一步繁荣。③ 然也正是由于缺乏有效的市场管理，早期的图书市场激励政策难以有效执行，自由竞争之下的逐利行为使得图书编校质量日趋低劣、版权生态日益恶化。同时，财政危机之下，明廷强化占籍、保状、路引等制度，钞关税、商税等税目由简入繁，税额日增，对图书市场产生了消极影响。④ 明初之后，朝廷除诏令指示外，基本上采取放任自由的政策，很少主动规范出版发行市场，仅有几次关注书坊火灾、校对质量与市场书价的管理言行见诸史料。⑤

清代中前期封建君主专制空前加强，厉行思想文化专制，形成了独具特色的图书市场体系与管理模式。清廷频兴文字狱，寓禁于征，寓禁于撰，力推图书禁毁，对图书市场实行中央与地方两级管理模式，通过诏谕禁令全面指导干涉图书市场（尤其是地方坊刻）的备案、刊印、发行及版权保护活动，严控图书市场成为常态化、持续性的意识形态干预

① 参见刘项育：《宋代文化市场研究》，华中师范大学 2007 年硕士学位论文，第 38～43 页。

② 参见孙永芝：《元代政府对图书出版业的管理》，河南大学 2009 年硕士学位论文，第 8～11 页。

③ 参见张献忠：《明代商业出版的历史定位及启示》，《贵州社会科学》2014 年第 2 期。

④ 参见郭三琴：《明代文化政策研究》，青岛大学 2011 年硕士学位论文，第 54～56 页。

⑤ 参见缪咏禾：《中国出版通史·明代卷》（上），北京，中国书籍出版社 2008 年版，第 18～20 页。

措施。图书专制化管理模式限制了图书市场的多元自由发展，清代学者唯有潜心训诂，整理古籍，由此刻书藏书盛行，名家名著辈出，在商品经济与印刷技术助推之下，图书市场未衰反荣。①

综上所述，自西汉末期图书贸易萌芽以来，古代图书市场日益成熟，历朝政府对图书的价值认识逐渐增强，对图书市场的管理虽松紧不一，但整体上还是不断强化。同时，管理模式也存在一定的继承性，封建社会制度下的历朝图书市场管理模式并未因其市场成熟度的提升而产生太大差异：各朝图书出版均有较为一致的内容限制，呈现出以维护统治秩序为核心要义的压制与宽松并重的局面，同时版权保护、出版审查等理念已见雏形。各朝在管理体制、内容管控、市场准入、版权保护、经营规范等方面的管理实践日益丰富，探索出了一条由最初的单一行政手段到行政、经济及法律手法并用的市场综合管理模式，对于当代图书市场管理有着重要的参考价值。

需要说明的一点是，纵观历朝图书市场管理的实际效果，官刻市场凭借政策优势长时以来未见其衰，而私刻坊刻所主导的民间市场在各朝官刻市场不同程度的挤压之下整体上呈现出的是一种逆势而上的发展态势，其市场占有率与社会影响力不断攀升。自汉唐时期的官方出版主导，到宋元时期的官刻、坊刻、私刻的三足鼎立，再到明清时期（尤其是明代中后期以后）坊刻、私刻市场盛况空间，这不是昭示政府图书市场管理机制的失灵，而是提醒我们：成熟的图书市场的历史推动作用不会以任何个人或组织的意志为转移，② 而在管理机制僵化保守的条件下，图书市场的自由竞争所带来的对于印刷技术、出版产业与社会文化的提升效应，远胜政府对图书市场宏观管理。因此，对于图书市场管理来说，灵活的政府调控与宽松的自由竞争不可偏废一方。

明代中期以后，在一个急遽商品化的图书经济体系中，专制僵化的国家文化管理机器对民间图书贸易已经缺乏有效的控制手段。③ 市场化图书出版机制，似乎更能在需求与生产之间创造更多的价值，即使在"文化恐怖"下的清代中前期，民间出版依然不可阻挡地超越明代。可见，图书商业浪潮既直接推动了图书设计印刷技术的变革，更为重要的是，

---

① 参见江凌：《试论清代前中期的出版文化环境》，《出版科学》2010 年第 1 期。

② 参见张献忠：《明代商业出版的历史定位及启示》，《贵州社会科学》2014 年第 2 期。

③ 参见〔加〕卜正民著，孙竟昊译：《明清时期的国家图书检查与图书贸易》，《史林》2003 年第 3 期。

促进了大众文化传播普及与社会变迁，这同时也培育了图书消费市场，构成了文化传播与商业繁荣的良性互动。

2. 明代的图书市场

经元末战争的破坏，国内图书市场一片颓废。但明初统治者非常重视图书事业。洪武元年八月，朱元璋下诏免除天下书籍税，包括图书生产用的笔、墨类和流通运输类的税款。明成祖秉承洪武图书政策，他说："士庶家稍有余资，尚欲积书，况朝廷乎？""凡人积金玉欲遗子孙，朕积书亦欲遗子孙。金玉之利有限，书籍之利岂有穷也。"① 在统治者的鼓励和推动下，明代逐渐形成了以藏书刻书为荣，以贩书售书谋利的风气。同时，随着印刷技术的进步，图书生产的数量与时俱增，质量也不断得到提高，装帧更加美观实用。图书事业趋向繁荣。

历经明初的休养生息，至明中叶以后各地图书市场逐渐趋向繁荣，国内图书市场逐渐形成。按照图书市场的辐射状况，可以分为三个层级：中心地的图书市场、几个中心地连片的区域图书市场和全国性的图书市场网络。

中心地的图书市场。明代图书市场，主要分布于北京地区和东南吴越地带，并遍及福建、楚地、云南、贵州、四川、陕西、山西、河南各地。明万历年间胡应麟《少室山房笔丛》载："今海内书，凡聚之地有四：燕市也，金陵也，阊阖也，临安也。闽、楚、滇、黔则余间得梓。秦、晋、川、洛，则余时友其人，旁诹历阅。"② 胡应麟所谓的"四聚"即当时四个重要的中心地图书市场，即燕京、金陵、苏州、杭州。此外，福建的建阳、南直隶的徽州、常熟、无锡、浙江的湖州、山西的晋阳、四川的成都等地各自成为该地区的中心地图书市场。

几个中心地连片的区域图书市场。几个相互联系相互融通的中心地图书市场构成了区域图书市场，如江南地区图书市场，包括南直隶、两湖、闽粤等地图书市场，这些地区由于地理环境和交通的便捷，中心地图书市场相互渗透、相互融合，最终连成一片，总体形成区域图书市场。其他如北方图书市场，包括北直隶、秦晋等地区的图书市场。

全国性的图书市场网络。由于南北地区的图书交流通过商业渠道大大加强，商人活动范围的扩大，促进了南北商业的交流，图书流通的范

---

① 张廷玉等撰：《明史》卷96，《志七二·艺文志序》，北京，中华书局1974年版。
② 胡应麟：《少室山房笔丛》卷4，文渊阁四库全书本。

围也突破区域限制，出现了南书北运和北书南运的现象，如明中后期北京一些书坊在所售图书上时常印盖有"拣选江浙苏闽图书发兑"等字样，以示书源的广发和稳定，随着图书、书贾、资金等在全国范围内的流通，说明全国性的图书市场已经形成。

3. 清代的图书市场

明末清初的战争以及清初大兴文字狱，特别是顺治、康熙、雍正、乾隆几朝，先后颁布查禁坊间不利于统治的戏曲小说的禁令，如顺治九年（1652）发布禁令："坊间书贾止许刊行理学政治有益文业诸书，其他琐语淫词及一切滥刻窗艺社稿，通行严禁。违者从重究治。"康熙二年（1663）议准："嗣后如有私刻琐语淫词，有乖风化者，内而科道，外而督抚，访实何书系何人编造，指名题参，交与该部议罪。"康熙五十三年（1714）发布惩处条例："凡坊肆市卖一应小说淫词……严查禁绝，将板与书，一并严行烧毁。嗣后若有违禁，仍有私行造卖刷印者，系官革职，军民杖一百，流三千里；卖者杖一百，徒三年；买者杖一百；看者杖一百。"① 类似《水浒传》《三国演义》等图书一直被作为淫书而被查禁。在此严禁政策之下，清初坊刻刊刻的图书范围和数量锐减，国内图书市场也大大萎缩。清初王士禛（1634~1711）对此做了描绘，其《居易录》云："近则金陵、苏、杭书坊刻板盛行，建本不复过岭，蜀更兵燹，城郭邱墟，都无刊书之事，京师亦鲜佳手……坊刻皆所不逮，古今之变，如此其亟也。"②

不过，清代统治者很快意识到文治的重要性，他们注意到了与知识分子联系密切的图书事业，他们采取了两手：一方面严禁对自己统治不利的图书；另一方面又极力发展图书出版事业。在国家的主导下，清廷进行了浩大的图书文化工程建设，自康熙以后，清代图书事业重新获得发展，很快形成繁荣局面。雍正年间大型类书《古今图书集成》问世，乾隆年间大型丛书《四库全书》又推出，具有重要的文化意义。自康熙以后，清代图书事业重新获得发展，很快形成繁荣局面。有学者根据各种书目对中国历代出版书籍的数量进行了统计，清代出版的图书达126649 种，170 万卷，远超过此前历代图书出版的总和。

清前中期时期，与明代相较而言，清代图书中心地市场在继承中变

---

① 任继愈主编：《中国藏书楼》，下编《中国藏书大事年表》，沈阳，辽宁人民出版社2001年版，第2008~2009、第2017 页。

② 叶德辉：《书林清话》卷9，《古今刻书人地之变迁》，北京，北京燕山出版社1999 年版，第247 页。

化发展。清康乾时期金陵、苏州、杭州刻书较多，苏州的刻本质量较好。福建刻书也多，正如金植在《不下带编》中评述："今闽版书本久绝矣，惟白下（南京）、吴门（苏州）、西泠（杭州）三地书行于世。然亦有优劣，吴门为上，西泠次之，白下为下。"此论的是刻本质量的优劣，但此时期各地图书市场兴盛的状况却另有一番景象。北京书市因遭战乱的破坏而略显凋零，金陵书市最为繁华，如孔尚任《桃花扇》之"逮社"中书坊主蔡益所描绘云："天下书籍之富，无过俺金陵；这金陵书铺之多，无过俺三山街；这三山街书客之大，无过俺蔡益所。你看十三经、廿一史、九流三教、诸子百家、糜烂时文、新奇小说，上下充箱盈架，高低列肆连楼。不但兴南贩北，积古堆今，而且严批妙选，精刻善印。"① 这段话由面及点显现了当时金陵书市的繁荣景象。金陵而外，苏州、杭州书市承继明代的盛世而继续发展。乾嘉时期，图书中心市场分布更广，北京图书市场得到恢复和繁荣，成为重要的中心市场之一。湖南、湖北、江西、山东、山西、河北、广东、福建等省，均分布了大小不一的图书中心市场。但仍以苏州、杭州、南京、北京为最突出。

清道咸以后传统图书市场的萎缩，代之而起的是新兴官书局的中兴。叶德辉云："咸丰赭寇之乱，市肆荡然无存。迨乎中兴，曾文正首先于江宁设金陵书局，于扬州设淮南书局，同时杭州、江苏、武昌继之……自学校一变，而书局并裁，刻书之风移于湘、鄂。"叶氏对新旧交替的历史变迁未能有正确的认识，面对传统刻书的日渐萎缩，大声疾呼："危矣哉！刻书也。"② 这固然反映了其思想的保守一面，但却反映了当时传统图书市场在新兴的刻书形式面前日渐衰落。

4. 明清图书市场之比较

明中叶，全国出现四大书市，即燕京、金陵、苏州和杭州。各地书市也各有特色。金陵、苏州、杭州等地的书市，有固定的图书集散地，一般位于交通便利之所，其图书来源一般都是当地坊刻书肆提供。"凡金陵书肆，多在三山街，及太学前。凡姑苏书肆，多在阊门内外，及吴县前。书多精整，然率其地梓也。""凡武林书肆，多在镇海楼之外，及涌金门之内，及弼教坊、清河坊，皆四达衢也。"

---

① 王实甫：《桃花扇》第 29 出，《中国古典四大名剧》，北京，中国华侨出版社 2002 年版，第 383 页。

② 叶德辉：《书林清话》卷 9，《古今刻书人地之变迁》，北京，北京燕山出版社 1999 年版，第 247 页。

　　燕京书市，与每年的科举考试关系密切，每至考期，则书市极为繁盛，其图书类型绝大部分是与考试有关。"凡燕中书肆，多在大明门之右，及礼部门之外，及拱宸门之西。每会试举子，则书肆列于场前。"也有定期书市。逢年过节，庙会集会，书市随之而来。如燕京书市，"每花朝后三日，则移于灯市；每朔望并下澣五日，则徙于城隍庙中。灯市极东，城隍庙极西，皆日中贸易所也。灯市岁三日，城隍庙月三日，至期百货萃焉，书其一也"。又如杭州书市，"花朝后数日则徙于天竺，大士诞辰也。上巳后月余，则徙于岳坟，游人渐众也"。特种书市往往位于特定地点，如宗教类图书，"梵书多鬻于昭庆寺，书贾皆僧也"。书市还有一种形式即流动书贩，他们肩挑书担，走街串巷，吆喝贩卖。胡应麟云："自余委巷之中，奇书秘简往往遇之，然不常有也。"这些书市地理位置比较灵活，一般随着人流集中地区迁移。"凡徙，非徙其肆也，萃肆中。所有税地，张幕列架而书置焉，若綦绣错也。日昃复萃归肆中。惟会试，则税民舍于场前。月余试毕归，地可罗雀矣。"①

　　图书的价格也有了评判标准，胡应麟总结有七点："凡书之直之等差，视其本、视其刻、视其纸、视其装、视其刷、视其缓急、视其有无。本视其钞刻，钞视其讹正，刻视其精粗，纸视其美恶，装视其工拙，印视其初终，缓急视其时，又视其用，远近视其代，又视其方。合此七者参伍而错综之，天下之书之直之等定矣。"② 这七点标准也客观反映了明中叶以后图书市场的繁荣景象。

　　精明的书肆老板将盈利的眼光瞄准比较热销的戏曲、小说、日用之类的书籍。明中叶以后，应市民阶层的扩大，休闲、日用指南的图书成为图书市场上的主流之一。

　　明末清初，受战争的影响，私刻受到极大的破坏，很多图籍丧失于兵火。清统治初期，为维护和巩固满清统治，清政府大兴文字狱，在文字狱的压抑下，无论官刻、家刻还是坊刻都受到不同程度的影响。此外，清政府还屡下禁令，严禁琐语淫词等戏曲小说的刻印。据魏晋锡《学政全书·书坊禁例》载："题准：坊间书贾，止许刊行理学政治有益文业诸书，其他琐语淫词，及一切滥刻窗艺社稿，通行严禁，违者从重究治。"从顺治开始，康熙、雍正、乾隆、嘉庆、道光诸朝均多次重申对刻印"淫词小说""小说戏曲"的禁令。同治七年（1868），江苏巡抚丁日昌

---

① 胡应麟：《少室山房笔丛》，《经籍贯通四》，文渊阁四库全书本。
② 胡应麟：《少室山房笔丛》，《经籍贯通四》，文渊阁四库全书本。

开列查禁的书目多达 267 种，包括《水浒传》《西厢记》《金瓶梅》《牡丹亭》《笑林广记》以及一批弹词等。这些政策严重打击了明代以来风行一时的戏曲小说的编撰、刻印，抑制了文化市场的活泼性。在清政府文化高压政策下，清乾嘉年间文化界兴起考据复古之风。在乾嘉学派的影响下，清朝家刻达到了前所未有的繁荣。

与前朝相比，清代刻书市场出现了如下方面的变化。

首先，刻书中心地的变化。清康乾时期，刻书以金陵、苏州、杭州、扬州为多。福建地区刻书日渐衰落。嘉庆道光以后，广东刻书事业迅速崛起。至光绪年间，广东刻书之多，已号称与江西同居全国之最。

其次，刻书内容方面变化不大，但刻印技术上有所创新。清代的家刻图书，内容丰富多彩。经、史、子、集四部俱备。在家刻技术上，开始普遍使用活字印刷，家谱、方志、著述类图书都有一批名版活字本问世。印刷技术发展到清代，已达到炉火纯青的地步。在制版、镌刻、刷印各个工艺环节都有了新的提高和改进，民间广泛兴起应用活字印书，促进了印刷术更全面的发展。呈现出传统印刷事业继续向前发展的大好趋势。直到清代后期，西方新型印刷术传入中国，新的技术经过交叉、融汇、撞击，最后，传统的中国手工印刷技术终于被先进的新技术所更替。徽州府休宁县不仅是全国闻名的修谱、治谱中心，还是安徽地区木活字印刷中心。

再次，字体版式方面的变化。本书第四章中"印本装帧之美化"中已述及，不赘述。

（二）徽州与各地图书市场的关系

明中叶徽州市场崛起后，并非是孤立发展的，而是在与周边图书市场不断交流、渗透、融合中发展的，因而徽州地区的图书市场不仅具有地域性特色，而且还体现了包容性特色。

首先，徽州图书市场带动了周边地区图书市场的发展，形成了以徽州坊刻为中心的安徽地区图书市场。安徽刻书肇始于唐末，历经宋元明初，各地官刻、家刻虽获得长足发展，但声名不著。明中叶，在徽商经济的带动下，徽州家刻获得显著发展，徽州坊刻更是发展迅速，超过了官刻和家刻。徽州地区随即成为全国重要的刻书中心地之一，徽州刻书也就成为明代安徽刻书的代表。万历学者胡应麟（1551～1602）评论当时各地刻书中心时说："余所见当今刻本，苏、常为上，金陵次之，杭又

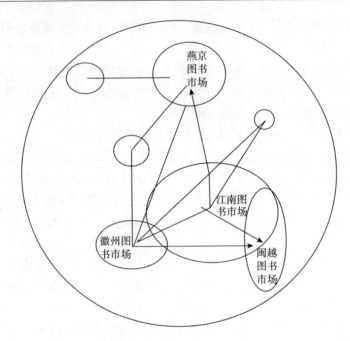

图4－10　明清徽州坊刻与各地图书市场关系示意图

次之。近湖刻、歙刻骎精，遂与苏、常争价。"① 同时代的谢肇淛
（1567～1624）也进行比较说："宋时刻本，以杭州为上，蜀本次之，福
建最下。今杭刻不足称矣。金陵、吴兴、新安三地，剞劂之精者，不下
宋版……近时书刻，如冯氏《诗纪》、焦氏《类林》及新安所刻《庄》
《骚》等本，皆极精工，不下宋人……"② 从这两位学者的评论中可以看
出，明代中后期徽州刻书业不仅是安徽的中心地，更是在国内与其他中
心地相竞雄的中心地之一。徽州刻书带动了周边地区刻书的发展，更凸
显了其中心地的地位和作用。安庆府、宁国府、池州府，这些府郡毗邻
徽州，在长时期经济文化交往中，深受徽州的影响，因而这些地区的刻
书文化也发展迅速。

　　其次，徽州地区图书市场打入了江浙地区发达的图书市场，与之交
流、渗透、融合，与江浙地区的图书市场连成一体，共同促进了江南区
域图书市场的发展。这种发展的动因主要有两个方面：一方面在明清相
当长的一段时间里，徽州地区与金陵、苏州、扬州等地在行政管理上是

　　① 胡应麟：《少室山房笔丛》卷4，《经籍会通四》，文渊阁四库全书本。
　　② 谢肇淛：《五杂组》卷13，《事部一》，上海，上海书店2001年版，第266页。

同属于一个行政区域，如明代同隶属于南直隶，清初则同隶属于江南省。由此逐渐形成了两地域人的心理认同感。尤其是明中叶以后越来越多的徽商流入江南地区，更加强了徽州人这种心理认同感。徽州坊刻和书贾也就越来越多地流入金陵、苏州、扬州等地，反之亦然。如郑振铎《西谛书话》中记载，上海一些书铺专家曾到徽州收购古书，其中就有明代建阳余象斗所刻印的《列国志传》一类的坊刻书籍①，说明建阳坊刻图书也进入了徽州市场。这反映了徽州图书市场与江南图书市场的彼此渗透与融合。另一方面，徽派刻书风格与江南等地刻书风格的渗透和融合。明中叶以后，徽派刻书风格能够享誉天下，很大程度上，得益于走出家门的徽商包括书商、刻工在外地的宣传和刻书活动。徽州府有不少书商活跃在南京、杭州、苏州等全国重要的刻书中心地，如明末在金陵有汪云鹏的玩虎轩、郑思鸣的奎璧斋、汪廷讷的环翠堂、胡正言的十竹斋，在杭州、湖州、扬州等地的黄氏刻工等。他们将徽派的刻书风格带到了这些地区，并与这些地区的刻书风格相互影响、相互融合、相互促进。万历年间歙县人程渭用朱墨套版刻印的《闺范》10集16卷，首创分色分版套印技法。不久，此法由徽人传到吴兴，金陵等地，寓居金陵的胡正言将此法加以改进，开创饾版、拱花技法，推动了套版印刷的进一步提高，从而使套版印刷为世人所推重。特别是一些技艺精湛的刻工，将徽派的刻印风格发扬光大。

再次，徽州地区图书市场与北方地区的图书市场，虽比不上其与江浙地区图书市场关系那样密切，但不少徽商、徽籍官员迁居北京、山东、两湖等地区，并在该地区从事刻书活动，将徽派刻书风格带到该地区，并吸收了该地区的刻书风格。同时，也有不少徽州书贾往返于南北市场之间，如北京、湖北等地的徽州书贾从明中叶到清末都很活跃，他们也促进了徽州地区图书市场与北方图书市场之间的互动。

（三）徽州坊刻的特色与经验

尽管各地坊刻有着融合的趋势，但并非就完全的大一统，各地的坊刻依然有着各自的特色和优势。相比而言，徽州坊刻依据自身资源和文化特色，在生产经营过程中形成了自身的特色，某些成功经验值得称道。

1. 图版精美，体现了徽州人文景观的审美旨趣

徽州坊刻为吸引读者，提高市场竞争力，扩大销售面，竞相采用插

---

① 参见郑振铎：《西谛书话》，《余象斗：列国志传》，北京，三联书店1998年版，第272页。

图版画，从而促进了徽州版画技术的进步和图书插图版画的繁荣。

明万历以后，徽州插图版画逐渐形成了精致细腻、秀劲多彩的画风。尤其是画谱、笺谱、戏曲小说等插图，在技巧上都达到了非常高的水平，构图之完美，形象之准确，线条之纤丽，为同时代其他流派所不及，郑振铎回顾中国版画发展史时非常关注徽州版画，说："盖徽郡出版事业之盛，自汪士贤与吴勉学'师古斋'、吴琯'西爽堂'、吴养春'泊如斋'以来，已凌驾两京建安矣。而版画之工，尤绝伦无比。"表明了明万历后徽州图版在图书市场上具有的极强竞争力。典型如画谱类的《方氏墨谱》《程氏墨苑》等，图稿精丽，线条纤细，同时采用多色套色印刷，精美绝伦；其他如黄鏻雕版的《养正图解》、黄应泰雕版的《帝鉴图说》、黄应庞雕版的《图绘宗彝》、黄端甫等雕版的《青楼韵语》、黄应组雕版的《环翠堂园景图》等，都是名闻遐迩的版画名品。笺谱类如《十竹斋笺谱》，浓淡分明，质朴典雅，郑振铎先生评价"雅丽工致，旷古无伦"。戏曲小说类如汪云鹏刻《元本出相北西厢记》，全剧共 20 出，插图 21幅，除小像外，插图均双面连式，框高 20.5 厘米，广 13.3 厘米，白口，单鱼尾，版心镌"玩虎轩"3 字，全书白棉纸精印。全书由汪耕绘图，刻工为歙县虬村黄和黄应岳，精工细雕，富丽婉约，是徽派版画中的上乘作品。周芜在《徽派版画史论集》中搜集了 360 幅徽派版画，其中戏曲（包括杂剧、声腔、传奇、南戏等）和通俗小说（包括传奇、话本、拟话本、小说等）插图的数量最多，反映封建伦理、纲常、道德的历史故事插图次之。"这些题材的版画占据市场主导地位是由以下几方面原因造成的：这时资本主义工商业开始萌芽，人文主义精神出现，市民文学抬头，人们要求有所发现，要求自我享受，对这类题材：市场需求量大，销售快；市场需求的层面多，也就是说无论是达官显贵、巨贾富户，还是风流文人、市井百姓对此都有喜好；附有这类版画插图的书往往部头小，刊刻易，坊商相对获利较多；市场上发行渠道广。因为徽商常年云游四方经商，而且刻工多半迁徙江浙闽一带的繁华市镇，继续从事剞劂业……这些无疑大大提高了徽派版画的知名度，一定程度上拓宽了发行市场。"①

这些与图版景象特征与徽州秀美的人文景观有着密切的关系，可以说，徽州的秀美的人文景观为徽州版画提供了原始素材，形成了徽州版画的特质，也成为徽州插图版画的重要特色，对外埠的插图版画风格流变产生了重要影响。

---

① 王琳：《试论徽商经济对明清徽派版画的影响》，《美术史研究》第 4 期，第 65 页。

2. 大型坊刻资本雄厚，与名家合作，刻书精益求精

大型徽州坊刻一般依托于雄厚的商业资本，刊刻图书不惜巨资，精益求精。如吴勉学家富厚资，聘用徽州著名画家、刻工，广为刊刻，版刻力求精工，其刊刻的《二十子》中的《庄子》《离骚》，舛讹绝少，质量不亚于宋版。又如吴琯，辑刻《唐诗纪》，不惜工本，邀请黄清甫、谢陞、陆弼等国内名士担任编选校对任务，最后吴琯对内容、版式亲自审定，刻印质量上更是亲自把关，确保内容无讹，版本精良。其他如郑思鸣、黄之寀、汪士贤、黄嘉惠、汪士汉、张潮等明清徽州坊刻主亦是如此，普遍与名士合作、刻书不惜工本，在画、刻、印方面一丝不苟、精益求精。例外，一些具有较高文化层次的徽州坊刻主，他们往往还直接参与创作。如程荣编刊的《山房清赏》28 卷，其中《茶谱》便是程荣自己亲自编创的，其他如吴勉学、吴琯、胡文焕、张潮等都亲自编辑创作了很多作品。

3. 外埠徽州坊刻声誉卓著，与本土坊刻遥相呼应

徽州坊刻作为徽商从业的一种，随着徽商的活动而向长江三角洲等地区传播，徽商刻书又常请苏州文人为其主持校勘，所以很快风行江浙并影响全国。徽州坊刻质量能够赢得广泛的声誉，其重要原因在于外埠坊刻与外埠士人之间密切互动，加上徽商在刻书方面慷慨大方，赢得了他们的交口称赞。这在第五章中详述，此处不赘。

正如前文所述，外埠徽州坊刻与本土坊刻间有着非常密切的关系，相互提携、相互合作，呈遥相呼应之势。

4. 作为徽商经济的一部分，体现了徽商经营的特色

首先，经营指导思想上，以儒家理念为指导。徽商所强调的"士商异术而同志"的主张，不仅在人格上取得了与重义的士子平等的地位，也有长远的商业利益。从实践意义上说。造成集贾、儒于一身的竞争机制。许多进入仕途的徽州人也从事商业活动，朱熹就曾用刻书的办法谋取利润。未能入仕的徽商也往往有较高的文化修养，这有助于他们在商业活动中分析市场形势，分析自然和社会诸因素对供求关系的影响，从而在进退取予之间不失时机地作出判断，以获得厚利。① 例外，体现在人本观念、质量观念等方面。如在人本方面，为便于阅读，穿插插图，刊刻便民日常用书、商旅书等；在质量方面，以校勘精湛、刊刻精良闻名

---

① 参见唐力行：《胡适：徽州历史上的第三个文化伟人》，《现代学术史上的胡适》，北京，北京三联书店 1993 年版，第 98～99 页。

于世。"徽商们在商业经营过程中表现出来的持筹握算、分析毫末、较量锱铢、不遗余力的耐性，以及他们那种深刻、细致、精明、严肃等一丝不苟的精神，其影响更大更深更远。徽州学者们大都能呕心沥血、锲而不舍地在专一精深的研究中孜孜以求、精益求精，徽州的许多行业所以能有出类拔萃的光辉成就，大都是徽商精神孕育的结果"①。其次，经营规模上，大手笔投入，如雄厚资本投入，刊刻丛书等。歙吴勉学，他除了校刻经史子集数百种外，又广刻医书，投入资金达十万两白银之巨。他们大量编辑出版丛书。丛书最便学，一部丛书可概括群籍，搜残存佚，为功尤巨。欲多读书，最好就是选购丛书。第三，经营理念上，大胆革新。如刊刻插图，增加读者的阅读兴趣与理解，引诱读者购买。改革印刷和雕版技术，创用四色或五色赋彩印刷技法图版的精丽动人程度大大超过一般雕版插图，又创制"饾版"和"拱花"印刷技法，把彩色套印木刻画推向新的高峰。此外，徽州坊刻的革新意识还突出表现在他们开创性地学习和吸收西洋版画的技法，推动了早期中外版画艺术的交流。代表性的诸如万历间程百二"忨赏堂"刻印的《方舆胜略》一书中《外夷》6卷收入利玛窦《世界舆地全图》、程大约"滋兰堂"刻印的《程氏墨苑》中的复制的西洋版画"宝象图"、徽州书贾澹玄辑刻的《墨海》中复制的西洋版画"婆罗髓墨图"等等。第四，宗族联营，尤其体现在人力、资本上，分工协作，缩短流程，网络营销。如明代坊刻大家吴勉学及其子吴中珩刻印了书籍400余种4700多卷，刻书数量如此宏富，一是凭借其雄厚的资金，二是与族人通力合作，吴氏父子先后与族人盐商吴养春、书商黄之寀、鲍士奇、吴琯、吴桂宇等人合作刻书。"特别是安徽徽州和福建建阳的书坊，迎合了读者大众的多样化口味。与著名的徽商和晋商一样，这些印刷商利用传统文化资源，如血亲纽带，运转着其管理合理的事业。而且，恰如由山西和宁波银行家创建的银行业一样，坊刻中存在着程度很高的地区和血缘专门化"②。

5. 徽州坊刻还与其他刻书中心地的坊刻关系密切，常合作刻书

这不但增强了自身的市场竞争力，也扩大了徽州坊刻的声誉。如吴琯"西爽堂"不仅与同族吴勉学、吴中珩父子合作刻印多种大部头书籍，

————————

　　① 颜非：《胡适与徽州文化》，《现代学术史上的胡适》，北京，北京三联书店1993年版，第79页。

　　② 高彦颐：《闺塾师：明末清初江南才女文化》，李志生译，南京，江苏人民出版社2005年版，第41页。

而且还与外埠刻书家合作，如万历四十年（1612）他与陆弼、谢陛等人合刻的《诗纪》6 种 192 卷。另外，吴琯与婺源人汪士贤以及金陵人焦竑、吕兆僖等合作刊印了《汉魏名家集》。康熙三十四年至三十六年（1695～1697）张潮"霞举堂"与杭州书坊主王晫合作编印了《檀几丛书》157 种等等。这些合作刻书活动不仅增强了坊刻的市场竞争力，也促进了各地坊刻之间的交流，对文化市场的繁荣具有十分重要的意义。

六、徽州书贾的市场购销

一些从事图书贩运贸易的书贾也积极从事市场购销活动，他们的活动与坊刻主有类似之处，也有不同之处。故此予以专门介绍。

（一）徽州书贾的市场类型

徽州书贾，指的是从事或参与图书买卖的徽州商人。按其市场活动性质，主要包括以下几种类型。

一是受雇于其他书坊，从事图书购销活动的雇佣商人。如清乾隆年间歙县籍汪中（字容甫，1745～1794），先世业盐扬州，遂定居于扬。其父卒后，汪中年少孤苦无依，于是进入坊刻书铺，以助书商售书为生，并借此阅读了大量的图籍，因而学业大进。

二是自产自销（有时兼及购销）的书坊主。如明代的吴勉学、吴继仕、程荣、黄正位等皆是。

三是自刻自销（有时兼及购销）的刻工。明清仇氏刻工、黄氏刻工中很多皆是此类，先是从事刻工行业，待积累了一定的资本后，逐渐开设刻坊，自刻自销。

四是不从事图书生产专门从事图书购销的书贩，包括开设书铺的坐贾、流动销售的行贾。徽州本土就有很多开设文化用品的杂货铺，其中不少均兼营图书。有些货郎担也贩些图籍，走村串乡或沿街穿巷叫卖。这些都是小本经营的商贩。还有大规模长途贩运的书贾，往往利用书船运输。这在徽州书贾中为数不少。

五是活跃于图书市场中的牙商（中介人）。徽州人在江南文化市场中充当中介人，在明清尤其是清代是相当出名的[①]，其中不少人便充当图书

---

①　参见范金民：《明清地域商人与江南文化》，《江海学刊》2002 年第 1 期，第 128 页。

市场中介人。

第一类是被雇佣商，没有自己独立的经营权。如婺源施世源，"客游佣书"，挣得一些资产后，开始独立携子杉"至苏营商"①。二三类主要是将产销结合或产购销结合的发行模式；第四类主要是购销结合的发行模式；第五类虽不从事购销活动，但他们通过撮合图书购销活动而谋利，在明清图书市场上也非常活跃。明清徽州书贾根据市场需要，把握供求信息，通过各种购销方式，积极从事或参与图书贸易活动。

（二）徽州书贾的市场活动

书贾是图书市场最活跃的因素，也是推动图书市场繁荣的极为重要的因素。书贾要驾驭市场，不是简单的事，他必须是贾儒结合，既要有精明的头脑，善于洞察市场变幻的睿智，也要具备丰富的文化知识、版籍知识，熟悉读者大众的图书需求。这在古代不是一般人所能够做到的，也远非其他经营行业所能比，正如著名的书商孙殿起在《贩书传薪记》中所说："贩书事虽微细，但亦非如他项商业，将所售物品预备整齐，以供出售，即谓毕事；盖其书籍与字画文玩，历史悠久，每件物品，各有其供应价值与方向，又不仅善于应对顾客也。例如供应一书，书中内容，需要明了，书之版本优劣，亦须清楚，要在平日多看版本，多听内行人讲述书之内容，多向顾客虚心领教，积年累月，经验多，始有判断能力，此非一朝一夕可以骤至，需赖业师指授，方能胜任也。"② 徽商大都是儒贾结合，其特色恰恰具备了作为良好书贾的条件，他们依据自身的优势，活跃于图书市场，参与图书购销活动。徽州书贾的市场活动主要有开设书铺、长途贩运、上门兜售、书担流动销售以及撮合购销等。

1. 开设书铺门面、书摊等

徽州坊刻一般在自己的刻坊面街处设立书铺门面，向外出售自己刊刻的图书，他们将刊刻、售卖集于一体，随刻随售。如汪云鹏开设的"玩虎轩"书铺，自己刊刻并出售许多附有精美插图的书籍和戏曲本子。胡文焕多处设书铺门面，他在杭州开设"文会堂"书肆，又在金陵分设"思莼斋"书铺，实行多点销售。也有的将从其他书市贩来的图书出售。如不少刻工经过多年辛劳，集资开设书铺，刻书且售书，成为书商。如

---

① 汪正元、吴鹗等纂修：《（光绪）婺源县志》卷30，《人物七孝友四》，中国方志丛书"华中地方"第680号，台北，台北成文出版社1985年版。

② 孙殿起：《琉璃小志》，北京，北京古籍出版社1982年版，第196页。

明代黄正位开设的"尊生馆"、黄德财的"还雅斋"等。还有些资本小的书贾，在闹市中摆一书摊，兜售时兴休闲教育之类图书。

徽人在外地亦多有开设艺术品店铺者，如吴其贞曾在杭州徽人程氏开设的"程隐之书铺"中购得书画。① 李日华《味水轩日记》也记载了一位开铺于杭州岳庙前十余年的歙人项承恩，开小肆，杂置书籍、画卷并盆花竹石，索价颇贵，"项老，歙人，初占籍仁和为诸生，以事谢去，隐西湖岳祠侧近，老屋半间。前为列肆，陈瓶盎细碎物，与短松瘦柏、蒲草棘枝堪为盆玩者……有以法书名画来者，不吝倾所蓄易之。支床堆案，咸是物也。"② 项承恩能诗画，由儒入贾，多年进行书画及园艺盆景的经营，以致李日华赠诗中有"盆花巧作千金笑，壁画赀雄万户侯"之句。徽州书贾也有在北京开设书铺售书的。如清代吴寿旸曾在北京汪稚川"文粹堂"书肆购买了一部《啸古集古录》一书。③ 嘉靖《建阳县志》有"书坊图"，有徽州书铺10家等。

2. 长途贩运

长途贩运，赚取地区差价，是封建时代商人获得巨额利润的重要方式。区域间尤其是出版繁荣的地区之间的图书贸易以及图书的南书北运或北书南运，在明清时代是相当频繁的。一些徽商便投身图书的长途贩运贸易活动之中。陈学文在研究湖州商人之时，指出江南一些书贾常利用船只装载刻印的图书进行市场贩运。康熙年间郑元庆《湖录》载："书船出乌程织里及郑港、淡港诸村落。吾湖明中叶如花林茅氏、晟舍凌氏、闵氏，汇沮潘氏，稚城臧氏，皆广储签帙。旧家子弟好事者，往往以秘册镂刻流传。于是织里诸村民，以此网利，购书于船。南至钱塘，东抵松江，北达京口；走士大夫之门，出书目袖中，低昂其值。所至每以礼接之。客之末座，号为书客。间有奇僻之书，收藏家往往资其搜访。"④

徽人王越石自诩所乘之舟为"米家书画船"，可知他往来江南各地进行艺术品交易，主要靠乘坐船只。明代刻印的商业书谈及经商在外的运输工具，多劝人舍陆路取水路，缘水路价钱便宜且安稳。李日华《味水轩日记》记其出行均为乘船，书中并记载苏州、无锡等地江南书画商人均乘船载书

① 参见吴其贞：《书画记》，《中国美术全书》，第108页。
② 李日华：《味水轩日记》卷4，上海，上海远东出版社1996年版，第255页。
③ 参见吴寿旸：《拜经楼藏书题跋记》卷1，《啸堂集古录》，清道光二十七年刻本。
④ 陈学文：《明清时期太湖流域的商品经济与市场网络》，杭州，浙江人民出版社2000年版，第88页。

画玩物至嘉兴出售。江南地区水网密布，乘船往来是一较好选择。

徽州的地理条件，也决定了利用船只长途贩卖图书的必然性。事实上，很多徽州书贾就是采取船只往返于新安江，进行图书贩运。上述的王越石便是典型代表。

3. 上门兜售

上门兜售，是一种有针对性的售书方式，有针对性地瞄准读者作为预售对象，售前对预售对象进行摸底，掌握其阅读嗜好，然后根据其喜好，上门兜售其想要的图书。这种销售方式的优势在于，一旦受到读者对象的欢迎后，极易形成稳定的读者群，也就成为稳定的消费者。一些徽州书贾就采取这种方式，如徽州书贾针对钱大昕喜好史书，于是上门兜售，钱大昕曾以千二百金之高价购买了宋椠前后《汉书》，并自跋云："此书去我之日，殊难为怀。李后主去国，听教坊杂曲'挥泪对宫娥'一段凄凉景色，约略相似。"①

4. 挑担走村串巷，流动销售

这种销售方式一般为小书贾所为，他们或自刻自销，或从书坊批发再自销。其特点是规模小、资本少，有的甚至只是作为业余销售活动。如歙县虬村黄氏第三十世孙黄启高，初为农民，后从事刻书业，自刻自销，肩挑书担到各乡村出售。后生意逐渐扩大，开设延古楼，至此"雕刻不自任也"②。

5. 充当图书牙商

图书牙商，主要从事撮合图书购销活动而获取信息费或劳务费的市场中介人。明清时期，徽人从事文化艺术市场中介人的很多，盖徽州收藏风气极盛故也。其中不少人便从事图书市场的中介活动。如《书画记》记录康熙五年（1666）吴其贞曾欲向杭州藏家李伯时购买《莲社图》，但几次未能如愿。在此情况下，徽人汪如允在其间说合，直至第二年四月才达成。事后汪如允对吴其贞报功道："君谋此图有一年，我为此图说合有百次，走路不知几百里。君今得图，图得其主，庶几我不负君，君亦不负伯时矣。"③

---

① 王士慎：《分甘馀话》卷 2，《宋本两汉书》，北京，中华书局 1989 年版。
② 《虬川黄氏宗谱》，《延古老人传》，道光十年（1830）刊本，藏安徽省图书馆。
③ 吴其贞：《书画记》，《中国书画全书》，第 100 页。

第五章 明清商业与文化传播、嬗变、重构：徽商、徽刻与其他区域刻书互动的视角

本章通过考察明清徽商、徽州坊刻、书贾、刻工等在外埠（尤其江南）地区相互联动效应，以及他们与外埠文化传播主体交流、碰撞的文化现象，探讨在商业化背景下客源文化（徽州出版文化）与土著文化（客居地出版文化）在交流中相互渗透、相互融合，逐渐对各自的文化本体（出版文化）进行了解构与重构，形成新的文化形态，从中管窥明清文化传播与商业互动的内在机制。

一、文化与商业联动：徽州坊刻与其他地区坊刻互动的视角

明清坊刻中心主要有建阳、金陵、杭州、苏州、湖州、北京等地。徽州坊刻与这些地区尤其是江浙坊刻中心关系密切，可以说，他们始终处在相互交融中。

（一）外埠徽州坊刻的推动作用

明中叶以后，大批徽商前往各主要刻书中心，从事坊刻业务。金陵、扬州、杭州、湖州、北京等均是徽州坊刻经营的重要阵地，徽派刻书风格对当地的坊刻产生了重要影响。如在金陵有汪云鹏的"玩虎轩"、郑思鸣的"奎璧斋"、汪廷讷的"环翠堂"、胡正言的"十竹斋"，在杭州、湖州等地的黄氏刻工等。正是这些前期流寓外埠的徽州书贾，促使徽派刻风流向了外埠，并在市场竞争中得以迅速传播，并获得较高的声誉。谢肇淛评论云："近时书刻，如《冯氏诗纪》《焦氏类林》及新安所刻《庄》《骚》等本，皆极精工，不下宋人……至于《水浒》《西厢》《琵

琶》及《墨谱》《墨苑》等书，反覆精聚神，穷极要眇，以天巧人工……"①其中《庄》《骚》《墨谱》《墨苑》等均是徽州书坊所出，占据了谢肇淛所推崇的当时著名刻本的近一半。同时，由于徽州坊刻形成外地经营的风气，他们将徽派的刻书风格带到了这些地区，并与这些地区的刻书风格相互影响、相互融合、相互促进，推动了当地刻书风格的转变。

（二）徽州坊刻与其他地域坊刻刻风的融合

尤其是刻工包括徽州刻工在其中起到了重要的推动作用。一方面，徽州刻本受其他派别刻风的影响，促使自身刻风转变。如明嘉靖间黄氏诸名工刻《筹海图编》，其刻风虽具有后来徽派版画比较工丽的特点，但可能受自建安版画的影响。明末《目连救母劝善戏文》的粗豪作风更是受金陵派早期版画浸润更多。"它线条的活泼简劲，利用大片墨板，阳线与阴线交相运用的技巧，更多的似来自金陵富春堂与世德堂所刊诸本——当然与建版亦有近似之处。这种风格在徽派中的出现，应如王伯敏先生所说，是徽派艺术家们勇于接受他派技巧的一次实践，带有一定的偶然性，不必过多加以渲染。"②另一方面，其他派别刻风在徽派风格的影响下，亦发生转变。如金陵刻风，至万历中后期，由于徽派版画的影响，由粗枝大叶转向精工雕镂，并出现了一批插图名手如王少淮、王希尧、凌大德、陆寿柏、钱贡、汪耕、杨文聪、高友、胡正言、王君佐等等。又如杭州版刻，很多徽州刻工流寓杭州，带去了徽派刻风。尤其杭州刻本的插图版画方面，"它与徽派版画有血缘关系，像孪生兄妹，面貌仿佛，确乎难以辨认"③。明后期杭州著名刻工项南洲初刻与徽州刻工汪成甫、洪国良等合刻，深受他们的影响，其刻风逐渐发生变化，其代表作《秘本西厢》《鸳鸯冢》《水浒传》等绣像图稿，带有强烈的徽派特色，构思巧妙，造型完美，人物性格表现鲜明，堪称书林奇葩。从插图版画风格角度来看，"版画到了明末清初间，苏州、杭州、徽州乃至金陵，都趋向工巧纤细，彼此间只是大同中的小异，不少作品都显得你中有我，我中有你，难解难分"④。在印制技术方面亦是如此，由于套版印

---

① 谢肇淛：《五杂组》卷13，上海，上海书店出版社2001年版。
② 周心慧：《中国古代版刻版画史论集》，北京，学苑出版社1998年版，第80页。
③ 周芜：《中国版画史图录》，上海，上海人民美术出版社1988年版，第7～8页。
④ 周芜：《中国版画史图录》，上海，上海人民美术出版社1988年版，第10～11页。

刷技术比较复杂，刻印一部书籍，比单版雕印费时、费工，成本也高，在群众中不易推广。所以很长一段时间没有被普遍应用。到了明代后期，才开始盛行起来。现存明代最早采用套版技术印制的书籍，是万历年间的《闺苑十集》和《程氏墨苑》。《闺苑》（原名《女范编》）初刻为单印本，1602 年徽人原版基础之上，采用套版技术双印出版，以墨版印原文，以朱色印批评与圈点。1605 年左右刻印的《程氏墨苑》采用两版套印。在《闺苑》《墨苑》刻印后的 10 年左右，套版技术从徽州传入湖州的吴兴，在闵、凌两家大力推动下，迅速在吴兴得以推广。

（三）徽州坊刻与其他地区坊刻在竞争、融合中提升

徽州坊刻与其他地区坊刻之间的相互影响并非是彼此间的纯粹模仿，而是相互融合直至刻书风格升华。以胡正言、汪廷讷为例，他们生活在金陵数十年，与金陵名流、书画家广泛交流，"《十竹斋书画谱》和《十竹斋笺谱》是徽州与金陵两地文人书画家默契相投，相互交流、亲密合作的艺术结晶"。"《环翠堂园景图》可以说是充分发挥金陵、徽州各家的专长和智慧，通力合作创造出来的艺术珍品。"① 从插图版画来看，"所谓徽派的大一统，指的仅仅是纤丽、工丽的艺术作风的普及。其他地区所刻版画，无论在构图、刀刻技法的运用，以及版式版型的创新上，仍具有鲜明的地方特色。如果说它们是徽派，也是在艺术上升华了的，或者说进行了一定改造的徽派，即使视其为相对独立的古版画艺术流派，如武林派、吴兴派，也无不可"。以武林戏曲版画为例，虽然在表现手法上走的是徽派绵密婉丽的路子，但在构图上却很有自己的特色。杭州风光甲天下，武林版画取本地佳山秀水入图，一般来说非常重视配景的描绘，设景布图重视对场景的烘托，从审美角度来讲，更具有欣赏价值。因此，它并不是徽派的简单模仿，而是对徽派版刻艺术的超越和升华。无论是寄寓武林的徽州名手，还是刘素明、刘次泉这样的建版巨匠，都在武林地理环境的浸润下，创作出了更为精丽完美的作品。比如《顾曲斋元人杂剧选》《青楼韵语》等诸多本子，所刻人物俊秀，景色绮丽，构图别致，皆为黄门子侄辈所刻，已具有鲜明的地方风格。如果从表现技法上说这些作品是徽派，亦无不可；但若从艺术风格来看，就是武林派或称浙派。那种传统上的，简单地把古版画分为建安、金陵、徽州三大流派，

---

① 张尔宾：《从十竹斋看徽州文化与金陵文化的相互影响和交流》，《东南文化》1993 年第 5 期，第 210～211 页。

认为武林（也包括下文要论及的吴兴、苏州版画）只不过是徽派流裔的分法，似难以概括古版画艺苑的格局，也不能充分体现出武林版画的艺术价值和独立的地方特色。①

另外，徽商在徽州坊刻与其他地区坊刻交流、融合中起到了非常积极的作用，后文将详述。

二、嬗变与重构：以徽商、徽刻在江南刻书市场的联动为视角

徽商称雄商界尤其是江南商界，也引起明清文学界、出版界的广泛关注，除了文人文集中有大量的徽商传记、墓志铭、诗文之外，在明清小说中有很多关于徽商的形象塑造，如蔡羽的《辽阳海神传》、冯梦龙的"三言"系列、凌濛初的"拍案惊奇"系列、天然痴叟的《石点头》、吴敬梓的《儒林外史》、褚稼轩的《坚瓠集》、吴华卿的《两缘合记》、不知撰人的《欢喜冤家》等，章尚正对此做了专门研究，"徽商的崛起投影于明清文坛，引起了宋懋澄、冯梦龙、凌濛初等众多作家的关注，导致突破帝王将相、才子佳人的传统模式，创作出一批以徽商为角色的小说。据不完全统计，这批小说多达四五十篇，不但数量上领先于晋商、吴商小说，而且质量上别具一格，多以风土特色浓郁的徽商文化为背景，真实而又颇有力度地展示了徽商的经济活动、情欲世界与价值观念。""向全社会显示了徽商存在的价值，宣传了徽商的商贸之道、生活追求与价值观念。徽商及徽商小说向世人昭示了商品经济必将蓬勃发展的必然趋势。"② 而这些小说大都诞生于江南地区，表明了徽商与江南作家、出版界有着潜在的关联，这种关联表明了商业在文化传播领域中的影响，而这种文化传播对社会各阶层产生了或多或少的影响。

（一）明清江南地区是徽人活跃之地

若从自然区域视角来看，江南应是长江流经江西湖口以下的 844 公里的沿江地区，包括镇江以东、通扬运河以南、杭州湾以北约 5 万平方公

---

① 参见周心慧：《中国古代版刻版画史论集》，北京，学苑出版社 1998 年版，第 86 页。
② 章尚正：《徽商的生活情态与价值观念——从明清小说看徽商存在》，《安徽大学学报》（社科版）1997 年第 3 期，第 24、第 30 页。

里的平原，是一片江河密布的水乡泽国。自南宋以来，这里的经济便逐渐开发，吸引着越来越多的各地商人，明清时期则更甚，为数众多的徽商便是江南最为活跃的商帮之一。江南地区吸引徽商的原因主要有以下几个方面。

1. 江南经济的繁荣是吸引徽人的关键因素

明清江南地区城乡各地的商业活动频繁，呈现一片繁荣景象。主要表现在：一是商品品种增多和商品流通量扩大；二是货币的作用日益突出，出现"不重布帛菽粟，而重金钱"的局面，白银逐渐成为主要的流通货币，并且白银的流通量日渐增大；三是商业城市的兴盛，南京、扬州、苏州、杭州和上海等城市已发展成为重要的工商业城市，同时，为数众多的中小商业市镇兴起，形成了层次不等的商业市场网络。

正是在江南繁荣经济的吸引下，徽商利用长江、运河、沿海水运之便，纷纷融入江南，把苏浙地区生产的棉布、丝绸、食盐等商品大批运销全国各地，又把其他地区的粮食、木材、棉花运回苏浙，在长途贩运中牟取厚利。尤其是一些为数众多的中小徽商，从事本小利微的商品生产和买卖，走街串巷，促进了江南中小城镇的兴盛，清前期沿江一带流传的"无徽不成镇"的谚语便是充分的说明。

2. 交通的便利是徽商首选江南的重要条件

徽州的自然地利，丰富的名优特产，也为徽州人走出万山丛、走上商业路提供了有利条件，不少人最初就是从贩运当地土特产品起步的。虽然众多的山脉挡住了徽人经商的道路，但这里的水陆可称便捷："上接闽广，下接苏杭"。丰富的物产加上便捷的水陆，大大刺激了徽州人前往江南贸易的积极性。如水路要道——新安江，即是徽商通往江南的商业黄金水道：练水自绩城以下，横江自渔亭以下，率水自上溪口以下，皆通舟楫，东由歙之街出口境，下达淳安、建德、杭州、上海及兰溪、金华、衢县各埠。休、歙、绩人由之，为绿茶运往上海路线。地处皖南万山丛中的徽州与东海之滨的上海虽然相距千里，但两地之间往来交通却尚称便利。以徽州通往上海的水道为例，据明代新安憺漪子编《新刻士商要览》所列全国一百条水陆路程（以徽州为出发点的有八条），其中的第二十条即为"苏州由太仓至南翔镇水路"。可见，在徽商活动的里程表中，上海地区的南翔镇已经列为重要据点之一了。其实，明清时期，徽州与上海两地之间的水陆交通线甚多，仅仅是徽州茶商世家出生的胡传《胡铁花年谱》（在上海世代业茶的徽州绩溪籍学者胡适的父亲胡铁花的年谱）中提及的由徽郡绩溪至上海的水陆路线就有好几条，如"由徽出昌化，于潜、余杭绕湖（州）、嘉（兴）可达上海"，如"……过富阳……由绍兴至宁波，趁轮船抵上海"，如"乡人结伴将由江西绕至九江，趁轮船赴上海"，如"由苏州……至湖之泗安镇，登岸行四十里，至广德"而达徽州，等等。又如通往浙江，明清徽州运销木材的商路有二："出浙江者，由严州；出江南者，由绩溪顺流而下"①。明隆庆以后出现的《一统路程图记》和《士商类要》，是徽州商人所编纂的两部路程图记，主要就记载了商人们外出所经行的路线，同时也涉及他们出门必备的各种基本常识。由于徽州府与浙江的背州、严州二府地壤相接，因此，从徽州出发到达这两府的交通比较便利。水路主要沿着从徽州发源的新安江顺流而下，到达严州府。从严州府附郭建德县"转搭横港船"②，过兰溪，沿背江往西，即可到达衡州府境。衡州府地处浙、闽、皖、赣四省的交通要道，龙游县尤为"金（华）、衡（州）、处（州）、徽（州）之冲"③。陆路从徽州府出发，向南，经街州府开化县，到达常州、江山等县，由常山县可到江西省，而由江山县越仙岭可到达福建。或向东南经严州府的寿昌县境，到兰溪和龙游等地。此外，严州府的分水县位于徽州府的东面，何希范《重建河头埠安定石桥碑记》载分（水）邑河头埠石桥上通徽、睦，下达苏、杭，八闽三衢莫不由兹通透。④

总之，与其他地区相较而言，徽州通往江南的商路还是很便利的，便利的交通为徽商前往江南提供了重要的条件。

3. 相关政策促进了徽商融入江南贸易圈

明后期，各地曾实行过一些实际上减轻商人特别是行商负担的税收措施。嘉靖四年，苏州、松江、常州、镇江等江南商品经济较为发达的地区，在巡按御史朱实昌的奏议下，重新厘定门摊税，即将原来由各税课司局征收的客货店铺门摊等税更定为门摊税，一律改由城市各行铺户办纳，而不征商货税。这样的改革，着落城镇铺户，依据贫富编审，确定等则，税额一定，相对合理，又简便易行，减少了烦扰，因而为经商者所接受，更重要的是不征商品税，特别有利于行商，促进了商品流通，

---

① 谢肇淛：《寄园寄所寄》，卷12，上海，上海书店2001年版。
② 程春宇：《士商类要》，见杨正泰《〈明代释站考〉附》，上海，上海古籍出版社1994年版，第250页。
③ 万历《龙游县志》卷8，艺文，万历四十年修民国十二年重排印本。
④ 参见光绪《严州府志》卷35，艺文，清光绪九年增修重刊本。

据说"于是商贾益聚于苏州"等地。只征铺户的门摊税而不征客货的商品税，有利于行商的远程贩运贸易，各地商帮的形成并不断增加实力，在江南最为活跃，当与这一政策有着一定的关系。江南地区作为明清江南地域最为重要的部分，这些政策也得到了较为广泛的贯彻，这些均促进了徽商融入江南贸易圈。

另外，明清的政策变革也为徽商融入江南提供了契机。如正德、嘉靖年间，各地纷纷实行均徭法。其宗旨是征发徭役以田产为准。其结果是"故民惟务逐末而不务力田"①。嘉靖年间开始，各地更试行"一条鞭法"，一概计亩征银，到万历九年（1581），普遍实行于全国。一条鞭法将人丁和人户的庸调都转移到了田亩中，加大了田产在赋税中的比重，减轻了人丁的负担，无地的商人因为一条鞭法的实施免除了力差，实际负担有所减轻。而且一条鞭法的实施，越是经济发达商品流通之地越为方便，赋税一概征收银两，简便了征收程序，推进了白银货币经济，有利于商品生产和商品经营活动的展开，这也是江南地区吸引徽商的重要因素。又如在盐税征收方面，明代盐的运销实行开中法先是盐商报中，到指定的仓口纳粮，获得盐引，弘治五年（1492），因商人苦于守支盐斤，户部尚书叶淇主持，改为招商在运司纳银，每引三四钱，收贮太仓银库，而后分送各边。虽较之以前中米价值加倍，但商人免除了纳粮支盐往返奔波和长年守支盐斤之苦，太仓银也累积至百余万两。以盐商为主体的徽商正是在开中制的前后迅速发展，并迅速向两淮发展。

（二）徽商、徽刻与江南刻书的联动

徽商在徽州与江南刻书市场互动过程中的作用，不仅仅表现在他们积极投身于刻书活动中，而且在他们商贸活动的导引下，徽州刻书获得迅速发展并向江南地区扩展；同时，由于徽商在江南商业市场中的重要地位以及其文化消费品位，在一定程度上引导了江南地区文化消费风气，这种文化消费风气促进了包括徽州刻书在内的各种刻书风格的融合。

1. 徽商带动了徽州刻坊、刻工走向江南刻书市场

明代中叶以后，徽商在江南地区的兴盛，带动了徽州刻书在该地区的发展。徽州人素有强烈的乡土意识，"徽州商贾发财致富以后，往往在桑梓乡土修建祠堂、拓展道路，使得先前的僻野乡村迅速城市化……桑

---

① 王鏊：《震泽集》卷36，吴中赋税书与巡抚李司空，四库全书本。

梓的乡土的城市化，刺激了当地手工业的发达。新安四宝（澄心堂纸、汪伯玄笔、李廷珪墨和旧坑石之砚）……都成为精制的拳头产品。与苏州的手工业品相比，丝毫不见逊色。徽派版画刻工，皖派和歙派金石艺术，也为世人所瞩目。"① 随着徽州笔墨纸砚在国内的畅销，徽州刻工技艺享誉海内，以及同宗同族商人的带动，徽州刻坊很快走向了金陵、扬州、杭州、苏州、湖州等江南刻书中心地。随之越来越多的徽州刻工走向江南地区，将徽派雕绘技艺传播各地，并赢得广泛声誉。明中叶以后，活跃在南京、苏州、杭州、扬州等地的刻工大多数都是徽州人。郑恭《杂记》云："歙邑刻工盛于明季，而虬村黄氏尤多良工……明时杭州最盛行雕版画，殆无不出歙人手，绘制皆精绝。"② 明人钱泳《履园丛话》载："雕工随处有之，宁国、徽州、苏州最盛，亦最巧。"③ 金陵、扬州、苏州、湖州等地，徽州刻工技艺皆享誉一方。万历年间刻工黄应光迁杭州，他刊刻插图，大胆地采用黑白线条，不复受拘于黄氏传统的纤劲一线到底的作风，将徽派刻风与当时各派的山水人物刻风不拘一格地兼采并蓄，刊刻了诸多闻名于世的书籍插图，如《乐府先春》《小瀛洲社会图诗》《徐文长评北西厢记》《王伯良校注古本西厢记》《李卓吾评琵琶记》《李卓吾评玉合记》《徐文长改本昆仑奴》等，容与堂为明代杭州著名书肆之一，万历年间刊刻《李卓吾先生批评琵琶记》（2 卷），卷首附图，对页连式。插图由名画家赵璧（无瑕）图绘，刻工则聘请新安刻工黄应光刻写。构图别致，设境幽美，虚实繁简，层次分明，诗情画意，相映成趣。所刻各本附图亦甚精美。高明《琵琶记》插图本在杭州图书市场上有十多种，唯独以黄应光刻写的版本最好，流传最广。徽州刻工在杭州刻有大量的版画书籍，故亦称杭州是徽派版画的第二故乡。

2. 徽商刻书更扩大了徽刻在江南刻书市场的影响

明中叶以后，徽商家刻快速发展起来，纷纷以刻书相尚，尤以歙县、休宁商人为甚。如汪氏、吴氏、潘氏、方氏、程氏、鲍氏、郑氏等徽商家族有很多人加入刻书队伍。至清中叶，徽商商业经济发展至极致，其刻书风气亦发展至鼎盛，并且家族化、世代相承刻书风气更为浓厚，其刻书人数、刻书数量要远远超过官宦家刻。流寓江南的徽商很多都以刻书为尚，并形成风气。如乾隆年间寄籍扬州盐商江春建"随月读书楼"，选时文付梓

---

① 王振忠：《两淮盐业与明清扬州城市文化》，《盐业史研究》1995 年第 3 期。
② 张海鹏、王廷元：《明清徽商资料选编》，合肥，黄山书社 1985 年版，第 206 页。
③ 钱泳：《履园丛话》卷 12，北京，中华书局 1997 年版。

行世。江氏世族繁衍，名流代出，坛坫无虚日，其家族刻书累及数世，称一时之盛。又如寄籍钱塘的吴焯，筑"瓶花斋"藏书，"瓶花斋藏书之名称于天下"。"凡宋雕元刻与旧家善本，若饥渴之于饮食，求必获而后已。"① 好书如此，其校刻书也是如此，"与赵昱同时，每得一异书，彼此必钞存，互为校勘⋯⋯"② 其校刻《唐大诏令集》130卷，手跋云："得长洲汪西亭氏所钞朱检讨旧本校勘一过，此书传写多讹，而朱氏藏书多校者，余从文苑英华中所录诸篇，更加细雠，惜其不多录耳。"又书云："勘后再取《唐文粹》诸篇丹铅落处，庶可洛诵，更搜得《册府元龟》数十篇，鱼鸟奔放都是为正可喜也。"③ 显现了吴焯对刻书的严谨与热爱。其子吴诚、吴玉墀均"承其先业，雅好聚书，储藏所未备者，搜求校勘，数十年丹黄不去手"④。其他如扬州马氏兄弟、鲍廷博以及吴骞、吴寿旸、吴之淳、吴昂驹、吴春煦数代人⑤等等对刻书的热爱与投入亦不亚于此。

徽商刻书成就突出表现在以下几个方面：

首先，在版刻内容方面，以质量精良著称。不仅邀请名家学者从事校对工作，而且在刻本校勘中，往往进行多版本对照甄别。

其次，在版刻技术方面，徽商不惜工本，竭尽所能，用于提高版刻的观赏性。他们不惜巨资聘请技术最好的画工和刻工，刊刻插图版画。

再次，为提高刻本的知名度，一些徽商不惜花费资财邀请当时著名学者、官宦给其刻本作评点，应评点需要，很多徽商将多色套印技术应用到文字印刷方面，刊刻了大量的精美图书。

正是上述原因，提高了徽刻在江南地区声誉，也从而扩大了徽刻在江南刻书市场的影响。

3. 徽商促进了徽州与江南刻书家、刻工的交流与合作

明清徽商贾而好儒，在当时文化艺术界是非常活跃的。他们凭借雄厚的资金，能够组织各地的学者文人、艺术家参与刻书活动。徽州家刻、坊刻正是在一些知名学者、艺术家的参与下，从刻书内容到版式装帧方面，

---

① 吴晗：《江浙藏书家史略》，北京，中华书局1981年版，第23页。

② 杨立诚、金步瀛：《中国藏书家考略》，俞运之校补，上海，上海古籍出版社1987年版，第67页。

③ 丁丙：《善本书室藏书志》卷8，《史部六"唐大诏令集"》，清光绪刻本。

④ 杨立诚、金步瀛：《中国藏书家考略》，俞运之校补，上海，上海古籍出版社1987年版，第72页。

⑤ 参见杨立诚、金步瀛合编，俞运之校补：《中国藏书家考略》，上海，上海古籍出版社1987年版。

其质量都达到了很高的水平。如出身盐商世家的吴骞酷爱藏书、刻书，与江南一带学者文人关系密切，常常合作校勘刻书，黄丕烈云："海宁吴槎客先生藏书甚富，考核尤精。每过吾郡必承枉访，并出一二古书相质。"据记载，吴骞曾与黄丕烈、陈仲鱼等人合作校勘翻刻宋版《前汉书》，"且余所深服乎槎客者，如此种残编断简，几何不为敝屣之弃，而装潢什袭直视为千金之比，可谓爱书如性命……始幸天壤之大，不乏好古之士"①。

明清徽商中类似吴骞的富商可谓多矣，不但他们自己与知名学者、艺人合作，而且还带动徽籍刻家、刻工与外地合作。如胡正言刊刻《十竹斋书画谱》《十竹斋笺谱》时，就与金陵等地的30多名著名画家合作，有些画家还亲自参与了刻印活动，胡正言还组织徽州刻工与金陵刻工合作、研讨。正是基于精明的市场意识和开放的市场观念，一些徽州坊刻除与本族合作外，还积极与江南地区坊刻合作刻书。正是在徽商尤其徽州坊刻的组织和带动下，徽州刻工也纷纷与江南地区刻工合作，从而促进了徽州刻风与江南地区刻风的交流与融合。明清时期徽州刻工的技艺是当时国内最高超的，尤以版画为著。郑振铎在《中国版画史图录》中评介云："刻铺比比皆是，时人有刻，必求歙工，而黄氏父子昆仲，尤为其中之俊。举凡隽雅秀丽或奔放雄迈之画幅，一入黄氏诸名工手中，胥能阐工尽巧以赴之，不损画家之神意。"他们世代以此为业，家族传承，创造了中国版画最光辉的时代。他们吸收和融合了江南的刻书风格，促进了本身风格的不断进步，同时，将徽州刻书风格带到了江南，促进了江南的刻书风格的转变。典型例子是万历年间金陵刊本《杨家府演义插图》（木版画，6卷）。书内插图，双面对页连式，图绘杨继业世族保卫边疆的爱国故事，图中上方刻图目，左右两旁联句，甚有气派（见图5-1）。插图景物不多，人物突出，是金陵版画的传统做法，而描写细密，线条秀美，精工雕镂，一丝不苟，则是受徽派版画的影响。明天启年间苏州叶敬池刊本《西游记》，插图200幅，画面绮丽纷繁，精雕细刻，刻工均为徽人，该书表现了浓郁的徽州风格，在当时江南市场影响很大。天启年间吴兴闵氏朱墨套印本《西厢五本》《琵琶记》等，刻本写实味足，装饰味少，人物动态柔弱婀娜，构图皆是四分之三竖式，三景皆备入画，有四平八稳感觉，白描铁线，绘刻精工，虽有江南吴兴一带韵味，但不失徽刻特色（见图5-2）。正如周心慧所说："徽派艺术风格的形成，实际上是在接受了建安、金陵两派未成为主流的工细严整格调，

① 黄丕烈：《士礼居藏书题跋记》卷2，清光绪十年（1884）"滂喜斋"刻本。

图5－1　《杨家府演义》插图

图5－2　《西厢五本》"老夫人闲春院""崔莺莺烧夜香"①

并对之取精用宏，发扬光大，进而升华为纤丽秀劲的特征，又反过来影响各派，加速了各流派、各地区版画风格的徽派化。明万历中期以后，由于有歙工的直接参与，金陵版画由粗豪转为精丽的变异速度极快，就很清楚地说明了这一转化过程。"②这种相互融合的过程，其实质是不同

① 图片 5－1、5－2 来源：周芜《徽州版画史论集》，合肥，安徽人民出版社 1984 年版。

② 周心慧：《中国古代版刻版画史论集》，北京，学苑出版社 1998 年版，第 80 页。

的地域文化在传播过程中相互吸纳、包容，进而发生嬗变，文化元素重新组合、建构，最终形成新的文化的过程。

4. 徽商的收藏风气引导了徽刻，徽刻又带动了江南刻书市场风格变化

关于徽商的图书收藏之富，本书第一章已述及，不赘述。徽商的藏书对徽州的刻书给予了充分的支持。清代扬州二马小玲珑山馆、如清代著名藏书家潘景文，其先祖世居歙县，后贩运盐业往来苏杭之间。其"滂喜斋"藏书极大支持了潘氏家族的刻书活动。又如休宁人胡树声，出身业盐世家，家有"琳琅秘室"藏书，多蓄宋元旧本，不仅自己刻书，也支持了乡族的刻书。歙县人汪梧凤，家设"不疏园"，藏书丰富。江永、戴震、程瑶田、汪肇龙等都曾寄寓其园中翻阅校勘图书，汪氏还为戴震刊刻《经考》《屈原赋注》等。类似情形在徽商中是较普遍的。

秀美的徽州山水培育了徽商细腻唯美的审美品位。徽州工艺形成细腻、精巧、美观风格，徽商经济是其中重要因素，徽州刻书概不例外。徽商经济对徽州刻工刻风的形成起到了一定的推波助澜之作用。

首先，从刻字风格上看。

宋版书为明人普遍所重，各地书坊瞄准此市场，竞相仿刻宋版书。在商业经济的刺激下，坊刻主又往往追求出版速度和图书生产数量。然而，宋版书字体多为楷体（颜体、欧体、柳体），曲直顿挫之间，颇费功夫，因而，明代坊刻在模仿宋版图书字体同时，开始有意无意地简化笔画、变曲为直，这样既加快了刊刻速度，又达到了模仿之功效。这种字体实际上为新型字体，后人成为"宋体"或"仿宋体"。虽然这种字体的欣赏价值要远逊于宋版书，为明清不少文人所诟病，但其工整易读的特点还是受到一般读者的欢迎。徽商几乎嗜古成癖，图书方面尤其爱好宋版书；一般在购买图书时又毫不吝惜，而且其图书需求量一般很大。作为当时较有影响的读者群，其欣赏口味无疑对图书的形制产生重要影响。徽商重宋版图书的嗜好，再加上徽州俊秀审美风格的影响下，徽州刻工刻书字体的风格在国内率先转变，逐渐形成秀隽、婉丽、细腻的刻风。

其次，从版画风格上看。

"图像是历史中的人们绘制的，它必然蕴含着某种有意识的选择、设

计和构想，而有意识的选择、设计和构想之中就积累了历史传统。"① 书籍插图版画的创作、图文结合的版式也正是体现了特殊的历史文化传统。徽州刻工在创作时，更多地加入了自己的思想感情和理想愿望，画出自己眼中的现实社会生活。画插图，对刻工的艺术水平要求很高，首先必须要了解书籍的思想精髓，分析人物的个性，这种要求比一般的读者阅读要高出许多，然后，在尊重原书的基本精神的基础上进行创作加工，既要表现出图书作者的思想感情，又要将自己对感情的理解转化为读者熟悉和欢迎的形式，还要突出展现自己的艺术风格。如徽州刻工仇英绘刻《列女传》插图，其本身便是插图的创作者。特别是万历以后，徽州图书版画尤其是戏曲小说的插图开始使用整页插图或连页插图的形式，图版的幅面比例增大，插图传达信息的功能增强，往往在细微处见精神或表达信息，这要求绘刻者要有很好地理解和把握能力，在不需要很多文字的基础上，能够将图书信息准确表达出来。在徽州深厚文化底蕴的熏陶下，徽州刻工一般都能很好地把握和准确的表现，同时也展现了自身的风格。一些徽州书坊主为了提高市场竞争力，积极探研刻印技术。在他们的要求下，一些徽州刻工不断研制新技术，从而推动了刻印技术的发展。明末金陵"十竹斋"斋主胡正言与刻工十余人朝夕研讨刻印技艺，便是典型代表，前文已述及，不赘。另外，前文述及的书坊主如程大约、滈玄等积极复制西洋版画，这必然导致其聘用的徽州刻工黄鏻、黄应泰、黄应道、黄伯符等人加强了西洋版画技法的学习和研究，他们无疑是当时国内刻工中的先导。他们学习和复制的西洋版画，"不仅大大地影响了后来的曾鲸画派、焦秉贞画派，而且还产生了一些有价值的版画作品……并促使张星聚复制的西洋版画、苏州年画的'仿太西画法'作品，以及杨柳青的年画，都大胆地吸取了西洋版画的因素，更进一步的丰富了祖国版画的内容"②。

5. 出版传播有助于徽商在客居地稳定发展

一方面，徽商通过著述、出版的形式将自己的思想文化在客居地传播，与客居地本土文化相交融，逐渐与客居地文化融为一体；如明代徽商程白庵贾于吴，"吴之士大夫皆喜与之游"。当时文豪归有光作文如此称赞说："程氏由洺水而徙，自晋太守梁忠壮公以来，世不乏人，子孙敷

---

① 葛兆光：《思想史研究视野中的图像——关于图像文献研究的方法》，《中国社会科学》2002 年第 4 期，第 74～83 页。

② 戎克：《徽派版画中的复制西洋作品问题》，《安徽史学》1958 年第 4 期，第 48 页。

衍，散居海宁、黟、歙间，无虑数千家，并以诗书为业，君岂非所谓士而商者与？然君为人恂恂慕义无穷，所至乐与士大夫交，岂非所谓商而士者与?"① 徽商程白庵及其家族能够在苏州落脚，并为客居地所接纳乃至尊重，这与其"以诗书为业""恂恂慕义无穷"的文化传播现象密切相关。徽商以儒倾江南，像程白庵类的不胜枚举，他们所刊刻图书详见本书第四章《明代外埠徽州家刻要目一览表》《清代外埠徽州刻书要目一览表》。

另一方面，徽商通过特殊的出版方式，如编刻族（家）谱，传播敬宗收族的家族文化传统，传播同宗同族之间同根同源的密切关系和共同发展的重要意义，通过地缘或血缘纽带，将客居地的同宗同族的徽商群体紧紧联系在一起。如徽州潘氏自明代中叶起数代人频繁至苏州经商，清乾隆年间潘氏一支迁入苏州，为稳定这支刚迁入的家族，他们将徽州的宗族观念和宗族组织文化在客居地继承并发扬开来，除了修建宗祠、建义庄外，他们非常重视族谱的编修，咸丰四年（1854），苏州潘氏《大阜潘氏支谱》修成，这支谱成为苏州潘氏宗族联系的重要依据。后历经丧乱，支谱屡遭毁坏，但潘氏依然执着地不断修复、增修，同治八年、光绪十四年、光绪三十四年、民国十六年、民国二十七年、民国三十三年，先后六次修复、增修，潘氏的宗族组织正是依靠族谱等传承信息不断得以恢复、延续。明清江南地区的徽州（尤其徽商）移民中类似潘氏家族的有很多，如扬州的汪氏、黄氏、鲍氏、江氏、吴氏，杭州的鲍氏、吴氏，嘉兴的汪氏、吴氏，常州的吴氏等。上述徽州移民能够在客居地繁衍发展，乃至成为名门望族，与他们重视宗族文化发展密切相关。他们积极参与藏书、刻书活动，与当地文人名士融为一体。同时他们一般都是以雄厚商业经济为支撑的，如鲍廷博其家以冶坊为世业，家富有，鲍廷博秉承冶坊业，故而雄厚的家资为其刻书、藏书提供了有力的物质基础。徽商不仅仅是融入客居地而已，且做得功绩非常出色，如苏州鲍氏、潘氏、吴氏、汪氏等因刻书、藏书而成为名闻天下的文化名人，其文化功绩甚至受到朝廷嘉奖，他们的商人的身份反而被人忽略。

---

① 归有光:《震川先生集》卷 13，《白庵程翁八十寿序》，上海，上海古籍出版社 1981年版。

三、商业文化传播：徽州商业书的出版分析

（一）明清徽州商业书的出版

商业书是传统商人在商业经营过程中商业经验、商业履历、商业知识的总结并刊印行世的文献，其内容含有丰富的商业信息，它是传统商业经济繁荣发展的必然产物。它是文献著述大花园中的一朵奇葩，也是传统图书中出现的新品种，更是商业繁荣的一个重要表征。明清徽商为商业书出版作出了突出贡献，他们在经商之余，纷纷从事商业书的著述和出版活动（见表5-1）。

表5-1 明清徽商编撰或刻印的商业书要目一览表

撰者或 刻印者	原籍	身份	书 名	年代、版本	备注
黄 汴	歙县	商	《一统路程图记》8卷	隆庆四年刊本	商业路程书
方于鲁	歙县	墨商	《方氏墨谱》6卷	万历年间刊本	墨品介绍
程大约	歙县	墨商	《程氏墨苑》13卷	万历二十二年	墨品介绍
潘膺祉	歙县	墨商	《潘氏墨谱》2卷	万历四十年	介绍制墨 工艺过程
方瑞生	歙县	墨商	《墨海》12卷	万历四十六年	介绍墨法、墨 品及制墨故事
程春宇	歙县	商	《士商类要》4卷	天启六年刊本	商业知识书
憺漪子	休宁	书商	《新刻士商要览天下水陆行 程图》3卷	天启六年刊本	商业知识书
佚 名	休宁	商	《江湖绘画路程》	清抄本	商业路程书
曹素功	歙县	墨商	《曹氏墨林》2卷	康熙二十七 年刊本	墨谱
开益堂	歙县	书商	《释义经书便用通考杂字》 2卷	雍正年间刊本	日用类书
延古楼	歙县	书商	《增订释义便用世事通考杂 字》	乾隆年间刊本	日用类书

续表

撰者或刻印者	原籍	身份	书　名	年代、版本	备注
佚　名		布商	《布经》	乾隆十六年抄本	棉布生产技术与经营经验
吴中孚		商	《商贾要览》10 卷	乾隆五十七年刊本	商业知识书
文学堂	歙县	书商	《重订酬应全书注释》	乾隆五十九年刊本	商业日用类书
汪进圣 汪兆瑞	绩溪	墨商	《鉴古斋墨数》4 卷	嘉庆刊本	墨谱
吴　氏	歙县	商	《新安纪程》	道光三年抄本	吴氏自盐城至歙县日记
江有科	歙县	茶商	《徽州至广州路程》3 卷	道光年间抄本	商业路程书
江明恒	歙县	茶商	《沐风栉雨》	清抄本	茶商经营知识
江　氏	歙县	茶商	《万里云程》	清抄本	商业路程书
惟善堂		典商	《典业须知》	光绪年间抄本	典业经营知识
詹　氏	婺源	墨商	《徽墨、烟规则》	光绪年间抄本	墨商文书
胡氏 余庆堂	绩溪	药商	《丸丹全集》	光绪年间刊本	药品介绍
佚　名	婺源	商	《便蒙习论》	光绪年间抄本	商业知识书
郑紫琳	歙县	粮商	《商贾便览》	清末抄本	粮商文书
佚　名	黟县	盐商	《由歙西至和悦洲路程》《安庆至徽郡》《湖北武穴、龙坪由彭泽往徽》	清末抄本	商业路程书
江耀华	歙县	茶商	《做茶节略》《买茶节略》《行情节略》	清末民初抄本	茶叶经营知识
吴日法	歙县		《徽商便览》	民国 8 年	商业路程书
曹士升	歙县	商	《日平常》	清末至民国抄本	商业启蒙书
曹　氏	歙县	商	《简要抵氏》2 册	道光至民国	日用类书

来源：笔者结合学界研究并搜集整理而成。

徽商著述的商业书大都是由自己刻印或委托徽州坊刻出版的。这些商业书内容上至天文、地理、物产、科技、医学，下至行旅路程、书契格式等，一般为商旅出外行程以及百姓居家生活的常识性通俗读物。如明天启六年新安原版《士商类要》，其内容均为作者歙县商人程春宇多年来经商之所见所闻，也有很多其经商经验之总结，正如程春宇所言："早失所怙，甫成童而服贾，车尘马迹，几遍中原。故土俗之淳漓，山河之险易，舟车辐辏之处，货物生殖之区，皆其目中所阅历。"前文列举的同时代的徽州休宁人憺漪子在其所编印的《新刻士商要览天下水陆行程图》之"天下路程图引叙"中，也说明了该书对外出经商旅行之实用性和重要性。

（二）徽州商业书的选题类型及传播主客体

根据表5-1统计结果可以看出，徽州商业图书的选题大体可分为五大类：

一是商业交通路程书，以介绍交通路程为主要内容，以黄汴的《一统路程图记》、憺漪子的《新刻士商要览天下水陆行程图》、佚名的《江湖绘画路程》、江氏茶商的《万里云程》等为代表。该类图书的编纂者一般为常年在外从事经营活动的徽商，他们利用经商之便，向客商了解各地水陆里程和风土人情，并结合相关史书记载加以考证和校雠，辑录成书。如《一统路程图记》又名《新刻水陆路程便览》《图注水陆路程图》，编纂者为休宁人黄汴，年方弱冠，便随父兄外出经商，"自洪都（今江西南昌）至长沙，览洞庭之胜，泛大江，溯淮扬，薄庚燕都"，深感"前路渺茫，苦于询问，乃惕然兴感，恐天下之人如余之厄于歧路者多也"[1]，于是便利用经商之便，在与两京十三省暨边方商贾贸易之时，了解到相关路程，"又以其坐廛在我苏金阊阛阓之地，日与四方商贾交易，就而问询，并已所尝历而识者，辩证之以成此书，积苦数十年而后成"（《一统路程图记》后序）。其书中详细记载了当时由南北二京至各地、各布政司至各地及各布政司（省）之间的交通线路、所经站名、里程等。该类书的阅读群体主要是商旅和士子。

二是商用百科全书，内容广泛，以程春宇的《士商类要》、吴中孚的《商贾要览》等为代表；《士商类要》的编纂者为新安人程春宇，生卒年

---

[1] 黄汴：《一统路程图记》序，杨正泰《明代驿站考》附录，上海，上海古籍出版社1994年版，第135页。

不详，只知其"早失所天，甫成童而服贾""车尘马迹，几遍中原"。程春宇虽早年业贾，但粗通文墨，长期的经商履历，使他对各地"土俗之淳漓，山河之险易，舟车辐辏之处，货物生殖之区"（《士商类要》序）皆有了解，同时他对天文地理、古迹遗墟以及故老传闻等均非常感兴趣，这些为其编纂商业路程书积累了丰富的素材。故《士商类要》除了水陆路程外，还设"客商规略""为客十要""买卖机关""杂量统论""船脚总论""贸易赋""经营说""选择出行吉日""四时占侯风云"等篇章，介绍了商人出行或经营过程中的各种规则、知识与经验，为商人出行指南。乾隆间《商贾要览》，编纂者吴中孚 12 岁时便出外经商，是书为他一生经验之总结，书中也是介绍了商贾出行的各类常备知识，特别是介绍了作者本人的经验和商德见解，为外出商旅借鉴。该类书的阅读群体主要适应于商旅。

三是专门性的行业经营与管理知识，内容一般是以徽商经营的某类行业为重点，介绍该行业的经营规范和经验技巧等，以《布经》《典业须知》、詹氏的《徽墨、烟规则》、胡氏余庆堂的《丸丹全集》、江耀华的《做茶节略》《买茶节略》《行情节略》等为代表。《布经》是由专门为布号看布之人的经验总结，全书大体依照字号自门庄收布到验看光布的自然流程，着重介绍验看各种布匹的诀窍及染布方法、染料来源等，分 28则，内容主要有看白布法、看色布法、看光布法及染法染料四个部分。《典业须知录》是一部反映清代徽州典当行业运作的重要文献典籍，编纂者在其序中曰："吾冢习典业，至予数传矣……因拟典业糟蹋情由汇成一册，以劝将来。不敢自以为是，质诸同人，金以为可，并愿堂中助资刊印。分送各典，使习业后辈，人人案头藏置一本，得暇熟玩，或当有观感兴起者，则此册未始无小补云尔。"王振忠对该书做了研究，认为它是有关清代徽州典当业运作记载最为系统、内容最为丰富的一份商业文献。而该书作者出自徽州，曾就业于金陵典铺，为江南一带徽州典当业的耆宿。该书应为典当业中颇为普遍、提供初学者从业门径的一类书籍。[1] 其他如《徽墨、烟规则》《丸丹全集》《做茶节略》等编纂者均为该行业的经营者，他们将长期以来经营经验或产品秘诀辑录成书，以传授后来者。由此可见，此类图书的传播受众一般为该行业的从业者或学徒。当然，由于行业竞争，此类秘籍往往秘不示人，仅仅在家族或师徒之间传播。

---

[1] 参见王振忠：《清代江南徽州典当商的经营文化：哈佛燕京图书馆所藏典当秘籍四种研究》，范金民主编：《江南地域文化的历史演进文集》，北京，三联书店 2013 年版。

四是产品的宣传与展示，以方于鲁的《方氏墨谱》、程大约的《程氏墨谱》等为代表。方于鲁、程君房为竞争宣传需要，编印了《方氏墨谱》和《程氏墨苑》这两部精美的版画图书，其目的是加强产品的展示和宣传。为后世研究我国古墨制造造型、图案、题跋等方面，提供了宝贵资料。此类图书的传播受众较为广泛。

五是日常起居、学习、交际等日用书，此类较多，内容也较广泛，如延古楼的《增订释义便用世事通考杂字》、文学堂的《重订酬应全书注释》《便蒙习论》、曹士升的《日平常》等。此类图书的传播受众不限于商旅，包括普通的市民群众。

（三）徽州商业书的出版目的及出版形式

关于徽州出版商业书的出版目的，上述五类选题有所不同。

"交通路程"和"商业百科全书"类的商业书出版主要目的在于便利士商出行，黄汴编纂《一统路程图记》目的在于"宦轺之所巡，商泊之所趋，访屐之所涉，庶此编为之旌导也"（《一统路程图记》序）；憺漪子编纂《天下路程图引》目的在于"后之览者，必各随其所至，合符其所见而始信其工也，则行者箧之，以为镇车之宝也"（《天下路程图引叙》）。《士商类要》除了水陆路程外，还设"客商规略""为客十要""买卖机关""杂量统论""船脚总论""贸易赋""经营说""选择出行吉日""四时占侯风云"等篇章，为商人出行指南。因此，此类选题图书的出版形式是刻印成册，广泛刊行。

"专门性的行业经营与管理知识"类商业书的出版目的在于行业技能或经验秘诀的内部传承，因此其出版形式往往采取手抄或内部印刷，不公开刊行。

"产品的宣传和展示"类商业书的出版目的在于宣传，提升产品的知名度和美誉度，因此，出版形式不仅刻印，而且讲求质量和美观，强调版本的欣赏性。如《程氏墨苑》是中国古代艺术水准很高的墨谱图集，为明代四大墨谱中最精者，具有较高的欣赏价值和收藏价值，堪称"国宝"。

"日用书"类商业书因受众群体广泛，一般为坊刻所青睐，广泛刊行。由于市场需求量大，此类图书往往被一版再版，难免粗制滥造。

（四）徽州商业书的主要内容

一是关于交通路程。黄汴的《一统路程图记》，是明清商人路程书的第一部，是专门记载水陆行程的图记。该书辑录路引144条，记述水马驿站、行程里距、各地道路起讫分合等。憺漪子的《天下路程图引》辑录了江南水陆路程 53 条、江北水陆路程 47 条。此外，程春宇的《士商类要》在卷一、卷二种辑录了一百多条水陆路引，可与《一统路程图引》相互补充，彼此验证。

二是关于专业技术培训和商业经营知识。此类内容涉及各个徽商经营的专门行业，如制墨、做茶、产布、制药等等，如《布经》《典业须知》《徽墨、烟规则》《丸丹全集》《做茶节略》《买茶节略》《行情节略》等研究。《徽墨烟规则》中的《湖南墨店条规》："夫创业艰难，必藉众力以匡襄；守成不易，尤冀齐心而勉励。本号开设墨业，迄今有年，素承诸公体谅，谨守号规，从无作奸犯科，诚恐日久贤否不一，是以爰立章程，惟祈恪守是幸。"以及《至宝精求》中的"珠谱序"："每见世之称具眼者，各挟一谱为规，往往有得有失，或近或远，非拘牵于往价，即模棱于两端，不几贾胡为千古独步也哉！"《习业要规》中列出了十一条非常详细的规则经验，从一日详细的作息，到节日、身体、银钱等，无不巨细。

三是关于学徒行为规范。其内容主要集中于以经商经验和为人处世的训诫。如徽州抄本《缮集碎锦》①中有题作"芸苏"所作的"题戒出外习业认真为之"强调学徒如何做人和如何勤恳习业；另一篇《戒子出外习学生意》"结友交朋凡择善，性和品重勿刚强，虽然几句平常话，仔细思量意味长。央亲带尔往衢乡，腊鼓声中催启行，惟望认真操字艺，莫辞劳瘁战商场。与朋言语须和顺，执己性情恐损伤，馆内读书宜记忆，店中干事莫仓皇。循规蹈矩知深浅，作嫁依人辨短长，总要咬牙争志气，好教荐首焕容光。当思易耨深耕苦，务念披蓑戴笠忙，此去若能常警省，免遭傍笑卖茴香"，介绍了商场中的各种经验。徽州佚名抄本《生意手册·学做生意要语》"一一省警一番，清早不必要人呼唤，先起来开了店门，扫地揩灰，打扫店堂，收拾得好。如安置东西，件件色色俱要有个次第，才有章法。一则不碍手脚，二则便于取用也。如生意稍间，或时打学筹盘，或认呈色筹盘，愈熟愈好，不是才晓得些就玄开手。若如此，依旧无用，故筹盘银色要时时习学，不可趁间东走西荡，以误正业也。若店中生意忙时，须要启眼洞烛，不必时时俱要人吩咐方好，切不可筹赖账。□□好嬉间了，身子怀自己□□□。""右拾，要乃学做生意之大概，亦为人之不可少者也。因汝不曾客远，今一朝遥隔，恐汝无寻头绪。

① 封面除书名外，题作"胡佛珍肆"，1 册，王振忠收藏。

故特书此与汝，便带随身，暇时展开一看，牢记在心，谨守遵行，庶几有助。不可谨作一场，闲话略而忽之也。顾汝此行，生意之道一通，不但你一人幸，即家门祖宗亦幸甚矣。汝其勉之遵"，介绍了学徒行为规则和处理各类事项的经验。

四是关于商旅行为常识。内容一般较为丰富，包括商人须知的各种常识，如地理知识、历史知识、交通工具、黄道吉日、贸易规则等。如《天下路程图引》后附"天时杂占""客商规略""勿药秘方""食物本草"，方便商旅以所行路程而查。《士商类要》中"客商规略""为客十要""买卖机关""杂量统论""船脚总论""贸易赋""经营说""选择出行吉日""四时占侯风云"等，皆介绍了商人出行或经营过程中的各种规则、知识与经验，为商人出行指南。

五是关于商人自我修养。如《士商类要》中"乾坤定位""人伦三教""起居之宜""四时调摄""四季杂占""禁作无益"等，内容与商人自我调养有关，内容也颇为庞杂。

其他还有各地商品交易情况、官府情况（包括衙门、官职、俸禄、文武官服、科举成式等）、各地风土人情、天文历法、星象占卜、求医问药等。

（五）徽州商业书的编写体例

由于题材不同，各类商业书的编写体例不一，本书仅以胡文焕校刻本《一统路程图记》为例，介绍徽州商业书的编写体例。

程图路引是明代士商旅行的必备之物。行旅参照程图，依靠路引判定所在方向，计算旅程远近，并借助询问，确定行进路线，便能达到目的地。《一统路程图记》是参照明代各种程图路引编纂而成的，许多地方保存了原有程图路引的原貌。

正文前列"序""凡例""目录"。序为作者自序。"凡例"列出八卷题名，后附"南北诸名山，附各卷道旁，使登眺者知所向往焉"一句单排于后。"目录"的编排体例不统一，前四卷目录列于卷首，后四卷目录散见于文中各卷，

卷首附图三幅，其中"北京至十三省各边路图""南京至十三省各边路图"是现存最早的商编程图。

正文用大小两种字体显示，路引用大字书写地名（也有夹用小字的），小字书写里程。但书写地名时，字体有差别，有的用大字突出府州县，有的则用大字突出驿站和小地名。

原书的前四卷细目皆置于卷首，顺序号首尾衔接，自成系统。后四卷细目散见于各卷之中，顺序号以卷为断，各卷不相连贯，内容也相对独立，与前四卷风格不同。

卷末附出版者吴岫所作"后序"。

（六）徽州商业书的出版价值

第一，丰富了明清商业文化，促进了商业的繁荣。由前所述，徽州商业书内容上至天文、地理、路程、物产、科技、医学、风俗、人情、伦理，下至行旅路程、书契格式等，还包括徽商自己在经商中的所见所闻、所知所感、经验教训等，他们总结经商规律和规则，编纂成书用以指导子孙后人，通过书籍传播，将上述知识和商人的经验、理念传布给更多的受众，不仅促进了商人不断地成熟，其经营活动由自发转向自觉，而且不断地刷新社会对商人的认知，从而更有力地推动了商业的繁荣发展。从整体来看，商业书在内容上所表现出的不仅仅是单纯的商业经营活动，更上升到商业文化生态系统。商业书和途程书的产生，为宝贵的中国文化增添了新的内容，为商人更增添了一股文化气息。

第二，提高了商人及其子弟的素质，也有助于推动相关行业经营与管理的规范。商业书中不仅有大量的与商旅活动知识，而且还包含了丰富的商业经营知识、伦理规范、管理经验，有助于商业经营者以及子弟、学徒提高文化素质和业务技能。如《典业须知录》中关于经营管理的分工负责："执事者：须要择其老成持重、磊落光明之辈，方可托寄重任"；"司楼：须择者诚练达、见识有为之人"；"管首饰：亦要识得珠宝之真假，价值之若干"等。关于炼技，典当行中多为亲戚朋友推荐从家到外地打工的学徒，他们要能在典当行业有所建树，需操练内容是相当琐碎和繁多。作者在"炼技""细心""惜福""扼要"中均有详细说明。作为刚入门的学徒必须做到要早起"添砚水，磨墨，整理账桌废纸断绳，扫地寻灰。各事做毕，一要齐在柜内，谨候开门。见票寻货"。再者要认真学习，"柜上收下银洋，抹争盖印，必先学看，辨其色面花纹之正否，听其声音之好否，真假之分别"。还有"晚上学掏取票结取，总覆当出。但算盘书字银洋，件件要精，五者缺一，吃亏非小。"何况典当进出物品纷繁多样，要见多识广才能够"天然出色，事事皆能"。早晨归包分类，务必要细心，不可将就，糊弄了事。每个物品应该按照它本来的位置摆好，轻拿轻放，不可损坏。地下的小票，要随手捡入纸篓。当然还有很多琐碎的细节，最关键的是要勤快，胆大心细，认真负责，还要见多识广。诸如此类，不仅有助于典当学徒的快速成长，也有助于典当行业的经营与管理走向规范。

第三，促进了商业理念和经验的传播。明清的徽商是一种团体性质的商帮，个体之间、长幼之间、师徒之间，都存在着密切的商业联系。特别是徽商比较重视相互间的商业知识和经验的学习和传承，而商业性的书籍却是良好的媒介。徽商苦心编纂，凡属于商贾必备知识和职业道德都编入商书，这些商书"折射出徽商的成熟和对商业事业的热烈追求"[①]。一些徽商为了使传播自己的经商知识和经验，同时对子弟商贾职业教育，于是他们自己动手编写商书。这些商书的编刻，促进了徽商商业理念和经营经验的传播。

第四，具有一定的史料价值、文化价值和实用价值。这些商业书是我们研究明清时期各地民俗风情、商业风气以及交通状况的重要资料。一些商业书中辑录的水陆交通路引以及附录绘图，是我们研究明清地图学的宝贵的实物资料，具有重要的史料价值。《方氏墨谱》《程氏墨苑》《墨海》等不仅具有史料价值，还具有较高的艺术审美价值。《布经》《做茶节略》《丸丹全集》等不仅展现了明清时期相关行业的生产水平，至今依然具有一定的实用价值。

---

① 　陈学文：《徽商与商书》，《'98 国际徽学学术讨论会论文集》。

第六章　清末传统媒介的困境与商人的
文化迷失：徽州出版业衰落与
徽商颓败的视角

一、清后期徽商颓败略述

徽商兴盛于明中叶以后，历时 400 多年，鸦片战争之后，渐趋衰落。关于徽商的衰落，学界研究成果颇为丰富，本书略作综述。①

徽商衰落的根本原因在于其封建性，其固有的儒家传统观念尤其是儒家义利观，不利于徽商商业资本的增殖，也妨害了徽商在新旧时代交替中的转型。而以下几个方面因素则加速了其衰落的进程。

首先，清后期几次商业政策改革，沉重打击了徽商主体。盐商和典商是徽商中实力最为雄厚的部分。而道光年间盐政改革即纲运制改为票盐法，徽州盐商利益受到重大打击，徽商财力大减；咸丰钱币改革，又沉重打击了徽商钱庄。这两次商业政策改革，使徽商主体中的盐商、典商受到致命打击，导致徽商整体开始衰落。

其次，清后期频繁战乱更浩劫了徽商家园，妨害了徽商的正常商业活动。19 世纪五六十年代，清政府与太平天国军队决战，徽州本土受害严重，徽州为湘军及太平军败兵纵掠，更使徽商家园遭受浩劫，"洪杨之

---

① 参见叶显恩：《徽商的衰落及其历史作用》(《江淮论坛》1982 年 3 期)、周晓光：《19世纪 50～60 年代中国社会的战乱与徽州商帮的衰落》(《首届国际徽学学术讨论会文集》，合肥，黄山书社 1996 年版)、王世华：《徽商精神与现代经济》(《安徽日报》2003 年 4 月 11 日)、葛剑雄：《从历史地理看徽商的兴衰》(《安徽史学》2004 年 5 期)、董家魁：《徽商衰落原因新探》(《安徽师范大学学报》2005 年第 4 期)。

乱，徽州被祸最惨，村落为墟"①。徽商经营的主阵地江南地区战乱不断，导致徽商，江南地区的徽商更是分崩离析，纷纷逃乱，经营活动几乎完全停止。出身于徽商之家的胡元吉，记载乱后其家世情况，"吾家先业素裕，兵燹后祖居被毁，而江西休宁祁门之商业皆遭亏折，田园亦因之荒顿""共和局肇，东南大震，吾邑旅外商人纷纷归来"②。清末战乱加速了徽商的衰败。

再次，新式生产排挤了徽商传统手工商业。清代后期，资本主义舶来品冲击了徽商经营的场矿和布匹、纸张等手工产品，仅钢笔和墨水的传入，就使徽商经营的徽墨歙砚一落千丈。徽商经营的手工业品，敌不过外商用机器生产的商品，在市场竞争中处于劣势，最终难逃覆灭的厄运。

最后，在国内买办和洋商的夹击下，徽商难逃失败的命运。国内买办阶级的兴起，他们勾结洋商，共同排挤国内商人，显赫一时的徽商便首当其冲。在他们的夹击下，徽商经营的钱庄、当铺相继倒闭。清末徽商胡雪岩的败亡便是典型。

不过最近笔者参加一些座谈会，一些学者不同意上述看法，他们以手头搜集了一批徽商后裔及其商业活动的个案资料作为佐证（笔者手头也搜集到一些类似资料），认为近代以来徽商未曾衰落，直到新中国成立之前，依然还有很多徽商分布大江南北（甚至有些徽商企业还延续至今），更有学者提出，民国时期徽商资本与以四大家族为代表的官僚资本有着密切联系。

这些学者搜集了很多近代乃至建国后徽商的个案资料，是很有价值、很有意义的，对徽商研究是很有参考价值的。但是，若以这些徽商个案资料来表明，徽商未曾衰落乃至延续至今，笔者认为有失偏颇。

在弄清徽商兴衰与否问题之前，必须要弄清"徽商"的概念及其形成的条件。徽商研究专家张海鹏、王廷元提出："徽商应该是指以乡族关系为纽带所结成的徽州商人群体，而不是泛指个别的零散的徽州籍商人。徽商应与晋商、陕商、闽商一样，是一个商帮的称号。"③ 这个"徽商"概念的界定，早已得到学界的广泛认同。因此形成徽商需具备两个条件：

① 吴克俊等纂修：《（民国）黟县四志》卷14，《王佐虞君传》，中国地方志集成·安徽府县志辑（58），南京，江苏古籍出版社1998年版。

② 谢永泰等纂修：《（同治）黟县三志》卷14，《范母江太宜人诔》，中国地方志集成·安徽府县志辑（57），南京，江苏古籍出版社1998年版。

③ 张海鹏、王廷元主编：《徽商研究》，合肥，安徽人民出版社1995年版，第1页。

其一是具有浓厚的乡族关系纽带；其二是结合成徽州商人群体而非是零散的个人。同样，一旦失去这两个条件，那么徽商作为商帮群体便不复存在了。从这两个方面来看，近代（1840）以后徽商后裔的个案（茶商除外）便不再具备这两个条件。

首先，宗族关系是维系徽州商帮的纽带。近代以后，在近代启蒙思潮运动下，封建传统思想遭受到前所未有的冲击，徽州地区的宗族关系也因受到冲击而逐渐削弱。

其次，基于上述的条件的瓦解，徽州商帮作为整体便难以维持。若说徽州商帮的衰落，便是指徽州商人全部从历史消失，这是犯了形而上学的错误。判断一个商帮是否存在，不是依据其人数，而是其是否有维系核心。作为维系核心的宗族纽带不复存在，其整体便难以维持。但是其个体依然会存在，甚至延续很长时间。从这个角度来说，近代以来徽州商人（零散的个体商人）依然大量存在是正常的，只是他们的依存方式已经失去了明清徽州商帮的整体性。

再次，也正是基于宗族纽带的丧失，外埠徽商后裔与徽州本土的维系也越来越削弱，甚至泯灭了其故籍身份，更多地融入外埠社会当中。那种"父老尝谓新安有数种风俗，胜于他邑：千年之冢，不动一抔；千丁之族，未尝散处；千载谱系，丝毫不紊。主仆之严，数十世不改，而宵小不敢肆焉"情形，已难以再现。

总而言之，徽商的兴衰不是依据其人数多少来判断，而是要弄清徽商的商帮本质特征。清末以后，徽商的维系核心——宗族或乡土关系日渐削弱，徽州商帮也随之败落。关于此方面研究，本人拟另撰文专门探讨。

二、徽州出版业衰落的表现

明清两朝徽州传统刻书业发展至极盛，据徐学林的不完全统计，明清两代徽州府出版的万部以上的图书中的家刻、坊刻，就超过1300余家，刻书品种近万种，占全省刻书总数的3/4以上。若再加上一些特殊地方文献如各种志书、政书及私人刻印的地方风物、商品广告、家谱类书，则大大超过万种，占全省出版物总品种数的4/5左右，在现今通行全国古籍约10万种中也占1/10以上。[①] 但这种发展趋势至清道光咸丰之后，

---

① 参见徐学林：《徽州刻书》，合肥，安徽人民出版社2005年版，第30页。

开始呈颓势。虽然在后起的黟县、婺源等部分商人的苦苦支撑下，亦未能够改变衰败的命运。① 这主要表现在徽州官刻的式微、徽州本土私刻的衰微以及外埠徽州私刻的蜕变等几个方面。

（一）传统徽刻不能适应近代出版印刷业发展的要求

十九世纪中叶，近代印刷术跟随着帝国主义传教士侵入中国，快捷的石版印刷术逐渐代替了工序复杂的雕版印刷技术，成为书籍插图的重要形式，版画艺术一时被之压倒，徽派版画遂走向了下坡路。

徽派是以血缘关系为纽带，徽人从商授艺素以乡音为知己，以族姓为凝聚。虬村历来多刻手，明天顺、弘治间，仇氏刻工与黄氏共领风骚，清季又有张氏立夫"角逐其间，无与俦匹。上而籀篆钟鼎之古，下逮花鸟虫鱼之细，书画摹刻，不爽毫发……子振之世其业，艺事精能，不坠家学"②。而虬村黄氏祖祖辈辈手握刻刀，刻书已成为他们的衣食之源，故其中的技巧秘不示人，世代家传，且"传媳不传女"。同时作为祖宗代言人的宗族势力，对其技艺的发扬也竭力扶持。《潭渡孝里黄氏族谱》卷四《家训》载："族人乃一本所生，彼辱则吾辱，当委曲庇覆，勿使失所，切不可视为途人，以忝吾祖……苟有一材一艺与可以造就之子弟，则培植推荐，务俾成立。"③ 此村黄氏多书贾、刻工，一代又一代，终于形成一个历数百年不衰的刻书世族。然因禁书和新印刷术的传入，迫使很多人转而从事其他的行业。快捷的铜版印刷术和珂罗版印刷术取代了雕版印刷术，庞大的刊印分工体系走向瓦解，迫使家族式的师承关系瓦解，传统的镌刻技艺逐渐失传，古代徽派版画逐渐走向衰亡。

自嘉庆以后，西洋的铜版印刷术和石版印刷术传入中国，小说和戏曲一般就不再用木版画插图了。传统的雕版印刷术转向民间，以民间年画的形式留存至今，如天津的杨柳青、苏州的桃花坞、北京的荣宝斋、山东的杨家埠等。

---

① 张国标云：同治以后，南京、苏州、杭州、广州等地传统出版业相继衰落。但由于徽州地处群山之中，新的印刷技术一时难以传入，雕版印刷仍然是主要的印刷方式。光绪年间，徽州一些商人、学者纷纷呼吁搜集刊印太平军战乱而散失的先贤著述，于是徽州刻书又掀起一个小小高潮，涌现了绩溪"世泽楼""抱吟馆"，黟县李宗煜"宝文馆""蔡照堂"，休宁兰田项氏，屯溪"茹古堂"，新安"味经山房"等刻铺。（见张国标：《徽派版画艺术略论》，《徽派版画艺术》卷首，合肥，安徽美术出版社1996年版）

② 黄宾虹：《四巧工传》，《徽学通讯》1985年第4期，第49页。

③ 《潭渡孝里黄氏族谱》卷4《家训》。

（二）徽州官刻的式微

明清两朝徽州官刻数量总的来说是相当客观的。据刘尚恒统计，明代徽州官刻书数量，可考有府署刻书目 22 种 715 卷（含府属书院刻书），府属各邑，歙县刻书目 2 种 28 卷；休宁县 12 种 121 卷；绩溪县 1 种 9 卷；婺源 3 种 43 卷。另外，方志修刻数量可观，府志凡 7 种 50 余卷（平均 30 余年一修）；县志凡 17 种近 200 卷。① 清代徽州官刻图书，"显然较之宋明徽州官刻书品种及数量皆所逊远矣，这首先与清代文字狱之烈有关，官刻书禁例之严，甚于私刻和坊刻"②。确知的计府署所刻 1 种，县署所刻 26 种，府学所刻 15 种，县学所刻 3 种，合计 45 种。但是，清代官刻方志的出版超越前代，出版府志 5 种 87 卷，县志凡 26 种 400 多卷。由此，据不完全统计明清两朝徽州官刻书总量达 76 种 2000 多卷。

清末徽州官刻的式微，首先表现在刻书数量上的锐减。自鸦片战争后，徽州各县署所刻之书寥寥，仅见黟县同治十年（1871）在《黟县志》（17 卷，1812 年刻）基础上增补刻印《黟县二志》《黟县三志》；祁门县同治十三年（1874）刻《祁门县志》37 卷；婺源县光绪九年（1883）刻《婺源县志》65 卷等为数不多的地方县志。另外，清同治年间，由曾国藩倡起，在各省设立官书局，由政府拨资，刻印图书。由于此时徽州传统官刻已呈颓势，安徽官书局——曲江书局设立于安庆，而在徽州，仍由紫阳书院继续刻书。咸同间，紫阳书院遭兵毁，后安徽省筹工局拨款重修紫阳书院，并改为校士馆。鸦片战争之后，在安庆曲江官书局的影响下，紫阳书院将传统与近代印刷技术相结合，刻印了部分书籍。所刻之书大致有：光绪七年（1881）刻汪烜《书经诠义》14 卷；光绪九年（1883）刻汪烜《诗韵析》7 卷、《物诠》9 卷、《乐经律吕通解》5 卷、《立雪斋琴谱》2 卷；光绪十年（1884）刻《诸近思录》1 卷；光绪末年刻《理学逢原》12 卷等。这些刻书与明清两朝徽州官刻总量相比，显然微不足道。其次，一些官刻机构的刻书活动基本上停滞了。如除黟县、婺源、祁门等县外，徽州府署、府学、歙县、休宁等这些曾经刻书活跃的机构几乎没有刻书问世。

鸦片战争后，徽州官刻图书寥若晨星，其根源是多方面的，其一是资金不足，其二在于战争的破坏，特别是清军与太平军间的战乱，给徽州地区造成巨大的灾难。徽州大量藏书毁于战火，这给后世刻书造成了

---

① 参见刘尚恒：《徽州刻书与藏书》，扬州，广陵书社 2003 年版，第 41~44 页。
② 刘尚恒：《徽州刻书与藏书》，扬州，广陵书社 2003 年版，第 92 页。

巨大的困难。正如同治《重修祁门县志》序云："大府倡修《安徽通志》，檄各府州县修志以备采择，非矜著作也。慨自发捻肆恶江南北，遍地干戈，其间户口逃亡，田地荒废，城垣毁坏，庙宇倾圮，一切人事物产，今昔悬殊，沧桑变改，将欲考之掌故，而简册剥残，书籍焚毁，如省志郡邑志千百，什一几于无存。"①

（三）徽州家刻、坊刻的蜕变

与道光以前明清徽州家刻、坊刻人数相比，咸同光宣四朝徽州家刻、坊刻人数锐减。据学者徐学林不完全统计，明清两代家刻、坊刻图书的多达1300多人（不含谱牒刻印者），其中明代有500余人，清代有780余人。而在清代家刻、坊刻人数中，道光以前，刻书人数达610余人，其中顺治、康熙、雍正、乾隆四朝虽受文字狱影响，刻书人数仍近400人，占清代的49.6%；而咸丰、同治、光绪、宣统四朝只有170人，占清代的21.6%。② 虽然在同治光绪年间，徽州家刻、坊刻在部分后起的商人的苦撑下，刻书数量有所回升，但整体上已经江河日下。与本土家刻、坊刻相较而言，外埠徽州家刻、坊刻开始吸收和采用近代先进刻印技术，逐步融入近现代文化启蒙运动中，并向近现代出版转变。

1. 徽州本土家刻、坊刻的衰微

鸦片战争以后，徽州本土家刻、坊刻衰微主要表现在以下几个方面：

首先，刻书人数锐减。徽州地区自遭太平天国兵乱后，商业经济败落，文风也已一蹶不振，明清时期"户户弦诵""村村刻镂"的局面，"嘉、道而后，此风漫衰矣"③，徽州很多藏书楼遭到毁灭性的破坏，所藏典籍也所存无几。正如清末黟县文人何承培云："咸丰、同治间，发匪数蹦吾黟，世家大族、公私凋敝。乱定，能光缵前绪者十无四五。"徽州家刻、坊刻书业亦遭致命破坏，事后恢复无几。

在这种状况下，正如徐学林所不完全统计的刻书人数，道光以后，徽州家刻、坊刻人数骤减。而能够继续坚持从事刻书的，只有少数一些官员和仍保留一些家底的徽商后人，其刻书人数也是大大减少，明清时

① 周溶修等纂：同治《祁门县志》，《序》，清同治十二年（1873）刻本。
② 参见徐学林：《徽州刻书》，《明清徽州府一般刻书人不完全统计表》，合肥，安徽人民出版社2005年版，第45页。
③ 石国柱等纂修：民国《歙县志》卷16，《杂记·拾遗》，中国地方志集成·安徽府县志辑（51），南京，江苏古籍出版社1998年版。

期私族累世刻书的现象已然难见，各县仅有的一些家刻、坊刻情况，详见表6-1。

表6-1 清末（1840~1911）徽州本土家刻、坊刻代表及刻书要目一览表

地区	刻　主	年　代	代表刻书
绩溪	胡绍勋	道光二十四年	《四书拾义》6 卷
	胡肇智	同治八年	《仪礼释官》10 卷
	胡氏世泽楼	同治十二年	《说文管见》3 卷
		光绪年间	《古韵论》3 卷、《研六室文抄》10 卷、《内经素问校义》2 卷、《教士迩言》3 卷、《绩溪金紫胡氏所著书目》1 卷、《文选笺证》32 卷、《斋中读书诗》1 卷
	胡氏受经堂	光绪年间	《甘州明季成仁录》4 卷
	胡嗣运	光绪二十三年	《鹏南集》50 卷
		光绪三十四年	《枕葄斋群经问答》3 种 45 卷
	王子乾	光绪末年	《地学》《矿学》《力学》《珠算速成》
	周懋泰	光绪末年	《说文部目音释》1 卷
歙县	黄　衡	道光二十一年	《碧云秋露词》2 卷
	汪承熙	道光末年	《喉科症结》1 卷
	王茂荫	咸同年间	《王侍郎奏议》10 卷
	汪宗沂	光绪十三年	《琼州杂事诗》1 卷
			《弢庐隶谱》2 卷、《孝经十八章辑传》1 卷、《龙经校注》1 卷、《疑龙经校注》1 卷
	吴　楚	咸丰元年	《实命真诠》5 卷
	吴锡纪	咸丰间	《近村文草诗章》不分卷
	吴玉辉	光绪三年	《毛诗补注》16 卷
	江有诰	咸丰二年	《江氏音学》14 卷
	胡祖谦	光绪二十九年	《胡泰舒年谱》1 卷
	胡谦光	光绪二十九年	《胡泰舒年谱》1 卷
	郑西园	同治十二年	《喉科秘钥》2 卷
	娄东养拙山人	同治年间	《资孝葬书述要》1 卷

续表

地区	刻　主	年　代	代表刻书
休宁	吕玉瑄	道光二十九年	《刻烛吟馆诗抄》4 卷
	汪　氏	光绪六年	《藕丝词》4 卷
	项　氏	光绪末年	《莳绿庄焚余续草》4 卷
	杨　言	光绪末年	《左山遗草》1 卷
	佚　名	光绪末年	《四字经》1 卷、《保赤全编》3 卷、《不可录》1 卷
黟县	俞懋颖	咸丰二年	《四养斋诗稿》3 卷
	何朝贵	咸丰年间	《堪舆》1 卷、《卜筮》1 卷
	程鸿诏	同治年间	《有恒心斋全集》43 卷
	宝文堂	光绪七年	《五方元音》2 卷、《真修宝卷》1 卷
	黄　氏	光绪十六年	《江南乡试朱卷》1 卷
	李宗煝	光绪十三年	《檀弓》2 卷、《标孟》7 卷、《紫石山房集》15 卷
		光绪十四年	《新安志》10 卷
		光绪十九年	《鄂州小集》5 卷、《罗鄈州遗文》1 卷、《徐骑省集》33 卷、《金忠节公集》8 卷、《癸巳存稿》15 卷
	李英之（宗煝子）	光绪末年	《孟子释疑》1 卷、《十翼逸文》4 卷
婺源	朱锡珍	道光二十七年	《忍字辑略》5 卷
	王曜南	道光二十九年	《读礼条考》20 卷
	齐学裘	道光年间	《梅麓诗文集》24 卷、《雨峰全集》13 卷
		同光年间	《见闻随笔》50 卷、《蕉窗诗抄》12 卷
	程荣春	咸丰四年	《简练集》1 卷
		同治七年	《战车练炮图说辑要》3 卷
	李承超	同治八年	《车制考误》1 卷
	王　贞	光绪十四年	《小尔雅补义》1 卷
	俞　氏	光绪二十一年	《林和靖先生诗集》4 卷
	余元遴	咸丰年间	《庸言》4 卷、《染学斋诗集》10 卷
	余宗英	咸丰年间	《禹贡辑注》1 卷

续表

地区	刻　主	年　代	代表刻书
婺源	董氏 赐砚堂	同治年间	《读书偶笔》20 卷、《毛诗多识录》10 卷
	余　氏	光绪十三年	《方解别录》1 卷
注：本表不含宗族集体刻书、谱牒、方志等书目			

本表根据明、清、民国时期文献、书目提要、题跋等并参考刘尚恒《徽州刻书与藏书》、徐学林《徽州刻书》、张国标《徽州版画》等书整理、补充而成。

其次，由于战乱，徽州私家藏书遭到极大的破坏，不少图籍毁于战火，这也是徽州家刻、坊刻难以为继的重要原因。如黟县商人李有祥（字丽春），"年十六学贾于城肆，会计精密，不数年，屈其俦人，暇辄涉猎图史，旁及葬书。咸丰朝，邑遭洪杨之乱，族中祀产、簿籍俱灰灭"。[①] 余士溥（字博思），"先生性嗜学，手不释卷，无事不出户庭，家贫力难置书，或假于亲友，或租于书肆，焚膏继晷每至夜深，楷字钞录盈筐累箧。学问渊博，虽通儒尚不逮焉。医书汗牛充栋，各执一偏，先生融会贯通独有心得，以古圣经书为体，以后贤时书为用，临症时细心体会，议病立方，故能着手成春、活人无算。"但迭遭兵燹，家徒壁立，即食物亦复无存。[②] 何朝贵（字治平），其父宇桥公服贾休阳，"同治二年寇至，公殉难于家庙中。所编辑《卜筮》、《堪舆》悉为灰炉"[③]。类似遭受破坏的家藏图籍事例举不胜书。因此，除谱牒外，徽州家刻、坊刻图籍数量锐减，大部头的丛书、类书更是少见。

再次，仍承袭传统的刻印技术，先进的近代铅印、石印技术很少被采用，表现了徽州家刻、坊刻的保守。而且，失去雄厚的徽商商业资金的支撑后，以精美细致著称的徽州版画也日趋衰微，特别是明代以来刻印技艺世代相传的刻印工出现了断层现象。

上述种种情况，导致了徽州刻本的刻印和装帧质量也难以再现明清

---

① 吴克俊等纂修：《（民国）黟县四志》卷 14，《李丽春先生传》，台北，台北成文出版社1970 年版。

② 吴克俊等纂修：《（民国）黟县四志》卷 14，《余博思先生传》，台北，台北成文出版社1970 年版。

③ 吴克俊等纂修：《（民国）黟县四志》卷 14，《何公朝贵忠义传》，台北，台北成文出版社 1970 年版。

时期的辉煌，面对先进的近现代的刻印技术的挑战，徽州本土家刻、坊刻显得力不从心，最终走向衰落。

2. 外埠徽州家刻、坊刻的衰变

与徽州本土相似，外埠徽籍藏书家很多遭到兵火侵袭，所藏书籍破坏严重，这为后世刻书带来严重影响。如徽州汪鱼亭"振绮堂"，藏书为乾隆中杭州之冠，"咸丰兵火后散佚过半"，之后一蹶不振。① 鸦片战争以后，寓居外埠的徽籍人士面对新旧交替，其文化观念也呈现了较复杂的多样性。在刻书方面，一些封建遗老遗少尤其是徽商或官宦后裔，依然坚持传统刻书理念，从图书选题到刻印装帧方面，都表现了保守的一面。代表性的徽州家刻、坊刻（见表6-2）。

表6-2 清末（1840~1911）外埠徽州家刻、坊刻代表及刻书要目一览表

地区	代表刻家	刻主身份	原籍	年代	代表刻书
扬州	黄承吉	盐商	歙县	道光二十二年	《义府》1卷、《字诂》1卷
	黄必庆（承吉子）	盐商后人	歙县	咸丰元年	《梦陔堂集》45卷
	黄奭	盐商后人	歙县	道光年间	《汉学堂知足斋丛书》215种
	鲍康	盐商	歙县	同光年间	《观古阁丛刻》18种、《皇朝谥法考》5卷
	程翼安	盐商	歙县	光绪元年	《喉痧阐义》
	汪祖同		歙县	光绪年间	《容甫先生遗诗》6卷
金陵	汪士铎	举人	婺源	咸丰年间	《水经注图》2卷
				光绪七年	《汪梅村文集》12卷
	郑由熙	官宦	歙县	光绪十六年	《暗香楼乐府》3种3卷
苏州	胡珽（树声子）	盐商后人	休宁	咸丰四年	《琳琅秘室丛书》（木活字版）4集30种94集
	潘祖荫	盐商后人	歙县	同治年间	《攀古屡彝器款识》2卷、《古泉丛话》4卷
				光绪年间	《滂喜斋丛书》61种96卷

① 丁丙：《善本书室藏书志》卷12，《史部十一下"水经注释"》，清光绪刻本。

地区	代表刻家	刻主身份	原籍	年代	代表刻书
杭州	汪康年	徽商后人	黟县	光绪宣统年间	《振绮堂丛书》24 种 13 册
	胡光镛	官商	绩溪	光绪	《丸丹全集》1 卷
仪征	吴引孙	盐商后人	歙县	光绪年间	《有福读书堂丛刻》25 种 57 卷
常熟	鲍廷爵	商人之后	歙县	同治、光绪年间	《后知不足斋丛书》47 种
宁波	黄家鼎	商人之后	歙县	光绪八年	《补不足斋杂著》1 卷
上海	齐学裘		婺源	道光	《蕉窗诗钞》12 卷、《双溪草堂全集》7 种 36 卷

本表根据明、清、民国时期文献、书目提要、题跋等并参考刘尚恒《徽州刻书与藏书》、徐学林《徽州刻书》、张国标《徽州版画》等书整理、补充而成。

而一些外埠尤其北京、上海等地的徽籍文化人士，在启蒙思潮的影响下，开始接受新思想新观念新事物，文化理念开始发生转变。这种转变体现在刻书方面，首先在刻书的选题方面，他们在继承传统文化的同时，开始刻印新兴图籍，乃至从事近代出版事业；在刻印技术方面，开始接受西方先进的铅印、石印技术，将传统刻印方式与近代刻印技术相结合，实现向近代出版转变，如振绮堂传人汪康年（1860~1911），自其家世衰落后，常常慨叹缺乏资财刊印书籍，后汪康年加入维新运动，在新思潮的影响下，创办或加入了维新派创办的《时务报》《中外日报》、《京报》等新式期刊，积极从事新式出版活动，其后人秉承余绪，采用先进的铅印技术排印了《汪穰卿先生遗著》等书。黟县商人后裔汪大燮（1860~1929），迁居浙江钱塘（今杭州）。宣统二年（1910）六月，在其任驻英公使期间，学习西方出版技术，回国后编辑各类图书，向宣统帝进献"汪大燮进考查英国宪政编辑各书"[①]，编有《英国宪政丛书》《分类编辑不平等条约》等图籍。汪孟邹（1878~1953），安徽绩溪县人，近现代出版发行家。1903 年冬在芜湖长街徽州码头开设芜湖科学图书社。该社开始经营课本和文具，后来经营反映新文化和马列主义的书报杂志。

----

① 赵尔巽等纂修：《清史稿》，《本纪二十五"宣统皇帝本纪"》，北京，中华书局 1977 年版。

1904年陈独秀在该社主编《安徽俗话报》，汪孟邹也参与编辑发行工作。这些出版性质已经超出了传统刻书的范畴，不在本书范围之内，故不赘述。

三、徽州出版的衰落与徽商的关系

徽州出版的衰落与清后期徽商的颓败关系密切。与出版相关的一些手工商业的颓败，造成了徽州出版发展的困境。同时，失去了徽商强有力的资金支撑，徽州出版无疑釜底抽薪，后继乏力。

（一）相关徽商行业的败落造成了出版发展的困境

纸业、制墨业、雕刻业等是徽州的传统手工行业，它们在徽商的经营下，无论是生产规模还是技术要求，其发展均达到极致。而这些行业又与图书生产所需的原料、制作技术和刻印方法都比较接近，因此常常可以互相借鉴、互相影响。从而为徽州出版的发展提供了有利条件。就纸业来说，徽商好古董、爱收藏，故书旧纸也是他们爱好收藏的对象，因此，徽州的造纸业迎其所好，仿宋纸、皮纸甚行。明屠隆《考槃馀事》载："新安（徽州）仿宋藏经纸亦佳。有旧裱画绵纸（皮纸），作纸甚佳，有则宜收藏之。"[①] 这种纸型的盛行，也影响到徽州出版纸张的采用。就制墨业来说，自唐宋以来，徽州制墨业一直保持着对模范的形制、花纹要求精雅的传统，墨范常在方寸之内表现人物走兽、花草翎毛、屋宇庭榭，却不允许出现丝毫误差。制墨业的这种雕镂技艺被徽派版画的刻工们融会贯通地利用到版画的雕刻上，并且不断发展，他们的刻技逐渐达到了"线条细若毛发，柔如绢丝"[②] 的程度。就雕刻业来说，徽州"三雕"虽然材质、表现手法不尽相同，但在艺术风格上却颇有异曲同工之处：细腻繁复、层次分明、虚实相间、精巧多变。徽州三雕的行业技艺使版画艺人受益颇多，在徽派雕刻技艺的影响下，徽派图书插图版画便形成细腻、繁复、精致的风格。

鸦片战争以后，徽商经营的手工业品，特别是与出版相关的徽墨、

---

① 屠隆：《考槃馀事》卷2，《国朝纸》。丛书集成第1559册，北京，商务印书馆1937年版，第37页。

② 郑振铎：《西谛书话》，《古今女范》，北京，三联书店1998年版，第116页。

徽纸以及雕刻业均遭受到西方先进产品或技术冲击，如徽墨受西方钢笔墨水的冲击，徽州纸及其生产技术遭受到西方新式机器造纸技术的冲击，而讲究精雕细刻的手工雕刻业则受到铅印、石印技术的冲击，等等。所有这些表明徽商传统手工商业趋向衰落，而以效率低下的雕版、活字印刷技术为支撑的徽纸传统刻书业尤其是坊刻，其黄黑粗劣的纸张、呆板的方体字，与新兴的铅印、石印技术相比，在市场竞争上凸显了劣势。

以印刷为例，曾经引以为傲的印刷术也受到了新式机器生产的排挤。安徽使用印刷机器在清末民初。据《宣统政纪》载：宣统二年（1910）八月安徽巡抚朱家宝奏设安徽官纸印刷局。奏折中说："印刷一项虽属营业性质，而于文化书契券等件，往往动关法制。现就藩司署内设立安徽官纸印刷局，购买机器及一切开办经费，由司筹款拨给。其印刷品定为官用、民用、商用3种。除商用品应准该商酌定格式，随时议价；其官用、民用各品，均由局定式、定价。"该局设在安庆藩司署内，也是安徽早期的官营的新式印刷机构之一。从此以后，机器印刷术在安徽逐渐代替了雕版印刷术或木活字印刷，为公私出版家所广泛运用。① 有学者认为，徽州偏安一隅，外国机器生产对徽州本土影响较小，此说有失偏颇。虽然看似对本土影响较小，但是，对徽州外埠刻书却是打击很大。同时，徽州外埠刻书与徽州本土刻书是休戚相关、密切联系的，外埠徽州刻书的萎缩，必然波及徽州本土（如资金、销售等），也就必然影响到徽州刻书的整体状况。

总之，在近代机器生产的冲击下，与徽州传统刻书业发展紧密相关的几种传统手工商业——雕版或活字、墨、纸、印刷等行业受到致命打击，在生产和销售市场不断萎缩的情况下，逐渐趋向衰落。这些手工商业的衰落，无疑造成了徽州出版发展的困境。

（二）徽商衰落使徽州出版失去了有力的经济支撑

如前文所述，明清时期徽州出版的繁荣，离不开徽商的资金支撑，无论是徽州官刻，还是徽州家刻、坊刻，其资金绝大部分来源于徽商的捐助。特别是徽商参与到家刻、坊刻行列，成为明清徽州家刻、坊刻重要力量之一，为徽州家刻、坊刻的繁荣作出了重要贡献。清末以后，随着徽商衰落，徽州官刻和家刻、坊刻不可避免地失去了重要的资金来源。扬州盐商衰败后，依附其之上的扬州刻书业也一蹶不振。阮元说："且扬

---

① 　参见《安徽省志·出版志》，北京，方志出版社1998年版，第56页。

州以盐为业，而造园旧商家多歇业贫散，书馆寒士亦多清苦，吏仆佣贩皆不能糊其口。"① 在这种窘况下，何谈刻书？徽商后裔潘景郑目睹家世衰变，慨然道："自丁丑距今，且百二十余年，世变沧桑，家国全非，衰综不振，斯文垂绝。予小子忝缵遗绪，永慕祖芬，大厦将倾，一木谁支？"② 表现了家世衰变后藏书、刻书难继的无奈之情。特别指出的是，徽州私刻中的坊刻作为徽州商帮整体中的部分，徽州坊刻主本质是封建商人，带有浓厚的封建宗法性，其商业经营理念、商业经营模式以及商业资本封建化等方面都鲜明地表明了其封建商人的一面，这就决定了其必然与封建社会共存亡。同时，根深蒂固的宗族性，决定了徽州坊刻必然随着徽商整体而衰落，这也是历史的必然选择。"1860 年可以看作是一个现代与传统之间的历史分水岭，中国社会的一系列巨变都出现在这一历史时期，这是一个现代与传统的接缝处……这种巨大变革使传统宗族、血缘世袭和同里乡邦组织起来的学术、文化共同体受到大肆侵蚀，取而代之的是同一职业、相同思想、追求趋同的文化共同体大量出现，并以现代报刊杂志的传播为舞台进行学术、思想和文化活动。"③

　　清末，虽然在后起的黟县、婺源等部分商人的支撑下，徽州家刻、坊刻有所起色，但这也只不过是衰亡前的回光返照之迹象。清末黟县商人对徽州刻书业的苦苦支撑，以光绪年间的黟县商人李宗煝为代表。文献记载，李宗煝"刊徽州乡贤遗集数百卷；捐置各省书籍致之国子监南学及焦山书藏""于乡邦文献，尤考求弗懈。祀俞理初先生乡贤，刻其遗稿，罗端良、金正希、吴殿麟、汪南士诸先生撰箸皆重刊流布之"④。李宗煝与其子李英之搜集乡贤遗著，广为刊刻，成为晚清徽州私刻中的一大亮点。以上所举后起徽州商人力图挽救衰落的徽州私刻的情况，仅仅证明徽商资本对徽州刻书业振兴的重要作用，试图反观清末以后徽商整体衰落对徽州刻书业造成的重大影响。需指出的是，由于后起的黟县等地的商人的振兴也只不过是封建商人的一次回光返照，终究挽救不了已逐渐走入败势中的徽州刻书业。

---

　　① 李斗：《扬州画舫录》，《阮元二跋》，济南，山东友谊出版社 2001 年版，第 4 页。

　　② 潘景郑：《著砚楼读书记》，《兰陔絜养图咏跋》，沈阳，辽宁教育出版社 2002 年版，第337 页。

　　③ 何明星：《著述与宗族——清人文集编刻方式的社会学考察》，北京，中华书局 2007 年版，第 152 页。

　　④ 谢永泰等纂修：《（同治）黟县三志》卷 14，《李观察墓表》，中国地方志集成·安徽府县志辑（57），南京，江苏古籍出版社 1998 年版。

（三）失去徽商的支撑，徽州刻工也难以为继

首先，失去了徽商雄厚资金的支撑，徽州刻工高超的刊刻技艺也难以发挥。版画艺术由于徽商的参与和操作，把名画家、名刻工和名印工集合到一齐，由集体的力量而臻完善，从而达到至高之界。发展到一定程度，又暴露出集体合作的弊病。因为作为集体创作的产物，绘、刻、印和主持者，缺少或有一个环节薄弱，作品都不能获得成功。清乾隆以后，作为徽派版画最大支持者和主持者的徽商开始走下坡路，徽派版画也开始走下坡路。以笺谱为例，它万历中晚期至崇祯发展至极盛。清初陈洪绶、萧云从主持画坛，《离骚图》《博古页子》传刻遍天下。时著名刻工黄子立、鲍承勋等，皆以镂象世其家。此种盛况延续至康乾之际，"嘉道以还始渐衰，同光之时尤为零落"，"清秘阁尝仿刻十竹斋数笺，丰韵十去其六，然规模固在也，近得其新印者则板片错乱，色泽不匀，是并刷印之工亦不可恃矣"。中国版画史学家郑振铎痛惜疾呼："意者刻笺之业，其将随此古城之荒芜而销歇乎！"① 其实，这种景况的出现有其必然性。徽商的衰落，使笺谱制作的生力军——徽州刻工失去了雄厚经济的支撑，刻工人才也难以续貂，笺谱艺术走向衰微则是必然的！

其次，刻工刊刻的图书是属于观赏型的消费品，既受商业市场的影响，也为时尚所制约。徽商的衰落，导致徽州刻工创作的作品丧失了一个重要的欣赏群体。同时，随着新式印刷工具的出现，传统刻印作品的艺术魅力敌不过新式印刷工具印刷的作品。"自欧风东渐以来，西洋装订转入我国，线装书又称古书矣。"② 说明，在西方图籍装帧形式的排挤下，中国传统装帧形式已经落伍。在这种情况下，徽州刻工传统技艺拥有的市场也相应地萎缩衰减。

另外，清道咸以后传统图书市场的萎缩，代之而起的是新兴官书局的中兴。叶德辉云："咸丰赭寇之乱，市肆荡然无存。迨乎中兴，曾文正首先于江宁设金陵书局，于扬州设淮南书局，同时杭州、江苏、武昌继之……自学校一变，而书局并裁，刻书之风移于湘、鄂。"叶氏对新旧交替的历史变迁未能有正确的认识，面对传统刻书的日渐萎缩，大声疾呼：

---

① 郑振铎：《西谛书话》，《北平笺谱序》，北京，三联书店1998年版，第20页。
② 《黄宾虹文集·书画编》，《讲学集录》，上海，上海书画出版社1999年版，第81页。

"危矣哉！刻书也。"① 这固然反映了其思想的保守一面，但却反映了当时传统图书市场在新兴的刻书形式面前日渐衰落。国内传统坊刻尤其是徽州坊刻的衰落，直接导致了徽州刻工劳动市场的萎缩，迫使大量徽州刻工改行，另谋出路。

四、传统儒学发展观的落伍、传统文化
传播的困境与徽商的文化迷失

（一）传统儒学发展观的落伍与传统文化传播的困境

儒学作为农耕文明的重要思想文化，尤其是统治阶级推崇的主要思想流派，在经历了 2000 多年的发展演变后达到了极致。由于儒学突出强调了现实、入世和实用，就势必造成轻视抽象的思辨、纯理论的探索，缺乏对自然界的深入观察和研究的兴趣。由于儒学过于重视人与人之间的关系，且与统治阶级的关系十分亲近，因此对制度层面的创设问题缺乏关注，偏重"人治"而轻"法制"，致使当时的中国长期盛行"伦理社会"。

西方近代化浪潮以殖民主义的形式向全球推进，中国开始了"被近代化"历程，西方各种社会文化思潮以各种形式传播到中国，中国民众上自官僚士大夫下至市井百姓，传统儒学文化和社会思想观念受到空前的冲击：儒家"天道不变"的宇宙观，"天人相通，天人合一"的天人观；"重义轻利""重本抑末"的经济观，"内圣外王、君权神授"政治观，"宗族、等级、纲常伦理"的社会伦理观，"夷夏、华夷秩序"的民族国家观，"天朝上国"中国中心文化观，"孔子中心主义"儒学权威论等，都遭到了西学和现代化的颠覆，儒家在信仰和意识形态方面的统治地位被不断消解，从动摇走向失落，从中心滑向边缘。各种西方传来的新思想逐渐侵蚀或取代了标识传统儒学身份的象征符号，包括"天人合一""天不变，道亦不变"的哲学观、"君权神授""纲常伦理"的政治观；"重义轻利""重本抑末"的经济观；"华夷之辨""儒学独尊"的文化观等。"人文主义""社会进化"的哲学观、"自由民主主义"和"社

---

① 叶德辉：《书林清话》卷 9，《古今刻书人地之变迁》，北京，北京燕山出版社 1999 年版，第 247 页。

会主义"的政治观、"工业主义""市场主义"的经济观、从"全盘西化"到"多元现代性"的文化观在近现代中国不断地成长着，填补和取代传统儒学原有的地位。①

（二）徽商的文化迷失

近代以后徽商思想价值观依然停留于传统儒学范畴，面对新旧时代的更替，东西方文化的碰撞，他们思想观念上固步自封，导致他们未能像浙江、广东等地的商帮审时度势，抓住时机，与世界接轨，及时转型。徽商的文化迷失主要表现在如下几个方面：

第一，在指导思想方面，徽商向奉儒家治世思想为圭臬，徽州儒学大约经历三个发展阶段：自南宋至明中期，朱子学大兴；明中后期，阳明心学渐占上风；清以后，乾、嘉朴学兴起。② 其中影响最为深远的便是朱子理学。徽商每到一地，都要在当地建朱子祠，捐资兴学、刻书。据刘声木《苌楚斋续笔》记载："粤捻初平，扬州设立安徽会馆，皖南商人欲供朱子（朱熹），皖北商人欲供包孝肃（包拯），相争不已，无可解诘，乃于正中供历代先贤位。"此为徽商受朱子熏习甚深的典型事例。不可否认，儒家治世思想尤其朱子理学对徽商有着深刻的影响，促进了其文化自觉的形成。但儒学思想又如看不见的手，它推动了徽商的成长，同时又将壮大后的徽商拉回到封建秩序轨道之中，使徽商无法从本质上实现自我超越。近代以后，徽商认识不到世界的新变化，儒家传统的治世思想已不能满足新时代发展的需要，仍固守儒家传统思想，"夜郎自大"，固步自封，思想上逐渐落伍。

第二，在文化传承方面，徽商子弟部分通过科举入仕，融入封建体制中，与封建国家共消沉，黟县西递村履福堂的侧柱上写有"几百年人家无非积善，第一等好事只是读书"的古训。歙县，"十户之村，不废诵读"，所以"以才入仕，以文垂世"者，代不乏人。较为著名的有明嘉靖年间进士，后晋升为少保、武英殿大学士的许国，西递官居刺史的胡文光，棠樾尚书鲍象贤等。此外，随着明清时期科举之路艰难，许多徽商子弟乘捐纳之风谋取功名，部分徽商及其子孙更是沉迷于眼前虚假的繁华，沉迷奢侈消费。以捐纳之便提高政治地位，依附于封建统治阶级，

① 参见盛邦和、何爱国：《儒家与现代化：反抗与调适》，http://www.confucius2000.com/confucius/rjyxdhfkyts.htm。
② 参见李琳琦：《徽商与徽州的学术思想》，《历史档案》2005 年第 2 期。

促使徽商在当代获取了种种的政策的优惠。这一方面扩大了徽商在经济上的扩张性和财务上的保障性，降低了徽商的经营风险。但同时也使徽商失去了惯有的开拓精神、进取精神、创新精神和变革精神，错失了近代向资本家过渡的可能性，与近代历史趋势相悖，沦为历史的牺牲品。

第三，在商业经营方面，徽商素以朱子之学为重，传承封建王朝的"正统思想"，始终与朝廷站在一边，常与乡绅雅士及政府官员往来，逐渐淡化了其商人的部分特性。此外，倾附于封建统治阶级也一定程度上承袭了传统思想中"轻商"的思想，徽商大多是生活所迫从商，逐利情结趋弱，财富积累到一定程度便回归故里不再经商，转型成为传统封建家族，激励子弟弃商从政，考取功名。徽商受传统思想影响下，对于传统保守封建家族及封建小农经济的偏好更为显著，在商业经营上缺乏意识上的主观认同，促使其在近代封建势力落败时同气衰败。

第四，在商业管理方面，徽商经营中曾起到重要作用的封建宗族管理文化。徽商将所赚钱财用于建房置地，过上了封建大家庭的生活，徽州商号的组织结构常分为商人、代理人、副手、掌计、雇工、学徒等层次，高层伙计（代理人、副手或掌计）一般由宗族子弟担任[1]，在外徽商也以宗族为单位统一管理，宗族族长约束宗族子弟，凡侵害宗族利益的以逐出宗族为最高处罚。徽商的管理制度基础为封建宗族制度及封建宗族族长的绝对权威地位，其约束力主要来源于封建制度及传统儒学伦理观念。随着近代人文思想理念的冲击，以及封建势力的逐步瓦解，徽商的宗族管理制度已不再能适应经济和社会发展的新形势，宗族纽带维系作用日渐削弱，其传统以宗亲关系为依托的管理模式难以持续，其商业网络渐趋瓦解。

---

[1]　蔡洪滨、周黎安、吴意云：《宗族制度、商人信仰与商帮治理：关于明清时期徽商与晋商的比较研究》，《管理世界》2008 年第 8 期。

第七章　商人的文化传播：徽商
刻书个案研究

　　为进一步考察徽商与徽州出版的关系，本书遴选了部分徽商从事刻书的个案作为专题研究，考察其文化传播行为，管窥其时代特征。其一是选择明中叶后徽州坊刻大家吴勉学的刻书作为考察对象。因为明中叶后徽州坊刻异军突起，具体考察此时期徽州坊刻家的刻书活动，颇具有研究价值。其二是选择清前期坊刻代表张潮，通过考察其刻书活动，分析其刻书特色，在与明中叶吴勉学坊刻活动对照比较中，管窥清前期坊刻业的发展演变。其三选择清中叶徽州商人家刻代表扬州马曰琯、马曰璐兄弟的刻书作为考察对象。因为清中叶徽州书业再次兴盛，与明中叶兴盛有所不同的是，此时由于清政府的文化政策以及乾嘉学风所及，徽州家刻达到了极盛，很多徽商投入到家刻的行列，此时期徽商家刻具有典型的时代性。其四是考察清末徽商李宗煝的刻书活动，通过分析其刻书特色，管窥在徽商整体衰落的背景下，徽商文化活动的价值追求。

一、吴勉学刻书活动及其特色

（一）吴勉学的刻书活动

　　吴勉学，字肖愚，又字师古，明嘉靖万历年间歙县丰南人，生卒年不详，其家世代业商。少年喜读书，后做官至光禄署丞，不久弃官回家，建立刻坊"师古斋"，凭借富厚的家资和丰富的藏书，刊刻了大量的图书，据统计，吴勉学一生刊刻图书 300 余种 3500 余卷[1]（其所刻图书要目见表 7-1），尤其以刊刻大量的医学图书闻名于世，其刻本被称为"吴

---

　　[1]　参见徐学林：《徽州刻书》，合肥，安徽人民出版社 2005 年版，第 84 页。

本"。吴勉学的刻书特色充分体现了明中叶以后坊刻业流变的趋势。

表7－1　吴勉学刻书要目一览表

刻印年代	名　　称	编纂（辑）者	卷　次
嘉靖年间	尺牍清裁 11 卷，补遗 4 卷	（明）杨慎编，吴勉学辑刻	15 卷
隆庆年间	史记	（汉）司马迁	130 卷
隆万年间	历代史正	（明）饶汝梧	2 卷
万历年间	大佛顶如来密因修证了义诸菩萨万行首楞严经集注节要	（唐）释般刺密帝译，坦法师集注	10 卷
万历年间	史裁	（明）吴士奇	26 卷
万历年间	唐雅	（明）张之象	26 卷
万历年间	医学六经（丛书）	（明）顾从德	6 种 68 卷
万历年间	新镌批选皇明百将传合法兵戎事类	（明）赵光裕批选，赵子玄辑	3 卷
万历年间	广宏明集	（唐）释道宣	30 卷
万历年间	何仲默先生诗集	何景明	15 卷
万历年间	（白文）国语	韦昭注	21 卷
万历年间	（白文）战国策	同上	10 卷
万历年间	十三经		15 种 90 卷
万历年间	医说	（宋）张杲	10 卷
万历年间	刘河间伤寒六书（丛书）	（金）刘完素等撰，吴勉学辑刻	8 种 35 卷
万历年间	伤寒六书（丛书）	（明）陶华	6 种 10 卷
万历年间	医学发明	（金）李杲撰	1 卷
万历年间	堪舆秘传，堪舆续论	（宋）刘潜撰，吴勉学编	不分卷
万历年间	阴阳正源堪舆至秘旅寓集	（宋）赖克俊	不分卷
万历年间	宅宝经	（唐）杨筠松	不分卷
万历年间	儒门事亲	（金）张从正	15 卷
万历年间	文选六臣注		60 卷
万历年间	礼记集说	（元）陈浩	5 卷

续表

刻印年代	名　　称	编纂（辑）者	卷　次
万历年间	家礼集说	（明）冯善	5 卷
万历年间	四书集注（丛书）	（宋）朱熹	4 种 19 卷
万历年间	唐乐府	自编选	18 卷
万历年间	事物绀珠	（明）黄一正	46 卷
万历年间	宋元资治通鉴	（明）薛应旗	157 卷
万历年间	近思录	（宋）朱熹	14 卷
万历年间	唐诗正声	高廷礼	22 卷
万历年间	两汉书		2 种 240 卷
万历年间	新刊滑伯仁先生诊家枢要（附十四经发挥）	（明）滑寿撰，吴勉学、鲍士奇同校	3 卷
万历年间	师古斋汇聚简便单方	自编	7 卷
万历一九	二酉园尺牍选	（明）陈文烛	20 卷
万历二〇	资治通鉴（附胡三省撰《释文辨误》12 卷）	（宋）司马光	294 卷
万历二五	性理大全书	（宋）朱熹撰，吴勉学重校	70 卷
万历二八	四季须知	（明）吴嘉定	2 卷
万历二九	东垣十书（或医学十书）	（元）李杲	12 种 22 卷
万历二九	痘疹大全（丛书）	自辑	8 种 20 卷
万历二九	古今医统正脉全书（丛书）	吴勉学汇刻①	44 种 205 卷
万历三〇	李何三先生诗集	（明）李梦阳、李三才、何景明著	2 种 48 卷
万历三一	五侯鲭	（明）彭严	12 卷
万历三二	四唐汇诗（丛书）	自刻	4 种 500 卷
万历三二	对类考注	自刊	20 卷
万历三四	少室山房四集（丛书）	（明）胡应麟撰，新都江湛然辑	18 种 199 卷

---

　　① 旧题"王肯堂编，吴勉学校刊"。此丛书实则吴勉学于万历二十九年汇刻而成，与王肯堂无关。见黄龙祥《中医古籍版本鉴定常见问题例说》（载《文献》1998 年第 2 期）。

续表

刻印年代	名　　称	编纂（辑）者	卷　次
万历三五	海岳山房存稿（丛书）	（明）郭造卿	4 种 26 卷
万历三八	二十一史论赞辑要	（明）彭以明	36 卷
万历三九	二十子（丛书）	吴勉学校刻①	20 种 143 卷
万历四三	花间集 10 卷、补遗 2 卷（套印）	（唐）赵崇祚辑　（明）汤显祖评	12 卷
天启年间	吕氏春秋	（秦）吕不韦	

（二）吴勉学的刻书特色

首先，功德传世，奉正统为脉流。

吴勉学可以说是位弃儒从贾的徽商，年少好诗书，尤其对医学兴趣浓厚。从商前曾官拜光禄署丞。经世济民，功德传世，这是中国儒学的人生价值观。虽"弃儒从贾"，但儒者的人生追求却依然是吴勉学生活的不二宗旨。民间传闻，吴勉学梦为冥司所录，叩头乞生。旁有判官禀曰："吴生阳禄未终。"吴连叩头曰："愿作好事。"冥司曰："汝作何好事？"吴曰："吾观医集，率多讹舛，当为订正而重梓之。"冥司曰："刻几何书？"吴曰："尽家私刻之。"冥司曰："汝家私几何？"吴曰："三万。"冥司可而释之。吴梦醒，广刻医书。② 此传说显然荒诞不可信，但它侧面反映了吴勉学对"率多讹舛"的医集深恶痛绝，致力于"订正而重梓之"，从而实现功德传世的愿望。

封建传统社会里，功德观与正统观相辅相成。建立功德，必宣扬正统；宣扬正统，是建立功德的途径之一。因而，吴勉学的刻书虽是坊刻，但所刻之书大部分是所谓正统之书。如《十三经》《二十子》《历代史正》等经史子集之类，弘扬正统文化。吴勉学刻书以医书闻名，其刊刻医书亦坚持他的统脉观念。在万历二十九年（1601）刊刻大型丛书《古今医统正脉全书》的序言中，他说："医有统有脉，得其正脉，而后可以接医家之统。"充分表明了其脉统观念。

---

① 王重民《中国善本书提要》云：原题"明新安黄之寀校刻"，考证云：细审其题衔处，竟似将吴勉学三字刓去，补入黄之寀三字者。（上海，上海古籍出版社 1993 年版，第 267 页）

② 参见赵吉士：《寄园寄所寄》卷 11，《杂记讱庵偶笔》，清康熙三十五年（1696）刻本。

　　其次，注重质量，以善本竞上游。

　　明中叶以后，坊刻大兴，但坊刻的质量参差不齐，有的坊刻为追求利润而不惜粗制滥造。吴勉学的师古斋虽是坊刻，其"尝校刻经、史、子、集数百种，雠勘精审"①。无论是经史子集，还是医学风水之书，坚持质量是贯彻始终的原则。其刻书质量在当时是首屈一指的。如当时人谢肇淛说："书所以贵宋板者，不惟点画无讹，亦且笺刻精好，若法帖然……及新安所刻《庄》《骚》等本，皆极精工，不下宋人。然亦多费校雠，故舛讹绝少。"②"宋板"质量之精，受收藏者最为推崇，而吴勉学的刻本却不亚于宋板，谢肇淛是明中叶的鉴赏大家，他所指的《庄》《骚》刻本即指吴勉学所辑刻的《二十子》中的《庄子南华真经》和《楚辞集注》中的《离骚》。可见，吴勉学辑刻的质量之精湛。此外，吴勉学的刊刻之功，得到清代钦定《四库全书》编纂者的肯定。《四库全书》的编纂者在辑录《河间六书》时，以吴勉学的刻本为通行本，并特别提到吴勉学的辑刊之功："《河间六书》，27 卷，明吴勉学编。勉学，字肖愚，歙县人。是编裒辑金刘完素之书。《凡原病式》1 卷，《宣明论》15 卷，《保命集》3 卷，《伤寒医鉴》1 卷《伤寒直格》3 卷，《伤寒标本》2 卷，附《伤寒心要》《伤寒心镜》各 1 卷。名为六书，实八书也……今存其总目于此，以不没勉学缀辑刊刻之功焉。"③ 不仅如此，其校勘质量，也得到《四库全书》编纂者的充分认可，并作为编纂者校勘的范本。如梁朝刘孝标注的刘义庆撰的《世说新语》中就有不少错误，《四库全书》编纂者依据吴勉学刻本进行校改。如刘孝标注本卷中之上，"方正魏文帝受禅，陈群有戚容，注义形于色（刊本形于讹于其，据吴勉学本改）"，又如卷中之下"赏誉世目谢当为令达注超悟令上也（刊本超讹招，据吴勉学本改）"。④ 吴勉学所校勘刊刻的如《十三经》（15 种 90 卷）《周易本义》（14 卷）《书经集传》（38 卷）《文选六臣注》（60 卷）《四书集注》（4 种 19 卷）《性理大全》（70 卷）《海岳山房存稿》（25 卷附录 1 卷）等都是传世善本书。这些善本书的辑刊确立了他坊刻大家的地位。

　　再次，刊刻医籍，独具市场特色。

---

① 赵吉士：《（乾隆）徽州府志》，清道光七年（1827）刊本。
② 谢肇淛：《五杂组》卷 13，《事部一》，上海，上海书店 2001 年版，第 266 页。
③ 纪昀等：《钦定四库全书总目》卷 105，四库全书本。
④ 王太岳等：《钦定四库全书考证》，《世说新语》，四库全书本。

前文已述及，明中叶世俗文学的兴起，为坊刻提供了广泛的刻书资源，追逐市利也成为坊刻的特色，凡有所需，书坊即为所刻，市场需求成为坊刻的指南。作为坊刻，必然要追随市场，吴勉学坊刻的兴旺，也与他瞄准图书市场密切相关。但与其他书贾追求出版世俗文学类的选题不同，吴勉学在市场面前却能独辟新径。出身于徽州的吴勉学自幼便热爱医学，在新安医学熏陶下，吴勉学自身便具有了丰富的医学知识。在常年阅读医集的过程中，发觉诸多医集存在着大量的错讹。医集中的错讹其恶劣影响是显而易见的，轻则延误健康，重则危害生命。前文中吴勉学"冥司案"的传闻中，切合实际当是吴勉学的"吾观医集，率多讹舛，当为订正而重梓之"之语，后人据此附会而已。吴勉学认为校刻医集，不仅是功德之举，同时也存在着巨大的市场，何况丰富的新安医学可以作为其强大的资源后盾。吴勉学辑刻的医学丛书中仅《古今医统正脉全书》《痘科大全》《东垣十书》《刘河间伤寒六书》等就有 72 种 273卷。"歙吴勉学一家，广刻医书，因为获利。乃搜古今典籍，并为梓之，刻梓费及十万。"① 可见，选择刊刻医集，充分体现了吴勉学作为出版家的韬慧。

最后，合资联营，以大手笔称雄。

在追求质量的同时，吴勉学以雄厚的资金，联合其他书贾尤其徽州书贾共同刻书售书。首先，在经营模式上，吴勉学联合其他坊刻书贾尤其同族的共同经营，如同族刻书名家吴养春、吴琯等。其联营形式主要有：自己出资，请其他人校勘；自己校勘，请其他书贾代为刊印；自己刊刻，请其他书贾代为销售。如此联营，可以壮大自身校勘刻印的力量，同时可缩短刻印周期，获得最大的经济效益，也有利于资金周转。如《二十子全书》，吴勉学请徽州校刊名家黄之寀负责校刊，自己负责刻印，刊印周期大大缩短。刊印《古今医统正脉丛书》，该丛书上自《黄帝内经》，下至当代医学著述，上下跨度大，纵横范围广，专业学识性强，仅靠一家之力，难以完成。吴勉学父子与著名医学家王肯堂合作，最终完成。又如吴勉学与书贾张一桂共同校刻《资治通鉴》，等等。吴勉学一生刊刻书籍达 300 余种 3500 余卷，如此恢弘刻印数目，与他联营的刻印策略是分不开的。第二，在刻书气势上，表现了出版大家的霸气。吴勉学热衷于刊刻出版大部头的丛书。如自辑《二十子》（20 种 143 卷）《十三经注疏》（24 种 202 卷）《古今医统正脉丛书》（44 种 204 卷）等，尤其

---

① 赵吉士：《寄园寄所寄》卷 11，《杂记讱庵偶笔》，清康熙三十五年（1696）刻本。

《古今医统正脉丛书》刻书费用多达 10 万金，获利后乃搜古今典籍，并为广泛梓行，是我国最早汇刻的医学丛书之一，至今仍被列为中华十大医学丛书。这种大手笔气势，是其他坊刻望尘莫及。第三，装潢上，更显大家气势。如辑刊大型图书《文选六臣注》（60 卷 30 册），在版式、装订和装潢上极为考究。其行格，每行上列大字为文选原文，每页 18 行，行 18 字。原文下列小字为唐六臣（李善、吕延济、刘良、张铣、李周翰、吕向）注文，注双行，行亦 18 字。原文大字厚重，注文小字瘦削。其书口为左右双边，白口，双白鱼尾。天头留白甚多，可作批注之用。全书版式划一，文字精美，原文注文一目了然。全套书采用线装，并使用精美的函套包装。既美观，又实用，更体现艺术性。又如《性理大全书》（70 卷），采用竹纸，开本为 25.5cm × 17cm，半框为 21cm × 15cm。版心也是白口，双白鱼尾，左右双边；行格为每页 10 行，每行 20 字，注双行，眉栏字数不定，版心下刻有字数；天头留白；卷末刻有"新安吴勉学重校"牌记字样。装潢上也采用线装函套。整体规模宏大，刻工精良，装帧精美，装订考究，非一般财力者所能做到。吴勉学辑刊《花间集》及《补遗》，更借助雄资采取彩色套印，这在彩色套印技术刚刚诞生的明中叶实为凤毛麟角。

二、张潮刻书活动及其特色

张潮（1650～1707），字山来，号心斋，又号三在道人，安徽歙县人，生于顺治七年，卒于康熙四十六年。清代文学家、小说家、刻书家，官至翰林院孔目。张潮生于官宦世家，其父为张习孔，字念难，号黄岳，顺治六年进士，官至刑部侍郎。张潮从小生活在"田宅风水，奴婢器什，书籍文物"[①] 俱全的优裕的环境下，但并没有染上官宦人家常用的恶习，在其父严格的家规下张潮自幼严于律己，"潮幼颖异绝伦，好读书，博通经史百家言。"[②] 这种优裕的家庭环境再加上张潮严于律己的态度，为以后其著书刻书奠定了坚实的基础。

张潮早年致力于科举，分别于康熙二年、五年参加科举考试，惜均

---

① 张习孔：《家训》，王晫、张潮编著：《檀几丛书》，上海，上海古籍出版社 1992 年版，第 48 页。

② 陈鼎：《心斋居士传》，《留溪外传》卷 6，清刻本。

未中；康熙八年、十一年再试，又未中。从 15 岁 ~ 26 岁，张潮迷于科举，屡考未中，深受打击，遂淡于仕途，重拾先祖商贾之业，侨居扬州经营盐业，颇多获利，富甲一方。张潮侨居扬州后，广交友，济贫乏。"开门延客，四方士至者，必留饮酒赋诗，经年累月无倦色。贫乏者多资之以往，或囊匮则宛转以济；盖居士未尝富有也，以好客，故竭蹶为之耳，佳客与之论文晰道理，计经济之学，辨上下古今数千年以来事。"①康熙三十年，授新例"捐纳京衔"，以岁贡授翰林孔目，未出仕。

（一）张潮的刻书活动

张潮先后开设"诒清堂""霞举堂"刻坊，以己之财刻印书籍，并广泛资助文士刻印其书。张潮性情旷达，交友甚广，与众多文人在一起唱和酬答，诗酒往来，促进了其自身文学修养的提升，同时从交往中获取了大量优秀的文学作品，成为其著书刻书主要的稿源渠道。

张潮广搜天下奇书，编书刻书，甘心为他人作嫁衣，从他人作品中选精拔萃，汇编成册，矢志不渝。如其编印《虞初新志》后，喟然而叹曰："嗟乎，古人有言，非穷愁不能著书以自见于后世。夫人以穷愁而著书，则其书之所蕴……"② 其一生之中编辑刻印了《虞初新志》《檀几丛书》《昭代丛书》《友声集》《古文尤雅》等多种。自幼励志勤学，学识广博，志在著书立言，有《花影词》《幽梦影》《心斋诗抄》《诗幻》《咏物诗》《清泪痕》《玩月约》《联庄》《酒律》《下酒物》《焦山古鼎考》《七疗初集》《书本草》《花鸟春秋》《贫卦》《集李集杜》等二十多种存世著作。

张潮平日以读书、著书、刻书自乐，对于各种题材新颖的古文小品、杂著，戏剧、小说，甚至对传入中土的西学，都有浓厚的兴趣。其一生著书刻书颇丰，有《心斋杂俎》《花影词》《七疗》《幽梦影》等著作 20多种。此外，还辑录编纂了诸多丛书，其中以《虞初新志》《檀几丛书》《昭代丛书》影响最大。

（二）张潮的刻书特色

从中国古代文人追求的人生境界来说，儒生之书与侠士之剑能互补统一，方为佳境。张潮的人生理想境界也如此，他身上不乏豪气爽朗的

---

① 陈鼎：《心斋居士传》，《留溪外传》卷 6，清刻本。
② 张潮：《虞初新志·自序》，上海，上海古籍出版社 2012 年版，第 2 页。

风采。如其所言："我所怀兮在英雄，豪侠慷慨气贯虹。秋郊击剑报知己，挥金那顾家计穷。"①张潮所尚的"侠"带有十分明显的市民文化气息，表现为不拘小节，豪爽、重信义。其侠士情结自然也融入了其编选出版的图书之中。这其实也是张潮编辑丛书深受欢迎的重要原因之一。其图书出版活动具有如下特色：

1. 内容新奇，善编丛书

张潮出身于书香门第，受家庭环境熏陶，自幼好学，早年致力于举业，但屡考未中，侨居扬州后，以读书、著书、刻书自乐。对内容新奇、形式活泼的古文小品、杂著、"不登大雅之堂"的戏曲、小说和民歌，甚至对传入中土的西学，他都有浓厚的兴趣，这为其日后编书出书奠定了基础。

从选题内容上看，张潮喜欢编著一些"奇""异"的作品，其"嗜探奇，尤沈考异"②，多调笑滑稽，离奇诡异，他认为"离奇诡异"之文，方能"引人着胜"。曾曰："况天壤间浩气卷舒，鼓荡激薄，变态万状。一切荒诞奇僻，可喜可愕、可歌可泣之事，故之所有，不必今之所无；古之所无，忽为今之所有，固不仅飞仙盗侠，牛鬼蛇神，如《夷坚》、《艳异》所载者为奇矣。"③正如他在《虞初新志》明确提出"表彰轶事，传布奇文"，以"奇"为特点。时人顾彩对其《诗幻》一书的采编甚为叹服："既而示余别集一编，号曰《诗幻》，离奇绚烂，初不觉其中之所藏，徐而察之有花名、药名、古人名、郡邑名、传奇名，浑成凑泊，如天缝无衣，陶镕入化，乃盖叹张子之才大而心细，为不可及也。"（顾彩《心斋诗幻·序》）王瑞人亦云："《诗幻》之题新句创，字字皆奇，名体俱备，勿谓新城王公，即上而历代诗人，未有如先生之博雅新奇，曲尽其妙也。"（王瑞人《心斋诗幻·序》）张潮追求尚异的思想还表现在对古文文献的研究上，《古世说》《古文尤雅》《古文辞法传集》诸古文献，张潮均有研究，并整理出版。张潮除了对"奇""异"的内容感兴趣外，还对"西学"表现出了浓厚的好感，张潮是接受西学较早的学者之一，并注意用"西学"来治国学。如他在《虞初新志》卷6《黄履庄小传跋》中所云："泰西人巧思，百倍中华。岂天地灵秀之气，独钟厚彼方耶？吾友梅子定九、吴子师邵，皆能通乎其术，今又有黄子履庄，可见华人之巧，未尝或让与彼，只因不欲以技艺成名，且复竭其心思于宝贵利达，

---

① 张潮：《心斋诗集》"四怀诗"，聂先辑《百名家诗选》，康熙绿荫堂刻本。
② 张潮：《虞初新志·凡例》，上海，上海古籍出版社2012年版，第2页。
③ 刘和文：《张潮研究》，合肥，安徽大学出版社2011年版，第104页。

不能旁及诸技，是以巧思逊泰西一筹耳。"① 张潮这种中西贯通的能力，使得他编著的图书内容广泛，新颖深受欢迎。

从篇幅形式上看，张潮喜欢编著一些大型丛书类的作品。丛书通常是为了某一特定用途，或针对特定读者群，或围绕一定的主题，在一个总书名下汇集多种单独著作，成为一整套集群式图书。丛书的价值在于汇集各种书在一起，便于保存和检索，又因其收集佚书，提供善本，精本，有利于古籍的流传和普及，且具灵活性，可以任读者选择，取其所需。例如《昭代丛书》《檀几丛书》《虞初新志》等大型丛书，在学术界享有盛誉。《檀几丛书》五十卷汇集了清初兼明末诸家短篇小说，内容广泛，庄谐并陈。《昭代丛书》三集一百五十卷汇编了清代最重要的学者、文学家的著作，体现了清代学者研究西学东渐和文化生活的各个侧面。另一方面，这种丛书的编著方式也便于图书的销售，获利颇多。

2. 考订精当，装饰精美

张潮注重考据，有丰富的考据学理论知识，提出了"考订详明，援引精当"② 的编印要求。如在《昭代丛书》等丛书中撰了引言附于各书前后，说明各卷书的源流，并对编者进行了评价、考订，体现出他对作品的严格要求，精益求精的态度。他曾曰"一言一字尽属珠玑，片羽吉光皆成拱璧，其中多有古来经史之考订，方今制度之昭垂，岂得尽谓之识小乎哉"③，且要求"足补宪章"④。同时提出了"书加圈点"的方法，这主要基于"字字从笔端经过，庶免扫叶之憾"⑤ 的考虑，这些都体现出张潮对作品的精益求精的态度。

为了获得更多的读者，占领更大的市场，除了要对刻印的书籍精审校勘外，还要对图书的样式，装饰等方面十分重视。张潮注意到了这点，曾曰："书画之有装潢，犹美人之有装饰也。美人虽姿态天然，苟终日粗服乱头，即风韵不减亦甚无谓，若使略施粉黛，轻点胭脂，裁雾縠以为

① 张潮：《黄履庄小传·跋》，《虞初新志》卷6，上海，上海古籍出版社2012年版，第96页。
② 张潮：《谢皋羽年谱·跋》，《昭代丛书》甲集卷21，上海，上海古籍出版社1990年版，第42页。
③ 张渐：《昭代丛书丙集·序》，《昭代丛书》丙集，上海，上海古籍出版社1990年版，第343页。
④ 沈懋直：《昭代丛书合刻略例》，清道光间吴江沈氏世楷堂刻本，第1页。
⑤ 张潮：《昭代丛书乙集·凡例》，上海，上海古籍出版社1990年版，第183页。

裳，剪水绡而作袖，有不增妍益媚者乎？"①张潮这种既注重内容的精湛，又注重装饰的美观的做法，增加了阅读的兴趣，特别是大量刊刻插图，图文结合，能很好地吸引读者们购买。

3. 注重时贤，打击伪版

在这方面，张潮可谓得风气之先又取得了不错的成绩。《昭代丛书》就是其注重时贤的集中体现，以"昭代"为书名，编选"本朝诸先生著作"。而《檀几丛书》专收当代小品杂著，书中收录了当代重要学者、艺人、医生的作品，再现了当时社会的方方面面。

由于张潮编辑出版的丛书注重实用，内容新颖奇特，很受当时读者的欢迎，这也自然成为了盗版的对象。为此张潮大胆地提出了打击盗版的主张。如他在《昭代丛书丙集例言》所言："翻刻之禁，昔人所严，迩来当事诸公类多宽厚长者，而选刻之家其力又不能赴闽终诉，是以此辈肆无忌惮，唯有付之浩叹而已。仆所梓《四书尊注会意解》大受翻版之累，伏愿今入闽当道诸先生，凡遇此等，流力为追，劈伪版究拟如法。其所造诚非浅尠，仆当以瓣香供养之。"②张潮的版权意识还表现在，在所出版的图书中注明编辑者、出版者。如《檀几丛书》是其与清初的著名刻书家王晫编辑，由"霞举堂"刻刊，每卷卷端注明"武林王晫丹麓辑，天都张潮山来校"，《昭代丛书》《虞初新志》每卷卷端都有类似字样，颇有较强的版权意识。

4. 关注需求，广开稿源

随着明清时期经济的发展，市民的生活水平不断提高，世俗阶层崛起，消遣娱乐类作品的需求显著增加。而前代作家的作品难以满足广大读者的需求，促使选家从当代中选取一些作品刻版出来，满足广大读者的需求。同时注重读者阅读的便利性。如为便利读者，《昭代丛书》在每页中缝注明丛书总名，还表明单篇著作名称。《凡例》曰："从来编辑丛书类多以各种书名列于中缝，如《汉魏丛书》《百川学海》《秘籍》之类……不独观者无难，一目了然……亦易于从事也。"③这样丛书方便读者查阅，也吸引读者去购买。

与此同时，张潮出于大量刊刻图书的需要，也运用"刊登广告"的

---

① 张潮：《装潢志·小引》，《昭代丛书甲集》，上海，上海古籍出版社 1990 年版。
② 张潮：《昭代丛书丙集·例言》，上海，上海古籍出版社 1990 年版，第 344 页。
③ 张潮：《昭代丛书·凡例》，上海，上海古籍出版社 1990 年版。

方式来征稿，内容包括古文、小说、游记等。《虞初新志》凡例记载：
"海内名家尚多未传之作，坊间定本俱为数见之书，幽人素嗜探奇，尤沈
考异。此选之外，尚有嗣选古世说、古文尤雅、古文辞法传集……幸赐
教言。"① 除了刊登广告征稿以外，张潮还购买稿件，张潮曾和周梓人、
刘梓人共同出资购买了张潮友人张紫裳父张九达的著作《四书会意解》。
这些都体现出徽商进入出版业显现出来的固有的精明干练。与此同时，
张潮还采用了联合他人，相互合作的方式。徽商经营讲乡谊，相互帮助，
相互提携，在编著大型丛书或大部书时，为了缩短出版周期，相互间常
常联合作战。如《檀几丛书》是其与清初著名刻书家王晫编辑，由王氏
霞举堂刊刻，《檀几丛书初集》每页中缝都注有"霞举堂"字样，每卷卷
端注明"武林王晫丹麓辑，天都张潮山来校"的字样。

三、"扬州二马"刻书活动及其特色

清代图书出版的历史形态主要是指刻书。清代刻书有官刻、坊刻和
私刻三种主要类型。清代私刻空前兴盛，出版主体一般是学者士人，他
们利用自己的丰富藏书进行校勘编印。他们一般以崇尚文化为宗旨，不
以市利为目的。明清徽商贾而好儒，他们以雄厚的资金和丰富的藏书为
后盾，也积极加入私人刻书的行列，"扬州二马"便是典型代表。典型性
表现在：其一，二马刻书数量很多（其刻书要目详见"表 7 - 2 '扬州二
马'刻书要目一览表"）；其二，二马刻书精美，有"马版"之称；其
三，二马刻书具备了清代私家刻书的一般特征，即不图市利，崇尚学术。
此处从论析扬州二马的刻书理念着手，探讨其追求精品却不图市利的原
因所在。

（一）"扬州二马"的藏书与刻书

"扬州二马"系指徽籍扬州盐商马曰琯、马曰璐兄弟。马曰琯
（1688～1755），字秋玉，一字嶰谷。马曰璐（1697～1761），字佩兮，一
字半槎。清乾嘉时期祁门城里人。其祖父、父皆业盐于扬州，遂定居扬
州。马氏兄弟继承祖业，继续经营盐业，为扬州徽商巨富之一，因兄弟
二人财产不分彼此，志向相同，又均多才艺，同以诗名，故人称"扬州

---

① 张潮：《虞初新志·凡例》，上海，上海古籍出版社 2012 年版。

二马"。马氏兄弟雅文好古，考校文艺，酷嗜典籍，马曰琯著有《沙河逸老小稿》、《嶰谷词》等诗文集，曰璐著有《南斋集》、《南斋词》等诗文集。家有丛书楼，藏书富甲江北。《四库全书总目》著录马氏藏书有 373 种 5529 卷，其中经部 57 种 670 卷，史部 123 种 1658 卷，子部 43 种 731 卷，集部 150 种 2470 卷。乾隆三十八年，北京四库馆开办，马曰璐之子马裕献藏书 776 种。乾隆御赐《古今图书集成》1 部、《平定伊犁金川诗图》1 幅，并亲题《鹖冠子》相赠。马曰璐编有《丛书楼书目》，从书目可以大致了解马氏兄弟藏书概况。马氏有"南斋"朱文小长方印、"半查"白文方印、"臣璐私印"朱文小方印、"南斋秘籍"朱文小方印等藏书印章，这些可鉴定其为马氏藏书。家设刻印工场，在短短的 60 年左右的时间里，前后刻书达五六百卷（见表 7-2），这在手工刻印的时代，是很不容易的。其刻书无论装帧还是字体，堪称精美，时称"马版"。

表 7-2　"扬州二马"刻书要目一览表

校刻年代	书籍名称	撰　者	卷　次	说　明
康熙四八年	经义考	（清）朱彝尊	300 卷	朱氏已刻 170 卷，马氏补刻 130 卷
康熙末年	班马字类	（宋）娄机	5 卷	
康熙末年	五经文字	（唐）张参	3 卷	宋拓本校刊
康熙末年	新加九经字样	（唐）唐玄度	1 卷	宋拓本校刊
雍正七年	韩柳年谱		4 种 8 卷	仿宋本
乾隆初年	说文解字	（东汉）许慎	30 卷	馆藏本
乾隆初年	玉篇	（梁）顾野王	30 卷	馆藏本
乾隆初年	广韵	（宋）陈彭年	5 卷	馆藏本
乾隆初年	字鉴	（元）李元仲	5 卷	馆藏本
乾隆三年	困学纪闻	（宋）王应麟	20 卷	阎笺本
乾隆十一年	宋诗纪事	厉鹗、马曰璐	100 卷	
乾隆一二年	邗（韩）江雅集	自辑	9 卷	二马与友人唱酬汇集
乾隆一三年	焦山纪游集	自辑	不分卷	二马与友人唱酬集
乾隆一七年	渔洋山人感旧集	（清）王士祯	16 卷	
乾隆二一年	摄山游草	自辑	不分卷	二马与友人唱酬集

续表

校刻年代	书籍名称	撰　者	卷　次	说　　明
乾隆二三年	沙河逸老小稿	马曰琯	6 卷	
乾隆二三年	嶰谷词	马曰琯	1 卷	
乾隆二六年	南斋集	马曰璐	6 卷	
乾隆二六年	南斋词	马曰璐	2 卷	
乾隆年间	干禄字书	（唐）颜元孙	1 卷	宋椠翻刻本
乾隆年间	渔洋感旧集小传	（清）卢见曾	4 卷	
乾隆年间	渔洋感旧集补遗	（清）卢见曾	1 卷	
乾隆年间	孱守斋遗稿	（清）姚世钰	4 卷	
乾隆年间	林屋唱酬录	自辑	1 卷	二马与友人唱酬集
乾隆年间	丛书楼书目	自辑	不分卷	二马藏书书目
不详	金石要例	（清）黄宗羲	1 卷	
不详	西岳华山庙碑			碑刻拓本 96 字

说明："二马"另为孙默（无言）刻《乡谷卧全》，为戴震刊刻《屈原赋注》、《水经注》，费千金装璜蒋衡《十三经》，还资助刊印高翔、王士慎等文人文集或遗集，此表不一一列出。

（表中资料来源：系本书作者搜集整理）

（二）"扬州二马"的刻书特色

1. 轻市利，重功德美名

"二马"刻书属家刻，其刻书目的与官刻、坊刻明显不同，甚至迥然相反。官刻目的是为统治者服务，编刻者抱着完成任务或建立功名的目的；坊刻则完全从市场出发，追逐市利；而家刻除少数自觉为统治者编刻以外，绝大多数是出于个人爱好和追求功德声名。"二马"集收藏、鉴赏、刻印于一身，虽是盐商，但在藏书、刻书方面却纯属追求个人爱好和功德传世，没有了商人唯利是图的脾性，相反，其所藏之书往往无偿供人翻阅，甚至于给借阅者免费提供衣食住所。同时，又不惜巨资刻印友人的著作，一生乐此不疲。无论藏书还是刻书，除满足自身鉴赏需要外，"二马"无疑具有强烈的功德意识和求名意识。事实上，"二马"很快便得到了友人的普遍称赞，如姚世钰去世后，"二马"周恤其家，并收拾其遗文，出资开雕付印。全祖望称赞说："可谓行古之道者也。"① 阮元把"二马"与扬州其他巨商进行比较分析说："马氏兄弟在扬业盐，资产并非首富，而能名闻九重，交满天下，则其稽古能文之效也。"② 其实，能令"二马""名闻九重"，不是"稽古能文"就能做到的，更多的因素还是在于马氏丰富的藏书和精致的"马版"。功德意识也影响了他们的刻书选题标准，即符合主流社会需要的图书，他们不仅要大力购求、保护，而且还要尽其所能勘误、刊刻，以此造福子孙，奉献社会，实现功德传世的目的。

2. 尚学术，服务于学术研究

虽为贾者，咸有士风，"二马"是极其崇尚学术、尊崇儒者的，这种意识也决定了其刻书必然服务于学术研究。首先，其藏和刻的书无偿提供给学者阅读。"二马"购书、藏书、校书、刻书，不断丰富着丛书楼的藏书。他们藏书号称富甲江北，但并非秘不示人，而是慷慨地向广大学者文士开放，支持他们利用自己的藏书从事学术研究。正因为如此，著名学者如惠栋、全祖望、厉鹗、陈章、陈撰、金农、姚世钰、高翔和汪士慎等都来投靠马氏。惠栋曾题诗谢马曰琯曰："玲珑山馆辟疆俦，邱索搜罗苦未休。数卷论衡藏秘籍，多君慷慨借荆州。"③ 全祖望"南北往还，道出其间，苟有留宿，未尝不借其书……其得异书，则必出以示予"④。著名诗人厉鹗也同样得到"二马"的优待，《清史列传》记载："鹗搜奇嗜博，馆于扬州马曰琯小玲珑山馆者数年，肆意探讨……"⑤ 其次，不惜巨资刊刻经史文集，尤其赞助当时文人文集的开雕梓印，这为当时学术研究的开展和深入具有重要意义。《清稗类钞·鉴赏类》二马"世人所愿见者，如《经义考》之类，不惜千金付梓"。第三，"二马"花费大量的财力、精力、人力用于考证书籍版本、辨别源流、订正讹误，对学术的匡正具有重要的意义。以故全祖望称颂道："马氏兄弟，服习高曾之旧德，沉酣深造，屏

① 全祖望：《鲒埼亭集》卷20，《姚薏田墓志铭》，四部丛刊本，上海涵芬楼影印姚江借树山房刊本。

② 阮元：《淮海英灵集》乙集卷3，《丛书集成新编》58，台北，新文丰出版公司印行，第233页。

③ 李斗：《扬州画舫录》卷10，《虹桥录上》，济南，山东友谊出版社2001年版，第270页。

④ 全祖望：《鲒埼亭集外编》卷17，《丛书楼记》，四部丛刊本，上海涵芬楼影印姚江借树山房刊本。

⑤ 王钟翰：《清史列传》卷71，《马曰琯传》，北京，中华书局1981年版。

绝世俗剽贼之陋，而又旁搜远绍，萃荟儒林文苑之部居，参之百家九流，如观王会之图，以求其斗杓之所向，进进不已，以文则为雄文，以学则为正学，是岂特闭阁不观之藏书者所可比，抑亦非玩物丧志之读书者所可伦也。韩江先正实式凭之，而励励与葛氏争雄长乎哉。"①

3. 购书藏书刻书互为表里

其一，"二马"购书促进了藏书的丰富，丰富的藏书为其刻书提供了有利的条件。"二马"藏书闻名海内，是扬州盐商藏书的一个突出代表。与鲍廷博藏书不同的是，"二马"的藏书没有家世渊源，完全靠自己收购抄录而创建起来的。"二马"凭借雄厚的家底，购书成为藏书的主要来源。"至今日而文明日启，编帙日出，特患遇之者非其好，或好之者无其力耳。马氏昆弟有其力，投其好，值其时，斯其所以日廓也。"②"酷爱典籍，有未见书，必重价购之……以故丛书楼所藏书画碑版，甲于江北。"③其二，丰富的藏书为"马版"的诞生提供了可能。"二马"藏书的丰富，同时代的文人留下了大量的记载。如厉鹗为"二马"藏书楼小玲珑山馆题诗称赞道："凿翠架檐楹，虚敞宜晏坐。题作小玲珑，孰能为之大？"④姚世钰在《丛书楼铭》将马氏丛书楼与江浙一带的藏书楼相比较："若近代所称天一阁、旷园、绛云楼、千顷斋，以暨倦圃、传是楼、曝书亭，正恐不及也。"又如全祖望在《丛书楼记》里说，"百年以来，海内聚书之有名者，昆山徐氏、新城王氏、秀水朱氏其尤也，今以马氏昆弟所有，几几过之"⑤。可见当时文人对"二马"丰富的藏书是非常推崇的。正是凭借丰富的藏书资源，再加上"二马"本人勤于校勘，为他们刊刻精品书提供了可能条件。第三，刻书反过来更丰富了藏书，提升了"二马"的声望。但是"二马"刊刻图书并非是出于市利之目的，除部分是出于友情外，其目的一是要实现功德传世，二是要进一步提高图书的文化价值，三是满足自己鉴赏的需要。因此，"二马"刻书就是为更好地藏书，

---

① 全祖望：《鲒埼亭集外编》卷32，《丛书楼书目序》，四部丛刊本，上海涵芬楼影印姚江借树山房刊本。

② 全祖望：《鲒琦亭集外编》卷17，《丛书楼记》，四部丛刊本，上海涵芬楼影印姚江借树山房刊本。

③ 阮元：《淮海英灵集》乙集卷3，《丛书集成新编》58，台北，新文丰出版公司印行，第233页。

④ 厉鹗：《樊谢山房集续集》卷6，《题秋玉佩兮街南书屋十二首之"小玲珑山馆"》，四部丛刊本。

⑤ 全祖望：《鲒琦亭集外编》卷17，《丛书楼记》，四部丛刊本，上海涵芬楼影印姚江借树山房刊本。

藏亲自校勘刻印的精品书。正如叶德辉在《书林清话》中评价的："马征君曰璐丛书楼、玲珑山馆，考证、校雠、收藏、鉴赏皆兼之。"①

4. 崇儒尚儒的选题观

在徽州重教兴学之风的濡沐下，徽商形成了贾而好儒的特色。徽商好儒无疑对明清文化的发展和繁荣起到了推波助澜的作用。梁启超把以徽商为主体的两淮盐商对于清初文化繁荣的贡献，媲美于意大利豪商对文艺复兴的作用："淮南盐商，既穷极奢欲，亦趋时尚，思自附于风雅，竞蓄书画图器，邀名士鉴定，洁亭舍丰馆谷以待，其时刻书之风甚盛……固不能谓其于兹学之发达无助力。与南欧巨室豪贾之于文艺复兴，若合符契也。"② 梁启超特别提到了盐商刻书对于文化繁荣的作用。"二马"显然是扬州盐商刻书的代表。其出版图书并非纯粹附庸风雅，而是"好儒"的文化追求。正是"好儒"的文化观念决定了他们的出版理念。在选题上，他们尊奉儒家经典为正统，故喜欢刊刻以儒家学说为主要内容的图书选题。"二马"不仅以前代儒经为选题，而且，还以清儒佳作作为选题。如著名学者戴震、王士禛等作品，都是其乐于刊刻的目标。如刊刻王士禛的《感旧集》，"二马"就曾与卢见曾反复商讨③，既反映了其选题之慎重，也表现了其刻印的浓厚兴趣。

"二马"酷嗜诗词歌赋，而且本身就有深厚的文学功底，举办诗文酒会，与文人学士赋诗唱酬，这是他们追求儒雅生活的重要部分。相应地，与友人唱酬的诗文集，也是"二马"喜欢辑刻的选题。钱泳赞道："扬州马主政名曰琯……好古博雅，考校文艺，评骘史传，旁及金石、书画……与其弟曰璐俱能诗，好客，为东南坛坫。"④ 正因为"二马"有着真才实学，不同于一般的庸商，所以吸引着海内名士。"二马"结邗（韩）江诗社，时常举行诗文酒会，宴请名士。杭世骏称赞马曰琯道："喜交四方名硕，结社韩门，人比之汉上题襟、玉山雅集。"⑤ 李斗《扬州画舫录》载："扬州诗文之会，以马氏小玲珑山馆、程氏篠园及郑氏休园为最盛。"⑥ 他们即兴赋文吟诗，还有专人记录，随录随刻，"嶰谷诗

---

① 叶德辉：《书林清话》卷9，北京，北京燕山出版社1999年版，第245页。

② 梁启超：《清代学术概论》，上海，上海古籍出版社1998年版，第66页。

③ 参见卢见曾：《雅雨堂诗文遗集》卷2，《刻渔洋山人感旧集序》，清道光20年刻本。

④ 钱泳：《履园丛话》卷20，《园林》，北京，中华书局1979年版，第531页。

⑤ 单渠等编：《两淮盐法志》卷46，《人物四，文艺》，嘉庆十一年修扬州书局1870年重刊本。

⑥ 李斗：《扬州画舫录》卷8，济南，山东友谊出版社2001年版，第213页。

社，以樊榭为职志，连床刻炉"①。刻印至成书速度极快，其发行也极快，几乎当天就可完成，甚至 3 天内还来得及重刻，"诗成即发刻，三日内尚可改易重刻，出日遍送城中矣"②。酷嗜诗文的"二马"，自然视此类出版为人生一大乐事，故此他们一生中曾多次辑刻，有《焦山纪游录》、《邗江雅集》、《林屋唱酬录》等唱酬文集传世。

5. 务求精审的精品意识

除上述的注重高品位的选题外，"二马"的精品意识更突出表现在书籍的整理、校勘和版本的考订上。首先"二马"将藏书仔细辨别，考订版本，整理归类，编辑《丛书楼书目》。精审的精品意识更集中体现在校勘上。校勘时，马曰琯将不同版本的书籍同时放置书桌上，互相参比印证。常常"萧鼓不至，夜分不息，而双灯炯炯，时闻雒诵，楼下过者多窃笑之。以故其书精核，更无讹本，而架阁之沉沉者，遂尽收之腹中矣"③。其次，延请著名学者、校勘名家等共同鉴赏、考订和校勘。全祖望、戴震、惠栋、厉鹗等人是"小玲珑山馆"的常客，他们探讨时，往往"席上满斟碧山朱氏银槎，侑以佳果"，一旦得到满意结论，"即浮白相向"④，情趣盎然。厉鹗每过扬州，"幸马君嶰谷、半槎兄弟，相与商榷……念与二君用力之勤，不忍弃去。"⑤ 第三，讲究图书的形体的精美。马氏所刻之书，字体娟秀，首尾如一，版框整饬，墨色均匀，雕刻精美，装订考究。"二马"专门"聘善手数人写书脑，终岁不得缀"⑥。《清稗类钞·鉴赏类》引前人评论说："小玲珑馆马氏重刻五经文字、九经字样，气动墨中，精光四射，视西安原本，几几青出于蓝。"雍正己酉（1729）年"二马"翻印本《韩柳年谱》7 卷，每页 10 行，行 18 字，白口，左右双边，每卷卷尾有双行牌记："雍正己酉八月小琳珑山馆依宋本校刊"。"初印精美，纸用桃花，却已是白眉矣"⑦。当代学者谢国桢对它推崇备至，称赞它"是一部雕刻精美的书籍"⑧。如此的精益求精的精品意识，

① 陆谦祉：《厉樊榭年谱》，北京，商务印书馆 1936 年版，第 4 页。
② 李斗：《扬州画舫录》卷 8，济南，山东友谊出版社 2001 年版，第 213 页。
③ 全祖望：《鲒埼亭集外编》卷 17，《丛书楼记》，四部丛刊本，上海涵芬楼影印姚江借树山房刊本。
④ 全祖望《鲒埼亭集外编》卷 17，《丛书楼记》，四部丛刊本，上海涵芬楼影印姚江借树山房刊本。
⑤ 厉鹗：《宋诗纪事》，《序言》，上海，上海古籍出版社 1983 年版。
⑥ 金天翮：《皖志列传稿》卷 3，《本传》，民国 25 年刊本。
⑦ 黄赏：《来燕榭读书记》，沈阳，辽宁教育出版社 2001 年版，第 71 页。
⑧ 谢国桢：《明清史谈丛》，沈阳，辽宁教育出版社 2000 年版。

"马版"的美誉是实至名归的。

四、李宗煝刻书活动及其特色

李宗煝（1828～1891），一名金榜，字辉亭，晚年号爰得。李宗煝出生在黟县五都南屏村的一个贫苦家庭，幼小辍学，以四处打短工助家维持生活。后稍长，便跟随亲友前往大通镇（今铜陵市）经营盐业致富。过早地踏入社会让他深谙为商之道，积累了不少的经验。其中最重要的一条就是善于利用公关信息，又能适时的抓住机遇，再加上他本人勤俭节约、诚信待客，"千里外无能欺毛发"①，所以"家日益丰"②，不几年就成为名震江南的百万富翁。

家境逐渐殷实的李宗煝"顾不自豪也，出所有宗祠、设家塾、贫老孤煢月有赒给，以惠其族。君虽席履丰腴而自奉俭啬，鲜衣美食，屏弗御"③。常告诫其子元英："聚财而不散是愚也，散财而必邀名是私也。"④商人虽大多唯利是图，但急公好义，乐善好施者也大有人在，李宗煝就是其中之一。他对赈灾济贫和兴建公益事业从不吝啬，动辄万金。黟县县志对此屡有记载，如"晋豫大饥，输赈金至数万两；燕齐苏皖粤西江右郑州诸大水，输金又数万两；铜陵江堤败，独修七千数百丈以卫民田，输金亦逾万两"⑤。

（一）李宗煝的刻书活动

李宗煝文化程度不高，为了提升自己的文化修养，李宗煝喜与文人雅士结交。一方面，由于早年的经历和遭遇，李宗煝对贫苦农民和知识分子十分同情。对贫乏学者进行无偿的资助，帮助他们刻印图书；另一

---

　　① 同治《黟县志》卷14，《杂志·文录·李观察墓表》，中国地方志集成·安徽府县志辑（57），南京，江苏古籍出版社1998年版。

　　② 同治《黟县志》卷14，《杂志·文录·李观察墓表》，中国地方志集成·安徽府县志辑（57），南京，江苏古籍出版社1998年版。

　　③ 同治《黟县志》卷14，《杂志·文录·李观察墓表》，中国地方志集成·安徽府县志辑（57），南京，江苏古籍出版社1998年版。

　　④ 同治《黟县志》卷14，《杂志·文录·李观察墓表》，中国地方志集成·安徽府县志辑（57），南京，江苏古籍出版社1998年版。

　　⑤ 同治《黟县志》卷14，《杂志·文录·李观察墓表》，中国地方志集成·安徽府县志辑（57），南京，江苏古籍出版社1998年版。

方面基于其本身作为一名商人追逐利益的本质，他的交友圈子也包括了一些仕途贤士，其中多是徽州本邦人士。虽也是无偿的资助，但他从中获得的间接利益却是不可忽视的。他与当时掌管着江南政治、经济、军事大权的两江总督、兵部尚书曾国藩府中的幕僚们的关系非同一般，而且均为一些高级幕僚，李宗煝与他们相互称兄道弟，诗文唱和，来往照应，互赠礼物，由此与官府幕僚结交。其中最为代表性的是其与曾国藩幕僚许振祎、朱孔彰等人的交往。

许振祎，与曾国藩为师生关系，早在1853年便用辟置方式，以内阁中书的身份，进入曾国藩幕府，专为曾氏"襄军事、治宦书、起信稿、任书启"，深得曾国藩信赖，在曾国藩幕府共有16年，几乎历经了太平天国战争的整个过程。而正是此时，徽商李宗煝与他建立了非同寻常的关系。

前文述及（见第三章"徽州家刻图书的走向分析"部分）许振祎多次给李宗煝书信，从信中可看出，李宗煝多次以己刻之书赠送许振祎，遂与许振祎结下深厚友谊。

从信中也可看出李宗煝多次出资助刻曾府幕僚朱孔彰之书。朱孔彰与李宗煝为同乡，系曾国藩府高级幕僚。后襄校江南官书局。后又聘修《两淮盐法志》《凤阳志》兼主淮南书局、江楚译书局。其父朱骏声（1788～1858），是清代三百年来，最为优秀的声韵学著作之一《说文通训定声》的作者，该书亦是李宗煝出资于同治九年（1870）重刊印，同时朱孔彰本人所著《札记》也由李宗煝出资刻印。其资助情况在朱孔彰给李宗煝的信中可见一斑："奉诵惠书并赐助刻赀谨领到，承询助刊姓氏，我公暨居停合成四百，唐观察庽代招十五股，未收齐。六合县舒令朝冕、溧水县谭令曰襄、候选同知朱君汝翰共数股均收到。其余采助者尚未交来，不便先书姓名。此书七月初写样必齐，刻工约至冬间告竣，特此奉闻。"（资料来源：云人博客 http：//hsyunren. blog. 163. com/blog/static/11419003620148483433142/）

李宗煝极喜藏书，搜罗宏富，曾捐千金修复家乡黟县碧阳书院，捐资刻印《新安志》、明代金声的《金正希集》以及吴殿麟、俞理初、汪南士诸集，尤以校刊《徐骑省集》为最善本。据徐学林不完全统计，李宗煝刻书至少有26版种以上，总卷数超过200卷，是鸦片战争后徽州府刻书业中最大的刻书家。①

---

①　参见徐学林：《徽州刻书》，合肥，安徽人民出版社2005年版，第207页。

表7-3 李宗煝刻书要目一览表

校刻年代	书籍名称	撰 者	卷 次	说 明
光绪十年	癸巳存稿	俞正燮	15卷	重刊本
光绪年间	紫石泉山房诗文集	吴定	14卷	
光绪十三年	紫石泉山房集	吴定	6种26卷	聚珍版
光绪十四年	新安志	罗愿	10卷	重刻本
光绪年间	金忠节公文集	金声	8卷	重刻本
光绪十七年	眼科秘方	程玠	1卷	
光绪十七年	眼科秘方	程敬通	1卷	
光绪十七年	徐骑省集·补遗·本传·校勘记	徐铉	34卷	精刻本
光绪十七年	札记	朱孔彰	1卷	
光绪十七年	香山诗选	白居易	2卷	金陵书局刊本
光绪年间	罗鄂州小集	罗愿	6卷	仿明洪氏刻本
光绪二十三年	孟子释疑	汪宗沂	1卷	

（表中资料系本书作者整理）

（二）李宗煝的刻书特色

1. 所刻之书，以乡邦文献为主

李宗煝自知文化程度不高，所以对于本邦贫乏学者的帮助不遗余力，"扶翼寒畯，推解衣食，多至通显。敬礼贤士，闻声兴慕。"① 性好施善，对于贫寒士子刻书更是不吝于资。李宗煝的刻书活动多以乡邦文献为主，"刊徽州乡贤遗集数百卷；于乡邦文献，尤考求弗懈。祀俞理初先生乡贤，刻其遗稿，罗端良、金正希、吴殿麟、汪南士诸先生撰箸皆重刊流布之。"② 光绪间由李宗煝出资刻印的前哲遗书具有代表性的有宋罗愿的《新安志》《尔雅翼》《罗鄂州小集》和《罗郢遗文》，清汪宗沂的《孟子释疑》，王有光的《批檀弓》，俞正燮的《癸巳存稿》，曹文植的《香山诗

---

① 同治《黟县志》卷14，《杂志·文录·李观察墓表》，中国地方志集成·安徽府县志辑（57），南京，江苏古籍出版社1998年版。

② 同治《黟县志》卷14，《杂志·文录·李观察墓表》，中国地方志集成·安徽府县志辑（57），南京，江苏古籍出版社1998年版。

选》、吴定的《紫石泉山房文集》和《诗钞》、李元英辑校的《徐骑省集》
30 集《补遗》1 卷、《校勘记》1 卷等。

　　现以李氏刻印的《新安志》为例。现藏于安徽师范大学图书馆的
《新安志》是现存的一部宋代志书，历史价值很高。该书系光绪十四年
（1888）李宗煜刻本。萧穆《跋新刊〈新安志〉》云："黟县李君宗煜雅
志刊书，余以徽人之留心乡邦文献者，鄂州之后则推明人程公敏政之
《新安文献志》，三百年来继起者难得其人，因劝李君先刊此志，再陆续
图之。"李宗煜于是遍访该书，最终获得黄氏刊本，并在扬州重刊。从光
绪十三年（1887）丁亥冬始刻，至十四年（1888）戊子夏完工，历时半
年完成。① 该书影见图 7 – 1。

图 7 –1　李宗煜刻本《新安志》②

---

①　萧穆：《敬孚类稿》，清光绪三十三年刻本。
②　图片来源：安徽师范大学图书馆藏本。

2. 捐书刻书，以质量为重

李宗煜在图书的刻印质量方面也是极讲究的，捐资刻印明代金声的《金正希集》、白居易的《香山诗选》刻本、罗愿的《新安志》等，装帧美观，质量上乘。其他如重刻金声的《金忠节公文集》《金正希集》，重刊俞正燮的《癸巳存稿》，吴定的《紫石泉山房集》，罗愿的《罗鄂州小集》，汪宗沂的《孟子释疑》，程玠、程敬通的《眼科秘方》，汪南士的《汪南士集》等，版本俱佳。尤以光绪年间校刊《徐骑省集》为最善本，徐铉撰《徐骑省集》30 卷（补遗 1 卷，本传 1 卷，附 1 卷，校勘记 1 卷），李宗煜历经近 1 年刊刻（1890 年秋镌，1891 年夏季完工）、2 次校勘（1892 年春仲重校，1893 年夏季三校），足见李氏刻书之精益求精，见图 7 - 2。

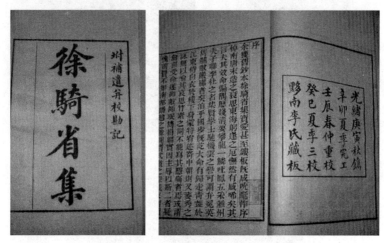

（毛边纸。10 行 21 字，白口，四周双边，单鱼尾。开本 27cm×15.4cm）

图 7 - 2　李宗煜刻本《徐骑省集》①

---

① 图片来源：安徽师范大学图书馆馆藏本。

结　　语

明清时期是中国传统商业发展的繁盛期，在商品经济的催动下，图书出版的商业化日趋显著，而出版活动为商业经营及商业文化的传播起到了推波助澜的作用。徽商是兴起于商业环境而又重视文化发展的群体，经济与文化互动的规律在他们身上得到了较为充分的体现。

基于徽商与出版互动关系的考察，我们发现，经济发展既是文化创新、文化竞争力提升的基础，也是重要的推动力。明清时期徽州出版尤其坊刻迅速崛起，并成为全国出版中心地之一，固然基于徽州承续的深厚文化底蕴，更由于徽商积聚的雄厚财富，对图书出版事业发展起到了"酵母"作用。一是徽商凭借财力，培养、吸引了大批文化精英，收藏了大量的优质图书版籍，为徽州刻书创造了良好的条件，同时也创造了丰富的精英文化。二是徽商不仅直接资助官府、文人刻书，而且亲自投身于刻书事业，他们痴迷于出版文化，为追求图书质量而精益求精。三是更有精明的徽商投身于图书贸易之中，在激烈的市场竞争中，敢于打破陈规，寻求创新，为出版文化的发展作出了积极的贡献。

同时，考察经济现象绝不能忽视文化因素。从文化发展的历史趋势来看，明清文化正是我国文化史逐渐由雅入俗的历史阶段，市民为主体的文化作品不断涌现。与商品经济繁荣相一致，文化也加入了商品经济的浪潮，其表现为文化的商品化和商品的文化化，即文化活动更多地借助商业形式展开，而商业活动也更多地融入了文化的内容。"贾而好儒"的徽商正是顺应了时代发展潮流，深厚的文化素养也为徽商发展提供了巨大助力。儒家思想中的"诚信"，民间宗教中的"不欺"，形成徽商的商业伦理和商业文化，传统文化中的历史经验又成为徽商经商谋略的源头。徽商之所以能执商界牛耳，就是因为具有较强的文化竞争力。徽商在出版行业中如鱼得水更凸显了这一点。徽商与出版密切的互动关系更进一步表明：经济与文化密不可分，文化自觉是商人应有的品格。文化自觉是对进步文化的一种认识和感悟。有了文化自觉，就具有一种理性，就有文化竞争力，商业就能顺利发展；在社会转型期，商人如果文化自觉缺失，就会认识不清形势，把握不住机遇，不能与时俱进，落伍必不可免。

近代以后，中国社会开始转型，西方文化也传入中国，这是几千年未有之大变局。中国的思想文化也发生巨变。在这种新形势下，徽商未能接受新的文化，仍固守传统的儒家文化，对形势认识不清，未能把握大好机遇，在经营体制、经营机制、经营方向等方面不能主动改革调整，终于在新的历史形势下逐步走向衰落。清末徽商整体的文化迷失表明，不仅社会个体要有文化自觉，且更需要社会自觉、民族自觉和国家自觉，全社会要形成一种继承、开放、创新、发展的文化有机生态。在文化生态圈内，源于主体自觉的、富有活力的文化在传播过程中善于吸纳、包容异质文化，与时俱进，推陈出新，成为社会经济发展的推动力。因此，文化自觉是商人乃至社会可持续发展的推动力，而文化迷失则是商人乃至社会走向衰败的内在根源。时今"富二代"问题解决的根本途径在于培育其富于创新的文化自觉。

时至今天，经济与文化高度融合互动，两者发展密不可分，尤其是现代文化产业的崛起，经济文化化、文化经济化，促进了经济与文化的现代转型与升级。借古鉴今，笔者认为新时期文化发展需要形成一种传承、融合、创新的文化有机生态，做好以下几个方面：

一、发展基础：文化传承

民族或区域社会的源头在于该地区的历史渊源、在于该地区的传统文化积累。这彰显了民族的、区域的社会文化的历史源流和文明积淀，反映了民族的、区域的社会发展的脉搏。此方面学界讨论诸多，不予赘述。

二、发展保障：科学引领

科学引领突出体现在三大方面，一是文化导向上的科学性。建设民族文化，就要保障民族文化主体（传承主体、保护主体）的现代化，确保民族文化主流的前进方向的科学性、正确性。这需要有科学的文化理论指导。二是尊重文化发展的客观规律性，即在维持文化生态系统均衡的基础上，激活内生动力和外部助力，从文化基因传承、大众文化传播、产业竞争力提升等方面，努力构建推动民族文化生态科学发展的合理体系。三是要构建在科学理论引领下的民众文化自觉的生态圈。传统儒学发展观在近代落伍，根本原因在于传统儒学理论已经不能适应时代发展的需要，主要在于其重在传承，没有形成创新发展的新的文化自觉，这是其深层次的内在根源。在传统儒学发展观主导下，国家也就必然趋向保守。历史发展告诫今人，中华民族要蓬勃发展，实现民族的伟大复兴，必然要形成继承、开放、创新、发展的民众文化自觉、社会文化自觉、民族文化自觉和国家文化自觉。其中，国家的文化自觉尤为重要，是所有文化自觉层面中最高级、最有影响力的。"国家也要有文化的使命感，还要有清晰的时代性的文化方略，只有国家在文化上自觉，社会文明才有保障。当然，关键的还要靠政府执行层面的自觉，只有政府执行层面真正认识到文化的社会意义，文化是精神事业而非经济手段，并按照文化的规律去做文化的事，国家的文化自觉才能真正得以实施与实现。上述各方面的文化自觉最终所要达到的是整个社会与全民的文化自觉。只有全民在文化上自觉，社会文明才能逐步提高，当代社会文明才能放出光彩。"①

三、发展目标：文化惠民

　　文化惠民凸显了文化建设以人为本的价值理念。文化发展的本质是人的发展，文化建设的根本目的是满足民众的精神文化需求。

　　文化惠民客观上要求"两手抓"：一方面大力抓公共文化服务建设，不断满足民众的公共文化需求；另一方面则是不断发展和完善文化市场经济，以市场为资源配置手段，促进文化供给（文化生产者）与文化需求（文化消费者）的有效对接，不断满足民众的个性化的文化需求。前者以政府和非营利组织为主导，建设目标主要是文化惠民，后者则以市场为主导，目标与前者有所不同，在惠民的同时还要追求企业经营利益，在"惠民"与"利润"的博弈中，企业的表现不一。由此，需要通过道德和法治两种手段督促企业向"惠民"倾斜。

① 冯骥才：《文化怎么自觉》，《中国艺术报》2011 年 8 月 31 日。

近年来，中国发生商业道德缺失的事件屡禁不止，日渐破坏新时期企业经营者在消费者心中的道德形象。文化惠民要求文化企业在推行先进商业经营方式的同时，更要加强商业道德自律，塑造企业自律的软环境。传统徽商重儒守教，在儒学礼教熏陶下养成的商业道德是同时期商人中的典范，其商业道德主要表现在"以诚待人，以信服人；薄利竞争，甘为廉贾；宁可失利，不可失义；注重质量，提高信誉"①。这对当今企业的商业道德建设依然具有十分重要的借鉴价值。

自律需要与他律携手并进。完善立法，加强法治，积极塑造市场规范的硬环境。此外，政府、媒体、民众共同做好商业行为及其企业文化建设的监管人。

四、发展路径：创新融合

创新融合是提升民族文化软实力的助推器。时代发展至今天，尤其是在媒介融合背景下，积极促进民族文化创新融合：

第一，民族或区域的文化要在文化记忆、基因传承的基础上，借助数字媒介技术，扩大文化资源的公众传播和创新利用。首先，挖掘传统文化精髓，向全世界传播优秀传统文化。保卫本民族文化，不是摒弃异族文化，而是在不断发掘、建构自己的文化的基础上，积极包容、吸纳异族优秀文化。实际上，各民族文化的价值也只有在一个互动的传播过程中才能得到最充分的实现。而且，在这种双向性的交流中，各方通过互相取长补短，反思自我，不断地丰富和完善自身，才能使之得到良性的发展。它体现的不是对抗或回避，而是一种积极面对的竞争精神，一种公平择优的原则。其次，形成自信、自律、开放、创新、健康的媒介文化自觉。自信，就是要求媒介立足于本民族优良传统，积极传播本民族的优秀的传统文化，促进民族文化与世界文化交流、发展；自律，就是要求媒体（文化传播者）加强行业自律，提升媒介责任感和使命感，以实现传媒文化的精神品格追求；开放、创新，就是要求媒介面向大众、面向世界、面向未来，能够与时俱进，不断开拓创新；健康，就是要求媒体（文化传播者）在传播文化之时，必须要有正确的审美观。传媒文化的消费性不能是满足受众贪婪的欲望、颓废的纵乐、毁灭的麻醉和自

---

① 王世华：《论徽商的商业道德》，《光明日报》1998 年 2 月 13 日。

弃的沉沦，不是造就受众拒绝一切崇高、游戏和嘲笑人生的种种变态心理，它理应带来高尚的品位、健康的情趣，以满足大众的精神追求，体现出无限的人文关怀。复次，重视信仰文化的建构与传播。人是需要信仰的动物，信仰是人生的精神支柱，是人生的动力源泉。信仰的满足，能使人的心态平和，使人的灵魂得到安顿，否则，人就会迷惘，就会失落，就会焦虑，就会失去人生之动力，正如恩格斯所说："信仰逐渐淡化，宗教随着文化的日益提高而瓦解，但人还是没有看清，他正在把自己的本质当作一种异己的本质来朝拜，并加以神化。人处于这种不自觉而又无信仰的状态，不可能有什么内容，他对真理、理性和大自然必定绝望。"① 既然在人的生活中有信仰的需要，那么就必然有与之相对应的信仰文化的存在。不能出现信仰文化的真空，否则，对一个国家和民族来说是极为危险的。

第二，要努力提升文化软实力。提升民族文化软实力，必须强化市场驱动作用，走产业融合之路。文化创新的本质要求是在保护的前提下，实现文化基因的活态性、文化空间的生态性、文化传承的持续性和文化发展的时代性。要从价值弘扬、资源整合、内容优化、品牌推介、空间活态、主体协同、平台多元、创意衍生等诸多方面，积极寻求民族文化传承创新的路径及实现机制。在全媒体时代下，民族文化必须借助全媒体实现现代化、全球化的传播，为提高社会认知度创造条件。

第三，产业化发展是民族文化在市场机制驱动下提升文化竞争力、实现经济效益和价值增值的有效路径。要从生产供给、产业融合、产业集聚、交易平台、版权保护等方面寻求民族文化产业发展的路径及实现机制。民族文化主体包括传承主体和保护主体，传承主体是指民族文化传承艺人，保护主体是指包括政府、学术界、媒体、商界等，他们在民族文化传承中，分工虽不同，但需协同。因此，要明确社会公众、媒介、市场、政府在民族文化传承生态圈中的定位、作用，以及其协同创新的互动机制。

上述仅是针对本书研究，笔者从文化自觉、文化传承、文化生态、文化创新融合等维度初步提出研究框架，今后将结合上述框架对传统文化的传承与发展展开进一步的研究。

---

① 恩格斯：《英国状况——评托马斯·卡莱尔的〈过去和现在〉》，《马克思恩格斯全集》第三卷，北京，人民出版社 2002 年版，第 517 页。

图表索引

一、图

二、表

主要参考文献

一、古籍类

［ 1 ］潘承弼、顾廷龙：《明代版本图录》，民国丛书本。

［ 2 ］黄裳：《清代版刻一隅》，齐鲁书社 1992 年版。

［ 3 ］中国古籍善本书目编委会：《中国古籍善本书目》，上海古籍出版社 1989 年版。

［ 4 ］纪昀：《四库全书总目提要》，文渊阁四库全书本。

［ 5 ］于敏中：《钦定天禄琳琅书目》，文渊阁四库全书本。

［ 6 ］彭元瑞等：《天禄琳琅书目后编》，中华书局 1995 年版。

［ 7 ］徐渤：《红雨楼题跋》，清嘉庆三年刻本。

［ 8 ］黄丕烈：《士礼居藏书题跋记》，清光绪十年（1884）滂喜斋刻本。

［ 9 ］瞿良士：《铁琴铜剑楼藏书题跋集录》，上海古籍出版社 1985 年版。

［10］彭元瑞：《知圣道斋读书跋》，中国书店新世纪万有文库。

［11］陆心源：《仪顾堂题跋》，清刻潜园总集本。

［12］吴寿旸：《拜经楼藏书题跋记》，清道光二十七年刊本。

［13］瞿中溶：《古泉山馆题跋》，清藕香零拾本。

［14］丁丙：《善本书室藏书志》，清光绪刻本。

［15］潘景郑：《著砚楼读书记》，辽宁教育出版社 2002 年版。

［16］叶德辉：《书林清话》，北京燕山出版社 1999 年版。

［17］叶德辉：《叶德辉书话》，浙江人民出版社 1998 年版。

［18］孙殿起：《贩书偶记》，民国丛书本。

［19］《（嘉靖）徽州府志》，北京图书馆古籍珍本丛刊（29），书目文献出版社 1988 年版。

［20］《（弘治）徽州府志》，天一阁藏明代方志选刊，上海古籍出版社 1982 年版。

［21］《（弘治）休宁志》，北京图书馆古籍珍本丛刊（29），书目文献出版社 1988 年版。

［22］《（万历）休宁县志》，万历三十五年（1607）刊本。

［23］《（万历）歙志》，万历三十七年（1609）刊本。

［24］《（康熙）徽州府志》，中国方志丛书·华中地方（237），成文出版社1975年版。

［25］《（康熙）休宁县志》，康熙三十二年（1693）刊本，"中国方志丛书"台湾成文出版社有印公司影印。

［26］《（康熙）祁门县志》，清康熙二十二年（1683）刻本。

［27］《（乾隆）绩溪县志》，清乾隆二十年（1755）刊本。

［28］《（乾隆）歙县志》，中国方志丛书·华中地方（232），成文出版社1975年版。

［29］《（嘉庆）旌德县志》，中国地方志集成·安徽府县志辑（53），江苏古籍出版社1998年版。

［30］《（嘉庆）绩溪县志》，中国地方志集成·安徽府县志辑（54），江苏古籍出版社1998年版。

［31］《（嘉庆）黟县志》，中国地方志集成·安徽府县志辑（56），江苏古籍出版社1998年版。

［32］《（道光）黟县续志》，中国地方志集成·安徽府县志辑（56），江苏古籍出版社1998年版。

［33］《（道光）徽州府志》，中国地方志集成·安徽府县志辑（48）（49）（50），江苏古籍出版社1998年版。

［34］《（道光）休宁县志》，中国地方志集成·安徽府县志辑（52），江苏古籍出版社1998年版。

［35］《（同治）黟县志》，中国地方志集成·安徽府县志辑（57），江苏古籍出版社1998年版。

［36］《（同治）祁门县志》，中国地方志集成·安徽府县志辑（55），江苏古籍出版社1998年版。

［37］《（光绪）祁门县志补》，中国地方志集成·安徽府县志辑（55），江苏古籍出版社1998年版。

［38］《（光绪）婺源县志》，中国方志丛书"华中地方"第680号，台北成文出版社1985年版。

［39］《（民国）歙县志》，中国地方志集成·安徽府县志辑（51），江苏古籍出版社1998年版。

［40］《（民国）黟县志》，中国地方志集成·安徽府县志辑（58），江苏古籍出版社1998年版。

［41］《（万历）杭州府志》，中国方志丛书·华中地方（524），成文出版社1975年版。

［42］《（万历）扬州府志》，北京图书馆古籍珍本丛刊（25），书目文献出版社1988年版。

［43］《扬州足征录》，北京图书馆古籍珍本丛刊（25），书目文献出版社1988年版。

［44］《（嘉庆）重修扬州府志》，中国地方志集成·江苏府县志辑（41），江苏古籍

出版社 1991 年版。

[45]《（同治）续纂扬州府志》，中国地方志集成·江苏府县志辑（42），江苏古籍
出版社 1991 年版。

[46]《（同治）苏州府志》，中国地方志集成·江苏府县志辑（7）（8）（9），江苏古
籍出版社 1991 年版。

[47] 许承尧：《西干志》，中国地方志集成·乡镇志专辑（27），江苏古籍出版社
1992 年版。

[48] 佘华瑞：《岩镇志草》，中国地方志集成·乡镇志专辑（27），江苏古籍出版社
1992 年版。

[49] 许显祖：《休宁孚潭志》，中国地方志集成·乡镇志专辑（27），江苏古籍出版
社 1992 年版。

[50] 江登云：《橙阳散志》，中国地方志集成·乡镇志专辑（27），江苏古籍出版社
1992 年版。

[51] 程文翰：《祁门善和乡志》，中国地方志集成·乡镇志专辑（27），江苏古籍出
版社 1992 年版。

[52] 傅岩：《歙纪》，黄山书社 2007 年版。

[53] 董锺琪等：《（光绪）婺源乡土志》，清光绪三十四年（1769）刊本。

[54] 汪湘：《汪氏统宗谱》，明隆庆三年（1569）刊本。

[55] 汪湘：《汪氏统宗谱》，明万历三年（1575）家刻本。

[56] 章乔：《（绩溪）西关章氏族谱》，明万历刻本。

[57] 汪尚和等：《休宁西门汪氏宗谱》，顺治十年（1653）刊本。

[58]（明）黄玄豹：歙县《潭渡黄氏族谱》，雍正九年（1731）刊本。

[59] 程士培（撰），程之康（重修）：《新安程氏统宗补正图纂》，清乾隆十二年
（1747）刊本。

[60] 方善祖等：《歙淳方氏会宗统谱》，乾隆十八年（1753）刊本。

[61] 鲍琮：《棠樾鲍氏宣忠堂支谱》，嘉庆十年（1805）刊本。

[62] 叶有广、叶邦光：《黟县南屏叶氏族谱》，清嘉庆十七年（1812）木刻本。

[63] 胡叔咸：《西递明经胡氏壬派宗谱》，清道光六年（1826）木刻活字印本。

[64] 歙县《虹川黄氏宗谱》，道光十年（1830）刊本。

[65] 汪道昆：《太函集》，四库全书存目丛书集部 118 册，齐鲁书社 1997 年版。

[66] 汪道昆：《太函副墨》，四库全书存目丛书本集部。

[67] 叶盛：《水东日记》文渊阁四库全书本。

[68] 汪由敦：《松泉集》，文渊阁四库全书本。

[69] 程敏政：《篁墩文集》，文渊阁四库全书本。

[70] 胡应麟：《少室山房笔丛》，文渊阁四库全书本。

[71] 袁宏道：《解脱集》，续修四库全书集部 1367 册。

[72] 姚鼐：《惜抱轩诗文集文集》，四部丛刊本集部，上海涵芬楼藏原刊初印本。

［73］归有光：《震川先生集》，上海古籍出版社 1981 年点校本。

［74］程瑞礼：《程氏家塾读书分年日程》，安徽古籍丛书。

［75］李斗：《扬州画舫录》，山东友谊出版社 2001 年版。

［76］赵吉士：《寄园寄所寄》，清康熙三十五年（1696）刻本。

［77］郎瑛：《七修类稿》，上海书店 2001 年版。

［78］李日华：《味水轩日记》，上海远东出版社 1996 年版。

［79］全祖望：《鲒埼亭集》、《外编》，四部丛刊本，上海涵芬楼影印姚江借树山房刊本。

［80］钱泳：《履园丛话》，中华书局 1979 年版。

［81］吴其贞：《书画记》，黄宾虹主编《中国书画全书》。

［82］许承尧：《歙事闲谭》，黄山书社 2001 年版。

［83］王澄：《扬州刻书考》，广陵书社 2003 年版。

［84］徐珂：《清稗类钞选》（著述类、鉴赏类），书目文献出版社 1984 年版。

［85］钱大昕：《十驾斋养新录》，上海书店 1983 年版。

［86］瞿宣颖：《中国社会史料丛钞》，上海书店 1937 年版。

［87］张海鹏、王廷元：《明清徽商资料选编》，黄山书社 1985 年版。

［88］江苏省博物馆：《江苏省明清以来碑刻资料选集》，三联书店 1959 年版。

［89］谢国桢：《明代社会经济史料选编》，福建人民出版社 1980 年版。

［90］江苏省博物馆：《江苏省明清以来碑刻资料选集》，三联书店 1959 年版。

［91］周芜：《中国版画史图录》，上海人民美术出版社 1988 年版。

［92］杨正泰：《天下水陆路程·天下路程图引·客商一览醒迷校注》，山西人民出版社 1992 年版。

二、当代著述类

［1］〔美〕李约瑟、钱存训：《中国科学技术史·第五卷化学及相关技术·第一分册纸和印刷》，科学出版社、上海古籍出版社 1990 年版。

［2］〔加〕Timothy Brook. The Confusions of Pleasure：Commerce and Culture in Ming China，University of California Press，1998。

［3］〔日〕大木康：《明末江南の出版文化》，东京研文出版 2004 年版。

［4］〔美〕Cynthia Brokaw, Kaiwing Chow. Printing and Book Culture in Late Imperial China, Berekely：University of California Press，2005。

［5］戴元光：《传播学研究理论与方法》，复旦大学出版社 2008 年版。

［6］庄晓东：《文化传播：历史、理论与现实》，人民出版社 2003 年版。

［7］周月亮：《中国古代文化传播史》，北京广播学院出版社 2000 年版。

［8］缪咏禾：《中国出版通史·明代卷》，中国书籍出版社 2008 年版。

［9］朱赛虹等：《中国出版通史·清代卷》，中国书籍出版社 2008 年版。

[10] 尹韵公:《中国明代新闻传播史》,重庆出版社1990年版。

[11] 肖东发:《中国编辑出版史》,辽宁教育出版社1996年版。

[12] 肖东发:《中国图书出版印刷史论》,北京大学出版社2001年版。

[13] 黄瑚:《中国新闻事业发展史》,复旦大学出版社2001年版。

[14] 郭庆光:《传播学教程》,中国人民大学出版社1999年版。

[15] 李新祥:《出版传播学》,浙江大学出版社2007年版。

[16] 钟瑛:《传播科技与社会》,华中科技大学出版社2006年版。

[17] 绩溪县地方志编委会:《绩溪县志》,黄山书社1998年版。

[18] 祁门县地方志编委会:《祁门县志》,安徽人民出版社1990年版。

[19] 安徽省图书馆:《安徽省馆藏皖人书目》,黄山书社2003年版。

[20] 王重民:《中国善本书提要》,上海古籍出版社1993年版。

[21] 蒋元卿:《皖人书录》,黄山书社1989年版。

[22] 谢国桢:《江浙访书记》,上海书店出版社2004年版。

[23] 郑振铎:《西谛书话》,三联书店1983年版。

[24] 吴晗:《江浙藏书家史略》,中华书局1981年版。

[25] 杨立诚、金步瀛(合编),俞运之(校补):《中国藏书家考略》,上海古籍出版社1987年版。

[26] 陈智超:《明代徽州方氏亲友手札七百通考释》,安徽大学出版社2001年版。

[27] 张海鹏、王廷元:《徽商研究》,安徽人民出版社1995年版。

[28] 王世华:《富甲一方的徽商》,浙江人民出版社1997年版。

[29] 王廷元、王世华:《徽商》(徽文化丛书),安徽人民出版社2005年版。

[30] 李琳琦:《徽商与明清徽州教育》,湖北教育出版社2003年版。

[31] 周晓光:《徽州传统学术文化地理研究》,安徽人民出版社2006年版。

[32] 周芜:《徽派版画史论集》,安徽人民出版社1983年版。

[33] 徐学林:《安徽出版史资料选辑》,黄山书社1987年版。

[34] 徐学林:《徽州出版史叙论》,安徽美术出版社1995年版。

[35] 徐学林等:《安徽省志·出版志》,方志出版社1998年版。

[36] 徐学林:《徽州刻书》,安徽人民出版社2005年版。

[37] 张国标:《徽州版画》,安徽人民出版社2005年版。

[38] 刘尚恒:《徽州刻书与藏书》,广陵书社2003年版。

[39] 方维保、汪应泽:《徽州古刻书》,辽宁人民出版社2004年版。

[40] 刘尚恒:《二余斋说书》,河北教育出版社2004年版。

[41] 周心慧:《中国古代刻版画史论集》,学苑出版社1998年版。

[42] 叶树声、余敏辉:《明清江南私人刻书史略》,安徽大学出版社2000年版。

[43] 徐忆农:《活字本》,江苏古籍出版社2002年版。

[44] 赵前:《明本》,江苏古籍出版社2002年版。

[45] 王桂平:《家刻本》,江苏古籍出版社2002年版。

［46］黄镇伟：《坊刻本》，江苏古籍出版社 2002 年版。

［47］黄裳：《清刻本》，江苏古籍出版社 2002 年版。

［48］陈先行：《打开金匮石室之门：古籍善本》，上海文艺出版社 2003 年版。

［49］秋禾、少莉：《旧时书坊》，三联书店 2005 年版。

［50］张秀民：《中国印刷史》，上海人民出版社 1989 年版。

［51］钱存训：《中国古代书籍纸墨及印刷术》，北京图书馆出版社 2002 年版。

［52］张树栋等：《中华印刷通史》，印刷工业出版社 1999 年版。

［53］黄镇伟：《中国编辑出版史》，苏州大学出版社 2003 年版。

［54］缪咏禾：《明代出版史稿》，江苏人民出版社 2000 年版。

［55］高信成：《中国图书发行史》，复旦大学出版社 2005 年版。

［56］肖东发、杨虎：《中国图书史》（插图本），广西师范大学出版社 2005 年版。

［57］卢贤中：《中国图书学》，安徽大学出版社 2004 年版。

［58］潘美娣：《古籍修复与装帧》，上海人民出版社 1999 年版。

［59］瞿冕良：《版刻质疑》，齐鲁出版社 1987 年版。

［60］余英时：《士与中国文化》，上海人民出版社 1987 年版。

［61］韩结根：《明代徽州文学研究》，复旦大学出版社 2006 年版。

［62］高彦颐：《闺塾师：明末清初江南才女文化》，李志生译，江苏人民出版社 2005 年版。

［63］王振忠：《徽州社会文化史探微：新发现的 16～20 世纪民间档案文书研究》，上海社会科学出版社 2002 年版。

［64］王振忠：《明清徽商与淮扬社会变迁》，三联书店 1996 年版。

［65］陈学文：《明清时期商业书及商人书研究》，台北洪叶文化事业有限公司 1997 年版。

［66］唐力行：《商人与文化的双重变奏——徽商与宗族社会的历史考察》，华中理工大学出版社 1997 年版。

［67］张海英：《明清江南商品流通与市场体系》，华东师范大学出版社 2002 年版。

［68］何明星：《著述与宗族——清人文集编刻方式的社会学考察》，中华书局 2007 年版。

三、学术论文类

［1］王重民：《套版印刷法起源于徽州说》，《安徽历史学报》1957 年第 1 期。

［2］蒋元卿：《徽州雕版印刷术的发展》，《安徽史学通讯》1958 年第 1 期。

［3］戎克：《徽派版画中的复制西洋作品问题》，《安徽史学》1958 年第 4 期。

［4］肖东发：《中国书史上的数量统计与规律》，《四川图书馆学报》1983 年第 3 期。

［5］严佐之：《论明代徽州刻书》，《社会科学战线》1986 年第 3 期。

［6］郭松年：《明代古籍插图本的创新与发展》，《黑龙江图书馆馆刊》1987 年第 5 期。

［7］叶树声：《论明代徽刻》，《淮北煤炭师范学院学报》1988 年 Z1 期。

［8］翟屯建：《明清时期徽州的刻书》，《图书馆学通讯》1989 年第 1 期。

［9］昌彼得：《中国印刷史上的奇人奇书：胡正言与〈十竹斋书画谱〉》，《故宫文物月刊》1990 年第 87 期。

［10］胡功禄：《〈四库全书〉中的皖人著述》，《大学图书馆情报学刊》1990 年第 4 期。

［11］叶树声：《谈谈明清时期徽州黄氏刻书工人》，《徽州师专学报》1991 年第 2 期。

［12］徐学林：《源远流长的安徽古代出版业》，《东南文化》1991 年第 2 期。

［13］李国庆：《徽州仇氏刻工刻书考略》，《江淮论坛》1992 年第 5 期。

［14］邱澎生：《明代苏州营利出版事业及其社会效应》，《九州岛学刊》1992 年第 2 期。

［15］王伯敏：《胡正言及其十竹斋的水印木刻》，《东南文化》1993 年第 5 期。

［16］张尔宾：《从十竹斋看徽州文化与金陵文化的相互影响和交流》，《东南文化》1993 年第 5 期。

［17］王达弗：《胡正言和他的"三谱"——印谱、画谱、笺谱》，《东南文化》1993 年第 6 期。

［18］居蜜、叶显恩：《明清时期徽州的刻书和版画》，《江淮论坛》1995 年第 2 期。

［19］李琳琦：《从谱牒和商业书看明清徽州的商业教育》，《中国文化研究》1998 年秋之卷。

［20］肖东发：《二十世纪中国出版史研究鸟瞰》，《北京大学学报》（哲学社会科学版）1999 年第 2 期。

［21］刘尚恒：《〈虬川黄氏宗谱〉与虬村黄氏刻工》，《江淮论坛》1999 年第 5 期。

［22］王琳：《试论徽商经济对徽派版画的影响》，《美术研究》1999 年第 4 期。

［23］李琳琦、吴晓萍：《新发现的〈做茶节略〉》，《历史档案》1999 年第 3 期。

［24］陈修英：《明清新安商人与刻书》，《淮北煤师院学报》2000 年第 4 期。

［25］徐学林：《明清时期的徽州出版业》，《中国出版》2000 年第 9～10 期。

［26］陈瑞：《明代徽州家谱的编修及其内容与体例的发展》，《安徽史学》2000 年第 4 期。

［27］叶瑞汶、方晓华：《明代程大位〈算法统宗〉的盗版问题》，《金华职业技术学院学报》2001 年第 1 期。

［28］李伯重：《明清江南的出版印刷业》，《中国经济史研究》2001 年第 3 期。

［29］吴萍莉：《晚明南京的徽籍刻书家》，《晋图学刊》2001 年第 4 期。

［30］周心慧：《明代徽州出版家——汪廷讷》，《图书馆工作与研究》2002 年 S1 期。

［31］曹之：《明代新安黄氏刻书考略》，《出版科学》2002 年第 4 期。

［32］王振忠：《徽州人编纂的一部商业启蒙书——〈日平常〉抄本》，《史学月刊》
2002 年第 2 期。

［33］李忠林：《徽州刻书业论略》，《四川图书馆学报》2004 年第 2 期。

［34］方盛良：《扬州徽商藏书刻书与文化传承》，《中国出版》2005 年第 12 期。

［35］冯尔康：《扬州盐商兴办文化教育事业》，《生活在清朝的人们》，中华书局
2005 年版。

［36］李源：《明清徽州刻书事业简述》，《大学图书情报学刊》2005 年第 3 期。

［37］杜丹：《浅析明代戏曲小说插图本中的视觉符号》，《东华大学学报》2005 年第
1 期。

［38］蔺文锐：《商业媒介与明代小说文本的大众化传播》，《中国戏曲学院学报》
2005 年第 2 期。

［39］曾建华：《古代书院的藏书与刻书》，《出版科学》2005 年第 5 期。

［40］徐良雄：《试论明代书坊出版业的发展及其功过》，《天一阁文丛》2006 年第
2 期。

［41］肖东发、杨虎、刘宝生：《论晚清出版史的近代化变革与转型》，《北京联合大
学学报》（人文社会科学版）2008 年第 6 期。

［42］张国标：《徽州出版史与徽派版画艺术略论》，《海阳漫话》第 4 辑。

［43］胡文华：《明朝书市繁荣的特色》，《中国社会经济史研究》2003 年第 1 期。

［44］缪咏禾：《古代出版人怎样策划选题》，《中国编辑》2004 年第 5 期。

［45］牛建强：《明代徽州地区之社会变迁》，《史学月刊》1995 年第 4 期。

［46］汪燕冈：《论明代通俗小说出版的复苏》，《史苑》（电子期刊）2004 年第 5 期。

［47］卜永坚：《清初歙县槐塘程氏的文化建构》，《史林》2004 年第 5 期。

［48］张海英：《明清社会变迁与商人意识形态——以明清商书为个案》，《复旦史学》
2005 年第 1 辑。

［49］范金民：《明清地域商人与江南文化》，《江海学刊》2002 年第 1 期。

［50］王世华：《徽商与长江文化》，《安徽师范大学学报》2003 年第 1 期。

［51］王世华：《也谈"贾而好儒"是徽商的特色——与张明富先生商榷》，《安徽史
学》2004 年第 1 期。

［52］王世华：《明清徽商与新安画派》，《学术月刊》2005 年第 1 期。

［53］李琳琦：《明清徽州的书屋、文会及其教育功能》，《华东师大学报》（教科版）
2000 年第 4 期。

［54］李琳琦：《徽商与清代汉口紫阳书院》，《清史研究》2002 年第 2 期。

［55］李琳琦等：《明代安徽书院数量、分布特征及其原因分析》，《华东师范大学学
报》（教科版）2006 年第 4 期。

［56］周晓光：《徽州传统学术文化的传播及其特点》，《安徽师范大学学报》2006 年
第 6 期。

［57］周晓光：《试论徽州学术文化区形成的地理基础》，《历史地理》2007 年辑，上

海人民出版社。

［58］周晓光：《试论徽州传统学术文化区的区域表征》，《区域文化研究》，浙江人民出版社 2007 年版。

［59］张海英：《明清社会变迁与商人意识形态——以明清商书为个案》，《复旦史学》2005 年第 1 辑。

［60］郭建平：《试论明清商品经济对绘画发展的影响》，福建师范大学硕士学位论文，2003 年。

［61］陆贤涛：《明清徽商与徽州刻书业》，安徽师范大学硕士学位论文，2005 年。

索　引

后　记

我 2002 年离开了中学教坛，走进安徽师范大学，师从国内知名徽商研究专家王世华先生，自此始接触徽商研究，尤其对徽商与文化传播的研究领域产生了浓厚兴趣，硕士期间便选取了"明清徽商的信息渠道研究"为毕业论文选题。2005 年始我攻读博士研究生，继续关注徽商与文化传播的研究，彼时兼职于安徽人民出版社安徽师范大学编辑部，由于工作关系，便钟情于徽州出版与徽商关系研究，博士毕业论文便以"明清徽商与传统书业研究"为选题，试图在经济与文化互动视角下考察徽商与徽州出版业之间的密切关系。自此一发不可收，沉溺至今已整 10 年矣。虽"十年磨一剑"，但于今手抚书稿，仍深深愧疚于研究的诸多不足。深切体会学术研究之不易、坚持不移之难！恍惚间 10 年逝去，竟有些许沧桑之感，不禁感慨时光之无情，稍不留神，她便弃你而去；当你想起挽留时，早已遥不可及。虽"年与时驰，意与日去"，但不能"遂成枯落""悲守穷庐"，每念及此，便告诫自己不可惰懈，要把握现在，要珍惜每一天。

走进安徽师大十余年来，无论是生活还是学习，难免经历一些挫折和困顿，有时也会意志消沉。然而身边的师长、亲人、朋友和同事总是能够及时地帮助我、勉励我，让我重新拾起信心，展现出乐观的生活态度，这些都是我宝贵的财富，时时令我感动、激我奋起。我迫切想要将他们记录下来，表达我衷心的感谢和祝福。

首先要感谢的是恩师王世华先生。先生不仅是我学术研究上的引路人，更是在生活中特别是我困顿时给予了我大量的无私的关心和帮助。现虽从岗位上退下来，但工作繁忙依旧。每每见面，总要谆谆教导要真真诚诚做人，踏踏实实做事，认认真真做学问。令我倍感温暖之时，更切身感受到学界长者之风范。还要衷心感谢李琳琦、周晓光、庄华峰、方青等教授，感谢他们多年来给予我大量无私的指导和帮助。正是在他们学术团队的熏陶和学者风范的引导下，我对"学人"和"学术"有了更深层次的认识。感谢新闻与传播学院领导以及诸位同事，感谢他们给予了我诸多的支持和帮助。

　　谨以拙著敬致父母亲和夫人。父母亲一直含辛茹苦地培养我上学，大学毕业那年，父亲去世了，母亲还一直默默地、无怨无悔地支持我、鼓励我。每每目及年迈母亲沧桑的面容，我不禁心酸内疚，却无以报答养育之恩。本书自始至终与夫人王艳红的督促和鞭策是分不开的。在我遇到困顿时，鼓励我、支持我，更在我欲偷懒时，监督我、鞭策我。本书能够按时顺利完成，她督促之功不可没！

　　由衷感谢国家社科基金后期资助项目诸位评审专家提出的中肯的修改意见，为研究成果的完善作出了重要贡献。同时还非常感谢北京大学肖东发教授百忙之中为拙著作序，并寄其多年来关于出版史领域的教学思想和研究方法，以勉励后学，令我为之感动。感谢中国新闻出版研究院刘建华博士的诸多支持与帮助！感谢学习出版社刘玉芬编辑为本书出版付出的辛勤劳动！在本书撰写过程中，得到了校内校外很多师长和学友们的指点和帮助，在此不一一列出。衷心感谢所有关心我帮助我的师长和亲友们！

　　囿于笔者的学识水平，本书尚有诸多不足之处，恳请方家不吝赐教。向来喜欢诸葛亮的《诫子书》，其"夫君子之行，静以修身，俭以养德。非淡泊无以明志，非宁静无以致远。夫学须静也，才须学也，非学无以广才，非志无以成学"之句，每念及倍感受益，今则再次书于此处，以永铭之！

秦宗财

2015 年 2 月 2 日于文津花园